北大版·普通高等教育"十三五"规划教材
21世纪高等院校规划教材·公共课系列

应用写作
（第二版）

黄高才 编著

北京大学出版社
PEKING UNIVERSITY PRESS

内 容 简 介

本书在内容取舍方面坚持切近学生实际、满足学生现实需要、注重学生写作技能培养的原则，凡是学生在校学习、参与社会实践和毕业后求职需要用到的应用文种，本书均有详尽的介绍。在知识性方面，本书不求讲深，但求讲透，力求知识点清晰，使学生真正学有所得，写作能力得到很好的培养。在行文方面，本书借鉴和吸收中国应用写作的优良传统，强调应用写作的情感渗透和文学色彩，力求实用性、技能型与趣味性并重，使教师教得愉快、学生学得轻松，最大限度地提高教学质量。

本书既可作为普通高等院校、成人高校和各类职业技术学院相关专业的教材使用，也可作为机关、团体和企事业单位工作人员的案头必备之书。

为了方便教师教学，编者特意编写了与本书配套的电子教案，内容包括教学设计、教学参考资料、经典例文赏读、10套结业试题和多媒体课件等，其中根据现实案例拍摄的教学片和配合教学内容的模拟动画令人耳目一新。

图书在版编目（CIP）数据

应用写作/黄高才编著．—2版．—北京：北京大学出版社，2017.8
（全国高等院校规划教材·公共课系列）
ISBN 978-7-301-28525-1

Ⅰ．①应… Ⅱ．①黄… Ⅲ．①汉语–应用文–写作–高等学校–教材 Ⅳ．①H152.3

中国版本图书馆CIP数据核字（2017）第157878号

书　　　名	应用写作（第二版） YINGYONG XIEZUO
著作责任者	黄高才　编著
责任编辑	李　玥
标准书号	ISBN 978-7-301-28525-1
出版发行	北京大学出版社
地　　　址	北京市海淀区成府路205号　100871
网　　　址	http://www.pup.cn　新浪微博：@北京大学出版社
电子信箱	zyjy@pup.cn
电　　　话	邮购部 62752015　发行部 62750672　编辑部 62704142
印　刷　者	北京中科印刷有限公司
经　销　者	新华书店
	787毫米×1092毫米　16开本　20.5印张　486千字 2012年8月第1版 2017年8月第2版　2023年3月第15次印刷（总第22次印刷）
定　　　价	45.00元

未经许可，不得以任何方式复制或抄袭本书之部分或全部内容。
版权所有，侵权必究
举报电话：010-62752024　电子信箱：fd@pup.pku.edu.cn
图书如有印装质量问题，请与出版部联系，电话：010-62756370

前 言

本书第一版自2012年8月出版以来,连续8次印刷,发行数万册,深得广大一线教师的一致好评。为了使本书更好地满足于普通高等学校应用写作教学的需要,作者广泛听取了使用过本书的一线教师的意见和建议,对本书进行修订。此次修订后,以下几个特点更加突出。

1. 应用性与人文性并重。从上古卜辞算起,应用写作在我国已有几千年的历史。在这一漫长的历史发展过程中,涌现出了大量的千古不朽之作,使中国文苑呈现出姹紫嫣红的景象。不仅如此,实用性与人文性并重的应用写作传统彰显了应用文美的特质和独有的魅力。然而,自20世纪80年代我国各类院校普遍开设应用写作课以来,应用写作教学和研究走进了一种误区,最突出的问题是片面强调实用性与格式的规范性,忽视了人文性,致使本来形式灵活、内涵丰富,极其生动、有趣的应用写作教学活动变得呆滞、拘谨、索然无味,其直接后果是教师教无激情、学生学无兴趣,教学效果事倍功半。

本书在编写过程中,尽可能地继承和发扬了我国古代应用写作的优良传统,大胆地吸收和借鉴古人应用写作的成功经验,强调应用写作的情理性和应用文中的感情渗透,同时要求应用文语言要生动和形象,让应用写作真正"活"起来,使应用文血肉丰满,文质兼美。使用本书教学,不仅老师们教得轻松,而且同学们学得愉快。

2. 突出实用性。目前我国各个行业要用到的应用文加起来有六七百种,其中常用的就有三百多种。任何一个人一生中都不可能把这么多的文种全都用到,我们也不可能把所有的文种都教给学生。况且,很多学校的应用写作课只有几十个课时,讲得内容过多,势必会蜻蜓点水,不利于学生应用写作能力的提高。因此,本书在内容的取舍方面着眼于学生的现实需要,突出实用性。凡是学生在校期间学习、生活、从事社会实践和毕业后求职要用到的文种尽可能地收入本书;凡是学生走上社会后才要用到的各类文种,留给学生以后接受"再教育"和走上社会后根据需要进行自学。

3. 知识与技能并重。应用写作课的教学重点应该在于教给学生应用写作的基础知识,传授给学生正确的学习方法,培养好学生最基本的应用写作能力。正是出于这样的考虑,笔者在编写本书的过程中,力求知识与技能并重。在知识方面,本书不求讲深,但求讲透,力求知识点清晰,使学生真正学有所得,为学生应用写作能力的形成奠定基础;就注重技能培养来讲,本书内容侧重于写作指导,重视例文的示范性,"实战训练"切合学生实际,可操作性强。

4. 可读性与趣味性。重视文采和情感渗透是我国应用写作的优良传统,许多在今天被我们当作文学作品来看的文章,在当时实际上是作为应用文写出来的,如李斯的《谏逐客书》、李密的《陈情表》、诸葛亮的《出师表》等。从古至今，人们都有一个共识：任何思想都需要文字来记载，需要借助于一定的文采来彰显。在本书的编写过程中，笔者吸收和借鉴了中国传统应用写作的宝贵经验，在语言平实、准确的基础上，赋予其浓厚的文学色彩，力求使一直以来显得呆板、拘谨的应用写作课变得生动、有趣，为应用写作教学注入生机和活力。与此同时，本书中编入了大量的应用写作美文。使用本书实施教学，教师教有激情，学生学有兴趣，可以大大提高应用写作教学质量。

5. 独一无二的"亮点"。与目前市场上流行的同类教材相比，本书具有三大亮点：一是本书首次系统、详尽地讲述了社会生活中使用频率很高的各种规章制度文书的写作知识；二是在训练设计方面突破了很多"难题"，把每一个文种的训练做得很实，便于教师教学操作；三是本书体例独一无二——各部分内容相互照应，很好地体现了写作能力形成的一般规律。

本书既可作为普通高等院校、成人高校和各类职业技术学院相关专业的教材使用，也可作为机关、团体和企事业单位工作人员的案头必备之书。

在本书的编写和修订过程中，苏慧艳、宋华和陈静薇等全国上百位老师提出了宝贵的意见和建议，在此表示感谢。

由于笔者水平所限，加之编写时间仓促，本书难免有疏漏之处。诚望各位老师在使用本书的过程中能够将意见和建议及时地反馈给笔者，以便笔者再次修订本书时参考。特别欢迎各位老师为本书的修订推荐更多的应用美文。有关本书的意见、建议和例文请发送至电子邮箱：gchuang1962@163.com。

黄高才

2017 年 5 月于杭州

目 录

第一章　通论 ·· (1)
　　第一节　应用文的特点和社会作用 ·· (2)
　　第二节　应用文的构成要素 ·· (4)
　　第三节　应用文的写作要求 ·· (11)
　　第四节　怎样培养应用写作能力 ··· (14)
第二章　公文 ·· (17)
　　第一节　公文概述 ··· (18)
　　第二节　决议 ·· (20)
　　第三节　决定 ·· (22)
　　第四节　命令 ·· (26)
　　第五节　公报 ·· (29)
　　第六节　公告 ·· (31)
　　第七节　通告 ·· (35)
　　第八节　意见 ·· (42)
　　第九节　通知 ·· (45)
　　第十节　通报 ·· (52)
　　第十一节　报告 ·· (56)
　　第十二节　请示 ·· (64)
　　第十三节　批复 ·· (69)
　　第十四节　议案 ·· (73)
　　第十五节　函 ·· (77)
　　第十六节　纪要 ·· (81)
第三章　规章制度应用文 ··· (91)
　　第一节　规章制度应用文概述 ··· (92)
　　第二节　准则 ·· (95)
　　第三节　守则 ·· (99)
　　第四节　规则 ·· (102)
　　第五节　规程 ·· (107)
　　第六节　须知 ·· (109)
　　第七节　制度 ·· (113)
　　第八节　章程 ·· (116)

　　　　　　第九节　公约 …………………………………………………… （120）
　　　　　　第十节　职责 …………………………………………………… （124）
　　　　　　第十一节　规范 ………………………………………………… （127）
　　第四章　事务应用文 ……………………………………………………… （133）
　　　　　　第一节　事务文书概述 ………………………………………… （134）
　　　　　　第二节　计划 …………………………………………………… （135）
　　　　　　第三节　总结 …………………………………………………… （143）
　　　　　　第四节　简报 …………………………………………………… （148）
　　　　　　第五节　调查报告 ……………………………………………… （155）
　　　　　　第六节　会议记录 ……………………………………………… （160）
　　　　　　第七节　先进事迹材料 ………………………………………… （163）
　　　　　　第八节　声明 …………………………………………………… （167）
　　第五章　日常应用文 ……………………………………………………… （173）
　　　　　　第一节　日常文书概述 ………………………………………… （174）
　　　　　　第二节　感谢信 ………………………………………………… （175）
　　　　　　第三节　申请书 ………………………………………………… （177）
　　　　　　第四节　倡议书 ………………………………………………… （179）
　　　　　　第五节　建议书 ………………………………………………… （183）
　　　　　　第六节　承诺书 ………………………………………………… （185）
　　　　　　第七节　演讲稿 ………………………………………………… （188）
　　　　　　第八节　启事 …………………………………………………… （193）
　　　　　　第九节　海报 …………………………………………………… （194）
　　　　　　第十节　一般书信 ……………………………………………… （196）
　　第六章　求职与履职应用文 ……………………………………………… （201）
　　　　　　第一节　职场应用文概述 ……………………………………… （202）
　　　　　　第二节　简历 …………………………………………………… （203）
　　　　　　第三节　自我鉴定 ……………………………………………… （207）
　　　　　　第四节　求职信 ………………………………………………… （210）
　　　　　　第五节　辞职信 ………………………………………………… （215）
　　　　　　第六节　竞聘演说词 …………………………………………… （217）
　　　　　　第七节　劳动合同 ……………………………………………… （220）
　　　　　　第八节　自传 …………………………………………………… （226）
　　　　　　第九节　小传 …………………………………………………… （230）
　　　　　　第十节　述职报告 ……………………………………………… （232）
　　第七章　经济应用文 ……………………………………………………… （239）
　　　　　　第一节　经济应用文概述 ……………………………………… （240）
　　　　　　第二节　经济合同 ……………………………………………… （242）
　　　　　　第三节　协议 …………………………………………………… （248）
　　　　　　第四节　意向书 ………………………………………………… （253）

　　　　第五节　广告文案……………………………………………………（258）
第八章　**法律应用文** ……………………………………………………………（263）
　　　　第一节　法律文书概述………………………………………………（264）
　　　　第二节　起诉状………………………………………………………（265）
　　　　第三节　答辩状………………………………………………………（271）
　　　　第四节　上诉状………………………………………………………（276）
　　　　第五节　申诉状………………………………………………………（279）
　　　　第六节　授权委托书…………………………………………………（284）
第九章　**科技应用文** ……………………………………………………………（289）
　　　　第一节　科技应用文概述……………………………………………（290）
　　　　第二节　实验报告……………………………………………………（292）
　　　　第三节　实习报告……………………………………………………（296）
　　　　第四节　毕业论文……………………………………………………（298）
　　　　第五节　毕业设计报告………………………………………………（311）
　　　　第六节　产品说明书…………………………………………………（316）
参考文献 ………………………………………………………………………………（319）

第一章 通 论

应用文是指各级机关、团体、企事业单位和公民个人在处理公私事务、解决具体问题时使用的、具有惯用格式的一类实用文体。

从已经发掘、发现的史料可知，应用写作在我国已有几千年的历史。在这一漫长的历史发展过程中，文种不断丰富，表现形式推陈出新，至清代已经形成了内涵十分丰富、积淀相当深厚的应用文体系。清代学者刘熙载在《艺概·文概》中说："辞命体，推之即可为一切应用之文。应用文有上行，有平行，有下行，重其辞乃所以重其实也。"在这里，"应用文"第一次作为一个专用的术语被提出来。今天，应用写作已经发展成为一门内容丰富、脉络清晰、体系完备的应用学科，在社会生活的各个方面发挥着极其重要的作用。

第一节 应用文的特点和社会作用

> 应用文的"应用"二字既准确地概括了这类文体的基本性质,又点明了这类文体的作用。这类文体一般都是应需而写,以解决实际问题为写作目的。它既是各级单位开展工作、互通情况必须依赖的媒介形式,又是公民个人处理各种事务或解决各种问题必须用到的文体。一个人一生可以不写小说,不作散文和诗歌,但不能不用应用文。

一、文章的基本分类

中国文章学研究的历史在世界上是最长的,距今已有2500多年。《尚书·尧典》中说:"诗言志,歌永言,声依永,律和声。"其中"诗言志"的观点可以说是文章学理论的萌芽。春秋战国时期,文章学理论开始产生。例如,《庄子·天下篇》中说:"诗以道志。"《荀子·儒效》篇中说:"《诗》言是其志也。"

经过2000多年的自然发展和人们的专门研究,到20世纪初"文章学"的概念正式产生。文章学的概念产生后,关于文章分类的研究也迅速展开。经过反复的比较和验证,到20世纪80年代,有了一个人们高度认同、相对科学的分类结果,即将文章分为文学体裁、基本文体和实用文体。在这个分类结果的基础上,后来又产生了一个新的观点,将文章分为文学体裁、基本文体和应用文体,这一分法界定更加清楚,是迄今为止最为科学的分类方法。为什么说这一分法是最科学的呢?因为这一分类方法抓住了各类文章最本质的特点,界定十分清楚。具体地讲,文学体裁的本质特点是着力于形象塑造和意境描绘,允许虚构、夸张和典型化处理等;基本文体的本质特点是写真事、说真话、抒真情等,不允许虚构和歪曲事实;应用文体的本质特点是一般有约定的格式和特定的内容要素。

二、应用文的特点

前面我们所提到的应用文的本质特点只是应用文特点的一小部分。那么,怎样全面、正确地认识应用文的特点呢?那就必须将其与文学作品进行比较,找出其与文学作品的不同点,这是研究应用文最基本,也是最科学的方法。

1. 从写作目的来看

文学创作的目的是为了满足人们的精神需求,在给人以审美享受的同时,净化人们的灵魂,激励人们的斗志,坚定人们的信念;应用文是为了解决实际问题而写的,其作用是传递信息、沟通思想、理顺关系、协调工作等。文学作品是人类精神世界的写照;应用文是现实生活的反映,直接用于生活和工作是应用文区别于文学作品最显著的地方,所以说实用性是应用文最大的特点。

2. 从思想内容和表现手法两个方面来看

文学作品和应用文都注重内容的真实性,但二者的"真实"是不同的:文学作品的真实是一种艺术的真实,或者说是一种依赖于创作者主观意念而存在的真实,作品所写的人和事与现实生活中的真人真事相对处于"似与不似"之间;应用文的真实是真正的生活真实,其中所写的人和事都必须是现实生活中存在的真人真事。不论是日常文书,还是事务文书,不仅要求人物、事件、时间、地点等要素是完全真实、准确无误的,而且包括其中涉及的数据都必须是准确无误的。就表现手法来看,在文学作品的创作过程中,作者可以对生活素材进行"典型"化处理,赋予其主观上的感情色彩;在应用文的写作过程中,作者必须尊重客观事实,不允许过多地掺杂自己的主观感情成分,更不允许夸张和虚构。客观性是应用文区别于文学作品的又一重要特点。

3. 从材料取舍和读者对象来看

在文学创作的过程中,作者可以按照自己的主观意愿对材料进行取舍和艺术加工;而在应用文的写作过程中,作者必须尊重客观事实,必须"就事论事",在材料的使用上别无选择。文学作品在产生之前,其读者对象是模糊的,究竟写给谁看,作家自己有时也说不清楚;而应用文则不同,它的读者对象是十分明确的,写给谁看的,写作者一清二楚。内容的既定性和读者对象的确定性是应用文的又一特点。

4. 从行为动机方面看

文学创作活动完全受作者的思想所支配,写还是不写、什么时候写、写什么、写成什么体裁、确立一个什么样的主题、选用什么材料,完全由作者的主观意愿来决定;应用写作则不同,写什么内容、写成什么样式、什么时候写,都由客观存在的情况和需要解决的问题来决定。"应需而写"是应用写作的最大特点,这一特点决定了应用文具有针对性的特点。

5. 从时效性方面来看

文学作品的审美性和感染力大多是长久不衰的,如唐诗、宋词和明清四大小说,这些作品在今天读来依旧美感十足;应用文则不同,事过境迁,其中绝大部分的实用价值都失之殆尽。从写作的角度讲,文学创作不受时空的限制,选题确定了,可以马上动笔,也可以一月或一年后再写;应用写作不同,问题已摆在眼前或即将发生,必须尽快处理或解决时,为解决问题而写的应用文必须尽快完成,否则就要误事。时效性也是应用文区别于文学作品的一大特点。

概括起来讲,应用文具有实用性、客观性、内容的既定性与读者对象的确定性、针对性和时效性几个主要特点。此外,格式的约定俗成性也是应用文区别于文学作品的一个重要特点。

三、应用文的作用

文学作品是社会生活的审美反映,其创作目的是促使人们热爱生活,对生活满怀信心。应用文写作的意义与文学创作是不同的,其写作目的是为了处理实际事务、解决具体问题。应用文作为记录、传递、存储信息的载体,因文种的不同而作用各异。归纳起来讲,应用文主要有沟通交流作用、凭证作用、规范和指导作用、晓谕和知照作用。

(一)沟通交流作用

社会是一个极其复杂的共同体,群体与群体,群体与个体,个体与个体之间有着各种联系和交往,应用文书在这些联系和交往活动中起了一种纽带与桥梁作用。

应用文的沟通作用具体体现为沟通情况，加强联系。上下级机关之间主要是上传下达，平行的单位和互不隶属的单位之间主要是互通情况，公民个人之间主要是传递信息、互相交流。

（二）凭证作用

应用文书的凭证作用主要体现在它是联系工作和开展公务活动的书面凭证，起着立此存照的作用。比如说，学校对有违纪学生的纪律处分，必须有一个依据。这个依据是什么呢？是关于学生管理的有关规定。

应用文，特别是公文之所以具有一种凭证作用，其根本原因在于：第一，它储存了重要的社会信息，在发挥了现实的效用后，还有一种历史资料的性质。比如召开一次会议，议定了许多事项，如果仅仅留存在有关与会人员的记忆之中，那是靠不住的。过不多久，大脑中的印象变得模糊起来，似乎是这么定的，但又查无实据。这样一来，处理事务时缺少了凭证，工作就不好开展了。如果把会议议定的事项以会议记录的形式记录下来，就可以作为一种处理日常工作事务的依据。第二，应用文书一旦形成，就变成了一种凭据，就具有了一种有据可查的属性。它不同于口头交流。口头上说的事，时过境迁，你说是一，他说是二，谁也说不清楚。日常生活中不乏因"口头协议"而导致纠纷的例子。

（三）规范和指导作用

用来制定政策、发布法规、指导工作的应用文，在特定范围内对机关、组织以及个人的行为起着规范和指导作用。

应用文的规范性具有两个含义：一是其固定的格式规范了人们的写作行为和处理程序，使日常事务的处理有条不紊；二是其内容规范了人们的行为，如公约、规定等。

应用文的指导作用主要体现在公文的应用方面，可以从上下级机关两个方面来理解：上级机关制发的公文大多都是用于指导、督促下级更好地开展工作的；下级机关依照上级有关文件精神开展工作，就是应用文指导作用的具体体现。

（四）晓谕和知照作用

国家每一项法令、法规的发布对于各级机关、团体、企事业单位及公民个人都具有晓谕的作用；各级机关的通知、通告，都具有知照的作用。应用文的晓谕作用具体体现为启示、教育和动员，其知照作用主要体现为告知。

第二节 应用文的构成要素

任何一类文章都是由内容和形式两大部分构成的。就应用文而言，其内容要素是主旨和材料，形式要素主要是结构和语言。下面我们具体来看一下。

一、应用文的主旨

《现代汉语词典（第7版）》对"主旨"一词的解释是：主要的意义、用意或目的。这一解释包含两层意思：一是写进文章中的材料本身所蕴含的主要思想意义，二是作者写作的目的和意图。材料本身所蕴含的思想意义是客观的，作者写作的目的和意图是主观的，主旨是客观与主观的统一。没有客观材料这一思想载体，作者的意图就无法表现；没有作者明确的写作目的和意图，蕴含在材料中的思想意义也就不能被发掘和表现出来。主旨由材料本身所蕴含的思想意义与作者写作目的和意图两个要素构成，最终体现为作者对客观事物的认识、评价以及由此而产生的观点和主张。

（一）应用文的主旨与文学作品主题的异同

《现代汉语词典（第7版）》对"主题"一词的解释是：① 文学、艺术作品中所表现出来的中心思想，是作品思想内容的核心；② 泛指谈话、文件、会议等的主要内容；③ 主标题。从这一解释来看，"主题"和"主旨"的含义是有差别的，二者作为概念来讲时，其外延是不重合的，这是其一。其二，"主题"原本是就文学、艺术作品而言的，"主旨"是就实用文体来讲的，二者的使用对象不同。其三，作为文学作品的主题和作为实用文体的主旨有着"质"的不同。这一不同主要表现为以下几点：

首先，文学作品的主题可以多层次设置，可以蕴含在作品的深处。如陆游的《钗头凤》词不仅表达了对唐婉的深爱、思念与牵挂之情，而且表现了对封建礼教的愤恨，以及在母亲逼迫下的无奈等，其主题是多层次且蕴含在字里行间的。应用文的主旨不仅不能多层次，更不能含蓄、隐晦。

其次，文学作品的作者在主题的确定与选择方面具有"自主权"。作品写什么，怎样写，表现什么主题，怎样表现，都是由作家的思想、感情、世界观决定的。应用文写作则不同，确定什么样的主旨，完全取决于需要解决的现实问题，对于作者来说，是不由自主的。

最后，文学是借助艺术形象来传达作家审美意识、思想观念的，这一特点决定了创作过程中暗示和象征手法的运用。呈现在读者面前的文学艺术形象，是一种能唤起读者生活经验、调动其情绪反应、引起联想和想象的、富有象征性和暗示性的审美对象，这就必然会造成主题在一定程度上的不确定性或模糊性。这样一来，读者在对文学作品主题进行具体概括的时候，很难提炼出一个确定不变，众人都能接受的主题。鲁迅曾经谈到人们对《红楼梦》理解的分歧："单是命意，就因读者的眼光而有种种，经学家看见《易》，道学家看见淫，才子看见缠绵，革命家看见排满，流言家看见宫闱秘事……"应用文的主旨不仅应当明确，而且必须突出，使读者容易准确地把握。

此外，文学作品的主题是通过文学作品的各个构成要素表现出来的作家的观点、倾向、思想和情感，其中情感性处于主导地位；应用文的主旨是作者就需要处理和解决的问题所发表的意见、建议、主张或所表明的态度等，解决问题的意见、建议、思路和方法等是其核心。

（二）应用文主旨确定的基本要求

说得简单一点，应用文的写作实际上是作者向明确的受文对象传达一种信息或者表达某种意思，具体表现为要受文对象知晓什么、做什么、怎么做或向受文对象提供某种依据等，意思的表达首先要真实。因为只有意思的表达是真实的，才会有益于事务的处理和问题的解决；意思表达不真实，不仅达不到写作的目的，而且常常会事与愿违。因此，意思表达的真实是应用文写作的一个基本原则。在这一总的原则之下，应用文主旨的确立与表现还必须达到以下几点要求。

1. 正确

所谓正确，包括两层含意：一是要符合国家政策，遵守法律、法规；二是要符合客观实际，反映事物的真实面貌和本质规律。应用文很重要的一个作用是维系社会各阶层、各方面的关系，促进社会和谐，因而其主旨的确立必须符合社会公共准则，这一要求首先体现为符合国家的政策，遵守法律法规。其次，作者的看法、想法以及所设想的解决问题的办法等，都必须符合客观实际，具有可行性。只有这样，文章才有价值。写应用文最忌讳纸上谈兵，不切实际、假大空的东西是没有任何意义的。

2. 明确

应用文的主旨必须明确、突出，直截了当。肯定什么，反对什么，态度鲜明，使读者易于准确把握作者的写作意图，明确自己的工作职责、工作方向和工作方法等问题。从另一个角度讲，应用文是用于指导工作的，在一定程度上发挥着协调步调、统一行动的作用，这就要求所有的受文对象对文章主旨的理解是相同的。而要达到这一目标，主旨的明确性是至为关键的。

3. 显露

应用文为解决实际问题而写，其作用的发挥、价值的体现首先取决于受文对象对主旨的准确把握。这就要求应用文的主旨必须直陈文中、显露于外，来不得半点的含蓄和隐晦。具体地讲就是作者的意图和主张是什么，要让读者一看就明白。

4. 单一

应用文要实现作者的写作意图，首先要求受文对象对主旨的理解是唯一的，这就要求应用文的主旨本身是单一的。即一篇应用文只能有一个基本思想，重点要突出。如果应用文所传达出的信息呈现多向性，其主旨具有多重性，就会使读者无法准确把握、无所适从，这样作者的意图就无法得到贯彻，文章就失去了价值。

5. 深刻

所谓深刻，是指确立的主旨能够反映生活的本质和规律，能够揭示事物所蕴含的最有价值的思想意义，能够提出使问题得以顺利解决的有益的见解。说得具体一点，就是有较强的针对性和现实意义。这就要求作者除了把握事物的本质和规律外，还要掌握不同文种的特点和写作要求。如工作总结重在对自身实践的理性认识，措施、做法、经验、问题，都是重点；请求批准的请示重在理由合理而充分，要求恰如其分；情况报告重在揭示事物的本质、规律，显示发展趋势和新的动向；而会议纪要的着重点则在于指导思想正确，任务要求明确，政策措施有力、可行。这些对于主旨深化、明确、突出都是十分必要的。

二、应用文的材料

文章的材料是指作者为了达到一定的写作目的所搜集、整理和运用到文章中表现主旨的事实、数据和理论根据。材料是构成文章诸要素中最坚实、最丰富、最具活力的一个因素，主旨的确立要依靠它，文章的感染力和说服力也要来自它。因此，材料的搜集、整理、选择、加工及使用是写作的一个关键环节，决定着写作的成败。

（一）材料的分类

不同类型的材料在文章中具有不同的表达作用和表现效果。依据不同的分类标准，材料可以分为以下几种类型。

1. 按照材料的性质,可分为感性材料和理性材料

感性材料是作者通过视觉、听觉等感官手段从现实生活中获得的材料,是客观现实中具体存在的事物——人、事、景、物都是感性材料;理性材料是人们对客观事物理性认识的结果——公理、原理、法则、定律等是理性材料。感性材料的运用,可以增强文章的生动性和感染力;理性材料的运用,可以增强文章的说服力。

2. 按照材料的获取途径,可分为直接材料和间接材料

直接材料是作者运用各种感知手段或技术手段,直接从现实生活中获得的材料。它是写作各种文章最可靠、最基本的材料。应用文要以直接材料作为文章的主要材料。直接材料获取的主要途径是观察、感受、采访和调查。间接材料是指作者从现实生活以外的其他渠道间接获得的材料。如从阅读文件、图书、报刊或其他资料获得的材料,从观看影视剧、听广播或听他人讲述等途径获得的材料。各类文章的写作都常常借助于间接材料,以补充直接材料的不足。

3. 按照材料的时间,可分为现实材料和历史材料

现实材料是指存在于当前现实生活中的一切写作材料。现实材料是读者最熟悉、最容易理解的。历史材料是指生活中发生既久或在历史上早已发生而存留下来的史实、文物、作品、文献、资料等。由于应用文常常要论事说理,因而经常要用到历史材料。

4. 按照材料的内容,可分为正面材料和反面材料

正面材料是指作者从正面的角度选取的用来表明自己观点和感情倾向的材料。反面材料是指作者从反面的角度选取的,用来批驳或否定对方的观点,反衬作者思想观点的材料。选用反面材料,对错误观点进行批驳,对丑恶现象予以否定,是为了树立起作者正确的观点。正反两个方面的材料对比使用,能使作者的观点更加鲜明,给读者留下深刻印象,从而加强文章的说服力与感染力。

以上只是几种最常见的材料分类方法。事实上,关于材料的分类方法远不止这些。

(二)应用文材料应具备的特性

主旨是文章的灵魂,材料是文章的血肉,材料的选择和使用是为表现主旨服务的。相对于文学作品主题的不确定性和具有想象再造性来讲,应用文的主旨必须单一、明确、显露,使受文对象容易准确地把握,这就要求写进应用文中的材料必须具有以下几个方面的特性。

1. 表意的直接性

为了增强作品的审美性,文学作品总是给读者留有充分的想象余地,其材料的表意已常常是间接的。如臧克家的《老马》这首诗:"总得叫大车装个够,它横竖不说一句话,背上的压力往肉里扣,它把头沉重地垂下!这刻不知道下刻的命,它有泪只往心里咽,眼里飘来一道鞭影,它抬头望望前面。"这首诗中的形象是一个象征物,所描绘的情境依赖于读者的想象而存在。在这里,材料的表意是间接的,其主题必须借助于读者的联想才能显现出来。

应用文写作以"解决问题"为目的,把实用性放在第一位,首先考虑的是受文对象对文章主旨的正确理解,这就要求其所用的材料必须具有表意的直接性。所谓表意的直接性就是所用理性材料能直接表明作者的观点,所用感性材料能够很好地反映客观情况。换句话说

就是,在材料与观点相统一的基础上,所用材料能够坚实的支持观点、表现主旨。

2. 确凿性

所谓确凿,是指写进文章中的事实不但是客观存在的、真实的,而且是没有经过艺术加工的、准确的,能反映出事物的本来面目的材料。对材料的这一要求,是由应用文与文学作品的不同特点决定的。

文学作品来自生活,又要高于生活,这就要求作者在创作的过程中对材料进行艺术化的处理,因而写进文学作品中的材料大多是经过加工处理的,多多少少带有虚构的成分。

应用文写作与文学创作有着严格的区别,必须尊重客观事实,尤其是写进文章中的材料,绝对不能有任何虚假的成分,也不能添枝加叶,否则,文章反映的问题就要失实,失实就会出问题。因此,写进应用文中的材料既要求是真实的,又要求是准确的。

3. 典型性

虽然现实生活中可用的材料是极其丰富的,但不同的材料在具体文章中的表现作用是千差万别的。就其思想意蕴来讲,有的鲜明,有的隐晦;就其对现实的反映来讲,有的显现出的是真相,有的表现出的是假象;就其所表现出的问题来讲,有的揭示的是事物发展的必然规律,有的展现出的是一种偶然现象;有的代表主流,有的代表支流……在应用文的写作中,我们只能选取那些充分地显示事物的本质和规律的材料——典型材料。典型材料具有本质的真实,能代表主流,体现必然性,因而能以一当十。

4. 新颖性

应用文是为解决现实问题、改进以后的工作或各方面的关系而写的,就事论事必须立足于当前,着眼于未来。这就要求其所使用的材料必须是生动、鲜活、富有生命力的。因为只有使用新颖的材料,才能很好地反映出事物发展的新动态、新情况,揭示出当前需要解决的新问题,在此基础上才能产生出符合实际、切实可行的解决问题的新思路。

从另一个角度讲,事物是不断地发展变化的,如果今天的情况已于昨天的情况不同,我们仍然根据昨天的情况来制订工作方案,势必就会出问题,有时还会出大问题。比如说发布汛情通报,两小时前的情况和此刻的情况就可能有很大的不同,如果不能将此刻出现的最新情况及时告知各有关方面,就可能出问题。同样,要适应情况不断变化的需要,作者的思想观念、工作思路等也要随之发生变化,这一点也是新颖性的一个方面。

三、 应用文的结构

相对于基本文体和文学体裁而言,应用文的结构比较简单。这主要源于两个方面的原因:一是应用文的内容要素比较明确,先写什么,后写什么,一般约定俗成;二是很多文种有约定俗成或明确规定的格式。

虽然应用文的结构相对比较简单,但安排时也必须注意两个问题:一是有利于每一个内容要素清晰地显露出来,让人看得清楚明白;二是合情合理,合乎逻辑,便于有条不紊地把事情说清楚。

在这里,要特别强调的是,应用文的格式要求并不影响其生动性,更不影响其情理渗透。

四、应用文的语言

语言是表达思想、构成文章的物质基础。一切文章,从内容到形式,都要靠语言来支撑,没有语言,就没有文章。任何思想,只有用准确的语言表达出来才能成为现实的思想,才能在人与人之间进行交流。

相对于文学语言来讲,应用文的语言具有平实、准确、简洁和得体四个基本特点。

(一) 平实

所谓平实是指平易、质朴、实在。平实,强调文风朴实,通俗易懂;强调直接说事,客观论理;强调语言的自然,不施粉饰,不露斧凿之痕。

平易就是意思表达清楚、通俗、易懂。因为文章是写给人看的,让人一看就懂的文字,才能产生亲切感,才能让人倍加喜爱,让人有精神上的愉悦。与此同时,读者看懂了,把作者的意图领会了,十分信服并且接受了作者的观点,用应用文中的正确思想指导自己的行为,文章的实际应用价值才能充分地发挥出来。如果读者一看不知所云,晕头转向,领会不了作者的写作意图,其行为与作者的意愿相悖,应用文的价值就没有了。

质朴是指应用文的语言必须自然、朴素,没有经过粉饰,不含任何虚假的成分,也没有夸大和溢美之词。那些华而不实的词句在应用文中是绝对不能用的。质朴的语言具有一种"清水出芙蓉,天然去雕饰"之美,运用质朴的语言来写应用文,不但能够写得真切,而且可以写得生动。老舍先生说过:"文字不怕朴实,朴实也会生动,也会有色彩。"

实在是指应用文的语言表意直接,不绕圈子;每句话都落在实处——或说事,或论理,没有废话;说事客观、具体,不给读者留太多的想象空间,以免其误解作者的意图。

【比较】

(1) 文学语言强调审美性,讲究表意的含蓄美,潜台词十分丰富,给读者留有极大的想象空间。如鲁迅先生的《祝福》——当祥林嫂被婆家人抢走后,介绍人卫老婆子与鲁四老爷有这么一段对话——

"阿呀阿呀,我真是上当……我哪里料得到是瞒着她的婆婆的呢。对不起,四老爷,四太太。总是我老发昏不小心,对不起主顾。幸而府上是向来宽洪大量,不肯和小人计较的。这回我一定荐一个好的来折罪……"

"然而……"四叔说。

这里,鲁四老爷只说了半句话,"然而……"后面的潜台词是什么呢?很明显,这就是:你说要另荐一个好的女佣来顶替祥林嫂,可是像祥林嫂这种"只是顺着眼""不开一句口""整天的做""又有力,简直抵得过一个男子"的廉价好劳力,恐怕不容易找到了。这是鲁四老爷在"然而"后面欲说而未说的话。

(2) 文学语言讲求表达的形象性,一般不直说。比如说春天到了,在实用性的文章中就直接写"春天来了",但是在文学作品中却这么写——"满园春色关不住,一枝红杏出墙来""春风又绿江南岸"……这样写,让读者在阅读时浮想联翩。

(3) 文学语言讲究文采,大量使用各种修辞手法和表现技法,在一定程度上加大了读者理解语言的难度。

通过以上比较,我们可以体会到平实是应用文语言最大的一个特点。

(二) 准确

所谓准确,是指意思表达真实、明确和恰如其分,没有含混不清的地方,没有言过其实的地方,没有褒贬失当的地方。语言的准确表现在内容上主要体现为所写事实清楚、确凿,所用数字准确无误;表现在词句的运用方面,主要体现为以下几点。

(1) 严格区分词义的大小和轻重,词语的选用要恰当。汉语词汇丰富,同义词、近义词很多,它们的意义大多只有细微的差别,如果不严加区分,很容易造成表意不准确的问题。

(2) 注意词义的修饰、限定,防止产生歧义。一词多义是汉语的一大特点,为了确保作者意思表达的正确性,最大限度地减少读者的误解或曲解,在遣词造句方面,要注意定语、状语和补语的使用,以使句子中心词的意思更加明确、具体,避免产生歧义。

(3) 注意关联词语的使用和句式的选择,以使句间关系紧密,语气贯通。

(4) 注意语言逻辑关系,防止概念不清或判断失当。正确的语言逻辑关系,不仅可以使语言条理清晰,而且能够反映出事物的内部规律,将事物的概念表述得清清楚楚,使判断准确无误。

【比较】

文学作品强调语言的表现力,追求"言有尽而意无穷"的表现效果,这样一来,语言的表意有时就带有模糊性和不确定的成分。与此同时,"诗化"的语言还具有一种跳跃性,词句本身存在着不确定性和空白的部分,需要读者借助于自己的思维去补充和完善。

(三) 简洁

简洁就是简练、干净,就是以最少的文字表达尽量多的内容。说通俗一些,简练就是没有废话,没有辞藻堆砌,没有不必要的词句重复,言简而意赅。遣词造句,要让人一看就知道讲的是什么,明白该如何去做。没有枝蔓,不晦涩难懂。

应用文的写作以传递信息为主,信息传递要迅速、准确,行文就要简洁。具体来讲,应用文语言的简洁主要在于两点:一是文字简练,即用最少的文字表达尽量多的内容;二是坚决杜绝套话、空话、废话,竭力将可有可无的字、词、句、段和空话、套话删去。

【比较】

文学创作与应用写作的最大区别在于:应用写作注重于客观事实,文学创作长于表现人的精神世界。有时为了表现人的心境,采用烘托、渲染等艺术手法,使得语言显得十分的啰唆。如鲁迅《社戏》中的一段文字——

我深愧浅陋而且粗疏,脸上一热,同时脑里也制出了决不再问的定章,于是看小旦唱,看花旦唱,看老生唱,看不知什么角色唱,看一大班人乱打,看两三个人互打,从九点多到十点,从十点到十一点,从十一点到十一点半,从十一点半到十二点,——然而叫天竟还没有来。

这一段文字显得十分"啰唆"。在通常情况下,人们是不会这样"啰唆"地说话的;如果用"凝练"这把剪子去修剪,最多只要"看各种角色演唱,从九点直到十二点"两句话。但是,在《社戏》中,却非得像鲁迅这样写不可。因为作者是写自己慕谭叫天之名去看戏的,不但谭叫天迟迟未出,而且剧场十分拥挤、混乱,早已感到索然无味、烦躁不安。在这种心理状态下看戏,只有两件事可做:一是数着一个个角色出场,并希望他们赶快退场;二是数着一点点逝去的时间,希望谭叫天尽快出场。正因为这样,作者才运用繁笔,连写了六个"看"字,又连写四个时间变化,以便形象地描绘出当时索然无味、烦躁不安的心理状态。

（四）得体

应用文是为解决实际问题而写的,其语言要受明确的写作目的、特定的读者对象、一定的使用场合等条件的制约,因此一定要得体。应用文语言的得体包括以下几点。

（1）要符合作者的地位和身份。即叙事论理、遣词造句一定要注意作者的身份,要能正确体现出作者和受文对象之间的特定关系。如下级对上级的请示,可以用"请研究、批复"的话,但不能用"务必同意"之类的词句。

（2）要注意特定的场合。如贺喜时不说丧气话,严肃的场合不说俏皮话等。

（3）要注意让对方乐于接受、易于接受。要区别对象,采用对方乐于接受、易于接受的言语,一般人忌讳的话尽量少说或不说。此外,还要注意适合对方的文化程度、专业水平等,使对方易于理解、易于接受。例如,对文化程度不高的人,尽量多用平易通俗的词语,不要使用生僻的字词,不要过多地使用专业术语。

（4）语言色彩要符合特定的行文目的及文章内容的性质。如颁布政令的要庄重严肃,通报错误的要义正词严,申请、请示的要平和委婉,等等。

（5）要正确使用应用文的习惯语,切实弄清它们的含义和用法。如信函中的称谓、问候和致敬语等。

（6）要符合应用文的语体要求,具体地讲就是语言的运用要注意符合不同文体的要求。

写作应用文,说什么、不说什么、怎样说、何时说等,都要认真考虑。语言得体将有利于处理事务、沟通关系,达到应用文写作的预期目的。

以上只是应用文语言最基本的几个特点,或者说是对应用文语言最基本的要求。实际应用当中,仅仅满足于这些基本要求是不够的,还应该讲究语言的鲜活、优美和情味。在这一方面,古代的应用文书为我们树立了榜样,如李密的《陈情表》、诸葛亮的《出师表》和司马光的《训俭示康》等都是应用文语言运用的典范。

第三节 应用文的写作要求

应用写作是为了处理各项事务、解决实际问题而进行的写作实践活动,其行为目标明确,写作针对性强,文章内容具体,写作过程中思维的指向性和有序性都比较强,写作的难度相对于文学创作要小得多。难度相对小,但要写得情理交融,文质兼美,还是需要花一定功夫的。

一、应用文写作的基本要求

文学创作的目的是为人们提供精神食粮,应用写作的目的是为了解决现实存在的问题,

二者的写作目的不同,要求自然各异。一篇好的应用文,起码应该达到以下几个要求:

(一) 客观说事

应用文在解决具体问题过程中的作用主要表现在两个方面:一是为解决问题提供依据,二是为解决问题提供思路。这就要求说事要客观,力求真实地反映情况,一就是一,二就是二,不能添枝加叶,更不能夸张和虚构;要尊重事实,客观说事,不能臆断,不能凭空想象和联想,也不能过多的掺杂个人的感情色彩。这是应用写作与文学创作最大的区别——文学创作离不开想象和联想,允许个人感情渗透。

在客观反映问题的同时,还必须对问题进行深刻、透彻的分析,因为只有把问题分析透了,才有可能找到解决问题的正确思路,继而找到解决问题的最佳思路。与此同时,应用文中关于问题的分析要有理有据,让人信服。

(二) 主旨明确

人们阅读文学作品大多是为了消遣和愉悦身心,而阅读应用文则主要是为了工作、生活或学习。阅读文学作品,能不能正确领会作者的创作意图,能不能准确概括文章的主题,都无关紧要,只要能获得强烈的美感享受就行了;而阅读应用文,必须准确把握作者的意图,准确捕捉文章中的重要信息,正确理解文章的中心思想。换一个角度讲,阅读应用文首先要弄清楚行文者要我们做什么和应该怎么做等问题。这就为应用文写作提出了一个要求——要求写作者必须把事说清楚,让人一看就明白作者的意图,就知道应该干什么和干到什么程度等。把事说清楚最终体现为主旨明确。

主旨明确在应用文中主要体现为三点:一是主题单一,即一篇应用文只有一个主旨,作者的意图很明确。二是观点鲜明,作者的意思表达很清楚。应该做什么,不应该做什么;应该怎么做,不应该怎么做,说得清清楚楚。三是有明确的针对性,即文章所提的意见、办法和措施等,是针对什么人、什么事和什么问题而提出来的,清清楚楚。

(三) 条理清晰

应用文要把事情交代清楚,把自己的意图说明白,把道理讲透彻,条理清晰是十分关键的。条理清晰,在应用文的写作中有三个含义:

一是观点和材料互相依存,内在联系十分紧密。换句话说,观点要能够很好地统领材料,材料能够很好地说明观点。只有观点能很好地统领材料,应用文说事才能显得有条不紊。

二是事理之间的因果关系十分清晰。应用文说事最大的特点是有理有据,如一些重大的决定、决议和指示等常常用较多的文字说明因由、依据;调查报告和工作总结则要分析事情成败的原因。

三是文章结构的层次十分清晰。应用文重在说事,要把事说清楚,给人以十分清晰的印象,就必须采用条分缕析的办法,表现在文章结构的安排上就是层次十分清晰。

(四) 格式恰当

应用文的格式是约定俗成、相对固定的。应用文的格式规范,不仅便于事务处理、提高工作效率,而且便于整理、归档。与此同时,还有一种形式上的美感。比如说,一份民事诉讼状如果形式是规范的,原告、被告一目了然,诉讼事项清清楚楚,受理人很快就会理出处理的头绪来。如果形式不规范,受理人可能费很大的功夫才弄清楚谁告谁。因此,应用文的写作要求格式要规范。

规范是相对的,不是绝对的。应用文的写作,在格式规范的基础上允许有一定的灵活性,尤其是提倡在相对稳定的基础上的创新与突破,以使应用文的格式适应时代变化和社会发展的需要,增强其表现力与生命力。与此同时,应用文格式的相对稳定并不影响个人的写作风格,可以革新。但要注意,形式上的创新与发展必须与应用文所要表达的内容相适应,必须恰当。

(五)语言简洁、浅显、生动

简洁是对一切文章写作的一个基本要求,表现在应用文写作方面更为突出。简洁就是用最简练的文字准确地陈述事由、解说事理,把自己对问题的看法、主张以及解决问题的办法等清楚明白地表述出来。简洁,通俗地讲,就是不啰唆,去粉饰,言简而意明,文约而事丰。

文章是写给人看的,只有别人看得懂,作者的写作目的才能达到。尤其是应用文,其读者对象的文化层次参差不齐,更应该讲究语言的浅显。不论是讲述深刻的道理,还是表达复杂的思想,都要说得深入浅出,易于理解。

在简洁、浅显的基础上讲求生动是对应用文语言更高的要求。生动就是语言鲜活、形象、优美,富于感染力。生动的语言,可以增强文章的艺术感染力,激发读者的阅读兴趣,使文章的作用最大限度地发挥出来。

二、中国古代应用写作的优良传统

我国古人写作应用文不仅注重于说事,而且特别注重于情理渗透,力求做到晓之以理、动之以情,为后人留下了大量的典范之作,很多在今天被我们当作文学作品来看的名篇佳作其实在其产生的时候都是典型的应用文。如论理透彻的《谏逐客书》就是李斯写给秦王的"建议书";发自肺腑、情透纸背的《出师表》是诸葛亮写给后主刘禅的"建议书";字字蘸泪、使人动容的《陈情表》是李密写给晋武帝的"辞职信"。司马光的《训俭示康》、林觉民的《与妻书》都是应用文,无一不理动人心、情感肺腑。这些文章不仅情理交融,而且富于文采,言辞十分优美。

更值得关注的是,在我国古代,不只是一般的应用文讲究文采、注重情理渗透,即使是皇帝的诏令也特别讲究文采、注重情理渗透。如唐太宗的《百字敕》:"耕夫役役,多无隔宿之粮;蚕妇婆婆,少有御寒之衣。日食三餐,当思农夫之苦;身穿一缕,每念织女之劳。寸丝千命,匙饭百鞭。无功受禄,寝食难安。交有德之朋,绝无益之友;取本份之财,戒无名之酒。常怀克己之心,闭却是非之口。若以朕之斯言,富贵功名长久。"这篇短文情理交融,语言优美,具有很强的思想感染力。

与中国传统的应用写作相比,今天我们的应用写作实践、教学和研究等各个方面都走进了一种误区,最突出的一个问题是片面强调实用性与格式的规范性,忽视了人文性,致使本来形式灵活、内涵丰富,极其生动、有趣的应用写作教学活动变得呆滞、拘谨、索然无味,其直接后果是影响了应用文社会效益的发挥。

当前,要走出应用写作的误区,必须从这几个方面入手:一是要继承和发扬我国古代应用写作的优良传统,大胆地吸收和借鉴古人应用写作的成功经验;二是要淡化应用写作的"政治"色彩,让应用写作真正走进百姓生活;三是要注重应用写作的情理性,尤其是要注意应用文中的感情渗透;四是加强应用文语言的生动性和形象性,让应用文真正"活"起来。

第四节 怎样培养应用写作能力

> 对于我们每一个人来讲，不论是工作中还是生活中，随时都可能用到应用写作知识和应用写作能力——当老板、搞经营，要和别人签订经济合同，要阅读市场调查报告或经济活动分析报告；给别人打工，要签订劳动合同。权益受到侵害时，要通过不同的途径和方式维护自己的合法权益。这时可能要写上访信、投诉信，也可能要写起诉状等。因此，每一个人都应该具备最起码的应用写作能力。那么，怎样在短时间内培养好自己的应用写作能力呢？

一、加强语言组织与运用能力的训练

经过三十多年的写作理论与实践研究，我于2007年提出了"写作能力的三大构成要素"理论（见2007年5月23日《中国教师报》A3版），明确指出写作能力是由想象与联想能力、思想修养、语言组织和运用能力三大要素构成的。因此，要培养和强化写作能力必须加强这三方面能力的培养。

语言组织与运用能力是构成写作能力的核心内容，只有具备了语言组织与运用能力，论事说理、表达思想才成为可能。因此，培养应用写作能力首先要加强语言能力的训练。语言能力的训练主要包括遣词造句能力与语段组织能力两个方面。

（一）遣词造句能力

遣词造句是准确表达思想的关键，语言能力的训练，首先是遣词造句能力的训练。遣词造句能力的有效训练一般要经历四个阶段：

一是词汇的积累阶段。有了丰富的词汇积累，在实际写作中就会信手拈来，把文章写得生动活泼。积累词汇最有效的办法是通过对经典文章的反复诵读，自然而然地积累词汇。这样积累词汇，不仅能够深透理解词语的意思，而且能够很自然地掌握词语的使用规则等，是一种事半功倍的方法。这里特别要强调的是，采用集中、强背的方法积累词汇是万万不可取的，那样积累的词汇在使用中容易出现词不达意或语体色彩不当等诸多问题。

二是语感强化阶段。能不能恰到好处地使用词语造句，不仅取决于对词义的准确理解和把握，更重要的是取决于语言感受力。只有语感强，积累的词语才能运用自如。强化语感最有效的方法是选一些语言规范的文章，反复地诵读。诵读时，注意节奏、语气等，力求完美再现文章所表现的思想和情感。

三是选词炼句阶段。这一阶段的训练主要包括词语的自然使用和结合各种修辞手法的活用两项内容，这两项内容可以结合在一起训练。选词炼句的训练方法是多种多样的，如对对联、拟写手机短信、句中词语替换等都是十分有效的方法。其中，对对联的练习不受时空限制，坐车也好，散步也罢，只要触景生情来了灵感，就可以进行。

四是欣赏借鉴阶段。欣赏借鉴是提高遣词造句能力的重要一环。在这一环节中，通过品味一些词句优美的经典作品,尤其是一些古典作品,可以从中获得诸多的感悟,从而提高遣词造句能力。

(二) 语段组织能力

语言组织能力的另一重要内容是语段组织能力,也就是围绕一个明确的中心将一组句子连缀成语义连贯、语气贯通、逻辑严密的语段的能力。语段组织的关键是将围绕一个中心的一组句子按照一定的逻辑顺序,连缀成前后句衔接自然,语义自然承接,语气顺畅的一段话。语段组织能力的形成主要取决于语感,具备了较强的语感,就能够在瞬间判断句与句衔接是否自然,语气是否贯通,语义是否连贯,及时修改,将语段组织得天衣无缝。培养语感最有效的方法是选择那些语言十分规范的文章反复诵读、自然成诵,舍此,别无更好的办法。在强化语感的基础上,掌握必要的语法、逻辑和修辞知识,这样,可以通过对句段的语法与逻辑分析发现问题,把语段组织得更加规范,通过必要的修辞手法的运用,将语段组织得更加优美。

二、 加强思想修养与思维能力训练

文章主要是用来表达思想的,作者的思想内涵是否丰富、思想境界是否高尚都直接影响着文章的思想内容。因此,要写好应用文,必须加强思想方面的修养,不断丰富自己的思想内涵,提升自己的思想境界。具体应该怎么做呢? 一是多读中国文化的经典著作,如《论语》《孟子》《老子》《庄子》等;二是多读史学与哲学著作,如《史记》《资治通鉴》《唯物辩证法》等;三是多读中外的经典寓言和哲理散文等。这些作品读多了,思想内涵就会大大丰富。思想内涵丰富了,懂的道理多了,讲道理的能力自然就增强了。

不论是设计文章的结构,安排文章的内容层次,还是对文中要使用的材料的统筹,都依赖于作者的思维能力。与此同时,论事说理的旁征博引也要求作者思维敏捷。因此,要真正提高写作能力必须加强思维能力的训练。怎么训练呢? 最有效的办法是多阅读文学作品,尤其是多阅读一些诗词、神话、寓言之类能够启发想象与联想的作品。想象与联想能力强了,灵感闪现的频率就高了,写作能力自然就强了。

三、 加强人文知识的学习和积累

写作能力是一种人文素养,需要作者具备丰富的人文知识,其中包括中国文化、文学、美学、史学、语言、修辞、逻辑等多方面的知识。具备了丰富的人文知识,思想丰富,视野开阔,认识问题与分析问题的能力强,思维敏捷,写起文章来就会文思泉涌,轻松自如。例如,具备了语法和修辞知识,语言运用进入到理性的状态,表达能力自然会大大增强。

第二章　公　　文

　　公文是指处理"公务（公事）"时所使用的文书。公事是关于公家或集体的事务。更确切地讲，"公务"从狭义上讲，是指国家机关的事务性工作；从广义上讲，是指党政机关、群众团体、企事业单位等的事务性工作。

　　"公文"的使用在我国已有3000多年的历史。现存最早的中国古代公文总集是汇集了商周时代一些重要史料的《尚书》，它证明了"公文"这类应用文体在我国产生的时间至迟可以上推到3000多年以前。

　　3000多年来，"公文"在调节各种社会关系，维系社会的和谐、有序等方面发挥了十分积极的作用。当今时代，社会生活的内容多样化，各种政治与经济关系复杂化，公文的调节与维系作用显得更加重要。

第一节 公文概述

> 现代公文又称作公务文书,是党政机关、企事业单位、社会团体在处理公务时使用的具有法定效力和规范体式的一类应用文。它是传达政令,指导、布置和商洽工作,请示和答复问题,报告和交流情况,联系公务,记载工作活动的重要工具。

一、公文的特点

相对于一般应用文来讲,狭义的公文具有四个基本属性:一是公文形成的主体是党和国家机关及其他社会组织;二是公文形成的条件是行使职权和实施管理;三是公文是具有法定效力与规范格式的文书;四是公文是党和国家机关及其他社会组织处理政务、办理事务的重要工具。正是这样的几个基本属性,决定了公文具有以下几个特点。

1. 法定的作者

公文的作者必须是依法成立并能以自己的名义行使职权及承担责任的组织和个人,如党和国家的各级机关、各类组织,国家领导人,机关首长等。撰写公文不是个人行为,即使以个人名义发布公文时,发布人所代表的也是某一级机关或组织。因此,以领导人名义作为公文的作者,实际上并非以私人身份出现,而是以他所在机关法定领导人身份行使职权的一种表现。

2. 法定的权威性

具有法定地位的机关、组织,都有自己的组织系统、领导与被领导关系和职权范围,他们在行使法定职权和实施有效管理的公务活动中所制作的公文,在其管辖范围内具有法定的权威性。这些公文一经发出,在制作者的职权范围内就具有强制执行或处理事务的约束力,有关单位和个人必须严格执行和照章处理。

3. 现实执行效用

任何公文都是针对现实存在的问题和为解决现实问题而撰写和制发的,在一定的时间内撰写完成和传达,并在一定的时间内发挥作用。换句话说,公文所具有的特定效用是有一定的时间性的,即在一定的时限内对受文者具有不同程度的强制约束力。一份公文执行办理完毕,其现行效用随之消失。现行效用消失后,公文即成为档案文献。

4. 法定的处理程序

公文的制发和办理必须经过规定的程序。如公文的制发,必须经过起草、核稿、签发的程序。经过机关领导人签发的文稿才能缮印、用印和传递。任何人不得违反上述程序擅自处理。

5. 规范的体式

具有法定的规范体式是公文区别于其他文字材料的显著标志。为了维护公文的严肃性和处理公文的便利,中国标准化研究院、中共中央办公厅秘书局和国务院办公厅秘书局联合制定了《党政机关公文格式》国家标准。该标准规定了党政机关公文通用的纸张要求、非版和印制装订要求、公文格式各要素的编排规则,并给出了公文的式样。这一标准由中华人民共和国国家质量监督检验检疫总局和国家标准化管理委员会2012年6月29日发布,于2012年7月1日正式实施。

二、公文的作用

公文是传达、贯彻党和国家的各项方针政策,表达法定作者的意图,处理日常事务、联系工作等的重要工具。其作用主要表现在以下几个方面。

1. 指挥、指导和管理作用

党政机关、企事业单位、群众团体,都在特定的范围内具有组织、指挥、管理和指导的职权,为了行使其职权和处理社会事务,就要制发公文来制定方针政策,进行工作部署,以及对一些重要事项提出意见、措施和办法,而这些公文对于下级来讲,都具有指挥、指导作用。如在党政公文中,命令、决定、决议、指示、批复等文种,就属于指挥、指导性的下行公文。与此同时,各机关、单位通过制发公文来表达意图,组织、协调和管理各方面的工作,实现管理职能。

2. 联系与沟通的作用

通过公文,各机关、单位之间互相联系、交流信息、沟通情况,使上情下达,下情上传,平行单位之间情报互通。这样,对上级来讲,可以提高决策的针对性和措施的有效性;对下级和平行单位来讲,有利于明确当前的工作内容和工作重点,确保工作和谐有序地开展。如下行文中的公告、通告、公报、通知、通报,上行文中的报告、请示,还有作为平行文的函,都有交流信息的基本功能。

3. 凭证和依据作用

公文还有明显的凭证和依据作用。上级发布的下行文,是下级机关开展工作的依据;下级上报的公文,是上级决策的依据;一个机关自己制作的公文,是自己履行职能、开展工作的真实记录和凭证。

4. 教育和宣传的作用

公文是传达、贯彻党和国家的方针政策的重要工具,具有宣传和教育的作用。其中的相当一部分直接向干部和群众宣传党和国家的方针政策,宣传先进单位和先进个人的事迹和经验,报道各条战线所取得的成就,发挥着统一思想,振奋精神,宣传、教育和鼓动的作用。

5. 商洽、协调作用

很多工作,单凭一个单位很难顺利完成,往往需要相关单位给以配合、帮助。这样,地区与地区、单位与单位之间,就需要加强联系,互相协商,加强配合。公文中的一部分文种在其中就发挥着商洽、协调的作用。如"函"这一文种,可以在没有隶属关系的机关之间起到沟通、协调的作用,使各个机关形成一个有机的整体,协作完成某项任务。

三、公文的基本格式

由中国标准化研究院、中共中央办公厅秘书局和国务院办公厅秘书局联合制定,中华人民共和国国家质量监督检验检疫总局和国家标准化管理委员会2012年6月29日发布,

2012年7月1日正式实施的《党政机关公文格式》国家标准对现行公文的格式做了明确的规定。该标准可以在网上下载,这里我们就不赘述了。

第二节 决　　议

【话题与案例】

为了吸收更多的优秀青年加入党组织,某省党委扩大会议对省教育厅党委提交的《关于品学兼优大学生入党问题的几点意见》进行了认真的审议,最后经过表决做出决议:一是对品学兼优且获得校级以上(含校级)优秀共青团员、三好学生、道德模范等荣誉称号的在校大学生,经征得本人同意由各校党委直接纳入入党积极分子培养;二是全省教育系统各级党的组织和全体党员要善于发现并积极鼓励和推荐品学兼优的大学生加入党组织。这一决议要成文下发全省教育系统各级党委和全体党员贯彻执行,应该怎么写?

【基础知识】

决议是指党或国家领导机关就重要事项,经会议讨论通过集体决策之后,要求贯彻执行时所用的一种重要的下行文。《党政机关公文处理工作条例》第八条关于决议功能的表述:适用于会议讨论通过的重大决策事项。由这一表述可知:决议这一文种适用于各级党或国家领导机关就有关重大事项进行会议讨论并通过集体决策之后需要对外公布或以文件形式下发要求贯彻执行时所使用的文种。

【基础知识】

一、决议的特点

1. 决策性

决议是针对重大问题和重大事项所做出的决策,一经形成,就会在较大范围内对党或政府的工作和社会生活造成重大影响。例如,"文化大革命"结束后不久中央发布的《关于建国以来党的若干历史问题的决议》,对统一党内思想起了十分突出的作用。

2. 权威性

决议是经过党或国家领导机关会议讨论通过才能生效并由党或国家领导机关发布的,是党或国家领导机关意志的反映。决议的内容事关重要决策事项,一经公布,全党、全国上下都必须坚决执行,认真落实,不得违背,即决议具有很强的权威性。

3. 严格的程序性

决议必须经会议讨论,并经表决通过之后才能形成,有严格的程序性。

4. 指导性

决议表述的观点和对事项的评价都具有指导意义。

二、决议的分类

从大的层面分,决议可分为通过文件的决议和批准专题性问题或事项的决议两种。

进一步从会议讨论的事项上来划分,决议主要分为批准法规文件和重大决策的决议(如《中国共产党第十八次全国代表大会关于〈中国共产党章程(修正案)〉的决议》)、批准工作报告的决议、总结历史经验的决议(如《关于建国以来党的若干历史问题的决议》)和工作性的决议(如《中共中央关于加强社会主义精神文明建设若干问题的决议》)。

三、决议和决定的区别

决定是党政领导机关对重要事项或重大行动做出决策、安排和规定的指导性、指挥性公务文书。决议和决定的区别主要表现在以下几个方面:

1. 制作程序不同

决议须经某一级机关或组织机构的法定会议对某一议题进行集体讨论,由法定多数表决通过,然后形成正式文件,并以会议的名义公布。而决定不一定经过法定会议讨论通过的程序;它既可以是某种会议讨论研究的成果,形成正式文件予以公布,也可由各级领导机关直接制作并予以公布。因此,可以认定,凡未经有关法定会议讨论通过这一程序,而是以领导机关的名义发布的议决性文件,就只能使用决定。

2. 约束力不同

决议一律要求下级机关执行。而决定只有"部署性决定"才要求下级机关执行,"宣告性决定"只起知照性作用,一般不要求下级机关执行。

3. 使用方面的差异

由会议或领导机关直接制定发布行政法规,用决定。由会议审议批准某项议案、重要报告、法规,用决议,所审议批准的条文作为决议的附件。

【写作指导与范例】
决议的写作要点
决议由首部和正文两个部分组成。

1. 首部

首部包括标题和成文时间两个项目。

(1)标题。决议的标题有两种形式:一种是由发文机关(或会议名称)、事由和文种构成;另一种是事由和文种构成。

(2)成文时间。即决议正式通过的日期,一般放在标题下,在小括号内注明会议名称及通过时间,也可只写年月日。

2. 正文

正文由决议缘由、决议事项和结语三个部分组成。

(1)决议缘由:一般简要说明有关会议审议决议涉及事项的情况,陈述做出决议的原因、根据、背景、目的或意义。这一部分在比较简短的决议中有时候不单列,如《中国共产党第十八次全国代表大会关于中央纪律检查委员会工作报告的决议》。

(2)决议事项:写明会议通过的决议事项,或会议对有关文件、事项做出的评价、决定,或对有关工作做出的部署安排和要求、措施。如《中国共产党第十八次全国代表大会关于中央纪律检查委员会工作报告的决议》第一层简要说明了会议审查、批准的事项;第二层是对决议所涉及的十七届中央纪律检查委员会的工作的肯定性评价；第三层是对中央和地方各级纪律检查委员会今后工作的要求。

（3）结语：一般紧扣决议事项有针对性地提出希望、号召和执行要求。有的决议可不单列这部分。

【范例 2-1】

中国共产党第十八次全国代表大会
关于中央纪律检查委员会工作报告的决议

（2012 年 11 月 14 日中国共产党第十八次全国代表大会通过）

中国共产党第十八次全国代表大会审查、批准了中央纪律检查委员会的工作报告。大会充分肯定了十七届中央纪律检查委员会的工作。

大会认为，党的十七大以来，在党中央坚强有力的领导下，经过全党全社会的共同努力，党风廉政建设和反腐败工作取得新的明显成效，为党和国家事业发展提供了有力保障。

大会要求，中央和地方各级纪律检查委员会，要高举中国特色社会主义伟大旗帜，以邓小平理论、"三个代表"重要思想、科学发展观为指导，全面履行党章赋予的职责，坚持围绕中心、服务大局，坚持标本兼治、综合治理、惩防并举、注重预防方针，紧紧围绕党的先进性和纯洁性建设，认真做好惩治和预防腐败各项工作，深入推进党风廉政建设和反腐败斗争。各级党委要继续加强对纪律检查工作的领导，把党风廉政建设和反腐败工作放在更加突出的位置，着力加强以保持党同人民群众血肉联系为重点的作风建设，深入推进以完善惩治和预防腐败体系为重点的反腐倡廉建设，认真解决反腐倡廉建设中人民群众反映强烈的突出问题，进一步提高反腐倡廉建设科学化水平，做到干部清正、政府清廉、政治清明，为落实党的十八大做出的各项重大决策和战略部署提供有力保证。

【提示】范例 2-1 是一则批准性决议。这则决议篇幅短小，决议缘由和结语都没有单列，而是融入"决议事项"之中。这则决议的决议事项部分不仅简要说明了会议审查、批准的事项，对决议所涉及的十七届中央纪律检查委员会的工作做了肯定性评价，而且对中央和地方各级纪律检查委员会今后的工作提出了明确的要求。

【实战训练】

本课话题所涉及的决议属于工作性决议，这类决议开篇一般要交代决议做出的根据、背景、目的等，接着交代决议事项，最后强调贯彻决议的意义，提出贯彻决议的要求。请以《××省党委关于做好发展品学兼优大学生党员工作的决议》为题拟写这一决议，字数 500 字左右。

第三节 决 定

【话题与案例】

近一个时期以来，某学院校园内张贴的各种文告大量存在文种使用混乱、格式不规范、语法和逻辑错误很多等问题，这一情况不仅影响了校园文化的健康，对同学们学习和使用应用文造成误导,而且直接影响学院的形象。有鉴于此,院长办公会议决定:从下一个学期开始,面向所有大一入学新生开设应用写作课,其他各年级学生在毕业前补开应用写作课,因此,各系务必要做好教学计划的调整和安排,确保课程的顺利开设。除了面向全体学生开设应用写作课外,此次会议还决定,凡今后校园内张贴的各种文告,实行系、部质量负责制——每件文稿发布前,系、部要有专人负责对文稿进行审核,确保文种使用规范,语言规范,行文格式正确。请您就以上决定拟写一份文件下发给各系部,这份文件该怎么写呢?

【基础知识与范例】

决定是对重要事项或重大行动做出决策或安排,并要求机关各部门和下级机关或有关单位贯彻执行或知晓的公文。《党政机关公文处理工作条例》(见本章【附录】)关于决定这一文种的描述:适用于对重要事项做出决策和部署、奖惩有关单位和人员、变更或者撤销下级机关不适当的决定事项。

一、决定的分类

根据具体用途和内容的不同,决定一般有以下两类。

1. 指挥性决定

指挥性决定也称部署性决定。这类决定是针对某方面的工作、某一类问题或某项重大行动所做出的安排,如《国务院关于第六批取消和调整行政审批项目的决定》。这类决定具有指示、计划的性质和法规性、权威性、指导性的特点,要求有关方面必须认真贯彻执行。

【范例 2-2】

国务院关于取消一批职业资格许可和认定事项的决定
国发〔2016〕68 号

各省、自治区、直辖市人民政府,国务院各部委、各直属机构:

经研究论证,国务院决定取消 114 项职业资格许可和认定事项,现予公布。同时,建议取消 1 项依据有关法律设立的职业资格许可和认定事项,国务院将依照法定程序提请全国人民代表大会常务委员会修订相关法律规定。

减少职业资格许可和认定事项是推进简政放权、放管结合、优化服务改革的重要内容,也是深化人才发展体制机制改革和推动大众创业、万众创新的重要举措。各地区、各部门要从全面深化改革特别是供给侧结构性改革的大局出发,进一步转变职能、转变观念、提高认识,加大职业资格许可和认定事项清理力度,不断降低人才负担和制度成本,持续激发市场和社会活力,促进就业创业。对已经取消的职业资格许可和认定事项,人力资源社会保障部要会同有关部门加强跟踪督查,及时组织"回头看",确保清理到位,防止反弹。要抓紧公布实施国家职业资格目录清单,清单之外一律不得许可和认定职业资格,清单之内除准入类职业资格外一律不得与就业创业挂钩。要加强对职业资格设置、实施的监管和服务,对违法违规设置、实施的职业资格事项,发现一起,查处一起。要推动职业资格信息共享,提高信息化服务水平,逐步建立持证人员信用管理体系,严肃查处证书挂靠、寻租等行为。要妥善处理职业资格许可和认定事项取消后续工作,研究制定职业标准和评价规范,搞好政策衔接,确保人才队伍稳定。

> 附件：国务院决定取消的职业资格许可和认定事项目录（共计114项）
>
> 国务院
2016年12月1日

【提示】范例2-2是一项指挥性决定，其内容是关于取消职业资格许可和认定事项的，具有法规性、指示性和指导性。正文主体部分首先讲了取消这些职业资格许可和认定的意义，接着对各地区和各部门提出了工作要求。

2. 知照性决定

知照性决定用于宣布重大事项，一般只需受文者知晓，无须办理。知照性决定主要用于表彰先进、处理有关事件与人员、设置机构、安排人事、公布重要事项等。这类决定，篇幅较短，开门见山，简洁明了。

【范例2-3】

> ### 国务院关于修改《全国年节及纪念日放假办法》的决定
> （2013年12月11日第644号国务院令）
>
> 国务院决定对《全国年节及纪念日放假办法》作如下修改：
> 将第二条第二项修改为："（二）春节，放假3天（农历正月初一、初二、初三）"。
> 本决定自2014年1月1日起施行。
> 《全国年节及纪念日放假办法》根据本决定作相应的修改，重新公布。
>
> ### 全国年节及纪念日放假办法
> （2013年12月11日第三次修订）
>
> 第一条　为统一全国年节及纪念日的假期，制定本办法。
> 第二条　全体公民放假的节日：
> （一）新年，放假1天（1月1日）；
> （二）春节，放假3天（农历正月初一、初二、初三）；
> （三）清明节，放假1天（农历清明当日）；
> （四）劳动节，放假1天（5月1日）；
> （五）端午节，放假1天（农历端午当日）；
> （六）中秋节，放假1天（农历中秋当日）；
> （七）国庆节，放假3天（10月1日、2日、3日）。
> 第三条　部分公民放假的节日及纪念日：
> （一）妇女节（3月8日），妇女放假半天；
> （二）青年节（5月4日），14周岁以上的青年放假半天；
> （三）儿童节（6月1日），不满14周岁的少年儿童放假1天；
> （四）中国人民解放军建军纪念日（8月1日），现役军人放假半天。
> 第四条　少数民族习惯的节日，由各少数民族聚居地区的地方人民政府，按照各该民族习惯，规定放假日期。

> 第五条 二七纪念日、五卅纪念日、七七抗战纪念日、九三抗战胜利纪念日、九一八纪念日、教师节、护士节、记者节、植树节等其他节日、纪念日,均不放假。
> 第六条 全体公民放假的假日,如果适逢星期六、星期日,应当在工作日补假。部分公民放假的假日,如果适逢星期六、星期日,则不补假。
> 第七条 本办法自公布之日起施行。

【提示】范例2-3是一则知照性的决定,其行文目的是希望受文者知晓有关情况,并向各地方人民政府和基层单位提出了有关意见。正文部分采用条款式,分别就各个年节和纪念日放假的时间作了明确规定。

【写作指导】
决定的写作要点
决定一般由标题、正文和落款三个部分组成。

1. 标题

标题一般要求三要素俱全。做出决定的机关或通过决定的会议名称+决定的事由+文种。

2. 正文

正文一般由决定依据、决定事项、结语三个部分构成。

决定依据部分应写明发布决定的原因、目的、根据、背景或意义。内容较少、涉及大家比较熟悉的工作的决定,这部分可略写。对大家不熟悉的、事关重大的工作决定,这一部分应讲清楚、讲透彻,以使受文方面充分理解行文意图,更好地去贯彻执行决定。

决定事项,这是决定的主要部分,要写明决定事项的具体内容,诸如对某项工作确定的原则、提出的要求、做出的规定、提出的措施办法;对某事某人表明的态度、做出的安排或处置;对某一文件表示批准的意见等。根据不同情况,这部分内容可多可少,或长或短,都要写得明确具体、态度鲜明、行文干脆、语言准确、简明。

结语,简要提出希望或号召,是对决定事项的强调或补充,以唤起受文方对决定事项的重视,也有的决定可不单写结语部分而将其内容列入决定事项之中。

决定正文的结构可以根据内容的多少,分别采用篇段合一式、总分条文式或者板块式。

(1)篇段合一式。对于内容单一的决定,只要用一两句话,将决定的根据和决定的事项说明即可。

(2)总分条文式。有的决定,事项较多,为使条理清楚,叙述简明,把决定下来的若干问题,按主次列出若干条或者若干项,并用数码标明,一段讲一件事或阐明一个中心问题。一般说,条文式不要求段与段之间紧密衔接,一段一个内容,一段一个层次,条理清楚明了。

(3)板块式。板块结构法多用于阐述性较强的决定。这种写法,就是把全文分成几个部分,每一部分叙述一个中心意思。

3. 落款

凡会议通过的决定,通常在标题之下加括号签注通过决定的会议名称和通过时间。由领导人以命令等签发的决定,"决定"文本部分一般没有落款,如【范例2-3】。

这里特别要说明的是,有关表彰和处分的决定,一般由标题、正文、制发机关和制发时间组成。正文包括受表彰或犯错误者的情况,主要事迹或错误事实,以及决定的事项。这类决定一般都附有典型材料或案情调查报告。

【实战训练】

本课案例中要求写的这个"决定",是一项指挥性决定。这份决定主体部分包含三个内容:一是决定做出的背景和执行决定的意义,二是院长会议所作决定的内容,三是要求各院系和部室应做好哪些工作。请您根据提示拟写一下这份决定。

第四节 命 令

【话题与案例】

某市为了创建全国卫生城市,借以优化该市的人居生活环境,决定开展"市容环境百日整治"活动,这一活动必须有全体市民的积极参与才能取得良好的效果。为此,该市人民政府决定向全体市民发出动员令,号召全体市民积极参与到活动中来。这则动员令应该怎么写?

【基础知识与范例】

命令,也叫令。《党政机关公文处理工作条例》第八条就命令的适用情形做出规定:适用于公布行政法规和规章、宣布施行重大强制性措施、批准授予和晋升衔级、嘉奖有关单位和人员。

"命令"和"令"是一种文体的两个名称。两个名称的使用有这样的规律:如果标题中有主要内容一项,一般用"命令"这一名称,如《国务院、中央军委关于授予钱学森同志"国家杰出贡献科学家"荣誉称号的命令》;如果标题中没有主要内容一项,由发令机关加文种组成,一般用"令"这一名称,如《中华人民共和国建设部令》。

一、命令的特点

1. 权威性和强制性

命令是所有公文中最具权威性和强制性的下行文种。命令一经发布,受令者必须绝对服从,没有商量的余地,更不允许抵制和违反。

受权威性和强制性特点的制约,命令只能用于重大决策性事项,如发布重要的行政法规和规章,宣布实行重大强制性行政措施,以及奖励有重大贡献或事迹十分突出的人员等。

2. 使用权限有严格的限制

命令虽是行政公文的主要文体,但并不是所有行政机关都有权发布命令。按照《中华人民共和国宪法》和《中华人民共和国各级人民代表大会和地方各级人民政府组织法》的有关规定,只有全国人民代表大会的常务委员会、委员长,国家主席,国务院和国务院总理,国务院各部委及其部长、主任,地方各级人民政府和各级人民代表大会,才有权力发布命令。其他各种企事业单位、党团组织和社会团体,均无权发布命令。党的领导机关可以和同级人民政府联合发布命令,但是要以行政公文的面目出现。

二、命令的分类

根据内容和作用的不同,命令主要分为行政令、公布令和嘉奖令三种类型。

1. 行政令

行政令是中央人民政府、中央军委、国务院及其各部门、县以上地方各级人民政府宣布施行重大强制性行政措施时发布的命令。动员令、特赦令、戒严令都属于行政令。

【范例2-4】

向全国进军的命令
(一九四九年四月二十一日)

各野战军全体指挥员战斗员同志们,南方各游击区人民解放军同志们:

由中国共产党的代表团和南京国民党政府的代表团经过长时间的谈判所拟定的国内和平协定,已被南京国民党政府所拒绝。南京国民党政府的负责人员之所以拒绝这个国内和平协定,是因为他们仍然服从美国帝国主义和国民党匪首蒋介石的命令,企图阻止中国人民解放事业的推进,阻止用和平方法解决国内问题。经过双方代表团的谈判所拟定的国内和平协定八条二十四款,表示了对于战犯问题的宽大处理,对于国民党军队的官兵和国民党政府的工作人员的宽大处理,对于其他各项问题亦无不是从民族利益和人民利益出发作了适宜的解决。拒绝这个协定,就是表示国民党反动派决心将他们发动的反革命战争打到底。拒绝这个协定,就是表示国民党反动派在今年一月一日所提议的和平谈判,不过是企图阻止人民解放军向前推进,以便反动派获得喘息时间,然后卷土重来,扑灭革命势力。拒绝这个协定,就是表示南京李宗仁政府所谓承认中共八个和平条件以为谈判基础是完全虚伪的。因为,既然承认惩办战争罪犯,用民主原则改编一切国民党反动军队,接收南京政府及其所属各级政府的一切权力以及其他各项基础条件,就没有理由拒绝根据这些基础条件所拟定的而且是极为宽大的各项具体办法。在此种情况下,我们命令你们:

(一)奋勇前进,坚决、彻底、干净、全部地歼灭中国境内一切敢于抵抗的国民党反动派,解放全国人民,保卫中国领土主权的独立和完整。

(二)奋勇前进,逮捕一切怙恶不悛的战争罪犯。不管他们逃至何处,均须缉拿归案,依法惩办。特别注意缉拿匪首蒋介石。

(三)向任何国民党地方政府和地方军事集团宣布国内和平协定的最后修正案。对于凡愿停止战争、用和平方法解决问题者,你们即可照此最后修正案的大意和他们签订地方性的协定。

(四)在人民解放军包围南京之后,如果南京李宗仁政府尚未逃散,并愿意于国内和平协定上签字,我们愿意再一次给该政府以签字的机会。

中国人民革命军事委员会主席 毛泽东
中国人民解放军总司令 朱　德

【提示】《向全国进军的命令》是毛泽东同志亲笔起草并签署的。这篇公文,态度鲜明,结构严谨,体式得当,是一篇代表之作,为我们撰写"命令"提供了一个很好的范例。本文的开头是称谓,表明了下达命令的对象。正文前大半部分是缘由,交代了为什么要发出这样的命令;正文后半部分是下达了四条命令,这是公文的核心。最后是落款,说清了是谁下达的命令。通篇结构严谨,逻辑性强,体式得当。

2. 公布令

公布令也称作发布令、颁布令。它是国家机关和有关部门用来公布法律、发布行政法规和规章的命令。这类命令之后一般附有法律法规和规章的全文。公布令一般由四个方面的内容组成:发布对象、发布依据、发布决定和执行要求。公布令篇幅短小,四个方面的内容并不各自独立成段,而是篇段合一。

【范例 2-5】

中华人民共和国国务院令

第 652 号

《事业单位人事管理条例》已经 2014 年 2 月 26 日国务院第 40 次常务会议通过,现予公布,自 2014 年 7 月 1 日起施行。

总理　李克强

2014 年 4 月 25 日

【提示】范例 2-5 中,《事业单位人事管理条例》是发布对象,"2014 年 2 月 26 日国务院第 40 次常务会议通过"是发布依据,"现予公布"是发布决定,"自 2014 年 7 月 1 日起施行"是执行要求。

3. 嘉奖令

嘉奖令是机关、单位为嘉奖有关人员或有功集体而发布的命令。嘉奖令正文一般由嘉奖原因、嘉奖内容和希望构成,具有极强的号召力。嘉奖令一般由先进事迹、性质和意义、奖励项目、希望和号召四部分组成。

【写作指导】

命令的写作要点如下。

1. 标题

命令(令)的标题有三种构成形式:

(1) 由发令机关名称、主要内容、文种构成。如《中华人民共和国国务院关于发行新版人民币的命令》。

(2) 由发令机关名称或发令人身份加文种组成。如《郑州市人民政府令》《中华人民共和国主席令》。

(3) 由主要内容加文种组成。如《向全国进军的命令》。这种形式应用较少。

2. 正文

公布令、嘉奖令的结构和内容,前面已有介绍。这里着重介绍行政令的写法。

行政令的正文按照公文的常规模式进行写作,由三个部分组成:

(1) 写发布命令的原因、根据、目的、意义等。这一部分原则上不宜过长,但有时原因复杂、意义重大,也可以用较多文字表述。如《向全国进军的命令》,这一部分就占了全文的二分之一左右。

（2）写命令事项。也就是要求受命者做些什么、怎么做、做到何种程度等。这部分内容复杂,层次较多,一般都需要分条表达,以便眉目清楚。

（3）写执行要求。如由何单位负责执行,从何时起开始执行等。这部分内容单纯,篇幅短小。

3. 签署和日期

这部分写明发布命令的机关或个人,以及发布日期。

【思路拓展】

武帝求茂才异等[1]诏

盖有非常之功,必待非常之人。故马或奔踶[2]而致千里,士或有负俗之累而立功名。夫泛驾[3]之马,跅弛[4]之士,亦在御之而已。其令州郡察吏民,有茂材异等可为将相,及使绝国[5]者。

【注释】

[1] 茂才：西汉称秀才,东汉避汉光武帝刘秀之讳改称茂才,又常称作"茂才异等"。茂才的选拔只是对于有特异才能和有非常之功的低级官吏的提拔。被举为茂才的人多授以县令或相当于县令的官衔。而孝廉选拔的对象多是布衣平民,被举为孝廉的人初次给予的官职多是郎,然后再由郎擢升为县令。因此,茂才的起家官要比孝廉高。茂才,指优秀的人才。异等,才能出类拔萃的人。[2] 奔踶(dì)：奔驰,踢人。意谓不驯服。[3] 泛(fěng)驾：把车子弄翻,指不受驾驭。[4] 跅(tuò)弛：放纵不羁。[5] 绝国：极为辽远的邦国。

【提示】诏书是皇帝布告天下臣民的文书。这篇文章是汉武帝为建功立业发出的选拔人才的命令。文章强调了建立功业与发现人才的密切关系,提出了大行不避细节的选拔原则。这篇诏书文字精练,表现了大汉天子爱才的宽阔胸襟。

【实战训练】

本课案例中要写的这则命令是行政令中的动员令,其发布目的是号召全体市民积极参与到全国卫生城市的创建中来,因此,其正文部分要重点写好两个方面的内容：一是强调开展此项活动的重大意义,二是写清楚全体市民参与的方式、途径,以及要做的工作等。请同学们用500～800字的篇幅完成这则动员令。

第五节　公　　报

【话题与案例】

某市人民政府于某年某日召开了一次扶贫工作专题会议。这次会议上做出了一项重大决定：为了使一些山区的贫困家庭从根本上脱贫,该市除了每年拿出2500万元的专项资金资助山区贫困家庭子女中的高中毕业生完成大学或中等职业学校学业外,这些学生毕业后由市人力资源和劳动保障部门优先安置就业。现在要将这一重大决定以公报的形式予以发布,这则公报应该怎么写?

【基础知识与范例】

公报也称新闻公报,是党政机关和人民团体公开发布重大事件或重要决定的报道性公文,是党和国家机关经常使用的重要文种。《党政机关公文处理工作条例》关于这一文种的描述是:适用于公布重要决定或者重大事项。

一、公报的特点

1. 权威性

公报是用于公开发布重大事项或重要决定的公文,其所载内容具有绝对的权威性。

2. 新闻性

公报是周知性公文,经常在报刊、广播、电视、互联网上发布,是党和政府正式发布的"官方"报道。它的作用是能将党或政府以及人民团体的重大事项或决定事项,迅速广泛地传递到国内外。因此,公报具有极强的新闻性。

二、公报的分类

公报依据发文主体的不同分为两类:一类是党政机关或团体发布重大事项、重要决定的公报;另一类是联合公报。党政机关或团体发布的公报也叫新闻公报,可因内容的不同分为事项性公报和会议公报两种;联合公报是用于两个或两个以上国家的政府、政党、团体的代表就会谈、访问等事宜所发表的公报。

【范例 2-6】

中国共产党第十八届中央纪律检查委员会
第一次全体会议公报

(2012 年 11 月 15 日中国共产党第十八届中央纪律检查委员会第一次全体会议通过)

中国共产党第十八次全国代表大会选举产生的中央纪律检查委员会,于 2012 年 11 月 15 日在北京举行第一次全体会议。王岐山同志主持会议。

中央纪律检查委员会委员应到 130 人,实到 129 人。全会选举了中央纪律检查委员会书记、副书记和常务委员会委员,报中央委员会批准。

与会同志列席了中国共产党第十八届中央委员会第一次全体会议。

【提示】 范例 2-6 是一份会议公报,其中不仅概述了会议的名称、时间、地点、参加人员,而且就会议的主要内容进行了发布。

【写作指导】

公报包括首部、正文和尾部三个部分。

1. 首部

首部包括标题和成文时间。

（1）标题。公报的标题常见的有三种形式：一种是直写文种《新闻公报》；第二种是由会议名称和文种构成；第三种是联合公报，由发表公报的双方或多方国家的简称、事由、文种构成。

（2）成文时间。用括号在标题之下正中位置注明公报发布的时间。

2. 正文

正文包括开头、主体两部分。

（1）开头。即前言部分。事件性公报要求用最鲜明，最精练的语言概述事件的核心内容，即何时、何地、发生了什么重大事件；会议性公报要求概述会议的名称、时间、地点、参加人员等；联合公报要求概述公报的来由，即在何时、何地、谁与谁举行了什么会谈或谁对谁进行了什么性质的访问等。

（2）主体。是公报的核心内容，要求把公报的内容完整、系统、有序地表达清楚。常见的有三种写作形式：一种是分段式，即每段说明一层意思或一项决定；第二种是序号式，多用于内容复杂、问题头绪较多的公报；第三种是条款式，多用于联合公报。

3. 尾部

事项性公报和会议性公报一般没有尾部；联合公报常常要在正文之后写明双方签署人的身份、姓名、年、月、日期，并写明签署地点。

【实战训练】

本课案例中要写的公报是一则发布重大决定的公报，开头部分交代什么时间召开了什么会议，主体写会议上做出了什么样的重要决定。请用300字左右的篇幅完成这则公报。

第六节 公 告

【话题与案例】

2016年9月19日，××社办公厅对外发布了一份文稿。全文内容如下：

××社办公厅公告

最近，有人向××社办公厅反映：一名叫李××的人，以"香港××社亚洲论坛周刊社"社长的名义在境内外从事活动。为此，××社办公厅特公告如下：

1. ××社在香港没有"亚洲论坛周刊社"的机构。

2. ××社没有办过"亚洲论坛"活动，更没有办过"亚洲论坛周刊"。

我们郑重提醒各界，谨防上当受骗。

××社办公厅
2016年9月19日

请同学们先认真阅读一下这份文告。在学了"公告"这一课之后，再回头审视一下这份文告都存在哪些问题。

【基础知识与范例】

《党政机关公文处理工作条例》规定："（公告）适用于向国内外宣布重要事项或者法定

事项。"从这一规定可知：公告发布的范围大，受众面广，面向国内发布的一般公开发布至全国各个地方，面向国外发布的力求信息传播至世界各个角落。用公告发布的内容一般是需要全国范围内或世界范围内的人们普遍知晓，或者是全国或全世界范围内的有关单位、团体或个人需要注意的事项。以上两点决定了公告的使用主体级别较高——公告的使用主体主要为国家权力机关及其职能部门，如全国人民代表大会及其常务委员会，国务院及其各部门，各省、市、自治区人民代表大会及其常务委员会等。此外，新华社、司法机关以及其他一些政府部门也可以根据授权使用公告。一般机关和基层单位不能制发公告。

一、公告的分类

根据公告的内容和使用情形来分，公告可以分为两大类。

（一）重要事项公告

这类公告所发布的内容主要是有关国家的政治、经济、军事、科技、教育、人事、外交等方面需要告知全民的重要事项。常见的有国家重要领导岗位的变动，领导人的出访或其他重大活动，重要科技成果的公布，重要军事行动等等。如全国人大常务委员会关于确认全国人大代表资格的公告，新华社受权宣布我国将进行向太平洋发射运载火箭试验的公告，都属此类公告。此外，法律法规的颁布也属此类。

【范例2-7】

关于国土资源举报、咨询统一使用 12336 特服号码的公告

为深入开展党的群众路线教育实践活动，进一步改进工作作风，全面提升服务能力，更大程度地方便群众举报国土资源违法线索和寻求政策法律帮助，切实维护群众合法权益，决定自2014年1月1日起，将国土资源违法举报电话（12336）与中国土地矿产法律热线（16829999）整合，统一使用 12336 特服号码。两线整合后，国土资源违法举报和国土资源政策法律咨询业务统一由 12336 受理，原 16829999 号码停止使用。

特此公告。

国土资源部
2013年12月31日

【提示】范例2-7是一则关乎国计民生的重要事项的公告，由国务院职能部门发布，发布范围是全国。这则公告发布主体、公告内容和发布范围都符合"公告"使用的条件。

（二）法定事项的公告

这里所谓的法定事项，是指那些根据法律规定必须使用公告发布的事项。这类公告发布的依据是有关法律和法规。如《中华人民共和国专利法》规定，确认发明专利的，要予以公告；《中华人民共和国商标法》规定的申请注册商标的公告；《中华人民共和国民事诉讼法》规定的权利人登记公告、送达公告、开庭公告、宣告失踪公告、宣告死亡公告等等。

二、公告的特点

公告是行政公文中使用主体和发布内容限定都十分严格的一种，其特点主要表现在以下几个方面。

（一）使用主体的限定性

由于公告宣布的是重大事项和法定事项，发文的权力被限制在高层行政机关及其职能部门的范围之内。具体说，国家最高权力机关（人大及其常委会），国家最高行政机关（国务院）及其所属部门，各省、自治区、直辖市行政领导机关，某些法定机关，如税务局、海关、铁路局、人民银行、检察院、法院等，有制发公告的权力。其他地方行政机关，一般不能发布公告。党团组织、社会团体、企事业单位，不能发布公告。

（二）发布内容的重大性和法定性

用公告发布的内容都是重大事项或法定事项，其中的重大事项就全国范围来讲，是全民都应该知晓的重要事情；就世界范围来讲，是能够产生重大国际影响或是全世界都会关注的事情。用公告发布的法定事项，即有关法律法规规定应当用公告告知有关当事人的事项——这其中的一个关键点是当事人有可能身处全国任何一个地方，不用公告发布就可能传达不到位而出现错漏等问题。如《中华人民共和国专利法》第三十九条规定："发明专利申请经实质审查没有发现驳回理由的，专利局应当做出审定，予以公告。"《中华人民共和国企业破产法（试行）》第九条规定："人民法院受理破产案件后，应当在十日内通知债务人并且发布公告。"《国务院公务员暂行条例》第十六条规定，录用国家公务员要"发布招考公告"，等等。

特别应该注意的是，有关法律法规关于公告使用的规定带有或然性，如《城市房屋拆迁管理条例》第十条规定："房屋拆迁许可证一经发放，房屋拆迁主管部门应当将拆迁人、拆迁范围、搬迁期限等以房屋拆迁公告或者其他形式予以公布。"在房屋拆迁时，这一规定中的"其他形式"是最常用的，公告只在非常情况下使用，这一点必须明确。

（三）发布范围的广泛性

公告的发布范围很大，面向国内发布的，一般要发至全国各个地方，面向国外发布的，一般要发至世界各个角落。

三、公告使用的条件

在所有的行政公文中，公告是错用现象比较普遍的一个文种。如下面两则错例。

【错例一】

××传媒集团《今日××》周年报庆公告

今年 5 月 21 日是本报创刊一周年纪念日，自 4 月 21 日报庆活动月启动以来，报庆系列活动得到了广大读者的热忱关注和倾力支持，为答谢读者一年来的关心与厚爱，本报决定于 2017 年 5 月 17 日晚 7 时整，于咸阳××大酒店举办以"感恩、成长、分享"为主题的盛大读者欢庆（抽奖）晚会，现就晚会参与方式公告读者：

一、根据一年来的阅读忠诚度及活动参与度的综合数据资料，本次晚会共邀请 521 名咸阳幸运读者参加；

二、521 名接到本报邀请的读者，请持晚会组委会近日集中发放的蓝色奖牌，并穿着本报发放的报庆文化衫于当晚提前半小时入场（抽奖牌和文化衫就是你的"入场券"）；

三、凡是接到本报邀请参会的读者，请主动配合工作人员做好个人基本信息登记，以供现场抽奖时核对，如资料不符或恶意编造虚假信息，将被取消抽奖资格；

四、晚会现场注意事项及521名幸运读者名单公示详情,请继续关注本报今日将会发布的相关报庆公告。

特此公告。

《今日××》周年报庆组委会
2017年5月14日

【提示】本案例中这则文告要发布的内容对一个城市的政治与经济生活来讲算不上"重大事项",也不是法定事项,这是其一;其二,这则文告的发布主体不具备制发公告的资格;其三,这则文告的发布范围也仅限于一个城市的范围。不论从哪个构成要素来看,这则文告都不能使用公告来发布。那么,使用什么文种发布合适呢?可以用启事。

【错例二】

公 告

原××市房产公司经××市×改股字〔2015〕10号文批准于2015年12月29日改制为"××实业开发股份有限公司",并于2016年3月1日起正式启用"××实业开发股份有限公司"新印鉴,旧印鉴同时作废。原××市房产公司的债权债务及业务关系全部转由××实业开发股份有限公司负责承担。

恭请社会各界人士知照,特此敬告。

××实业开发股份有限公司

【提示】首先,从内容上看,这则文告所发布的内容不能算作"重大事项",也不是法定事项;其次,从发文主体来看,一个企业是没有资格发布公告的。因此,这则文告文种误用——本应使用启事,错用为公告。

由以上两个错例的分析可知,使用公告这一文种必须同时满足三个条件:一是所发布的内容必须能够真正称得上"重大事项"或者是"法定事项";二是发文主体必须具有使用公告这一文种的资格或者得到发布"授权"(其中包括法定授权);三是从发文的范围和受文对象来看,必须是在全国范围内需要家喻户晓、人人皆知的,或者是受文团体遍布世界各地,并且不采用公告发布很难全部送达的。只有同时满足了以上三个条件,才能使用公告这一文种。

【写作指导】

一、公告的写作要点

公告一般由标题、正文、署名与日期三个部分组成。

(一)标题

公告的标题有四种构成形式:第一种是"发文机关+事由+文种",如《民航总局关于禁止旅客随身携带液态物品乘坐国内航班的公告》;第二种是"发文机关+文种",如《国务院公告》;第三种是"事由+文种",如《国家公务员招考公告》;第四种是单独由文种名"公告"二字作标题。

公告的标题下有时还有发文字号。值得注意的是,公告一般不用公文的常规发文字号,而是在标题下正中位置标示"第×号"。现在发布的公告有相当一部分不标发文字号。

(二) 正文

"公告"的正文一般由引言、正文、结语三部分组成。

1. 引言

引言部分主要写发布公告的缘由,包括根据、目的、意义等。有的公告没有引言,开篇直入主题。

2. 正文

正文,即主体部分,这一部分集中写公告事项。因每篇公告的内容不同,主体的写法因文而异。有时用贯通式写法,有时需要分条列出。这部分要求条理清楚、用语准确、简洁明了,同时还要不失庄重。

3. 结语

常用"特此公告"结束全文;有的公告结尾专用一个自然段来写执行要求。有的公告既不写执行要求,也不用"特此公告"的结语,事完文止,这也不失为一种干净利落的收束方式。

(三) 署名与日期

在正文的右下方署上发文机关的名称和日期,也有的公告成文日期写在标题和编号之下。如果发文机关名称已在标题中出现,在落款处也可不写。

二、公告的写作要求

(1) 公告是严肃庄重的文告,要求内容准确无误。因此,写作时要注意用词准确,表述清楚。

(2) 写作公告要直陈其事,不发议论,不加说明和修饰。语言要朴实无华,简洁明快。行文庄重,结构紧凑。

(3) 严格坚持公告使用的条件,在实际应用时要注意全面衡量,不错用、滥用公告行文。

【实战训练】

通过本课的学习,我们再来看一下前面【话题与案例】部分所提到的那则"公告"。这则"公告"不仅内容既够不上"重大",也不是全国范围内需要人人知晓的,所以不能使用公告来发布,使用声明来告知是比较妥当的。此外,这则"公告"存在标点使用不当的问题——1和2序数后应使用右下圆点,这里错用成了顿号。请同学们试着修改一下这份文告。

第七节 通　告

【话题与案例】

大秦市供水管网改造工程已正式启动,2017年5月5日下午18:00至6日上午6:00,该市南起文汇路、北至毕塬路,西起秦皇路、东至联盟二路区域内停水并接新管道网。现在需要向停水区域内的居民发布一则通告,提醒居民们做好储水工作,以确保日常生活不受影响。这份文稿应该怎么写?

【基础知识与范例】

通告属于知照性公文中使用比较广泛的一种,其适用情形是在一定范围内公布应当遵守或者需要知道的事项。说得更为具体一些,通告是党和国家机关、人民团体、企事业单位在一定范围内公布应当遵守或者周知的事项时所使用的下行公文。《党政机关公文处理工作条例》规定:"(通告)适用于在一定范围内公布应当遵守或者周知的事项"。其使用主体为各级各类机关、企事业单位和社会团体,即国家权力机关和职能部门可以用,一般企事业单位也可以用,不受使用主体行政级别的限制。通告的内容大多主题集中,并且是一般事项,常常只涉及一个行业、系统或部门,具有专门性和业务性,其受文对象常限于国内某一地区、系统、地段的群众和有关人员。

一、通告的特点

通告的制发机关,没有级别限制。公布的范围是"社会有关方面",其范围可能广,即向国内外广而告之,如交通部就我国向南中国海域发射导弹试验所发布的通告;也可能局限在某一地区,如某道路维修,过往车辆需改道行驶的通告。发布途径也较多,一般通过新闻媒体公开发布,也可张贴。概括起来讲,通告的特点如下。

1. 告知性

通告的内容要求在一定范围内的人们或特定的人群普遍知晓,以使他们了解有关政策法令,遵守某些管理规定,或知晓有关情况等,具有告知性的特点。

2. 法规性

通告常用来颁布行政法规,这些法规一经颁布,特定范围内的部门、单位和民众都必须遵守、执行。

3. 内容的专门性和业务性

不少通告都具有鲜明的行业性特点,如税务局关于征税的通告,机动车管理部门关于机动车辆年度检验的通告,银行关于发行新版人民币的通告,房产管理局关于对商品房销售面积进行检查的通告等等,都是针对其所负责的那一部分的业务或专门事务发出的通告。

4. 使用主体的广泛性

通告的使用不受单位级别的限制,国家行政机关及其业务部门、企事业单位和社会团体都可以根据自己职权在一定范围内发布通告,其使用主体比较广泛。

5. 受文对象的局限性

使用通告发布的事项一般指向明确,其受文对象一般局限于某一地区、某一系统、某一地段或某一业务的有关单位或相关人群。如《关于文汇路禁止车辆通行通告》只与在此区域内的交通执法单位或通过此区域的司机有直接关系,而对其他人无约束力。

6. 发布形式的多样性

通告的发布方式多样,可通过报刊、广播、电视公布,也可以张贴和发文。

二、通告的分类

(一)根据通告的内容和性质来分

根据通告的内容和性质来分,通告主要分为告知性通告和规定性通告两类。

1. 告知性通告

在一定范围内公布应当周知事项的通告。如告知发生新的情况，出现新的事物，以及需要大家知道的新决定等。这类通告大都具有专门性和业务性，虽不具有法规性质，但也有一定的约束力。各专业部门、社会团体和企事业单位都可以发布这类通告。如下面这则通告。

【范例 2-8】

禁止通行通告

泾太路太平坡底大桥已属危桥，存在重大安全隐患，为此，我局近期对该桥进行加固维修。为保证工程的顺利进行，同时确保行人与车辆安全，从 2016 年 3 月 6 日起，该桥禁止一切车辆通行。禁行给广大群众出行带来的不便，敬请谅解和支持。

特此通告

泾太县交通局
2016 年 3 月 5 日

【提示】范例 2-8 是一则告知性通告，通告事项交代十分清楚，内容层次清晰，言辞分寸得当，既能提醒人们遵守，又可以求得谅解与支持。

2. 规定性通告

在一定范围内公布应当遵守的事项的通告。这类通告主要用于在一定范围内、面对特定的人群颁布需要遵守的规定，其内容具有法规性和约束力，如下面这则通告。

【范例 2-9】

中国民用航空总局、中华人民共和国公安部
关于维护民用航空秩序保障航班正常运行的通告
（二〇〇四年十二月十四日）

为维护民用航空秩序，保障航空运输安全、正常进行，保护广大旅客和货主的合法权益，根据《中华人民共和国民用航空法》《中华人民共和国治安管理处罚条例》和《中华人民共和国民用航空安全保卫条例》等有关法律、法规和规章的规定，特通告如下。

一、公共航空运输企业、机场应当以保证飞行安全和航班正常、提供良好服务为准则，采取有效措施，努力提高航班正常率，降低延误率，提高服务质量。

二、旅客运输航班延误时，公共航空运输企业和相关机场应当及时通告有关情况并做好相应服务工作，切实维护广大乘机旅客的合法权益。

三、旅客、货物托运人和收货人以及其他进入机场的人员，应当遵守民用航空安全管理的法律、法规和规章。

四、机场内禁止下列行为：

（一）攀越、损毁机场防护围栏及其他安全防护设施；

（二）无有效通行证进入机场控制区；

（三）随意穿越航空器跑道、滑行道；

（四）强行登、占航空器；

（五）扰乱机场秩序的其他行为。

五、航空器内禁止下列行为：

（一）在禁烟区吸烟；

（二）抢占座位、行李舱（架）；

（三）打架、酗酒、寻衅滋事；

（四）盗窃、故意损坏或者擅自移动救生物品和设备；

（五）危及飞行安全和扰乱航空器内秩序的其他行为。

六、禁止故意编造或者传播劫机、有炸弹、炸机等虚假恐怖信息，制造混乱，扰乱社会秩序的行为。

七、航班延误时，旅客应当以合法手段，通过正常渠道维护自己的合法权益，禁止冲击安检现场、堵塞登机通道等扰乱机场秩序行为，禁止以拒绝下机等方式强占航空器，侮辱、谩骂工作人员，打砸和哄抢公共财物等违法犯罪行为。

八、遇有违反法律、法规或者规章，扰乱机场、航空器内秩序的事件，机场公安机关、空中警察应当向当事人宣讲有关法律、法规或者规章，引导旅客依法维护自身权益；对不听劝阻的当事人，机场公安机关可以根据《中华人民共和国治安管理处罚条例》《中华人民共和国民用航空安全保卫条例》的有关规定分别给予警告、罚款、行政拘留的处罚；构成犯罪的，依法追究刑事责任。

【提示】范例 2-9 是一则规定性的通告，其中就可能危害民用航空运行秩序的行为做了具体的禁止性规定。这则通告的发布范围为特定范围，目标受众为特定人群，因此，采用通告发布是正确的。

（二）根据通告的发布目的及其作用来分

根据通告的发布目的及其作用来分，通告可分为知照性通告、办理性通告和行止性通告三种。

1. 知照性通告

知照性通告，即告知应当知道或需要遵守事项的通告。

【范例 2-10】

停水通告

因文汇路地下管线改造，文汇路和毕原路区域内于 2016 年 5 月 10 日 18 时至 2016 年 5 月 11 日 6 时停水。请该辖区内居民做好储水准备。

特此通告

××市自来水公司
2016 年 5 月 9 日

【提示】范例 2-10 是一则知照性通告，其发布目的是告知一定区域内的居民一个时间段内要停水这件事，提醒大家做好储水准备。

2. 办理性通告

办理性通告，即办理一些例行事项的通告，其内容多为注册、登记、年检等。

3. 行止性通告

行止性通告,即公布一些令行禁止类事项的通告,其内容如查禁淫秽书画、收缴非法枪支、加强交通管理、查处违禁物品等。

【范例2-11】

××市人民政府关于严格禁止焚烧农作物秸秆的通告

为防治大气污染,保护生态环境,根据《中华人民共和国大气污染防治法》和《中华人民共和国消防法》以及《××市大气污染防治条例》的有关规定,现将禁止焚烧农作物秸秆的有关规定通告如下:

一、在本市行政区域内禁止焚烧农作物秸秆和进行其他烧荒行为。

二、各县(市)、区及乡镇人民政府要切实加强对秸秆禁烧工作的领导,强化工作指导和监督管理。各村民委员会要全面开展群众性的农作物秸秆禁烧工作,制定秸秆禁烧公约。要层层落实工作责任,切实做好辖区内的秸秆禁烧工作。

三、各级环保、农业、林业、公安等部门要坚持相互配合、齐抓共管、堵疏结合、标本兼治的原则,集中开展联合执法。要以机场周围和主要交通干线两侧为重点,加强巡逻检查,严厉查处秸秆焚烧行为。

四、对违反本通告规定,焚烧农作物秸秆和进行其他烧荒活动的,环保、林业、公安部门要立即责令其停止违法行为;情节严重的,要依据有关法律、法规予以处罚;造成林木毁损的,林业部门要依照有关法律、法规予以处罚;造成重大大气污染事故,导致公私财产重大损失或者人身伤亡严重后果的,公安部门要依法追究刑事责任。

五、本通告自发布之日起施行。

2016年4月26日

【提示】范例2-11是一则行止性的通告,其发布目的是禁止焚烧农作物秸秆和进行其他烧荒活动。

三、文种区分

(一)通告与公告的区别

公告和通告都是知照性的公文,但二者在使用上有严格的区别。

(1)从宣布的事项上来看,公告是用来宣布重要事项或法定事项的,其内容庄重严肃,体现着国家权力的威严。所谓重要事项,是指那些国内外普遍关注,具有重大影响的事项,诸如宣布有关国家的政治、经济、军事、科技、文化、教育、人事、外交等方面重要事项,常见的有国家重要领导岗位的变动、国家领导人的出访或其他重大活动、重要科技成果的公布、重要军事行动的公布等,如公布中国科学院院士名单,公布我国向太平洋发射运载火箭试验,公布确认全国人大代表资格,公布中国名酒和中国优质酒的品牌、商标和生产企业,公布国家货币出入境限额等等。所谓法定事项,是指那些根据法律规定必须使用公告发布的事项,如《中华人民共和国专利法》规定,确认发明专利的,要予以公告,《中华人民共和国民事诉讼法》规定的权利人登记公告、送达公告、开庭公告、宣告失踪公告、宣告死亡公告等。通告所宣布的只是一些一般性事项,即在一定范围内应当遵守或周知的事项。

通告的事项一般都比较具体，诸如宣布交通、秩序安全方面的事项，行政部门宣布需要遵守公务管理方面的事项，职能部门宣布的业务性事项等，常见的有税务局关于征税的通告、机动车管理部门关于机动车辆年度检验的通告、银行关于发行新版人民币的通告、房产管理局宣布对商品房销售面积进行检查的通告等。

（2）从使用主体来看，公告的使用主体主要为国家权力机关及其职能部门，如全国人民代表大会及其常务委员会，国务院及其各部门，各省、市、自治区人民代表大会及其常务委员会等。此外，新华社、司法机关以及其他一些政府部门也可以根据授权使用公告。一般机关和基层单位不能制发公告。通告的使用主体不受级别限制，国家行政机关及其业务部门、一般企事业单位和社会团体都可以根据自己的职权在一定范围内发布通告。如金融、政法、公安、交通等部门经常在自己的职权范围内发布通告。

（3）从发布的范围来看，公告是向国内外宣布重要事项或法定事项的公文，其辐射范围很大，受众面广，很多公告不仅在全国范围内发布，而且还授权新华社面向全世界发布。通告是向社会有关方面宣布应当遵守或周知的事项，一般都是针对一定的业务或专门事务发出的，其受文对象一般限定在特定的范围、特定的领域、特定的系统或特定的人群。

近年来，通告与公告不分，错用公告的现象十分普遍，如我们在报刊上经常看见的"××学院补录公告""××电信局业务公告""鸣谢公告"，随处可见的房屋拆迁公告，机动车辆禁止通行公告，都是错用公告的例子。那么，怎样才能正确判定和使用这两个文种呢？一是从发布事项的重要程度及影响面来判定，据其内容分量来确定；二是对发文主体的资格进行考量，看其有没有发布公告的资格。

（二）通告与通知的区别

通知与通告同属通用公文中的知照类文种。二者的区别主要有三点。一是适用情形不同。通告适用于"在一定范围内公布应当遵守或周知的事项"，制成即发，直接公开，不涉及任何秘密，通知适用于"批转下级机关的公文，转发上级机关和不相隶属机关的公文；发布规章；传达要求下级机关办理和有关单位要周知或共同执行事项；任免或聘用干部"等，一般按组织系统或行业系统逐级下达，内容很少公开。二是受文对象不同。通知的对象一般是机关或单位，是一种典型的下行文，通告的对象一般是社会公众，行文具有泛向性。三是行文要求不同，通知事项一般需要办理和贯彻执行，而通告事项只需遵守和知晓即可。

【写作指导】

一、通告的写作要点

通告由标题、正文、发文机关和日期几个部分组成。

（一）标题

通告标题的写法有四种形式：一是由发文机关、事由和文种名三个部分构成，如《公安部关于收缴枪支的通告》；二是由发文机关和文种名两部分内容构成，如《咸阳市电力局通告》；三是由发文事由和文种名两部分构成，如《文汇西路交通管制通告》；四是单独由文种名"通告"二字构成。

（二）正文

通告的正文部分由三个部分内容构成：通告发布缘由、通告事项和结语。

1. 通告发布缘由

缘由部分主要写发布通告的原因和根据,以及通告的发布目的和意义等内容。这一部分提出依据要切实可靠、理由充分,目的交代要清楚,以便顺理成章地引出"应该遵守和执行的事项"。

2. 通告事项

通告事项也就是一定范围内特定的人群应当遵守或周知的事项。这部分内容紧承缘由部分,用"特通告如下"导出。如果通告事项涉及的要求、措施较多,一般按照由主到次、由大到小的顺序,采用分条列项的写法,以做到条理分明,层次清晰。如果内容单一,则可以采用贯通式的写法。

3. 结语

结语也就是通告的结尾部分,一般提出要求、希望等,并用"特此通告"作结。这部分有时直接用"本通告自发布之日起实施"或"特此通告"作结,没有要求、希望之类的内容。

(三)署名和日期

正文后签署发布通告的机关名称和发布日期,并加盖公章。如果通告的标题是由发文机关名称加文种构成的,则正文后也可不再写发文机关的名称。

二、通告的写作要求

1. 发文目的要明确

发布通告的目的或原因,一般要在原由部分扼要地交代清楚,让人们一看就知道为什么要发此通告。

2. 通告事项要符合政策规定

通告的事项应该符合法律、法规和有关政策规定,不能违犯法规政策。

3. 要一文一事,突出中心

通告的要求要具体,要明确规定"允许做什么和不允许做什么",不能含糊其词。

4. 语言要通俗易懂

带有专业性的通告,使用专门术语时要尽量选择大多数人熟悉的词语。通告事项是面向大众的,应简洁明了,叙述清楚,通俗易懂,便于理解。

【实战训练】

近一个时期以来,泾太县城中小学的学校周围网吧、浴池、旅店、钟点房、书摊、小卖店、小餐厅、流动摊点较多,这些小摊点的业主法律观念淡薄,加之受利益驱动,采用不正当的营销手段对青少年学生加以利诱,他们对学生的不良行为不仅熟视无睹,而且还为其错误的行为提供方便,纵容学生的违规、违纪行为。

针对以上情况,县委、县政府要求公安部门全面清理学校及周边出租屋、网吧、录像厅、电子游戏厅、台球室、旅店业、洗浴业、流动摊贩等,对其中具备资格和条件的依法纳入管理,对其中没有经营资格或不具备经营条件的,坚决予以取缔。责令文化部门加强对网络文化市场的监管,对各类证照齐全的,加强日常监管,突出检查重点时段、重点区域、重点经营单位的网吧经营情况，通过宣传教育规范他们的经营行为，对于一些黑网吧，依法查处，坚决取缔。

为了有序、有效地开展此项工作，在清理行动全面展开之前，泾太县公安局、文化局和教育局拟就此次行动联合发布一则通告，其主要目的是让那些具备经营资格和条件的及时开展自查自纠、规范经营行为，责令那些不具备经营资格的立即停止非法经营活动等。这则通告该怎样写？

写作提示：本节案例中要写的通告从内容侧重点来看是一则行止性的通告，其发布目的是督促那些小业主们规范经营行为，或停止一切影响学生身心健康成长的违法、违规行为和非法经营活动。凡在规定期限内停止一切违法、违规经营活动的既往不咎，从本通告发布之日起继续从事危害青少年健康成长经营活动的将从严查处，这些是本通告的核心内容。请根据提示完成这则通告的写作。

第八节　意　　见

【话题与案例】

沙湖学院中文系大一学生刘某因对其辅导员陈某的批评不服，在网上发布诽谤陈某的帖子，一时间点击率很高，对陈某本人和沙湖学院都造成了十分不良的影响。学院领导责令中文系就此事查明原因、采取补救措施，拿出处理意见。沙湖学院中文系按照学院领导的指示对此事进行了认真的调查，了解到的基本情况是：网帖发出两天后，学生刘某认识到这一做法是错误的，便删掉了该贴；刘某已向陈某赔礼道歉，取得了陈某的谅解。鉴于刘某还是一个孩子，本着教育的原则，沙湖学院中文系拿出了这样的处理意见：建议给予刘某警告处分，并令其做出书面检查；处分决定在全院范围内张贴。那么，上报学院的这则意见该怎样写呢？

【基础知识与范例】

意见是"适用于对重要问题提出见解和处理办法"的一种公文。意见的使用主要有两种情形：一是下级向上级或向平级机关提出解决有关重要问题的见解和处理办法等方面建议时使用；二是在上级发现下级遇到有关重要问题时，提出见解和办法措施，对下级予以指导时使用。

一、意见的特点

1. 指导性

作为下行文使用的意见是上级在发现下级遇到有关重要问题时，提出见解和办法措施，对下级予以指导的文书。这就决定了意见具有指导性的特点。

2. 针对性

意见总是根据现实的需要，针对某一重要的问题提出见解或处理意见的，有着较强的针对性。

3. 原则性

意见通常不是具体的工作安排，而是从宏观上提出见解和意见，要求受文单位结合具体情况，参照文件中提出的精神来办理。下级机关在落实意见精神时，比起执行指示有更大的灵活处理的余地。

4. 行文方向的多向性

意见可以用于上级机关对下级机关提出一些指导性、规定性的意见，作为下行文来使用；也可以用于下级机关对上级机关提出一些建议性见解，作为上行文来使用；还可以用于同级机关之间互相提出建议或意见，作为平行文来使用。它的行文方向比较灵活，能及时反映不同级别的机关对工作的见解和看法，增强公文的民主性。

5. 作用的多样性

意见行文方向的多向性就决定了意见具有多种作用，既可以用来指导下级机关的工作，具有指导作用，也可以对上级机关起到建议参考作用；同时，还可以用于平级和不相隶属机关之间提出参考性意见。此外，意见也往往是对一些需要解决而还没有掌握规律的问题提出见解和办法，具有一定的探索作用。

二、意见的分类

1. 建议性意见

下级机关就其业务范围之内的某一问题，向上级机关提出建议性意见，供上级机关参考，作为上级机关制定相关政策的依据。该意见一经上级机关批转，就作为上级机关的指导性意见，具有一定的指导性此类意见是上行文，类似呈转性报告。

【范例 2-12】

××省人民政府关于确定××××河段边界走向问题的意见

民政部全国勘界办公室：

　　2001年2月7日，民政部全国勘界办公室向××、××两省民政厅及勘界办公室通报了《国务院勘界工作联席会议关于××两省在××地区的行政区域界线及有关问题的处理意见》（以下简称《处理意见》），2月27日晚省长办公会议对此进行了专题研究。现将我们的意见函复如下：

　　一、××××河段边界线的勘定，经过双方3年多的努力，没有达成一致意见，最后交由国务院裁决是必要的，我省服从国务院的裁决。

　　二、我省在××上修建了40余座桥梁、7个引水闸。按《处理意见》划界后，可能影响我省的引水灌溉。我省××县、××县长期贫困的一个主要原因是缺水，两县干旱面积达200万亩，按《处理意见》划界后，两县生产、生活用水将会遇到很大困难，工农业生产会受到严重影响；同时省界之外还有我省的10个村庄。国家进行裁决时应对××××河的治理、水利设施的保护和利用、界外村庄的管理做出明确规定。

　　三、近几年来××线××××河段边界多次发生械斗及其他事件，给当地群众的生产、生活造成很大危害，影响了该地区的社会稳定。对××××河段边界线的核定，各级领导和基层干部群众都很关注，盼望中央早日解决。为此，建议国务院尽快核定××××河段的边界走向。

××省人民政府（印章）
二〇〇一年三月二十日

【提示】范例 2-12 是一份下级机关向上级机关提出建议的意见。其中就超出自己职权范围、自己无法解决的一些重大问题提出见解,请求上级机关给予解决。在文字表述上,本文重点摆问题、提建议,供上级机关参考。

2. 指导性意见

上级机关针对下级工作所出现的问题,阐明基本原则,提出解决办法和执行要求,对下级机关的工作给予指导。此类意见一经下发就产生一定的法定效力,多属于下行文。

3. 参考性意见

参考性意见是平行机关和不相隶属机关之间就某些工作提出的供对方参考的建设性的见解或可行性方案,多属于平行文。

4. 实施意见

实施意见一般是为贯彻落实某一重要决定或开展某项工作所制订的实施方案,其重在阐发上级的有关精神,使下级单位对上级的文件精神有更深入的理解,同时提出较为具体的行动方案和工作安排。

【写作指导】

一、意见的写作要点

1. 意见的标题

意见的标题有两种常见写法:一种是由发文机关＋主要内容＋文种组成,如《陕西省人民政府关于〈中国教育改革和发展纲要〉的实施意见》;另一种由主要内容＋文种组成,如《关于实施城镇居民生活困难家庭救济方案的意见》。

2. 意见的正文

(1) 发文缘由。这是意见的开头部分,主要写发布意见的背景、根据、目的、意义等。文字根据具体情况可长可短,最后以"现提出以下意见""特制定本实施意见"等过渡性语句转入下文。

(2) 见解办法。这是意见的核心部分,主要是对有关问题或工作提出相关的见解、建议或处理办法。内容较单纯集中的,主体部分直接写见解即可;内容繁多的,涉及重要问题或全局性工作的,既要提出总的、原则的要求,还要指出具体可行的实际操作办法。

(3) 执行要求。一般写清意见提出者的要求、希望即可,如"以上意见,望各单位结合本部门的实际情况,制定相应措施,认真贯彻执行"。也可简单明了地说明要求,如"请认真贯彻落实"。

以上是下行意见公文的发文要求,上行意见公文习惯上用"以上意见如无不妥,请批转……执行"来收尾。也可以自然收尾,不加结束语。

3. 发文时间及签署

发文时间可加括号注于标题之下,也可以注于文末右下方;签署一般在正文右下方标注发文机关,也可在标题下标注或在标题中出现。

4. 发文字号和主送机关

标注方法和一般公文相同。

二、意见的写作要求

1. 语言平和,态度诚恳

意见的实质是提出切合实际的可行性建议,发挥参谋和指导作用。其见解中的态度是诚恳的,即使是下行文中的"意见"也没有决定或者通知等文种的强制性那样强烈。

2. 知无不言,言无不尽

作为上行文或平行文的"意见",必须以"知无不言,言无不尽"的态度,对上级或平行机关提交本机关的建设性见识,充分发挥好参谋作用。

【思路拓展】课外阅读诸葛亮的《前出师表》。

【阅读提示】《出师表》实际上就是诸葛亮写给后主刘禅的一份建议性的意见,其中就一些重大事项的决策与处理提出了自己的意见和建议,请后主在处理有关问题时参考。

这篇奏表质朴无华、文字简要、明白流畅、恳切周详。可以说,情真意切,坦诚直言,披肝沥胆,是《出师表》的魅力所在;以情动人,每字每句饱蘸深情,是《出师表》成为千古名文的主要原因。朴素无华、简要切实的形式,与充实的内容、强烈恳切的感情结合起来,自有一种撼动人心的艺术力量。这篇应用文给我们的最大启示是,应用文也要讲究文采,也要注重情理交融。

【实战训练】

本节案例中,中文系要写给学院的意见是一份建议性的意见,其正文部分可以分为三个部分来写:首先,简述有关事件的基本情况,特别是事件发生后当事人的悔改表现和中文系的处置情况;其次,写清楚建议性的处理意见;最后,表明中文系的态度,提出相关建议等。请根据提示完成这份建议性的意见。

第九节 通　　知

【话题与案例】

下面是张贴于一所高校校园内的"通知"。同学们先阅读一遍,等学了通知一课之后再回头来看它存在哪些问题。

通　　知

全院师生:

本周三(5月7日)下午第七、八两节课时间,中文系和经管系进行一场篮球比赛。欢迎全院师生前往观看。

特此通知

学院团委
2016 年 5 月 6 日

【基础知识与范例】

通知是发文主体向特定的受文对象（一般是其下级机关或下属单位）告知有关事项的知照性公文。它适用于批转下级机关的公文，转发上级机关和不想隶属机关的公文，传达要求下级机关办理和需要有关单位周知或者执行的事项，任免人员等。通知是使用最多、用途最广的一种公文，写作灵活自由，使用比较方便。

通知的作用主要表现在三个方面：一是上级告知下级机关或有关人员应该知道的事情；二是指示下级机关或有关人员办理某些事项；三是同级机关间传递情况。这就决定了通知具有告知、指示、布置三大特性。

一、通知的行文规则

通知作为下行文，只能向本机关隶属的直接下一级机关行文。通知不能用于泛行文和平行文；但办公厅（室）得到机关的授权，或在办公厅（室）的职权范围内，以自己的名义可向机关的直接下级机关[其级别与办公厅（室）级别相同或高半级]制发通知，这种通知属于下行文，并非平行文。

二、通知的特点

1. 使用的广泛性

在所有的公文中，通知的使用最为广泛。一是它对发文主体的级别没有要求，上至国家机关，下至基层单位，都可以使用通知行文；二是内容方面没有限制，不论全国性的大事，还是一个单位的小事，都可以用通知行文；三是行文路线的灵活性——通知主要作上级机关对下级机关、组织对所属成员的下行文，但平行机关之间，有时也可使用通知知照有关事项。

2. 功用的多样性

上级机关和组织向下级机关、组织用通知行文，都明显体现出指导性。特别是部署和布置工作、批转和转发文件等，都需明确阐述处理某些问题的原则和方法，说明需要做什么，怎样做，达到什么要求等。有的通知对下级或有关人员有约束力，起指挥、指导作用；有的通知则主要起知照作用。

3. 较强的时效性

通知具有较强的时效性，不论是告知事项，还是要求办理事务，一般都有一定的时间要求，如会议通知，其时间要求很明确，也很严格。

三、通知的分类

根据通知的内容性质及其用途来分，通知可分为如下几类。

1. 发布性通知

用于发布行政法规和规章，即领导机关将已经批准或通过的行政法规和规章，如条例、规定、办法等，用发布、颁发或印发通知的形式发给有关单位。

【范例2-13】

国务院关于公布《通用规范汉字表》的通知

国发〔2013〕23号

各省、自治区、直辖市人民政府,国务院各部委、各直属机构:

国务院同意教育部、国家语言文字工作委员会组织制定的《通用规范汉字表》,现予公布。

《通用规范汉字表》是贯彻《中华人民共和国国家通用语言文字法》,适应新形势下社会各领域汉字应用需要的重要汉字规范。制定和实施《通用规范汉字表》,对提升国家通用语言文字的规范化、标准化、信息化水平,促进国家经济社会和文化教育事业发展具有重要意义。《通用规范汉字表》公布后,社会一般应用领域的汉字使用应以《通用规范汉字表》为准,原有相关字表停止使用。

国务院

2013年6月5日

【提示】范例2-13是一则发布性通知,其发布的内容是《通用规范汉字表》,发布的目的是要求社会各界在使用汉字时,以《通用规范汉字表》为准。

2. 批转性通知(批转、转发性通知)

用于转发上级、同级或不相隶属机关的公文,以及批转下级机关的公文。这类通知包括批转性和转发性两种。批转性通知,适用于上级机关对下级部门的文件加批语下发,需在标题中加"批转"两字;转发性通知是转发上级机关、同级机关和不相隶属机关的有关文件的通知,需在标题中注明"转发"字样。

3. 指示性通知

上级机关对下级机关某一项工作有所指示和安排,而其内容不适宜用命令、指令发布时,用指示性通知。

【范例2-14】

陕西省人民政府关于公布2013年关闭煤矿名单的通知

陕政函〔2013〕204号

咸阳、延安、榆林和安康市人民政府,省煤矿整顿关闭和资源整合工作领导小组各成员单位:

根据《国务院办公厅转发安全监管总局等部门关于进一步做好煤矿整顿关闭工作意见的通知》(国办发〔2006〕82号)、《陕西省人民政府关于"十二五"期间深入开展煤矿整顿关闭资源整合和淘汰落后产能工作的通知》(陕政发〔2012〕42号)精神,经研究,决定对延安市黄陵县隆坊镇××沟煤矿等8处煤矿实施关闭,现将有关事项通知如下:

一、煤矿关闭工作由县级政府负责组织实施。

二、各有关部门应立即注销8处矿井的采矿许可证、工商营业执照、安全生产许可证、民用爆炸物品储存和使用许可证,并停止供给生产用电。

三、自公布之日起，关闭煤矿必须停止生产，必须达到《国务院关于预防煤矿生产安全事故的特别规定》(国务院446号令)有关规定标准。市、县政府要加强对关闭煤矿的安全监管工作，落实关闭煤矿巡回检查和派驻安全监督员制度，严防违法组织生产。

　　四、由县级政府煤矿整顿关闭和资源整合工作牵头部门组织相关成员单位对8处煤矿关闭情况进行验收，验收结果报省、市煤矿整顿关闭和资源整合工作领导小组办公室。

2013年关闭煤矿名单(8处)
一、延安市(3处)
1. 黄陵县隆坊镇××沟煤矿
2. 黄陵县店头镇××矿
3. 黄陵县田庄镇××煤矿
二、咸阳市(2处)
4. 永寿县××煤矿
5. 彬县陈家坪煤炭有限责任公司××井
三、榆林市(2处)
6. 神木县瑶镇乡××煤矿
7. 山西(陕西吴堡)××煤矿
四、安康市(1处)
8. 镇坪县××煤矿有限责任公司

陕西省人民政府
2013年12月16日

【提示】 范例2-14是一则指示性通知。开头简要说明了省政府根据国务院和省人民政府的有关文件精神，决定对8处煤矿进行关闭，接下来，就关闭工作做出具体安排，要求有关单位执行。内容切实可行，有很强的针对性。

4. 事务性通知(工作通知)

主要用于上级机关对下级就某一具体事项布置工作，交代任务。除交代任务外，通常还提出工作原则和要求，让受文单位贯彻执行，具有强制性和行政约束力。

5. 知照性通知

用于告知某一事项或某些信息的通知，诸如庆祝节日，成立、调整、合并、撤销机构，启用新印章，更改电话，更正文件差错等，都可用这种通知行文。

6. 会议通知

用于准备召开会议时，告诉受文机关会议的地点、时间、内容、参加人员、会议材料、注意事项等。

【范例 2-15】

关于召开涉外饭店星级评定工作会议的通知

各地市旅游局、省涉外星级饭店评审委员会委员：

兹定于××月××日在××市召开全省涉外星级饭店评定工作会议。现将有关事项通知如下：

一、会议内容

1. 传达全国涉外星级饭店评定工作会议精神；

2. 讨论全省涉外星级饭店现状，表彰优秀饭店；

3. 布置明年评审工作。着重研究如何用星级饭店评审、复审等手段促进饭店管理与服务跃上新台阶问题。

二、参加人员

各地市州旅游局领导，省内各主要涉外饭店负责人，评审委员会各委员，旅游公司、旅游车队负责人列席。

三、报到时间和地点

与会人员务必于××月××日12：00前到××市×路××饭店二楼一号会议室报到。

（联系人：××　　电话：××××××××）

四、食宿费及其他

与会人员会议期间食宿由旅游局承担，其他费用自己解决。

××省旅游局（盖章）
××××年××月××日

【提示】 范例 2-15 是一则会议通知，其中就会议召开的地点、时间、内容、参会对象和注意事项等作了明确具体的交代。

7. 任免通知

告知有关单位和个人关于人事任免情况的通知。

四、文种的区分

通知的使用很广泛，也容易与其他文种相混合错用。通知的错用现象主要集中在两个地方：一是"超越职权"性错用，即向不是自己直接下级的机关制发通知。错用最多的是对上级、平级和不相隶属的机关单位本应用函行文，结果错用通知行文。二是混淆周知性通知与公告、通告、启事、广告、海报等周知性文书的界限，把本应用后者来告知的事项，错用了通知行文，而且还在这类周知性的事项中写上"请遵照执行"之类的话。

要正确地使用通知，首先要明确通知适用的情形及其与易混文种的区别。

（一）通知和通报的区别

1. 适用情形不同

通报适用于表彰先进、批评错误，传达重要精神或者情况；通知适用面较广，既可用于批转下级机关公文，转发上级机关和不相隶属机关的公文，发布规章，又可传达要求下级机关办理和有关单位需要周知或者共同执行的事项，此外，还可用于任免和聘用干部。在传达精神或事项方面,通知多用于比较原则的方针、政策方面的;而通报则多用于比较具体的事件或情况。

2. 行文表达方式不同

通报通常先用叙述的手法将所要表彰或批评的人与事作概要的介绍,然后引出有关的通报决定等内容;通知除在前言部分简要说明发此通知的缘由及有关情况外,一般不需要叙述。

(二) 通知和通告的区别

1. 适用情形不同

通知适用于批转下级机关的公文,转发上级机关和不相隶属机关的公文;发布规章;传达要求下级机关办理和有关单位要周知或共同执行事项;任免或聘用人员。通告适用于在一定范围内公布应当遵守或周知的事项。

2. 行文方向不同

从行文方向上看,通告的泛向性质明显不同于通知的下行性质。通知的对象一般是下级机关或单位,受文对象十分明确,且具有直接的隶属关系;通告的对象一般是社会公众,大多没有直接的隶属关系,且受文对象不十分明确。

3. 行文要求不同

从行文要求看,通知事项一般需要办理和贯彻执行,而通告事项只需遵守和知晓即可。

【写作指导】

一、通知的写作要点

通知的写作形式多样、方法灵活,不同类型的通知使用不同的写作方法。

(一) 批转性通知（印发、批转、转发性通知）的写法

批转性通知用于批转下级机关的文件或者转发上级机关、同级机关和不相隶属机关的文件,以及下发计划、方案、总结、纪要等。使用频率高,应用范围广。标题由发文机关、被印发、批转、转发的公文标题（或文号）和文种组成,也可省去发文机关名称。正文须把握三点:对印发、批转、转发的文件提出意见,表明态度,如同意、原则同意、要认真贯彻执行、望遵照执行、参照执行等;写明所印发、批转、转发文件的目的和意义;提出希望和要求。最后写明发文日期。

【范例 2-16】

××市环保局关于转发《××县环保局关于
开展环保自检互检工作的总结报告》的通知

各县(区)环保局,各直属单位:

　　××县环保局是我省环保工作的先进单位,积累了丰富的工作经验。近年来,他们通过开展环保自检和互检,有效地推动了环保工作的深入开展,并取得了良好效果。他们的经验基本也适于我市。现将《××县环保局关于开展环保自检互检工作的总结报告》转发给你们,望参照执行,以推动我市环保工作的深入开展。

××市环保局
二〇××年××月××日

【提示】 这则通知体式规范,措辞严谨,意思表达清楚,行文层次十分清晰。因××县与××市无隶属关系,但××县的环保工作做得好,"他们的经验基本也适于"××市,所以,这里用"转发"是正确的。

（二）指示性通知的写法

标题由发文机关、事由和文种组成,也可省去发文机关名称。正文由缘由、内容包括要求等部分组成。缘由要简洁明了,说理充分。内容要具体明确、条理清楚、详略得当,充分体现指示性通知的政策性、权威性、原则性。要求要切实可行,便于受文单位具体操作。

（三）知照性通知的写法

这种通知使用广泛,体式多样,主要是根据通知的内容,交代清楚知照事项。

（四）事务性通知的写法

通常由发文缘由、具体任务、执行要求等组成。会议通知也属事务性通知的一种,但写法又与一般事务性通知有所不同。会议通知的内容一般应写明召开会议的原因、目的、名称,通知对象,会议的时间、地点,需准确的材料等。

（五）任免、聘用通知的写法

一般只写决定任免、聘用的机关、依据,以及任免、聘用人员的具体职务即可。

（六）会议通知的写作要点

会议通知的正文部分应当包括通知缘由、通知事项和执行要求三项内容。缘由部分说明制发通知的理由、目的或依据,然后用"现将有关事项通知如下"等导入对各有关事项的安排和要求;通知事项部分具体说明了出席会议人员和会议时间、地点以及其他有关事项;执行要求一般穿插在"通知事项"之中,主要包括会前准备、报名时限、报到时间等。

二、通知的写作要求

（1）通知事项要具体明确。

事项是通知的基本内容,特别是指示性的通知,要明白无误的提出工作的任务和要求,切忌泛泛而言,让人不得要领。

（2）会议通知应开门见山,直陈其事,不需过多的理论分析或意义阐述。

（3）通知应该文字精练,篇幅力求简短。用词要准确、规范。

（4）该详则详,该简则简。

指示性的通知和会议通知内容要尽量详尽周到;发布性的通知,批转性的通知内容则要相对简要。

【思路拓展】

文帝议佐百姓诏

间[1]者数年比不登,又有水旱疾疫之灾,朕甚忧之。愚而不明,未达其咎[2]。意者,朕之政有所失,而行有过与? 乃天道有不顺,地利或不得,人事多失和,鬼神废不享与? 何以致此? 将百官之奉养或费,无用之事或多与? 何其民食之寡乏也?

> 夫度田[3]非益寡,而计民未加益,以口量地,其于古犹有余,而食之甚不足者,其咎安在?无乃百姓之从事于末[4]、以害农者蕃[5]、为酒醪[6]以靡谷者多、六畜[7]之食焉者众与?细大之义[8],吾未能得其中。其与丞相、列侯、吏二千石[9]、博士[10]议之,有可以佐百姓者,率意远思,无有所隐。

【注释】[1] 间(jiàn):近来。比:连续。登:作物的成熟和收获。[2] 咎:灾祸、祸根,也可引申为过失。这句是说,不明白它的祸根所在。[3] 度(duó)田:丈量土地。[4] 末:古有士、农、工、商的顺序,商排最末尾。有轻视商的意思。[5] 蕃:繁多。[6] 醪(láo):酒。靡(mí):浪费。[7] 六畜:即马、牛、羊、鸡、犬、豕。[8] 义:道理,意义。[9] 二千石:汉代内自九卿郎将,外至郡守,俸禄为二千石,即月俸百二十斛,这里是以禄俸为职务的代称。[10] 博士:秦及汉初立博士,掌管古今史事待问及书籍典守。到汉武帝时,设五经博士,置弟子员,此后博士专讲经学传授,与文帝、景帝时的博士制度有区别。

【提示】这则诏书从内容和语气来看,相当于一份安排工作的指示或指示性通知。其内容是就怎样解决老百姓生活困难,要求属下集思广益,提出解决方案。全文语言质朴,感情自然,反复设问,诚意跃然纸上。

【实战训练】
本课【话题与案例】提到的那则"通知"文种使用有误。一是发文主体"学院团委"不具备向全院老师发通知的"资格",二是所发布的内容缺乏通知的"约束"性,三是作为通知的要素不全。就这份文告的内容来看,应该用海报才对。请您使用海报重新拟写一下这份文告。

第十节 通 报

【话题与案例】
2016年5月10日,长城大学刘阿媛老师在游览八达岭长城时,遇到一位小学生游客不慎滑倒从高处滚了下来,在情况十分危急的时刻,刘阿媛老师奋不顾身地扑倒在地,用自己的身体挡住了滚下来的小学生,使那位小学生避免了更严重的创伤。刘阿媛老师为了救人膝盖、手臂等多处受伤。长城大学为了表彰刘老师的事迹,号召全校师生学习她见义勇为的精神,决定面向全校师生发一份表彰通报。这份通报应该怎样写?

【基础知识】
通报是党和国家机关、社会团体、企事业单位用以表彰先进、推广典型经验,批评错误,传达重要精神或通报有关情况的公文。通报的应用也比较广泛,可以用于表扬好人好事、新风尚;也可以用于批评错误,总结教训,告诫人们警惕类似问题的发生;还可以用来互通情况,传达重要精神,沟通交流信息,指导推动工作。

一、通报的特点

1. 典型性

不是任何人和事都可以作为通报的对象来写的。通报的人和事总是具备一定的典型性,能够反映、揭示事物的本质规律,具有广泛的代表性和鲜明的个性。这样的通报发出后,才能使人受到启迪,得到教益。

2. 引导性

无论表扬性通报,批评性通报,还是情况通报,其目的都在于通过典型的人和事引导人们辨别是非,总结经验,吸取教训,弘扬正气,树立新风。

3. 严肃性

通报的内容和形式都是严肃的。由于通报是正式公文,是领导机关为了指导面上的工作,针对真人、真事和真实情况制发的,无论是表扬、批评或通报情况,都代表着一级组织的意见,具有表彰鼓励或惩戒、警示的作用,因而其使用十分慎重、严肃。

4. 时效性

通报针对当前工作中出现的情况和问题而发。它的典型性、引导性都是就特定的社会背景而言的。随着客观情况的变化,一件在当时看来具有典型意义的事实,时过境迁,未必仍具有典型性。因此,通报作用的发挥,与抓住时机适时通报是分不开的。

二、通报的分类

根据内容不同,通报可以分为表彰性通报、批评性通报和情况通报三种。

1. 表彰性通报

表彰性通报用来表彰先进单位和个人,介绍先进经验或事迹,树立典型,号召大家学习的通报。

2. 批评性通报

批评性通报用来批评、处分错误,以示警诫,要求被通报者和大家吸取教训的通报。

3. 情况通报

情况通报在一定范围内传达重要情况和动向,以指导面上工作为目的的通报。

【写作指导与范例】

一、通报的结构及写作要点

通报一般由标题、主送机关、正文和落款四个部分组成。

1. 标题

标题通常有两种构成形式:一种是由发文机关名称、事由和文种组成,如《教育部办公厅关于新学期初两起学校食物中毒事件的紧急通报》;另外一种是由事由和文种构成,如《近期禽流感疫情通报》。此外,有少数通报的标题是在文种前冠以机关单位名称,如《中共中央纪律检查委员会通报》;也有的通报标题只有文种名称。

2. 主送机关

除普发性通报外,其他通报应该标明主送机关。

3. 正文

通报正文通常由开头、主体和结尾等部分组成。开头说明通报缘由;主体说明通报决定;结尾提出通报的希望和要求。

不同类别的通报,其内容和写作要点有所不同,现分述如下。

(1) 表扬性通报。一般在开头部分简介被表彰者的基本情况,概述其先进事迹。其中要求把表扬对象的先进事迹交代清楚,而且要注意详略得当、重点突击。主体部分通过对先进事迹的客观分析,在阐明所述事件的性质和意义的基础上,写明通报决定。结尾部分明确提出希望和要求,号召大家向先进学习。

行文结构上,也可以把先进单位或人物的经验提炼出来,明确向他们学习什么,以学习的几点内容为纲,列出几条来写。在每一条,先提出先进经验(观点),再摆事实,可以适当地加一些议论。

【范例 2-17】

陕西省人民政府关于命名省级园林县城(城镇)的通报

陕政函〔2014〕12号

各市、县、区人民政府,省人民政府各工作部门、各直属机构:

今年以来,按照省委、省政府安排部署,各地以建设"三个陕西"为目标,以创建园林城市(县城、城镇)为抓手,加快推进城镇生态文明建设,取得了显著成效,对完善城镇功能,改善城镇生态环境,提高城镇管理水平,促进全省经济社会发展起到了积极的作用。

为了鼓励先进,更好地推动全省园林城市(县城、城镇)创建活动,带动和引领全省城镇建设发展,省政府决定,命名三原县、永寿县、礼泉县、蒲城县、白水县、吴起县、富县、米脂县、绥德县、洋县、南郑县等11个县为"省级园林县城",各奖励10万元;陇县天成镇、岚皋县佐龙镇、旬阳县麻坪镇3个镇为"省级园林城镇",各奖励5万元。

希望受表彰的县、镇要珍惜荣誉,进一步完善城镇功能,提高城镇的承载力和辐射带动力,巩固和提升创建成果,并努力创建国家级园林城市(县城、城镇)。各设区市要按照全省"十二五"创建园林城市工作规划,积极组织指导创建工作。省住房城乡建设厅每3年对已命名的省级园林城市(县城、城镇)进行复查,对复查不合格的应取消省级园林城市(县城、城镇)称号。各地要向受表彰的市、县、镇学习,切实通过创建园林城市活动,持续推动全省城镇生态文明建设,改善人居环境,提升城镇品位,加快我省新型城镇化建设。

陕西省人民政府
2014 年 1 月 25 日

【提示】范例 2-17 是一则表彰性通报。第一、第二两段先概述全省各地在创建园林城市、县镇方面所做出的努力和取得的成绩,接着写命名表彰决定;第二段提出希望,发出号召。全文内容要素齐全,详略得当,行文层次清晰,语言简洁。

(2) 批评性通报。在机关工作中使用得比较多,对一些倾向性问题具有引导、纠正的作用。批评性通报又分两种情况。一种是对个人的通报批评,其写法和表扬性通报基本一样,首先,要求写出事实;其次,在分析评论的基础上叙写通报决定;最后,提出希望和要求,让大家吸取教训,引以为戒。另一种是对国家机关或集体的批评通报。这种通报旨在通过恶性事故的性质、后果,特别是酿成事故的原因的分析,总结教训,从而达到指导面上工作的目的,所以写法和表扬性通报略有不同。其正文主要包括叙写事实、分析原因、提出要求和改进措施等项内容。有的批评性通报,是针对部分地区或单位存在着的同一类问题提出的批评的。这类通报,虽然涉及的面比较广,但因其错误性质基本相同,所以写法上以概括为主,大体和情况通报相近。

【范例2-18】

国家新闻出版广电总局关于给予××兵团卫视和××卫视
暂停商业广告播出处理的通报

新广电发〔2014〕4号

各省、自治区、直辖市广播影视局,新疆生产建设兵团广播电视局,中央三台,电影频道节目中心,中国教育电视台:

总局《关于进一步加强卫视频道播出电视购物短片广告管理工作的通知》(广发〔2013〕70号)2014年1月1日正式实施后,全国各级卫视频道执行情况总体良好,电视购物短片广告播出秩序明显好转。但在总局三令五申和多次责令整改的情况下,××兵团广播电视台综合频道(××卫视)和××广播电视台综合频道(××卫视)仍存在超时播出电视购物短片广告的违规问题。现通报如下:

经查,1月1日,××兵团卫视和××卫视存在播出的电视购物短片广告超过3分钟等问题。经总局多次责令整改,两家卫视频道仍置若罔闻,截至1月6日凌晨仍然违规播出电视购物短片广告。其中,××兵团卫视播出的"××"和"××",××卫视播出的"××",时长均超过20分钟,在全系统和社会上造成了极坏影响,必须严肃处理。

为严肃纪律,根据《广播电视广告播出管理办法》《广播电视播出机构违规处理办法(试行)》及《关于进一步加强卫视频道播出电视购物短片广告管理工作的通知》等有关规定,总局决定:

(一)责令××兵团卫视自1月9日零时起至1月24日零时,暂停所有商业广告播出15日,并进行全面清理整顿。

(二)责令××卫视自1月9日零时起至1月16日零时,暂停所有商业广告播出7日,并进行全面清理整顿。

(三)责成××兵团广播电视局和××省广播电影电视局,分别对××兵团卫视和××卫视的整改情况进行核查验收,验收结束后,向总局提出书面报告,经总局同意后方可恢复商业广告播放。

望各级广播影视行政部门和播出机构引以为戒,切实做好电视购物短片广告播出的日常监管和审查把关,杜绝此类问题再次发生。

国家新闻出版广电总局
2014年1月7日

【提示】这则批评通报就××兵团卫视和××卫视违规播出电视购物短片广告、在全系统和社会上造成了极坏影响一事进行通报批评,不仅是警示××兵团卫视和××卫视不再发生类似事件,而且也是告诫其他地方和部门引以为戒,避免同类事件的发生,以维护行业形象和社会公信力。

（3）情况通报。主要起着沟通情况的作用。旨在使下级单位和群众了解面上的情况,以便统一认识,统一步调,推动全局工作的开展。正文主要包括两项内容:通报有关情况;分析并做出结论。具体写法:有的是先摆情况,然后进行分析得出结论;有的是先通过简要分析做出结论,再列举情况,来说明结论的正确性和针对性。

4. 落款

落款包括发文机关署名和成文时间两个项目内容。有的在通报标题中已标明发文机关名称,就不必再写。

二、通报的写作要求

1. 事实典型、准确

通报的事件必须有典型意义。无论表扬或批评,还是介绍经验或教训,事情越典型、越有针对性,就越有普遍指导作用。因此,写作通报要准确地选择事件,以便更好地发挥通报的指导和教育作用。与此同时,无论是批评还是表扬,事实必须真实准确,情节、数据都应该核实无误,不能有一点虚假,也不可随意拔高。

2. 目的明确,分寸得当

发通报要让下面学习什么,警惕什么,知道什么,必须明确。与此同时,分析中肯,评价实事求是,结论公正准确,用语把握分寸。否则,通报不但会缺乏说服力,而且有可能产生副作用。

3. 通报要做到及时迅速

批评、表扬要迅速及时;交流信息、沟通情况更要及时。否则,时过境迁,便失去了意义。

4. 叙述事实要突出重点,主次分明;语言要简洁、庄重

其中,表扬性和批评性的通报还应注意用语分寸,要力求文实相符,不讲空话、套话,不讲过头的话。

【实战训练】

本节案例中要求写的是一则表彰性的通报,写作时应注意两点:一是要交代清楚表彰的缘由,即简明、扼要地把人物的事迹交代清楚,这一部分写作的关键是行文要详略得当;二是表彰意见要明确,学习号召要切实、恰如其分。请根据提示完成这则通报稿。

第十一节 报　　告

【话题与案例】

千方职业技术学院院长教育思想褊狭,他认为汽修专业的学生必须看得懂宝马车的英文说明书才行,这一思想导致他对英语盲目热衷,因此,他在自己主管的高职院校片面强调

加大英语教育的力度。这一错误的做法不仅使入学时文化课基础本来就不太好的学生大为苦恼,而且直接影响了学生专业技能的培养。一些老师、学生和家长先后多次向上级教育主管部门反映情况,请教育主管部门对不切实际开设英语课的偏执的做法予以干预。教育主管部门接到老师和家长的投诉后,责令该院就有关情况做出说明。该院应该以哪一文种向上级教育主管部门行文呢?

【基础知识与范例】

报告是下级机关向上级机关报告工作、汇报情况、反映问题的陈述性文件。有时向上级机关报送文件、物件(资料)或答复上级机关询问时,也用报告行文。写报告是为了让上级机关、领导同志了解情况、掌握下情,这样能够及时接受上级指导和督促,以利于正确贯彻执行党的方针、政策,更好地开展工作。

报告的适用情形主要有这么几种:一是按照报告制度规定,下级机关与单位应当定期向上级机关汇报工作;二是工作过程中遇到新情况、特殊问题或者发生意外事故等,应当及时向上级机关汇报;三是如果上级机关交办了事情,也要及时报告处理的结果。另外,向上级机关报送文件、物品等也要呈送报告。

一、报告的特点

1. 行文的单向性

报告是下级机关、单位向上级机关汇报工作、反映情况、提出建议时使用的单向上行文,不需要上级机关给予回复。

2. 表达的陈述性

报告是用于汇报工作、反映情况的,上级机关能否比较全面了解下级机关的情况,并综合各下属单位的情况对全局工作做出决策,在很大程度上取决于下级机关能否适时地汇报工作,真实、全面、具体地陈述本部门、本单位贯彻执行各项方针、政策的情况。因此,报告的写作重在陈述,具体地说就是将做了什么、怎样做的、结果怎样,有哪些成功的地方,还存在什么样的不足等交代清楚,这样才便于上级了解下情。

3. 行为的事后性

绝大多数报告都是在某项工作开展了一段时间或完成之后,或是某种情况发生之后向上级做出的汇报,因此,报告具有事后性的特点。

二、报告的分类

(一) 按其内容和用途来分

报告可以分为工作报告、情况报告、答复报告和报送报告四类。

1. 工作报告

工作报告是指党政机关、企事业单位和社会团体,按照有关规定,定期或不定期地向上级机关或法定对象汇报工作所用的报告。汇报的内容,包括过去一段的工作情况和下一段工作部署、工作意见,或者是某一专项工作的开展情况等。汇报工作的报告又可分为综合性工作报告和专题性工作报告两类。

(1) 综合报告:综合报告是指就一个单位的全局工作向上级机关进行汇报而作的报告,

其内容涉及单位工作的方方面面。定期向上级机关汇报工作所用的报告一般都是综合性报告，如《××学院2009年第二学期工作报告》。

（2）专题报告：专题报告，是指就某一具体工作，或某一方面的工作，或者关于某一问题的解决过程向上级机关汇报所作的报告。

【范例2-19】

关于大学语文教材质量抽样分析情况的报告

教育部：

　　从2016年4月份开始，××语言文字研究所开始对现有的大学语文教材进行抽样分析，到2016年12月，第一阶段工作全部结束。现将有关情况报告如下：

　　一、大学语文课现状

　　1. 大学语文课开设现状

　　只要有一点教育常识的人都知道，语言能力是一个人的核心能力。这不仅是因为语言是思维的工具，语言能力的高下直接影响着人创造性思维能力的发展，而且决定着人的工作能力和终身学习能力。因此，每一所高校都应不折不扣地开好大学语文课。然而，现在不仅很多高校砍掉了大学语文课，而且开设的一些院校从课时分配、师资配备等方面都比较随意，教学效果很不理想。

　　2. 两大问题

　　关于砍掉大学语文课的原因，大部分院校的领导这样说：大学语文课上完了，学生的阅读能力和写作能力都没有提高，开与不开没啥两样，还不如不开。对此，老师们主要有两种说法：一种说法是大学语文课的性质没有明确的定位，能力目标不明确；另一种说法是没有统一的教学大纲，教材编写很混乱，选不到真正好的教材。

　　关于大学语文课的定位问题，语文教育家黄高才先生说："作为基础工具科目，大学语文课必须以培养学生的汉语运用能力为根本。"这一观点得到了专家们的普遍认同。看来，问题的症结还是在教材上面。为此，我们对现行的大学语文教材进行了抽样分析。

　　二、教材质量状况

　　据不完全统计，截至2015年年底，仅国家CIP数据中心能够查到的各级各类出版社正式出版的大学语文教材就有1200多种。如果加上一些院校自己内部印制（无书号）的，数量更多。数量如此之多，质量究竟如何呢？

　　（一）样本抽取和分析方法

　　为了确保分析的客观性，我们从两个大的书城中随机抽取了大学语文教材20种，其中属于国家规划教材的优先抽取；从各高校正在使用的大学语文教材中抽取20种，也是国家规划教材优先抽取。

　　样本拿到之后，我们首先进行通读，然后从内容和质量两个方面进行分析。

　　（二）教材内容与质量分析结果

　　（1）在抽取的40种大学语文教材中，编成纯人文读本的12种，偏重于人文性、兼顾工具性的16种，编成文学读本的3种，偏重于工具性、兼顾人文性的5种，其他4种。其中，在偏重于工具性的5种教材中，能力训练目标明确的只有1种。也就是说，真正能够用来培养和提高学生汉语能力的教材只有1种。

(2) 40种样本中,存在明显的语法、修辞、逻辑和标点符号使用错误的32种。其中,一本国家规划教材中,发现明显错误70多处;一本获得省级优秀教材二等奖的《大学语文》中,发现问题110多处。更为严重的是,一本由某师范大学出版社出版的《大学语文》教材,其主编所写不到一千字的"后记"中,仅语法和逻辑错误多达6处。

三、几点建议

教材内容决定着教学方向,教材质量影响教学质量。鉴于目前大学语文教材编写出现严重的混乱现象,特提出以下建议。

(1) 建议出台全国统一的大学语文教学大纲,明确课程性质、任务和基本教学内容。

(2) 建议出台《大学教材编写与使用条例》,规范大学教材编写和选用行为。其中,要明确教材质量问责制度。

(3) 加强大学语文教材的审查工作,尤其是对于拟入选国家规划教材的大学语文教材书稿一定要组织真正的专家进行审读。

(4) 制定教材质量等级评定办法,建立教材质量公示制度。

特此报告。

××语言文字研究所
2016年12月9日

【提示】范例2-19是一份专题工作报告,其内容是就大学语文教材抽样分析工作及其结果进行报告。这份报告首先陈述了工作起因,接着讲了工作的基本方法和工作的结果,最后提出了几点建议。全文简明扼要,层次清楚。

2. 情况报告

情况报告即反映情况的报告,主要用于汇报工作中遇到的重大情况、特殊情况、新情况等。其中也包括工作进程的报告、今后工作意见的报告、经验总结的报告。

【范例2-20】

关于我公司发生的一起重大安全事故的情况报告

××市政府:

依据市政府关于安全事故报告制度的相关规定,现将我公司发生的一起安全事故报告如下:

我公司是一家有着二十多年历史的建筑安装公司。具有国家一级资质。多年来,我公司一直十分重视安全生产与安全教育,定期对公司员工进行安全培训,几年来未发生过一起重大安全事故。但是,由于受台风影响,8月21日,我公司正在进行施工的一处建筑工地发生了一起吊塔倒塌事件,造成一人死亡。事件发生后,公司领导迅速赶到现场进行了处理,一方面安抚死者家属,处理善后;另一方面召开现场安全教育会议,对员工进行安全教育。目前事件已经基本处理完毕。

特此报告。

××建筑工程公司
××××年××月××日

【提示】范例 2-20 是一份情况报告。其内容是就因受台风影响吊塔倒塌造成人员伤亡一事,以及善后处理等情况向市政府进行报告。

3. 答复报告

答复报告即答复上级机关询问的报告。它实际上也是一种情况报告,在写法上与情况报告相同,只是非主动行文,侧重点应是上级问什么,回答什么,一般不涉及询问以外的情况。

【范例 2-21】

××公司办公室关于××同志职称评定的报告

市政府办公室:

  接到市办 8 月 10 日对我公司××同志职称评定情况的查询后,我们立即进行了调查,现将有关情况汇报如下:

  ××同志是我公司的技术员。该同志于 1963 年下半年至 1966 年上半年在××工学院受过三年函授教育,学习了有关课程。因"文化大革命"到来,未能取得学历证明。今年上半年评定职称时,根据上级有关文件精神,因缺乏学历证明,决定暂缓评定他的工程师职称,待取得证明后补办。该同志认为这是刁难,故向市政府写了申诉。接到市政府办公室查询半个月,我们派人去××工学院查到了有关材料,他们已出具了该同志的学历证明。现在,我公司已为××同志补办了评定工程师的手续。并向本人说明了情况,他表示满意。

  特此报告。

××公司办公室(公章)
××××年××月××日

【提示】范例 2-21 是一篇答复性报告。正文的缘由部分先简介接到上级部分的查询情况,后以惯用语衔接导出下文。事项部分具体介绍对上级机关查询问题具体调查和处理结果。有理有据,简洁明确。

4. 报送报告

报送报告即向上级机关报送文件或物件时随文、随物而写的报告。在实际工作中,视情况也可以用"函"行文。

【范例 2-22】

××市人民政府关于呈送
《××市城镇职工基本医疗保险办法》的报告

自治区人民政府:

  根据国务院《关于建立城镇职工基本医疗保险制度的决定》和自治区人民政府《关于建立城镇职工基本医疗保险制度的实施意见》精神,我市制定了××市城镇职工基本医疗保险办法》,并已经市政府 2000 年第一次常务会议讨论通过,现随文呈上,请予批示。

××××年××月××日
××市城镇职工基本医疗保险办法(略)

附件:(略)

【提示】 范例 2-22 是一篇向上级机关报送文件资料的报告,全文只有四句话,写法非常简单,这在报送报告中很常见。

（二）按其性质来分,报告可分为呈报性报告和呈转性报告两类

呈报性报告是报告的主体。这类报告以汇报工作、反映情况、答复询问为主要内容。由于向上级机关呈报工作情况涉及的内容十分广泛,呈报性报告又可分工作报告(含综合报告、专题报告)、情况报告、答复报告、报送报告等。呈报性报告是不要求转发的报告,主要供上级了解掌握情况用。如《××省人民政府关于工业生产情况的报告》就是一份呈报性报告。

呈转性报告是下级机关把工作情况、意见、建议呈报上级机关后,请求批转有关部门参考执行的报告。如《财政部关于开展税收、财务大检查的报告》就是一份呈转性报告,由国务院批转各省、市、自治区执行。这类报告中的工作安排和问题的处理,一般超越了发文机关或部门的职权范围,因此,只能由发文者提出建议性处理意见,请上级机关批准。上级机关批转(转发)之后,就是上级机关的意见了,所属范围的单位和个人都要贯彻执行。

三、报告与请示的区别

1. 适用情形不同

《党政机关公文处理工作条例》中明确规定:"(报告)适用于向上级机关汇报工作、反映情况,回复上级机关的询问""(请示)适用于向上级机关请求指示、批准。"凡是向上级汇报工作、反映情况、答复上级询问事项,应该用报告行文;凡是下级请求上级审核、答复、指示、批准的事项,均应以请示行文。

2. 行文目的不同

请示大多是为了解决本部门、本单位的问题,向上级机关请求指示、批准,而报告大部分是为了让上级机关了解情况,掌握全局,以便其正确决策。这就是说,"请示"重在"己明","报告"重在"人知"。

在行文重点上,请示的重点在于为所提出的要求陈述充分理由和说明所提要求的可行性,是请求性公文,要求回复,而报告的重点则是如何把所做的工作或所发生的重大情况陈述清楚,以供上级及时掌握,用作参考,属于陈述性公文,无须回复。

3. 行文的时机不同

请示必须在事前行文,待上级批复之后才能着手办理;而报告可在事前,也可在事中,甚或在事后行文,不需上级批复。

【写作指导】

一、报告的写作要点

报告由标题、主送机关、正文、落款和日期几个部分构成。

（一）标题

报告的标题主要有两种构成形式:一种是由发文机关、事由、文种三部分组成。如《××省人民政府关于工业生产情况的报告》,"××省人民政府"是发文机关,"工业生产情况"是事由,"报告"是文种。另一种是由事由和文种两部分内容构成。如《关于企管专业外出进

行专业实习的报告》。如果是情况紧急的报告或几个单位一并呈报的报告,则要在标题中写明"紧急"或"联合"的字样。

标题拟写的关键是事由部分,要求准确、简要地概括报告主要内容。

（二）主送机关

在标题下正文前顶格写受文对象。主送机关一般是发文者的上级机关或业务主管部门。

（三）正文

不同类型的报告,正文部分的内容要点各异,写法不尽相同。但其写作总要求是一致的,即叙述情况要真实客观,具体明确;分析问题要深入细致;报告制发机关对有关工作要有自己的态度或看法。与此同时,不同类型的报告有一个大致相同的正文内容框架:一是报告的缘由部分,即为什么报告。这一部分说明报告的目的,要写得集中、概括,简要直陈。二是报告的事项部分。具体写报告的主要内容,要求详写,条理清楚,层次分明。三是尾语。尾语常用"特此报告"或者"以上报告如有不当,请指示""以上报告如无不妥,请批转各地执行"等习惯语。

具体到每一类来讲,其正文的写作要点如下:

1. 工作报告

第一,是报告的原因或理由,讲清楚报告的是什么工作,进展到什么阶段,做到什么程度,要报告哪些问题;其次要写报告的主要事项,要比较具体地分条分项地陈述所取得的成绩,分析取得成绩的原因,包括做法和体会;最后要说明工作中存在什么问题和今后的打算。其中,综合性报告开篇应提纲挈领地作一概括的叙述,把全面的要点或结论提出来,这样使阅读者对问题有一个总的全面的印象。第二,对于报告所涉及的情况,要善于分清主次,要竭力抓住那些影响全局的问题或对本地区、本部门具有普遍指导意义的经验教训问题。第三,综合性报告既要概括性地反映全面情况,又要有重点事例,力求做到点与面的有机结合。要在全局中发现新情况,提出新问题,总结新经验,科学地预测客观的发展新趋势,这样才能为上级机关制定决策、指导工作提供有价值的参考依据。专题报告,内容比较单一,写作要求是一事一报,要自始至终叙述和说明某一项工作、某一个问题。

工作报告的结束语一般为"以上报告如有不当,请予指正"或"特此报告",也可以不写这类结束语,正文写完自然结束。

2. 情况报告

首先概述事情发生的基本情况,包括时间、地点、事情经过及前因后果;其次对事情做出准确的分析评价,指出其性质并表明本单位的看法;最后说明处理的结果或提出处理意见。

有些突发事件,处理过程出现的新问题,无政策依据,下级机关拿不准,请求上级机关给予指示,首先要对发生情况后采取的措施、处理的结果进行清楚的陈述,报告结束语使用"特此报告,有何指示,请告知"或"以上报告妥否,请指示"等。

3. 呈转报告

呈转报告的正文,重点不是报告工作情况和反映存在的问题,而是向上级提出意见或者建议。报告中提出的建议应是建设性的,否则,请求上级机关批转就失去了意义。

呈转报告的结束语一般使用"以上报告如无不妥,请批转有关单位（地区、部门）贯彻执行"。这个结尾是不能省略的。

4. 答复报告和呈送报告

回复报告的正文只需针对上级机关的询问或要求将有关工作和情况回答清楚即可,不应旁及其他问题,一般分条列项写,比较简单。呈送报告的正文主体,只要写清报送文件或物件的名称和数量即可。

(四)落款和日期

在正文后面写上发文机关和日期。

二、报告的写作要求

1. 实事求是

向上级机关汇报情况一定要属实,既不能夸大,也不能缩小。要客观、真实、确切地陈述事实。对有关材料,要反复鉴定,对证查实,不能有丝毫的虚假。

2. 迅速及时

向上级机关报告工作、汇报情况、答复询问、提出工作建议一定要及时,否则,事过境迁,既没有报告的意义,也会给工作造成损失。

3. 要具有典型性

反映的问题,无论是成功的经验或者是失败的教训,都要有"典型"意义,这样才有助于上级机关指导面上的工作。

4. 不可夹带请示事项

报告是下级机关向上级机关汇报工作,反映情况,答复上级机关询问时使用的公文,上级机关收到后一般不作批复,因此,如有请示事项,需另文写"请示",切不可在报告中夹带请示事项,以免耽误工作。

5. 中心突出

要坚持一文一事的制度,围绕报告的中心内容收集材料和组织文字,抓住报告的主要方面,详略得当。

6. 文字要精炼

尽可能以极简短的文字,反映更多的内容,把可要可不要的材料全部删去。

【思路拓展】

请禁伐桑枣奏
五代·陶谷

窃以稼穑[1]为生民之天,机杼[2]乃丰财之本。是以金根在御,王者用三推[3]之仪;鞠衣载陈,后妃有躬桑之礼。则知自天子至于庶人,不可斯须忽于农桑也。又司马迁著书曰:"齐、鲁之间千亩桑,安邑行树枣,其人与千户侯等。"

伏见近年以来,所在百姓,皆伐桑为柴。忘终岁之远图,趋一日之小利。既所司不禁,乃积习生常。苟桑柘渐稀,则缯[4]帛须阙。三数年内,国用必亏,虽设法课人种桑,且无及也。旧木已伐,新木未成,不知丝棉,欲凭何出?若以下民方因,不可禁之,倘砍伐一空,所在如是,岁或不稔,衣食尽亡,饥冻逼身,须为群盗。图难于易,哲王令猷[5],作事谋始,有国常务,乞留睿览,询访辅臣,欲望特下明敕,此合不得以桑枣为柴,官场亦不许受纳,州县城门不令放人,及不得囊私置卖,犯者请加重罪。[《全唐文》(卷 863)]

注释:[1]稼穑:种植与收割。[2]机杼:一般是指织布机,这里指纺线和织布。[3]三推:古代帝王亲耕之礼。天子于每年正月亲临籍田,扶耒耜往还三度,以示劝农,称三推。[4]缯:古代对丝织品的总称。[5]猷(yóu):计划,谋划。

【提示】 这篇奏议从实质上讲,是一份情况报告。该文首先陈述"所在百姓,皆伐桑为柴"这一情况,然后讲这一情况将导致的后果的严重性,最后提出解决问题的建议。全文层次清晰,意思表达清楚。

【实战训练】

本节案例中,上级教育主管部门要求千方学院写的报告属于情况报告,其内容包括三个部分:一是不切实际盲目拔高英语教学要求的基本情况,二是对造成不良后果的原因和相关责任做出准确的分析,三是明确的处理意见和改进措施。请您根据提示写作这份报告。

第十二节 请 示

【话题与案例】

随着人们物质生活水平的不断提高,人们精神生活的需求也随之增加,其中,对中国书画的消费需求迅速增长。另一方面,中国书画装裱人才的培养一直处于一种师傅带徒弟的零散教育状态,致使高水平的书画装裱技师奇缺。有鉴于此,西咸大学人文学院决定开设中国书画装裱专业。开设新专业要征得上级教育主管部门的同意,应该向上级教育主管部门写一个请示。这个请示应该如何写?

【基础知识与范例】

请示是下级机关或部门向上级机关或部门请求批示、批准等事宜,并要求予以答复的公文。这一文种应用广泛,使用频率较高,凡是下级请求上级审核、答复、指示、批准的事项,均应以请示行文。

请示的适用情形主要包括八个方面:一是涉及方针、政策等方面的重大问题,请示者把握不准,请求上级给予明确批示;二是在工作中遇到疑难问题,请求上级答疑解惑;三是工作中遇到了困难,需要上级帮助解决;四是工作中遇到新的情况、新的问题而无章可循时或办理某些事项无政策依据,需要上级给予把握;五是本单位情况特殊,难以执行统一规定,需要变通处理而又必须请求批准;六是超出本机关职权范围或本机关无权决定的一切事项(如设立机构、增加编制、调整区划、人事任命、企业重组、资源分配、外事处理、重要活动等);七是本机关、本单位意见分歧,无法统一,要求上级裁决的问题;八是其他按上级有关规定应当请示的问题。

一、请示的特点

1. 求助性

请示是发文者遇到自己难以解决的问题或无法克服的困难时,请求上级机关给予政策的或物质的帮助而写的文书,其写作目的就是向上级求助,因此,求助性是请示最大的一个特点。

2. 受理的回应性

请示是一种要求受文者必须给予回应的文种,即上级机关对呈报的请示事项,无论同意与否,都必须给予明确的"批复"。

3. 内容的单一性

请示写作要求一文一事,专文专请,不允许在一篇请示中同时请示若干个不同性质、不同类别的问题。

4. 行为的前置性

请示都是事前行文,待上级机关批准后,才能处理有关请示事项或问题。

5. 行文的严格性

请示行文的规则十分严格,主要表现在三个方面:一是请示的主送机关必须是与发文机关有直接隶属关系的上级机关。虽是上级机关但不是直接隶属关系的不应直接请示,否则即为越级请示。二是坚持逐级请示的原则,不得越级请示。三是受双重领导的单位,应向请示事项关涉比较紧密的一个上级机关主送行文,向另一个上级机关抄报,不能"多头"请示。

6. 时效性

请示是针对本单位当前工作中出现的情况和问题,求得上级机关指示、批准的公文,必须及时发出,尽快求得问题的解决。

二、请示的分类

(一)按照内容性质来分,请示可以分为两类

1. 政策性请示

对党和国家的方针、政策、法律、法规和上级的指示等有不明确或不同的理解,或者在工作中遇到了无章可循的新情况、新问题,以及由于本单位情况特殊需要对上级普遍性要求加以变通,这些都要写请示,请求上级机关指示。这类请示即政策性请示。

【范例 2-23】

关于对张××高职低聘的请示

××省教育厅:

我校中文系教师张××,系 20 世纪 80 年代中国古代文学"唐宋文学"方向硕士研究生,现职称为教授。该同志虽是研究生学历、教授职称,但实际上学养浅薄、教学能力低下,在其本专业范围内,无论教任何课,学生普遍反映很差。其中,该同志在上他的本专业

"唐宋文学专题"课时,因讲课水平差,学生没人听,于是,在课堂上给学生大讲《武则天传》,时间长达四周,在学生和教师中造成极坏影响。中文系的老师普遍反映,该同志还骄傲自大,经常拿自己是教授压制年轻教师。

为了整肃教学纪律,树立良好的教学风气,营造有利于年轻老师健康成长的学术氛围,同时确保育人质量。经我校校长办公会议研究,决定对张××实行高职低聘,同时调离教学岗位。妥否,请批示。

特此请示。

××大学(印章)
××××年××月××日

【提示】范例 2-23 是一则政策性请示。请示单位因为吃不准对德才均不佳的教师实行高职低聘是否符合国家有关政策而向上级有关部门做出请示。

2. 事务性请示

下级机关准备办理按规定需要上级机关批准的事项,或者既需要上级机关批准又需要上级机关帮助的事项,或者虽然不需要上级机关批准但需要上级机关帮助的事项,如增设机构、增加编制、上项目、列计划、申请经费、购置设备等,都应当写请示,请求上级机关批准或拨款等。这类请示即事务性请示。

【范例 2-24】

关于举办节日商品展销会的请示

市经贸委:

为了繁荣节日市场,满足居民的消费需求,拟于 2016 年 12 月 25 日至 2017 年 1 月 5 日在体育场举办商品展销会。参展单位由我公司负责联系,经费自理。

妥否,请批示。

××公司
××××年××月××日

【提示】范例 2-24 是一则事务性请示,行文的目的是请市经贸委批准"举办节日商品展销会"。

(二)根据请示的目的来分,请示主要分为以下几类

1. 请求批准的请示

根据管理权限、职责范围或有关规章,下级机关、单位就某个问题、某项工作无权直接做出决定时,需要请示上级机关对此问题上给予做出审定、核查并明确的批准答复。

2. 请求帮助的请示

下级机关、单位工作中遇到如人力、物力、资金,以及其他自己所不能解决的困难,请求上级机关给予帮助解决,需要以请示的形式上呈,这类请示即属于请求帮助的请示。

3. 请求指示的请示

下级机关在工作中遇到新情况、新问题，遇到困难或出现不曾预料的情况需要解决和变通；对上级机关下达的指示不很明了，或对某些政策在看法上出现偏差，请求上级机关给予明确指示。这类请示就是请求指示的请示。

三、文种的区分

（一）请示与报告的区分

1. 请示和报告的写作目的不同

请示的目的是请求上级机关对某项事宜给予批准或对某一问题给予明确答复；报告的目的则是为了向上级机关汇报工作，反映情况，让领导了解"下情"。

2. 请示和报告的要求不同

请示需要上级机关给予明确答复，所以上级机关收到请示后，不管对请示事项同意与否，都要认真研究，及时批复；而报告，则无必须答复的要求。

3. 请示和报告的行文时间不同

请示必须在事前行文，绝不能"先斩后奏"；报告则可根据不同需要，在工作发生之前、发生之后或进程中行文都可。

（二）请示与函的区分

《党政机关公文处理工作条例》中规定，请示适用于向上级机关请求指示、批准；函适用于不相隶属机关之间商洽工作，询问和答复问题；向有关主管部门请求批准等。这就是说，请示与函都有请求批准的功用，但二者的使用情形不同，不能互相替代。当发文者与受文者具有直接的上下级关系时，提出请求事项应用请示行文；当发文者与受文者无行政隶属关系，提出请求事项应该用函行文。

【写作指导】

一、请示的写作要点

一份完整的请示包括标题、主送机关、日期、正文和落款五个部分。

（一）标题

请示的标题主要有两种构成形式：一种是由发文机关、请示事项和文种名三个部分组成。如《×××化工厂关于贯彻按劳分配政策两个具体问题的请示》。另一种是省略掉发文机关，由请示事项和文种名两项内容构成。如《关于二〇一〇年国债发行工作的请示》。

请示标题要突出请示事项，使人一看就知道请示的主要内容。标题中揭示事项的字数不宜过多，力求高度概括、鲜明、简洁。

（二）主送机关

主送机关一般写在标题与正文之间，单独一行，顶格书写。

受双重领导的发文机关写作请示时，唯一的主送机关要选准。

（三）日期

发文日期的书写位置由发文机关的位置来定。如果"发文机关"出现在标题中，则发文日期就写在标题下面,如果"发文机关"在正文之后的右下方的位置,则发文日期就写在发文机关名称的下面。

(四) 正文

请示的正文一般分为三个部分:第一部分缘由,即请求理由;第二部分事项,即请求事项;第三部分意见,即请求事项的解决办法。

1. 缘由

缘由主要写提出请求指示或批准的事项的理由或根据。请示的缘由是请示的依据和出发点,是请示能否得到一个满意批复的关键。陈述缘由时,要真实地反映工作中存在的问题,以党的路线、方针、政策为依据,用科学的道理进行阐释,力求做到理由充分,根据可靠,情理交融。这一部分的结尾常用"特请示如下""请示如后"等承启用语。

2. 请示事项

这部分主要写请求什么、具体有什么要求。写请示事项要突出关键问题,说得明白清楚。要人,要写清楚要几名、要什么专业或掌握什么技术的人;要钱,要写清楚准确的数目;要物,要写清楚物的品名、品牌、规格、型号、数量等。同时要进行必要的分析,要做到实事求是,言简意赅。最后提出切实可行的、具有说服力的解决问题的意见与办法,便于上级机关考虑审批。

3. 请求指示或批准部分

一般使用惯用语作结。如"以上意见妥否,请批示""当否,请批示""以上意见如无不妥,请批转"等。请示的语气要注意谦和得体,符合自己的身份。

(五) 落款

在正文右下方标明发文机关。如标题中已出现发文机关,则落款可省略。

二、请示的写作要求

写作请示,要力求做到情况明确,意见具体,主旨专一,语言谦和。在此基础上,还要满足以下几点要求。

1. 要"一文一事"

一份请示只能提出一件请示批准的事项,或提出一个请求解决的问题。这样便于上级机关对来文的处理。如在一份请示内要求上级机关同时解决或批准多项工作和几个问题,这样使上级机关不好处理,势必会出现延误问题。

2. 不能"多头"请示

请示的主送机关只能是一个。受双重领导的单位,应向请示事项关涉比较紧密的一个上级机关主送行文,向另一个上级机关抄报,以免两个上级互让批复权谁也不批贻误时机,或者谁都批而意见又不一致,致使难以执行。

3. 坚持逐级请示的原则,不得越级请示

请示要根据各个机关的隶属关系和职权范围来确定。要向直接的领导机关请示。有些问题,虽明知直接的上级机关也无决定权限,而须由更高级的领导机关来解决,也应坚持逐级上报,不能越级请示。

4. 切忌滥用请示

凡属本机关职权范围内,已有明确的方针、政策和规定能够自行处理的,尽可能不要向上级机关请示。

5. 事前请示

要事前请示,事后报告,不能先斩后奏。

【实战训练】

案例中需要写作的请示是一份请求批准的请示,其正文部分由三个部分内容构成:一是请示的缘由,这一部分应简要的写一下增开新专业的背景、缘由、意义等;二是写清楚请示事项;三是明确表示请求批准的意愿。请根据提示写作这则请示。

第十三节 批 复

【话题与案例】

近年来,由于高校数量增加,同时很多高校办学规模扩大,高校招生人数大幅增加,而高考生源连年递减,又有大量考生对学校的选择更加实际和理性,选择技师学院深造的考生逐年增加,因此,××省已连续两年没有完成高招计划,尤其是高职院校缺额很大。有鉴于此,××省教育厅经过研究后,向省政府请示在全省5所重点高职院校进行中等学校毕业生免试注册升学试点,即凡是具有中等文化程度者,不需参加考试,凭中等学校毕业证书注册即可进入高职院校读书,修完教学计划规定的课程即可获得大专毕业证书。××省人民政府接到请示后,及时召开省长办公会议研究决定:同意省教育厅的请示。现在需要写一份给省教育厅的批复,该怎么写?

【基础知识与范例】

《党政机关公文处理工作条例》规定:(批复)适用于答复下级机关请示事项。这就是说,批复是上级机关答复下级机关请示事项时所用的文书,具有明确的针对性和指示性。

一、批复的特点

1. 行文的被动性

批复是用来答复下级机关请求事项的,下级机关有请示,上级机关才会有批复。

2. 针对性

批复都是针对着下级机关的请示而发的,下级机关请示什么事项或问题,上级机关的批复就指向这一事项或问题,即批复只对来文中的事项或问题进行表态、指示和回答,请示什么批复什么。

3. 集中性和明确性

由于下级的请示是一事一报,请示内容十分集中,相应的批复也是一文一批,答复的内容也十分集中。

4. 鲜明性

批复中答复下级的问题应当态度明确,旗帜鲜明,以便下级执行时准确把握。

二、批复的种类

批复是用于答复下级请示事项的,根据下级请示事项的不同,批复分为批准性批复和指示性批复两种。

(一)批准性批复

批准性批复也叫审批性批复,是指针对下级所写的"请求批准"的请示而作的批复,其核心是就下级请示中请求批准的事项进行审核或研究后做出批准与否的答复。如是否同意机构设置、是否批准项目立项等。

【范例2-25】

国务院关于同意设立"全国科技工作者日"的批复
国函〔2016〕194号

中国科协、科技部:

　　你们《关于建议设立"全国科技工作者日"的请示》(科协发组字〔2016〕85号)收悉。同意自2017年起,将每年5月30日设立为"全国科技工作者日"。具体工作由你们商有关部门组织实施。

国务院
2016年11月25日

【提示】 范例2-25是一则批准性的批复,批复的事项是"同意自2017年起,将每年5月30日设立为'全国科技工作者日'"。这份批复意见明确,条理清楚,语言简明扼要。

(二)指示性批复

指示性批复是指发文主体针对下级请示中要求上级给予指示的有关问题所作的政策性答复。

【范例2-26】

关于咸阳文保中心藏秦宫殿、唐昭陵壁画保护修复方案的批复
文物博函〔2006〕1212号

陕西省文物局:

　　你局《关于咸阳文保中心所藏秦宫殿、唐昭陵陪葬墓等壁画保护修复方案的请示》(陕文物字〔2006〕56号)收悉。经研究,我局批复如下:

　　一、原则同意所报方案。

　　二、对该方案提出以下意见:(一)应明确该项保护技术的实施单位。(二)应明确改扩建壁画库的方案和措施。

　　三、请你局组织有关单位根据上述意见对方案进一步补充、完善,由你局核准后实施。请加强文物修复管理,确保修复质量和文物安全。

四、该项目预算偏高,应适当压缩,预算控制数为90万元。
五、根据《国家重点文物保护专项补助经费使用管理办法》(财教〔2001〕351号)规定,你局可在提出地方配套经费落实意见后,在本批复预算控制数以内,按照国家专项补助经费的申请程序和修复进度申请补助经费。

国家文物局
2006年10月9日

【提示】范例2-26是一则批准性和指示性兼具的批复,其中指示的成分更多一些。正文部分批复的内容共五条,其中四条都是"指示"的内容。

三、批复与批示的区别

批复与批示从概念的内涵到外延都有很大的区别。首先,批复是专用性很强的下行公文,是针对下级的请示而做出答复所使用的文书,批示则是处理公文的一道程序,或者是一个行文环节,体现为一段文字,即有关负责人表明意见、决定和具体安排的书面文字。其次,批复只在答复下级请示时使用;批示不仅可以在处理请示时使用,还可以在处理其他公文时使用,甚至在处理机关日常工作时也常使用。最后,批复的内容对受文者有较强的约束力和强制性,而批示的内容对受文者往往只起知照或参考的作用。

【写作指导】

一、批复的写作要点

(一)批复的标题

批复的标题一般采用公文标题的写作模式,常用的有两种形式:一是"完全式"标题,由发文机关+批复事项+受文机关+文种四个部分构成,如《国务院关于同意陕西省撤销榆林地区设立地级榆林市的批复》《国务院关于××市私人建房问题给××省人民政府办公厅的批复》等。二是由发文机关+批复事项+文种三部分内容构成,如《国务院关于同意将南京海关驻禄口机场办事处调整为南京禄口机场海关的批复》。

(二)批复的主送机关

批复的主送机关,一般只有一个,那就是发出请示的下级机关。

(三)批复的正文

批复的正文由三个部分组成:批复依据、批复事项、执行要求。

1. 批复依据

批复依据主要写两个方面的内容:一是写批复是针对下级机关哪一份请示给予批复的。对方的请示是批复的主要依据,要完整引用请示的标题并加括号注明其请示的发文字号,如"你省《关于变更××市行政区域范围的请示》(×政〔1999〕49号)收悉"。二是写与请求事项有关的方针政策和上级规定。批复的政策性非常强,对下级的请求是同意还是不同意,一定要依据有关方针政策、具体的规章制度或有关会议精神等来答复,必要时要把有关政策条文或上级要求等内容直接引用到批复中去(可标引文件名、文件编号和条款序号)。这部分内容可表述为:"根据××关于××的规定,现作如下答复。"如果下级请示的事项在上级文件和规定中找不到依据,这样的文字便不需出现了。

2. 批复事项

针对下级机关请示所发出的指示，做出的批准决定，以及补充的有关内容，都属于批复事项。如果内容复杂，可分条表述，但必须坚持一文一批的原则，不得将若干请示合在一起用列条的方式分别给以答复。

3. 执行要求

所谓执行要求就是从上级机关的角度提出一些补充性意见，或是表明希望、提出要求。如《国务院关于同意陕西省撤销榆林地区设立地级榆林市的批复》的结尾："榆林市的各级机构均应按照'精简、效能'的原则设置，所需人员编制和经费由你省自行解决。"如果只是批准事项，无须提出要求，此段可免。

（四）结语

批复一般以惯用语作为结语。如"特此批复""专此批复""此复"等。但也有批复不用任何惯用语，戛然而止的。

二、批复写作的要求

1. 批复应当一事一批复

批复是针对请示的，既然请示要求一事一文，批复也应一事一批复。

2. 态度和意见明确

批复是指挥性公文，下级接批复后要照此办理，因而答复的意见和态度一定要明确。如果同意下级机关的意见，要直接给予肯定的答复。如果不同意或者部分同意部分不同意，要明确表态。对否定的部分，要事先有周密的思考和研究，并有简要的说理分析。

3. 批复一定要符合实际

批复意见要坚持"三个依据"，即依据党和国家的方针、政策和有关规定批复，依据发文机关的请求事项批复或批答，依据实事求是的原则批复。

4. 批复一定要及时

答复发文机关请求批准事项，是主送机关的职责所在。一般情况下，发文机关是遇到无法自行解决的问题才写请示的。因此，在收到请示后，主送机关无论同意与否，都应及时予以批复。

5. 批复用语要严谨、准确

批复的语言要严谨，用词准确，语句严密，字斟句酌，不可产生歧义。

【思路拓展】

唐太宗的批示

唐贞观时期国家富强，社会安定，百姓安居乐业，呈现出路不拾遗，夜不闭户的大好局面。然而，就在这样的形势下，有一个叫作段元冲的书生却上书朝廷，批评吏治，指责唐太宗。一时间朝野震惊，很多文人学士和文武百官等联名上书唐太宗，要求拿段元冲问罪。唐太宗李世民思忖再三，在上书的奏折上做出了批示："其言若是，是其忠也；其言若非，是其狂也；忠不必究，狂不足较，譬如寸云点日，无损于明；尺雾障天，无损于大。段元冲之罪，不问可也。"

【提示】 上面我们学习了批复和批示的区别,这里特意选了唐太宗批示奏折的例子,旨在使同学们进一步了解批示的性质和特点。唐太宗的批示显示了他博大的胸襟,宽广的胸怀,以及平心静气的处事态度。从其批示我们应该感悟到:应用文的语言以语气平和为佳。

【实战训练】

本节【话题与案例】中提到的××省人民政府要写给省教育厅的批复,是一份批准性的批复。这份批复的正文部分首先要表明同意进行试点的态度,其次对进行这项试点提出一些原则性的要求和建设性的意见。请按照批复写作的要求试写一下这份批复。

第十四节 议 案

【话题与案例】

咸阳市境内有古遗址一千多处,古陵墓数以万计,地下文物藏量为全国之最。其中,境内现有历代帝陵27座,埋葬着28位皇帝,这些帝陵全部是国家重点保护文物。在众多的古遗址中,秦咸阳城遗址、汉甘泉宫遗址为国家重点文物保护单位;位于秦都区西南的尹家村遗址,是陕西省最大的新石器时代仰韶文化半坡型原始村落遗址,总面积约150万平方米。在这些古遗址、古陵墓之下,埋藏着难以数计的珍贵文物。仅目前已出土、收藏于各文博单位的文物数量十分客观,其中的精品难以胜举。不仅如此,咸阳境内的可移动地面文物数量多、品位高。例如西汉霍去病墓前的17件大型汉代石雕作品,有12件被评定为国宝级文物,其中的"马踏匈奴"为驰名中外的雕塑名作,唐太宗昭陵的"昭陵六骏"驰名海内外。大量的地上石刻文物使咸阳享有"中国古代石刻艺术博物馆"的美誉。

如果能够将以上文物资源予以整合,建设一座现代化、高规格的博物馆,不仅有利于文物保护和研究,而且可以促使咸阳旅游及相关产业实现飞跃式的发展。试以咸阳市政府的名义拟写一份提交给咸阳市人民代表大会的议案。

【基础知识与范例】

议案是各级人民政府按照法律程序向同级人民代表大会或人民代表大会常务委员会提请审议事项时所使用的一种公文,其内容实质是有关国家和地方性重大事项的建议和方案。

一、议案的特点

1. 制作主体的法定性

按国务院办公厅的规定,只有各级政府才能向同级人民代表大会提出议案,政府的职能部门无权制发。《中华人民共和国全国人民代表大会组织法》(以下简称《人民代表大会组织法》)和《中华人民共和国地方各级人民代表大会和地方各级人民委员会组织法》规定,党团组织、社会团体、政府各部门、企事业单位等,都无权提出议案。

2. 内容的特定性

《中华人民共和国宪法》和《人民代表大会组织法》规定,议案的内容,必须是属于人民代表大会及其常委会职权范围之内的事项。超出人民代表大会职权范围的议案,不会被大会接受。议案的内容也应是各级人民政府无权决定,需要依法提交人民代表大会审议决定的重要事项。

3. 时效性

各级人民政府的议案,应当而且必须在同级人民代表大会或其常务委员会举行会议规定的限期前提出,否则不能列为议案。超过期限提交的议案一般改作"建议"处理,或移交下次人民代表大会会议处理。提交大会审议的议案,必须限期审议表决或提出处理意见。

4. 行文的定向性

议案只能由各级人民政府向同级人民代表大会或其常务委员会行文,不能向其他部门或单位行文。主送机关也只有一个。

5. 必要性和可行性

议案提交人民代表大会审议的事项,必须是重要事项,必须符合人民群众的意愿和要求。议案中提出的方案、办法、措施,必须是切实可行的。

二、议案的分类

1. 立法性议案

立法性议案主要在两种情况下使用:一是政府机构制定了某项法律或法规之后提请人大审议通过时;二是建议、请求某行政机构制定某项法规时。如《国务院关于提请审议〈中华人民著作权法(草案)〉的议案》。

2. 决策性议案

关于财政预算决算、城乡发展规划、重大工程上马以及政治、经济、文化、教育、科技、卫生领域中的重大事项的决策,需要提请人民代表大会审议批准时使用的议案,就属于重大事项决策性议案。

【范例 2-27】

国务院关于提请审议兴建长江三峡工程的方案

国函〔1992〕24号

全国人民代表大会:

长江是我国第一大河,流域面积占全国总面积的19%,养育着全国三分之一的人口,工农业总产值约占全国的40%,在我国国民经济发展中占有重要地位。长江中下游的洪水灾害历来频繁而严重。新中国建立以来,国家在长江流域进行了大规模的防洪建设,对保障中下游地区的经济建设和人民生命财产安全,发挥了很大作用。但由于多方面的原因,长江资源还没有很好开发利用,水患尚未根治,上游洪水来量大与中下游河道特别是荆江河段过洪能力小的矛盾,依然十分突出,两岸地面高程又普遍低于洪水位,一旦发生特大洪水,堤防漫溃,将直接威胁荆江两岸江汉平原和洞庭湖区的一千五百万人口和二千三百万亩良田,人民群众的生命财产和一批大中城市、工矿企业和交通设施,将会遭受巨大损失,严重影响国民经济全局。这是我们国家的心腹大患。

如何解决长江的防洪问题,更好地开发长江资源,中共中央和国务院一直很重视。社会各界也十分关注。经过几十年来的治理实践和对各种意见、方案的反复研究和论证,解决长江中下游的防洪问题,必须采取综合治理措施。兴建三峡工程是综合治理的一项关键性措施。三峡工程兴建后,可将荆江河段的防洪标准由目前的十年一遇提高到百年一遇;配合其他措施,可以防止荆江河段发生毁灭性灾害;还可减轻洪水对武汉地区及下游的威胁。同时,三峡工程还有发电、航运、灌溉、供水和发展库区经济等巨大的综合经济效益和社会效益。三峡工程建成后年发电量八百四十亿千瓦·时,占目前我国年发电量的八分之一,可为华东、华中和川东地区的经济发展提供重要的能源;可以大大提高川江航道通过能力,万吨级船队有半年时间可直达重庆,为发展西南地区的经济和繁荣长江航运事业创造条件。三峡工程还有利于长江中下游城镇的供水,有利于南水北调。总之,三峡工程的兴建,对加快我国现代化建设进程,提高综合国力,具有重要意义。

国务院对兴建三峡工程历来采取既积极又慎重的方针。近四十年来,有关部门和大批科技人员对三峡工程做了大量的勘测、科研、设计和试验工作。特别是一九八四年以来,社会各界提出了许多新的建议和意见。一些同志本着对国家、人民和子孙后代高度负责的精神,对库区百万移民的安置、生态与环境的保护、上游泥沙的淤积、巨额投资的筹措和回收等疑难问题,从不同角度提出了各自的意见。这些意见对于开拓思路,增进论证深度,完善实施方案,起到了十分有益的作用。

经过多年的研究、论证和审查,三峡工程坝址选在湖北省宜昌县三斗坪镇。工程的拦河大坝全长一千九百八十三米,坝顶高达一百八十五米,最大坝高一百七十五米。水库正常储水位一百七十五米,总库容三百九十三亿立方米。水电站总装机容量一千七百六十八万千瓦。工程静态总投资五百七十亿元(一九九〇年价格)。主体工程建设工期预计十五年。工程建设第九年,即可发电受益,预计在工程建成后不太长的时间里,即能偿还全部建设资金。国务院三峡工程审查委员会对可行性报告进行了认真审查,认为三峡工程建设是必要的,技术上是可行的,经济上是合理的。随着经济的发展,国力是可以承担的。

三峡工程规模空前,技术复杂、投资多,周期长,特别是移民难度很大。对于已经发现的问题要继续研究、妥善解决,对今后可能再现的各种困难和问题,要有足够的思想准备。要谨慎从事,认真对待,使工程建设更加稳妥可靠,努力把这项造福当代、荫及子孙的事情办好。

国务院常务会议经过认真讨论,同意建设三峡工程。建议将兴建三峡工程列入国民经济和社会发展十年规划,由国务院根据国民经济的实际情况和国家财力物力的可能,选择适当时机组织实施。

请审议。

国务院总理　李鹏
一九九二年三月十六日

【提示】 范例2-27是一份决策性议案。案据部分就长江三峡的现状及修建三工程的意义进行了阐述;方案部分就三峡工程设计的基本情况及修建三峡工程的资金、技术等问题作了交代;结语部分表明国务院的态度,提请全国人民代表大会审议。

3. 任免性议案

行政机关向权力机关提请任命、免去或撤销行政机关工作人员职务，请求人民代表大会审议的议案，就是任免性议案。如《国务院关于提请××等同志职务任免的议案》。

【写作指导】

一、议案的写作要点

1. 标题

议案的标题一般由发文机关、事由（提请审议事项）、文种三个部分构成。如《国务院关于提请审议〈中华人民共和国劳动法（草案）〉的提案》，发文机关是国务院，"事由"是"关于提请审议《中华人民共和国劳动法（草案）》""文种"即"提案"。议案标题有时也可以采用发文机关＋文种或者只有文种的写法。

2. 正文

议案的正文由案据、方案和结语三个部分构成。

（1）案据。议案的第一部分，说明提出议案的根据和理由，即回答为什么提出议案。案据要求写得概括准确，说明提请审议事项的意义、作用及有关背景。由于内容不同，这部分的篇幅长短在不同议案中会有很大差异。

（2）方案。方案部分就是对提请审议的事项或问题提出解决的途径、方法的部分。如果是提请审议已制定的法律法规的，解决问题的方案就在法律法规之中，这部分只需写明提请审议的法律法规的名称即可，但要把法律或法规的文本作为附件一并提交。如果是任免性议案，要将被任免人的姓名和拟担任的职务写明。如果是提请审议重大决策事项的，要把决策的内容一一列出，供大会审阅。如果是建议采取行政手段解决某方面问题的，要把实施这一行政手段的方案详细列出，以便于审议。不能只指出问题，而没有解决问题的方案。

（3）结语。结语是议案的结尾部分，主要用于提出审议请求。一般都采用模式化写法，言简意赅。如"现提请审议""请审议决定""现提请审议，并请做出决定"等。

3. 签署和日期

一般行政公文，最后签署的都是发文机关的名称，而议案有所不同，要由政府首长签署。国务院提交给全国人大的议案，要由总理签署；各省、市、自治区提交给同级人民代表大会的议案，要由省长、市长或自治区主席签署。

日期格式与一般行政公文相同。

二、议案写作的基本要求

（1）必须言之有据、论之有理，内容重大而务实，建议具有可行性。

（2）语言精练、庄重。议案篇幅不宜过长，缘由简明扼要，不必展开论述，在语言上就要求十分精练。同时，议案是人民政府提交同级人大或人大常委会的，所以要求语气庄重。

【实战训练】

本节案例中要求拟写的议案是一份决策性的议案，其写作目的是请人民代表大会对建设咸阳博物院这一重大项目进行决策。这份议案的题目可拟为《咸阳市人民政府关于提请审议建立咸阳博物院的议案》。议案的正文部分集中写好这几项内容：一是对咸阳的文物资源情况进行概括介绍，突出其中的亮点；二是就建设咸阳博物院的设想和建设咸阳博物院的重大意义进行详细说明；三是就建设咸阳博物院的可行性进行简要分析。

请根据上面的提示，查阅相关资料，写出这份议案。

第十五节 函

【话题与案例】

××学院现有在校学生一万两千多人。该院地处城市郊区，至今没有一条直达公交线路，师生出行不太方便。该院经过调研发现，现终点站距学院正门两公里多的880路公交起点站在市中心广场。如果这条公交线路能向前延伸一站至学院正门口，师生出行难的问题一下就解决了。于是，学院决定与公交公司交涉。二者之间应该怎样行文？

【基础知识与范例】

函是党政机关、人民团体、企事业单位处理公务时经常使用的一种公文。《党政机关公文处理工作条例》规定："适用于不相隶属机关之间商洽工作、询问和答复问题、请求批准和答复审批事项。"这就是说，不相隶属机关之间商洽工作，询问和答复问题，甚至请求批准和答复审批事项，一律用"函"。函的适用情形主要有三种情况：一是相互商洽工作。如调动干部，联系参观、学习，联系业务，邀请参观指导等。二是询问和答复问题。三是向有关主管部门请求批准。这里的"有关主管部门"是指与发文方没有直接的行政隶属关系，但其业务管辖范围涉及发文方的"有关"业务，因而受文方成为发文方的"有关主管部门"。

一、函的特点

1. 具有公文的法定效力

作为公文使用的函与一般书信有着本质的不同，主要体现为其具有公文的法定效力。

【范例2-28】

国务院办公厅关于湖南望城经济开发区
升级为国家级经济技术开发区的复函

国办函〔2014〕24号

湖南省人民政府、商务部：

你们关于湖南望城经济开发区升级为国家级经济技术开发区的请示收悉。经国务院批准，现函复如下：

一、国务院同意湖南望城经济开发区升级为国家级经济技术开发区，定名为望城经济技术开发区，实行现行国家级经济技术开发区的政策。

二、望城经济技术开发区规划面积仍为6.333平方公里，区域范围为国务院有关部门公布的开发区审核公告确定的四至范围。

三、要深入贯彻落实科学发展观，加快转变经济发展方式、深化改革、扩大开放，按照先进制造业与现代服务业并重、利用外资与境内投资并重、经济发展与社会和谐并重的要求，致力于提高发展质量和水平，致力于增强体制机制活力，促进国家级经济技术开发区向以产业为主导的多功能综合性区域转变，充分发挥窗口、示范、辐射和带动作用。

　　四、必须严格实施土地利用总体规划和城市总体规划，按规定程序履行具体用地报批手续；必须依法供地，以产业用地为主，严禁房地产开发，合理、集约、高效利用土地资源。

　　五、商务部要会同有关部门加强指导和服务，促进望城经济技术开发区健康发展。

国务院办公厅
2014年2月18日

【提示】范例 2-28 的内容对湖南省人民政府和商务部都有法定的约束力，受文方均应按函中的要求办事。由此可见，函不同于一般书信，它具有与其他公文相同的法定效力。

2．平等性和沟通性

函主要用于不相隶属机关之间互相商洽工作、询问和答复问题，体现着双方平等的关系，这是上行文和下行文所不具备的特点。即使是向有关主管部门请求批准，在双方不是隶属关系的时候，也不能使用请示和批复，只能用函，并且姿态、措辞、口气也跟请示和批复大不相同，也要体现平等性和沟通性的特点。

3．灵活性和广泛性

从使用主体来看，函对发文机关的资格要求很宽松，高层机关、基层单位；党政机关、社会团体、企事业单位，均可发函。从受文对象来看，公函对上级，对下属，对兄弟单位，对不相隶属的任何单位都适用。函的内容和格式也比较灵活，而且不限于平行行文，所以运用得十分广泛。

4．单一性和实用性

函的内容必须单纯，一份函只能写一件事情。

二、函的分类

（一）函按照行文主体的主动性和被动性，以及发函目的划分

1．发函

发函也叫去函，是发文主体主动向受文者商洽工作、询问问题、知照有关情况或向有关主管部门请求批准事项所发出的函。

【范例 2-29】

×××市人民政府关于扩建×××火车站候车室的函
×政〔2012〕86 号

×××铁路分局：

　　×××市火车站候车室始建于 1911 年，建筑面积 1545 平方米，其中旅客候车厅面积为 1100 平方米^2，最大容量为 1000 人。随着经济、社会的不断发展，出行旅客迅速增多，

客运列车不断增加。近年来,先后增加了××至北京、××至大连、××至包头等6对列车12个车次。目前,×××市火车站日接送旅客列车16个车次,日均上车旅客达3500人左右,高峰时每日上车人数超过5000人,加上送站旅客,日出入候车室的旅客超过万人以上。节假日和旅游"黄金周"期间客流大幅度增长,还要增加临时旅客列车。现有火车站候车室的使用功能和技术要求均不能适应和满足客流量的需要,扩建候车室已刻不容缓。

为了能够给旅客提供方便、舒适的候车条件,使我市大交通格局科学合理,有利于提升×××市的城市形象,促进全市经济发展,急需对×××市火车站候车室进行改造扩建。

我市经论证,拟新建×××市火车站候车室建筑面积4500平方米^2,最大候车容量2500人。并同时完成站前广场改造。

市委、市政府对扩建候车室工程非常重视,在财力十分困难的情况下,决定自筹资金2000万元,并给予一些必要的优惠政策,恳请×××铁路分局立项并部分投资。

请函复。

2012年9月6日

【提示】范例2-29是一份商请性的去函。正文第一、二段先交代发函的背景和缘由,第三段提出具体设想,第三段表明"合作"意愿。最后用惯用语"请函复"收束。

2. 复函

复函是受文者收到来函后,就来函中有关问题做出答复的函。

(二)函按其功能划分

函可分为商洽函、询问函、告知函、请批函、复函五种。其中前四种为发函,后一种为复函。

三、文种区分

(一)函与批复使用方面的区别

函具有"答复问题"的功能,但不能代替批复。函与批复是两种根本不同的公文文种。批复"适用于答复下级机关的请示事项";函复只能答复不相隶属机关所提出的问题。

(二)函与请示使用方面的区别

函具有向有关主管部门(无隶属关系)"请求批准"的功能,但不能和请示互相代替。请示是上行文,向隶属的上级机关请求指示或批准,就应用请示。函"请求批准"的对象是"不相隶属的有关主管部门"。对发函单位而言,这里的"主管部门"是与自己没有直接隶属关系而只有业务管理关系的某职能机构或某业务机构。换一角度说,主送机关为上级机关时用请示,主送机关为"不相隶属的有关主管部门"时用函。

【写作指导】
一、函的写作要点
一份完整的函一般由标题、主送单位、正文和文尾几个部分构成。

(一)标题

发函的标题有两种形式：一种是发文机关名称、事由和文种构成，如《国务院办公厅关于羊毛产销和质量等问题的函》；另一种是事由和文种构成。复函的标题也有两种形式：一种是四项式，即由复函机关名称、事由、来函机关的名称和文种构成，如《国务院办公厅关于县以上地方各级人民政府悬挂国徽和挂机关名称牌子问题给湖北省人民政府办公厅的复函》；另一种是三项式，即省略四项式中的复函机关的名称。

(二)主送单位

主送单位即受文单位。一般情况下，函的主送单位，只有一个的情况较多，要求写明受文单位的全称或规范简称。但有时也出现多个主送单位的情况，这就要求一定要写得明确、具体，并且不能遗漏。

(三)正文

函的正文主要由缘由和事项两部分构成。其写作要点，发函与复函略有不同。

1. 发函

发函的缘由一般交代商洽、请求、询问或告知事项的目的、依据、背景、原因等。事项部分写清楚商洽、请求、询问或告知事项的主要内容，并向对方提出希望或要求，即或希望对方协助解决某一问题，或希望对方给予合作支持，或请求对方提供情况，或请求对方给予批准等。

2. 复函

复函正文的开头先引述来函，写明回函的缘由，核心部分主要针对来函提及的事项，作具体、明确的答复，回答对方的要求和希望，要做到条理清楚。结尾一般可写上"特此函复""此复""特此回复"等。复函的用语要求朴实，不用便函的"此致敬礼"或其他祝颂语作结语。

(四)文尾

文尾部分除了与其他公文一样要有成文时间，加盖公章以外，如果是"请求批准"的函，应该在主题词之上、落款年月日之下加上"附注"，标注联系人姓名和电话。以便受文机关工作人员遇到问题时方便联系。"函"文尾处的其他内容，如主题词、抄送机关、印发机关等，与其他公文相同。

二、函的写作要求

(1) 要一函一事，切忌一函数事。一般来说，一个函件以讲清一个问题或一件事情为宜。

(2) 要坦诚，文字恳切得体、简洁朴实，用语谦和有礼。特别是发"函"，或商洽工作，或询问题，或请求批准，语言要朴实，语气要恳切，态度要谦逊。

(3) 函的内容必须真实、准确。

(4) 函的写法以陈述为主，只要把商洽的工作，询问和答复的问题，向有关主管部门请求批准的事宜写清楚就行。

【实战训练】

本节案例中，因为职业学院与公交公司是两个不相隶属的单位，所以学院应该写一份

《恳请880路公交线路向前延伸至××职业学院的函》发往公交公司;公交公司接函后,应向学院发出《关于880路公交线路向前延伸至××职业学院问题的答复函》。

第十六节 纪 要

【话题与案例】

纪要是根据会议的指导思想和目的要求,把一次会议的主要议程和主要精神,作重点、概要记录的一种公务文书。这种公文不仅经常以正式文件的形式下发,向有关单位通报会议情况,传达会议精神,让有关方面及时了解政策动向,明确工作任务,发挥指导和推动工作的作用,而且还以新闻报道的形式发布,发挥宣布和传达政策法令的作用。

【基础知识与范例】

纪要是根据会议的宗旨及其主要内容,把一次会议的主要议程、基本精神和讨论的事项择其要点进行归纳整理的一种应用文书,即纪要主要用于记录会议的主要情况和反映会议的主要精神。纪要的作用主要表现为:一是以正式文件的形式下达,向有关单位通报会议情况,传达会议精神,让有关方面及时了解政策动向,明确工作任务,发挥指导和推动工作的作用。二是以新闻报道的形式发布,发挥宣布和传达政策法令的作用。三是记录会议议定的重要事项和主要精神,作为与会单位共同遵守、执行的书面依据。

一、纪要的特点

(一)纪实性

纪要必须实事求是地反映会议的实际,不能按主观意图随意增减或更改内容,不能借题发挥、添枝加叶,不许歪曲或篡改。对会议中出现的重大分歧,也应如实记载和反映。

(二)择要性

纪要必须按会议的主题,对会议的发言和其他有关材料进行分析综合、加工整理,进而"提纲挈领"地择要记录,即它以明确的会议宗旨作为取舍的衡量标准,然后按类别加以概括归纳,分层次、条理清晰地将会议的主要精神记录下来。

(三)表述角度的独特性

纪要的表述一般都采用"会议认为""会议指出""会议决定""会议要求""会议号召"等作为段首词,意见有分歧的,可用"部分代表认为""一些代表认为"等。

二、纪要的分类

(1)纪要是以具体的会议为反映对象的,因此,依据会议类型对纪要进行分类是最常用的一种分类方法。根据会议类型来分,纪要主要可分为工作会议纪要、代表会议纪要、座谈会纪要、联席会议纪要等,会议的性质不同,写作重点各异。

(2)依据纪要内容与表达形式来分,纪要可分为三种:一是以概括反映与会者意见为基本内容的意见式纪要,二是以摘要编发与会者发言为基本内容的摘编式纪要,三是以综合反映会议共识与决策为基本内容的决议式纪要。

（3）根据会议性质来分，纪要可以分为两类：一是决定性会议纪要。决定性会议纪要对与会单位具有指示和指导作用，其内容主要是反映会议的结论性意见，具有较强的政策性。二是情况性会议纪要。情况性会议纪要主要反映会议的基本情况，使人们了解有关会议信息，知晓会议的基本精神。

三、纪要与会议记录的区别

纪要与会议记录虽然都是党政机关、企事业单位、社会团体会议活动所产生或形成的文字材料，但二者有着明显的区别。

一是纪要是一种法定公文，具有公文的法定效力，而会议记录只是一般的事务文书。

二是从时间上看，会议记录是会议进行过程中由负责记录的人员当场记录下来的书面材料；纪要是会后根据有关材料（如会议记录、会议文件、中心议题等）进行去粗取精，分析、整理出来的。

三是从内容上看，会议记录要求将会议进程、会上发言和决定事项等内容如实、完整地记录下来，凡是会议关涉的内容事项，事无巨细，一律予以记载，目的在于完整准确地反映会议原貌。记录越具体、越全面、越准确越好。纪要有很强的概括性，它要求把会议的基本精神，重要或主要内容、做出的决定等整理、概括、提炼出来，着笔的重点是会议做出了什么决定，得出了什么结果，而少写或不写做出决定与产生结果的过程。

四是处理程序和方式不同。纪要从授权撰稿到领导签发，要遵循公文拟制程序；从正式印发到周转使用，要遵循公文运转程序；从文件收缴到归档立卷，要遵循公文管理程序。会议记录的处理则相对简单。每次会议召开后，记录人员只需进行一些技术性的整理，如对记录不全的地方进行适当补记；对个别文字差错、标点差错耐心予以订正；对其中某些字迹模糊、表意不清的地方及时加以整理等。经过整理后的记录要达到完整、准确、清晰、整洁的要求，经领导核准即可按规定入档，确保其发挥可靠的凭证作用。

【写作指导】

一、纪要的写作要点

（一）纪要的标题和成文日期

1. 纪要的标题

纪要的标题主要有两种形式：一种是由会议名称＋"纪要"二字构成，如《2010年全国教育工作会议纪要》；另一种是由（会议的）主要内容＋"纪要"二字构成，如《关于保护省级文物崇文塔问题的会议纪要》。

2. 纪要的成文日期

纪要的成文日期一般加括号标写于标题之下正中位置，以会议通过日期或领导人签发日期为准。也有出现在正文之后的。

（二）纪要的正文

纪要的正文分为前言、主体、结尾三个部分。

1. 前言

前言部分简要介绍会议概况，其中包括会议召开的背景，会议的指导思想和目的要求，会议的名称、时间、地点、与会人员、主持者、会议的主要议题或解决什么问题、对会议的评价等几个方面的内容。

2. 主体

主体是纪要的核心部分，会议的主要精神、会议议定的事项、会议上达成的共识、会议对与会单位布置的工作和提出的要求、会议上各种主要观点及争鸣情况等，都在这一部分有重点地予以反映。其写作要点如下。

一是概括会议主要内容。写作会议纪要要在忠实于会议实际的基础上，围绕会议的主题抓重点，重点突出、条理清晰地反映出会议的基本情况和关键点。

二是着重写会议的结论和决议，点明会议的议定事项和主要精神。

三是分门别类，集中概括，对需要通报或须贯彻执行的问题加以叙述说明。如果纪要中涉及众多问题，采用加小标题或编排序数的方法，以确保叙述条理清晰。

3. 结尾

结尾部分一般比较简短，内容因会议重点的不同而各有差异：有的提出希望、发出号召；有的强调贯彻会议精神的要求；有的是突出强调贯彻落实会议精神的关键问题；有的是对会议做出简要评价。

【范例2-30】

××县人民政府第十八次常务会议纪要

一、××县人民政府第十八次常务会议于2014年5月9日上午八点半至十二点在县政府二楼会议室召开。会议由县长×××同志主持，出席会议的同志有副县长×××、副县长×××、副县长×××和县政府办公室主任×××等六位同志，另有教育局长×××、财政局长×××、人事局长×××等三位同志列席。

二、会议听取了主管教育的副县长×××关于我县高职院校毕业生对全县经济发展所作贡献的情况汇报，讨论了进一步加大高职院校毕业生就业安置工作力度的基本方案。

三、会议原则同意县教育局《关于对考入职业院校的高中毕业生进行学费补助的实施方案》。

四、会议要求县教育局、县属各高中、职业学校切实做好毕业生报考高职院校的引导工作，为全县经济的发展积蓄力量。

××县人民政府办公室

【提示】范例2-30就会议的组织情况、主要议题、会议要求等作了十分清楚的交代，篇幅虽然短小，但堪称会议纪要写作的典范。

二、纪要的写作要求

（1）突出会议重点、体现会议精神，讲求内容的纪实性和择要性，这是对纪要写作的基本要求。会议纪要必须紧紧围绕会议的基本精神，突出重点，把会议的基本情况和主要精神反映出来，并充分揭示会议主题。

（2）要善于归纳和提炼。撰写会议纪要一定要抓住"要"字，对会议材料去粗取精。一次会议，尤其是大型的会议，有用的材料十分丰富，要善于对这些有用的材料进行归纳和提炼,将其中最本质的东西提炼出来。

(3) 实事求是,忠实会议内容。会议纪要是会后形成的文件,是对会议情况实事求是的反映,一定要保证内容的真实性。在综合会议内容时,只能进行必要的归纳、概括和提炼,不能随便增减内容或篡改原意。

【实战训练】

根据下面这份会议记录写一份会议纪要。

××学校教育委员会 2016 年第三次会议记录

时间:2016 年 9 月 8 日

地点:校会议室

出席人:校教育委员会委员

列席人:张××(校党委副书记)、赵××(人事科科长)

缺席人:李××(基础教研室主任,公出)

主持人:胡××(主任委员、校长)

记录人:傅××(校办公室秘书)

议题:

(1) 教育委员会如何开展工作。

(2) 教育委员会如何参与职称评审工作。

主持人发言:(谈了这次会议的中心议题,略)

讨论:(按发言顺序摘要记录)

×××:教育委员会是一个参谋咨询机构,在参与职称评定时,只能做一些审议工作,没有评定权和决定权。

×××:教育委员会对准备申报审批的高级讲师、讲师的审议,要客观公正和慎重,实事求是地评价他们的水平和资格。

×××:对教师教学水平的衡量、科研成果的鉴定、教学效果的结论,我们可以提出看法和意见,再呈交校领导作决定。

×××:中专层次对教师业务能力的衡量,应以教学为主,不应过分强调专著和论文,这是一个导向问题。

×××:对晋升高级讲师、讲师人员的业务水平的审议应该有统一尺度,教育委员会应制订一个审议方案。

决议:

(1) 各教研室对拟晋升高级讲师、讲师人员的业务考核,应在本人写出材料的基础上做出鉴定,再报教育委员会审议。

(2) 由副主任×××草拟《教育业务水平审议方案》,打印成文,分发各委员会委员审阅,在下次委员会上讨论定稿。

(3) 校职称评定委员会和教育委员会的职责和分工问题,请校领导决定,并予明示。

(4) 教育委员会的日常事务,由校教育研究室负责办理。

上午 11 时 30 分散会。

主持人:×××(签名)
记录人:×××(签名)

写作要求：① 要认真研究各种意见，并根据会议确定的宗旨进行综合归纳，特别要提炼出"会议"讨论中各位发言者的主要意见；② 把会议讨论情况及其结论写得清楚、确切，充分揭示会议主题；③ 内容要有条有理；④ 文字要简洁明快，不拖泥带水。

【相关链接】

党政机关公文处理工作条例

（中办发〔2012〕14号，2012年4月）

第一章 总则

第一条 为了适应中国共产党机关和国家行政机关（以下简称党政机关）工作需要，推进党政机关公文处理工作科学化、制度化、规范化，制定本条例。

第二条 本条例适用于各级党政机关公文处理工作。

第三条 党政机关公文是党政机关实施领导、履行职能、处理公务的具有特定效力和规范体式的文书，是传达贯彻党和国家方针政策，公布法规和规章，指导、布置和商洽工作，请示和答复问题，报告、通报和交流情况等的重要工具。

第四条 公文处理工作是指公文拟制、办理、管理等一系列相互关联、衔接有序的工作。

第五条 公文处理工作应当坚持实事求是、准确规范、精简高效、安全保密的原则。

第六条 各级党政机关应当高度重视公文处理工作，加强组织领导，强化队伍建设，设立文秘部门或者由专人负责公文处理工作。

第七条 各级党政机关办公厅（室）主管本机关的公文处理工作，并对下级机关的公文处理工作进行业务指导和督促检查。

第二章 公文种类

第八条 公文种类主要有：

（一）决议。适用于会议讨论通过的重大决策事项。

（二）决定。适用于对重要事项做出决策和部署、奖惩有关单位和人员、变更或者撤销下级机关不适当的决定事项。

（三）命令（令）。适用于公布行政法规和规章、宣布施行重大强制性措施、批准授予和晋升衔级、嘉奖有关单位和人员。

（四）公报。适用于公布重要决定或者重大事项。

（五）公告。适用于向国内外宣布重要事项或者法定事项。

（六）通告。适用于在一定范围内公布应当遵守或者周知的事项。

（七）意见。适用于对重要问题提出见解和处理办法。

（八）通知。适用于发布、传达要求下级机关执行和有关单位周知或者执行的事项，批转、转发公文。

（九）通报。适用于表彰先进、批评错误、传达重要精神和告知重要情况。

（十）报告。适用于向上级机关汇报工作、反映情况，回复上级机关的询问。

（十一）请示。适用于向上级机关请求指示、批准。

（十二）批复。适用于答复下级机关请示事项。

（十三）议案。适用于各级人民政府按照法律程序向同级人民代表大会或者人民代表大会常务委员会提请审议事项。

（十四）函。适用于不相隶属机关之间商洽工作、询问和答复问题、请求批准和答复审批事项。

（十五）纪要。适用于记载会议主要情况和议定事项。

第三章 公文格式

第九条 公文一般由份号、密级和保密期限、紧急程度、发文机关标志、发文字号、签发人、标题、主送机关、正文、附件说明、发文机关署名、成文日期、印章、附注、附件、抄送机关、印发机关和印发日期、页码等组成。

（一）份号。公文印制份数的顺序号。涉密公文应当标注份号。

（二）密级和保密期限。公文的秘密等级和保密的期限。涉密公文应当根据涉密程度分别标注"绝密""机密""秘密"和保密期限。

（三）紧急程度。公文送达和办理的时限要求。根据紧急程度，紧急公文应当分别标注"特急""加急"，电报应当分别标注"特提""特急""加急""平急"。

（四）发文机关标志。由发文机关全称或者规范化简称加"文件"二字组成，也可以使用发文机关全称或者规范化简称。联合行文时，发文机关标志可以并用联合发文机关名称，也可以单独用主办机关名称。

（五）发文字号。由发文机关代字、年份、发文顺序号组成。联合行文时，使用主办机关的发文字号。

（六）签发人。上行文应当标注签发人姓名。

（七）标题。由发文机关名称、事由和文种组成。

（八）主送机关。公文的主要受理机关，应当使用机关全称、规范化简称或者同类型机关统称。

（九）正文。公文的主体，用来表述公文的内容。

（十）附件说明。公文附件的顺序号和名称。

（十一）发文机关署名。署发文机关全称或者规范化简称。

（十二）成文日期。署会议通过或者发文机关负责人签发的日期。联合行文时，署最后签发机关负责人签发的日期。

（十三）印章。公文中有发文机关署名的，应当加盖发文机关印章，并与署名机关相符。有特定发文机关标志的普发性公文和电报可以不加盖印章。

（十四）附注。公文印发传达范围等需要说明的事项。

（十五）附件。公文正文的说明、补充或者参考资料。

（十六）抄送机关。除主送机关外需要执行或者知晓公文内容的其他机关，应当使用机关全称、规范化简称或者同类型机关统称。

（十七）印发机关和印发日期。公文的送印机关和送印日期。

（十八）页码。公文页数顺序号。

第十条 公文的版式按照《党政机关公文格式》国家标准执行。

第十一条 公文使用的汉字、数字、外文字符、计量单位和标点符号等，按照有关国家标准和规定执行。民族自治地方的公文，可以并用汉字和当地通用的少数民族文字。

第十二条　公文用纸幅面采用国际标准 A4 型。特殊形式的公文用纸幅面,根据实际需要确定。

第四章　行文规则

第十三条　行文应当确有必要,讲求实效,注重针对性和可操作性。

第十四条　行文关系根据隶属关系和职权范围确定。一般不得越级行文,特殊情况需要越级行文的,应当同时抄送被越过的机关。

第十五条　向上级机关行文,应当遵循以下规则:

(一)原则上主送一个上级机关,根据需要同时抄送相关上级机关和同级机关,不抄送下级机关。

(二)党委、政府的部门向上级主管部门请示、报告重大事项,应当经本级党委、政府同意或者授权;属于部门职权范围内的事项应当直接报送上级主管部门。

(三)下级机关的请示事项,如需以本机关名义向上级机关请示,应当提出倾向性意见后上报,不得原文转报上级机关。

(四)请示应当一文一事。不得在报告等非请示性公文中夹带请示事项。

(五)除上级机关负责人直接交办事项外,不得以本机关名义向上级机关负责人报送公文,不得以本机关负责人名义向上级机关报送公文。

(六)受双重领导的机关向一个上级机关行文,必要时抄送另一个上级机关。

第十六条　向下级机关行文,应当遵循以下规则:

(一)主送受理机关,根据需要抄送相关机关。重要行文应当同时抄送发文机关的直接上级机关。

(二)党委、政府的办公厅(室)根据本级党委、政府授权,可以向下级党委、政府行文,其他部门和单位不得向下级党委、政府发布指令性公文或者在公文中向下级党委、政府提出指令性要求。需经政府审批的具体事项,经政府同意后可以由政府职能部门行文,文中须注明已经政府同意。

(三)党委、政府的部门在各自职权范围内可以向下级党委、政府的相关部门行文。

(四)涉及多个部门职权范围内的事务,部门之间未协商一致的,不得向下行文;擅自行文的,上级机关应当责令其纠正或者撤销。

(五)上级机关向受双重领导的下级机关行文,必要时抄送该下级机关的另一个上级机关。

第十七条　同级党政机关、党政机关与其他同级机关必要时可以联合行文。属于党委、政府各自职权范围内的工作,不得联合行文。党委、政府的部门依据职权可以相互行文。部门内设机构除办公厅(室)外不得对外正式行文。

第五章　公文拟制

第十八条　公文拟制包括公文的起草、审核、签发等程序。

第十九条　公文起草应当做到:

(一)符合国家法律法规和党的路线方针政策,完整准确体现发文机关意图,并同现行有关公文相衔接。

(二)一切从实际出发,分析问题实事求是,所提政策措施和办法切实可行。

（三）内容简洁，主题突出，观点鲜明，结构严谨，表述准确，文字精练。

（四）文种正确，格式规范。

（五）深入调查研究，充分进行论证，广泛听取意见。

（六）公文涉及其他地区或者部门职权范围内的事项，起草单位必须征求相关地区或者部门意见，力求达成一致。

（七）机关负责人应当主持、指导重要公文起草工作。

第二十条　公文文稿签发前，应当由发文机关办公厅（室）进行审核。审核的重点是：

（一）行文理由是否充分，行文依据是否准确。

（二）内容是否符合国家法律法规和党的路线方针政策；是否完整准确体现发文机关意图；是否同现行有关公文相衔接；所提政策措施和办法是否切实可行。

（三）涉及有关地区或者部门职权范围内的事项是否经过充分协商并达成一致意见。

（四）文种是否正确，格式是否规范；人名、地名、时间、数字、段落顺序、引文等是否准确；文字、数字、计量单位和标点符号等用法是否规范。

（五）其他内容是否符合公文起草的有关要求。需要发文机关审议的重要公文文稿，审议前由发文机关办公厅（室）进行初核。

第二十一条　经审核不宜发文的公文文稿，应当退回起草单位并说明理由；符合发文条件但内容需作进一步研究和修改的，由起草单位修改后重新报送。

第二十二条　公文应当经本机关负责人审批签发。重要公文和上行文由机关主要负责人签发。党委、政府的办公厅（室）根据党委、政府授权制发的公文，由受权机关主要负责人签发或者按照有关规定签发。签发人签发公文，应当签署意见、姓名和完整日期；圈阅或者签名的，视为同意。联合发文由所有联署机关的负责人会签。

第六章　公文办理

第二十三条　公文办理包括收文办理、发文办理和整理归档。

第二十四条　收文办理主要程序是：

（一）签收。对收到的公文应当逐件清点，核对无误后签字或者盖章，并注明签收时间。

（二）登记。对公文的主要信息和办理情况应当详细记载。

（三）初审。对收到的公文应当进行初审。初审的重点是：是否应当由本机关办理，是否符合行文规则，文种、格式是否符合要求，涉及其他地区或者部门职权范围内的事项是否已经协商、会签，是否符合公文起草的其他要求。经初审不符合规定的公文，应当及时退回来文单位并说明理由。

（四）承办。阅知性公文应当根据公文内容、要求和工作需要确定范围后分送。批办性公文应当提出拟办意见报本机关负责人批示或者转有关部门办理；需要两个以上部门办理的，应当明确主办部门。紧急公文应当明确办理时限。承办部门对交办的公文应当及时办理，有明确办理时限要求的应当在规定时限内办理完毕。

（五）传阅。根据领导批示和工作需要将公文及时送传阅对象阅知或者批示。办理公文传阅应当随时掌握公文去向，不得漏传、误传、延误。

（六）催办。及时了解掌握公文的办理进展情况，督促承办部门按期办结。紧急公文或者重要公文应当由专人负责催办。

（七）答复。公文的办理结果应当及时答复来文单位，并根据需要告知相关单位。

第二十五条　发文办理主要程序是：

（一）复核。已经发文机关负责人签批的公文，印发前应当对公文的审批手续、内容、文种、格式等进行复核；需作实质性修改的，应当报原签批人复审。

（二）登记。对复核后的公文，应当确定发文字号、分送范围和印制份数并详细记载。

（三）印制。公文印制必须确保质量和时效。涉密公文应当在符合保密要求的场所印制。

（四）核发。公文印制完毕，应当对公文的文字、格式和印刷质量进行检查后分发。

第二十六条　涉密公文应当通过机要交通、邮政机要通信、城市机要文件交换站或者收发件机关机要收发人员进行传递，通过密码电报或者符合国家保密规定的计算机信息系统进行传输。

第二十七条　需要归档的公文及有关材料，应当根据有关档案法律法规以及机关档案管理规定，及时收集齐全、整理归档。两个以上机关联合办理的公文，原件由主办机关归档，相关机关保存复制件。机关负责人兼任其他机关职务的，在履行所兼职务过程中形成的公文，由其兼职机关归档。

第七章　公文管理

第二十八条　各级党政机关应当建立健全本机关公文管理制度，确保管理严格规范，充分发挥公文效用。

第二十九条　党政机关公文由文秘部门或者专人统一管理。设立党委（党组）的县级以上单位应当建立机要保密室和机要阅文室，并按照有关保密规定配备工作人员和必要的安全保密设施设备。

第三十条　公文确定密级前，应当按照拟定的密级先行采取保密措施。确定密级后，应当按照所定密级严格管理。绝密级公文应当由专人管理。公文的密级需要变更或者解除的，由原确定密级的机关或者其上级机关决定。

第三十一条　公文的印发传达范围应当按照发文机关的要求执行；需要变更的，应当经发文机关批准。涉密公文公开发布前应当履行解密程序。公开发布的时间、形式和渠道，由发文机关确定。经批准公开发布的公文，同发文机关正式印发的公文具有同等效力。

第三十二条　复制、汇编机密级、秘密级公文，应当符合有关规定并经本机关负责人批准。绝密级公文一般不得复制、汇编，确有工作需要的，应当经发文机关或者其上级机关批准。复制、汇编的公文视同原件管理。复制件应当加盖复制机关戳记。翻印件应当注明翻印的机关名称、日期。汇编本的密级按照编入公文的最高密级标注。

第三十三条　公文的撤销和废止，由发文机关、上级机关或者权力机关根据职权范围和有关法律法规决定。公文被撤销的，视为自始无效；公文被废止的，视为自废止之日起失效。

第三十四条　涉密公文应当按照发文机关的要求和有关规定进行清退或者销毁。

第三十五条　不具备归档和保存价值的公文，经批准后可以销毁。销毁涉密公文必须严格按照有关规定履行审批登记手续，确保不丢失、不漏销。个人不得私自销毁、留存涉密公文。

第三十六条　机关合并时,全部公文应当随之合并管理;机关撤销时,需要归档的公文经整理后按照有关规定移交档案管理部门。工作人员离岗离职时,所在机关应当督促其将暂存、借用的公文按照有关规定移交、清退。

第三十七条　新设立的机关应当向本级党委、政府的办公厅(室)提出发文立户申请。经审查符合条件的,列为发文单位,机关合并或者撤销时,相应进行调整。

第八章　附则

第三十八条　党政机关公文含电子公文。电子公文处理工作的具体办法另行制定。

第三十九条　法规、规章方面的公文,依照有关规定处理。外事方面的公文,依照外事主管部门的有关规定处理。

第四十条　其他机关和单位的公文处理工作,可以参照本条例执行。

第四十一条　本条例由中共中央办公厅、国务院办公厅负责解释。

第四十二条　本条例自2012年7月1日起施行。1996年5月3日中共中央办公厅发布的《中国共产党机关公文处理条例》和2000年8月24日国务院发布的《国家行政机关公文处理办法》停止执行。

第三章 规章制度应用文

规章制度是指用来制定人们的行为准则和行为规范，在特定范围内具有法规性、制度性与约束力的一类文书。规章制度广泛应用于社会生活的方方面面，是社会各阶层、各部门实施管理的有效工具。上至国家最高领导机关，下至企事业单位，都需要用规章制度规定有关人员应该遵守的事项、职责或应该达到的标准等，以保证工作、学习或生活的有序、有效与和谐。

第一节 规章制度应用文概述

> 规章制度是机关、团体、企事业单位出于管理的需要,依照国家的方针、政策或有关法律、法规,在自己的权限范围内制定的具有法规性与约束力,要求特定范围内的人群必须遵守的规范和准则。
>
> 规章制度不论是就面上的工作制订,还是就具体事务做出规定与要求,对有关方面和相关人员都具有规范和约束作用。

一、规章制度的特点

1. 法规性

规章制度是为了加强管理、维护社会生活秩序而制定的,其实质是人们的行为准则与规范,因此具有法规的性质。

2. 约束性

规章制度属于管理类的文书,一经公布实施,就要求有关人员遵照执行,具有一定的强制性和约束力。

3. 规范性

规章制度是出于规范人们的行为而制定的,一般就某一方面的工作或事务对有关人员的行为、工作流程、工作秩序等做出统一要求,即对人们的行为具有规范的作用。

4. 层次性

规章制度的制发者必须依据有关法律法规的规定,在自己的职权范围内制定相应层次的规章制度,这就决定了各类规章制度在内容、有效范围及约束力等方面具有明显的层次性。

5. 程序性

规章制度的制发有严格的程序要求,即通过法定程序讨论通过,然后按照一定的程序发布实施。

6. 周密性

规章制度的内容实质是人们的行为准则与规范,其制定目的是为了维护稳定与和谐,使人们的行为趋于一致。要达到这样的目标,规章制度的规定就必须细致而周到,既不能有遗漏和疏忽,也不能含混不清,更不能有歧义。在语言表述上,要力求做到表意准确,无懈可击。

7. 广泛性

规章制度广泛应用于社会生活的方方面面:上至国家最高领导机关,下至企事业单位,都需要用规章制度规定有关人员应该遵守的事项、职责或应该达到的标准等,以保证工作、学习或生活的有序、有效与和谐。

8. 条款性

条款性是就规章制度的表现形式而言的,即规章制度的主要内容几乎全部是以条款罗列的形式呈现的。规章条款的安排要有层次性,其层次应根据具体文种的内容需要而设置,可多可少。国家标准公文格式要求不超过四级,即章、节、条、款;少则只有条(项)一级。

二、规章制度的分类

规章制度属于广义公文的范畴,其中一部分是法定公文。根据内容与作用的不同,规章制度可分为行政法规、章程、制度、公约四大类。行政法规类主要有条例、规定、办法、细则四种;制度类主要有制度、规则、规程、守则和须知五种;章程和公约分别自成一类。不同的类别,反映不同的需要,适用于不同的范围,发挥着不同的作用。

三、规章制度的一般写法

从内容上讲,规章制度的写法比较格式化,在内容上一般可分为三个部分来写:一是制定规章制度的"根据和目的",二是"具体条规",三是规章制度的"实施说明"。"根据和目的"带有导言性质,是制定规章制度的原因与根据。通常可以把这一内容作为规章制度的第一段,最后写上"特制定本规定(或条例、守则、办法等)",也可以是"具体条规"中的第一条。"具体条规"是规章制度的主体内容,应比较概括、原则地分条写清条规的各项内容。"实施说明"常用来叙述规章制度的生效时间和要求,有关部门制定实施办法,或有关人员在执行该规章制度时的注意事项。

从形式上来看,规章制度一般由标题、发布者及发布时间和正文三个部分组成。

规章制度的种类不同,内容、范围各异,写作格式和方法也有所不同。但一般的格式是相同的,都包括标题、正文、落款三个部分。

(一)标题

规章制度的标题,常用的有以下几种形式。

(1)由发文单位名称、事由、文种三项要素构成,如《国务院关于进一步扩大国营工业企业自主权的暂行规定》。

(2)由事由、文种两项组成,如《工伤保险条例》。

(3)由发文单位名称、文种两项组成,如《中国应用写作学会章程》。

(4)由适用范围、事由、文种三项构成,如《陕西省人民调解工作规定》。

(5)由适用对象、文种两项构成,如《中学生守则》。

(6)单独由文种名构成,如《公约》。

如果制定的规章制度是草案或暂行、试行的,可在标题内写明,也可在标题后加括号注明"暂行""试行"字样。

(二)正文

规章制度的正文一般采用章条式或条文式写法。

1. 章条式

章条式的结构方式适用于表述内容比较复杂的规章制度,如条例、章程、办法等。其内容可分为总则、分则、附则三个部分。每一个部分均可按内容的多少分列若干章或若干条款,用序数标明。

总则着重说明制定本规章制度的原因、依据、目的、任务、适用范围等,带有整个规章的"序言"性质,放在正文的第一条或头几条。

分则着重阐明规章制度的具体内容,如办法、要求、措施等,如果涉及面较广,则可以采用分章立标题的方法,逐条说明。这部分一般是规章制度的核心部分。

附则一般用以说明通过、公布、施行的时间和有关权限等。

2. 条文式

条文式适用于表述内容相对简单的以及非权力机构制定的规章制度,如规则、守则、公约等。条文式不分章,而分条列项阐述。条文式可分为以下两种。

一是主体条文式,这种形式分前言和主体两个部分。前言不设条,只用简明扼要的文字概述制定该文的目的、依据、性质、意义。主体部分则分若干条款写作。

二是条文到底式,是将前言、主体、结尾都用条款标示出来。

(三) 落款

在正文的右下方写明制度规章的制定单位名称和日期。如果在标题中已出现或在标题下面已注明的,就无须再写。由上级领导机关随公文发送的规章制度也可省略。

四、规章制度的写作要求

1. 合法

规章制度是为了加强管理、维护社会生活秩序而制定的,从一定意义上来说是对法律、法规的一种补充,因此规章制度的规定必须符合党和国家的有关方针、政策和法律、法规,尤其是不能与相关法律、法规相抵触。

2. 切合实际,符合情理

任何机关或企事业单位制定规章制度都是为了维护本单位正常的工作、学习或生活秩序的,这就要求规章制度的内容必须符合本单位的实际情况,因为只有符合实际才能很好地发挥其现实效用。与此同时,一切规章制度都要符合情理,使大部分人都能认同和接受;尤其是有关规定不能有过高的要求,说得通俗一些就是不能用圣人的标准来要求普通人。

3. 条理清晰

规章制度文书的内容一般都是采用条文罗列的形式来表现的,除了体现主次、轻重等逻辑关系外,不论是章条式,还是条款式,都要做到条理清晰。

4. 语言规范、严谨

规章制度是用来规范人们的行为的,首先必须使人们正确把握其要旨。这就要求其内容应具体明确;语言表达应严谨、准确、简洁、规范,不能有歧义,更不能含混不清,前后矛盾。

第二节 准　　则

【话题与案例】

近一段时间以来，中国移动××分公司有关部门不断接到群众投诉，反映该公司员工的各种服务质量问题，尤其是对顾客态度不好的问题。为了从根本上解决这些问题，总经理让秘书小王起草一份《中国移动××分公司员工行为准则》，用以规范员工的服务行为。这份准则应该写些什么内容呢？

【基础知识与范例】

准则，从广义上讲，是指言论、行动等所依据的原则；从狭义上讲，准则是指由企事业单位根据自身实际情况制定的关于群体或个体行为的原则性要求和综合评价标准，是约束主体行为的一系列原则和规范的集合。如一个企业的行为准则是企业在经营活动中应遵循的基本原则；员工行为准则是企业要求员工在日常工作中应遵循的基本原则，同时也可作为企业评价员工的一个标准。

准则的特点

我们平时所讲的准则主要指行为准则，具体包括群体行为准则和个体行为准则两种。群体行为准则，如企业行为准则，其内容是对企业经营的整体目标、经营理念和操作规范等做出具体的规定；个体行为准则是对个体的道德修养、业务素养和履行职责等方面所做出的原则性规定。一般来讲，准则具有以下几个特点。

1．原则性

准则对于群体或个体行为的规范主要着眼于大的方面，一般不涉及其行为细节，因此具有原则性的特点。如《中国电信企业行为准则》中讲"恪守承诺""诚信合作"等都是一些基本原则，具体包含哪些内容没有一一罗列，如何操作则由主体在不违反这些原则的前提下根据个人的工作思路与方法做出安排。

【范例 3-1】

中国电信企业行为准则

（1）恪守承诺，为客户提供卓越服务。
（2）诚信合作，在共创中寻求共赢。
（3）稳健经营，持续提升企业价值。
（4）精确管理，科学配置资源。
（5）关爱员工，让每块金子发光。
（6）回报社会，做有责任心的企业公民。

【提示】 这则行为准则规定了企业行为必须遵循的六项基本原则，内容涉及行为目标（持续提升企业价值）、行为理念（关爱员工、回报社会）和行为规范（恪守承诺、诚信合作）等有关企业经营成败的各个方面。

2. 全面性

准则的内容涉及群体或个体行为的方方面面,使群体或个体在行为实施过程中随时随地都有章可循,明确行为的方向性,从而保证整体行为目标的实现。如上面的《中国电信企业行为准则》对企业经营活动中所涉及的几个大的方面的内容都做了原则性的规定。

3. 概括性

对于同一件事情,不同的行为主体的处理方法不同。在确保行为方向一致的情况下,应该允许不同的个体充分发挥个人的主观能动性,因此准则的条文一般都是概括性的。如《西安邮电学院教师行为准则》中的"尊重学生的人格和权利,不做有损学生身心健康的事情"一条涵盖的情形是多种多样的。

4. 特定性

不论是群体行为准则,还是个体行为准则都是根据特定的人群制定的,其适用范围和适用对象都是特定的。

【写作指导】

一、准则的写作要点

准则一般由标题、正文和落款三个部分构成。

1. 标题

准则的标题一般有两种构成形式。一种是由适用范围＋适用对象＋文种构成,如《西安邮电学院教师行为准则》;另一种是由适用对象＋文种构成,如《员工行为准则》。

2. 正文

准则的正文一般采用两种写法。

(1) 条款式写法。这种写法的要点是将准则所涉及的内容进行归类后分为若干条,然后按照一定的逻辑顺序一一写来。如《员工行为准则》。准则条款的安排顺序一般依据其重要程度来确定,采用由重到轻的顺序来安排,如后面所列举的《教师行为准则》都是将道德方面的要求置于业务工作规范之前。

【范例 3-2】

> **员工行为准则**
>
> (1) 主动、热情、敬业、友善:努力完成本职工作,无须他人催办。办事要有激情、全力投入、不受他人情绪影响。完成当天工作,不拖延至第二天。赞美同行和朋友,用真情对待同事,在良好氛围中工作。
>
> (2) 勤学、善思、合作、能干:学习专业知识、掌握专业技能、用知识武装自己。在工作中善于思考、发现问题、解决问题、不放过问题。同事之间、同行之间要相互支持、共同进步。在自己的岗位上用行动来体现自己的工作能力。
>
> (3) 整洁、执着、节俭、明辨:工作环境良好,杜绝脏、乱、差。敢于克服困难,不畏艰辛,有不达目的誓不罢休的精神。不浪费财物、节约用电、用水和办公用品,不搞虚假之事,不做无意义工作,办好每件事。尽职尽责,坚持原则,不伙同他人做有损企业利益之事。

（4）诚信、责任、文明、奉献：不说假话，不办假事，不搞欺骗，不谎报费用，不欺上瞒下。保守企业秘密，敢于批评和自我批评，不推卸责任。努力提高自身文化素质，待人诚实，用自己良好形象展现企业的风采。勇于开拓，做与时俱进的人，用自己的业绩来体现自己的价值。

【提示】范例 3-2 是一则个体行为准则，就一个人的工作态度、工作方式和方法、工作责任心等方面制定了原则性的要求，全面、具体。

（2）引言加条款式写法。这种写法的主体部分与条款式相同，只是前面有一段没有列入条款的引言，一般用来交代规则制定的根据、目的、意义等。如范例 3-3 所示的例文采用的就是这种写法。

【范例 3-3】

××学院教师行为准则

为了进一步规范学院教师行为，树立教师的良好形象，加强教育行风建设，根据《关于进一步加强作风建设的实施意见》（×院总支委[2016]2 号）文件精神，结合我院实际，制定本准则。

一、爱党爱国，依法从教。维护祖国统一和民族团结，爱护党旗、国旗、党徽、国徽，会唱国歌，按时参加升国旗仪式。杜绝背离四项基本原则及党和国家方针政策的言论和行为。全院教师要遵守国家法律法规、方针政策，遵守社会公德，遵守学校规章制度。不传播有害学生身心健康的思想，不散布唯心主义、封建主义和伪科学，维护社会稳定，在涉外活动中不做有损国格、人格的事。

二、思想端正，热爱集体。全面贯彻教育方针，认真执行教学计划，面向全体学生，坚持以人为本，德育为首，教学为中心，积极推进素质教育，促进学生全面发展。关心学校发展，维护学校声誉，不做有损学校利益的事，保护学校财产，服从学校工作安排。

三、团结协作，敬业奉献。顾全大局，严于律己，关心他人。谦虚谨慎，尊重同志，不说不利于团结的话，不做不利于团结的事。不嫉贤妒能，不散布有损他人名誉的言论。热爱教育事业，树立献身人民教育事业的志向和爱岗敬业精神，维护教师职业尊严和教师崇高形象。认真备课，按时上、下课，不随意停课、缺课和调课，不断堂、拖堂和在课堂上闲聊，认真批改作业，尽心辅导学生学习，保证教学时间，严格考试纪律，不敷衍塞责，不擅离职守。

四、积极进取，严谨治学。积极参加各种政治、业务学习和各种形式的继续教育，不断提高思想觉悟和政治理论水平，更新教育观念和专业知识，提高教书育人的技能。加强自身修养，保持身心健康。力戒不思进取、满足现状、自以为是等不良思想情绪。

遵循教育规律，积极参加教育科研，开展教育改革。认真执行教学常规，一丝不苟，精益求精，努力创新，不断提高教育教学质量。

五、廉洁从教，关爱学生。坚持高尚情操，自觉抵制社会不良风气影响，不向家长索取或变相索取钱物，不利用师生关系、家校关系和职务之便谋取私利，并自觉接受群众和社会的监督；不得对学生、家长的批评和投诉置若罔闻，甚至打击报复。关心爱护学生，保护学生身心健康,维护学生合法权益,培养学生健康心理和高尚情操,同一切侵犯、威胁学生合法权益的人和事作斗争。不与在校学生恋爱和为之介绍恋爱对象。尊重学生人格,关心学生,特别关心残疾学生和学习困难的学生。不歧视、不体罚或变相体罚学生,严禁强迫或变相强迫学生转学、退学。

六、仪表端庄,言行文明。穿戴符合教师身份,衣着得体,不着奇装异服,仪容整洁。不在工作期间浓妆艳抹和穿透、露的衣裙,不染红、黄等奇异发色。语言文明,礼貌待人。坚持用普通话讲课和使用规范文字。讲究公共卫生,不在教学区吸烟,保持办公室的整洁优雅。

七、尊重家长,提供热情有礼的服务。按照文明礼貌的要求积极主动为单位、为学生、家长办事,热情接待来访家长、学生,虚心听取家长对学生教育的意见和建议,如实向家长介绍学生情况,不训斥、刁难家长。认真接听咨询电话,并将咨询事项中属于本职工作范围的办事程序、方法和要求一次性完整告知咨询人。不属于本职工作范围的,指引到相关部门,告知联系方法或联系人。切实做到来电必接、有问必答。

八、讲求服务效率,注重服务质量。面对学生和家长反映的困难和问题,全院教师要认真倾听,详细记录,迅速调查了解,及时解决或答复。在不违反法律、法规和有关政策的前提下,积极采取措施,简化办事程序,缩短办事时间,提高办事的效率,务必做到件件有落实。

【提示】范例 3-3 是一则教师行为准则,其中就教师工作涉及的方方面面提出了详细、具体的要求,既是教师的行动指南,同时又可作为评价教师工作的标准。

3. 落款

准则的落款可写可不写,绝大多数准则不写落款。凡是写落款的,一般都要写清楚制发机关和制发日期。

二、准则的写作要求

准则是用来规范一定人群的行为的,是对特定行为主体做人、做事的原则性要求,在拟写时应注意以下几个问题。

1. 原则性

准则对行为主体人的要求都是原则性的,或者说只做一些大的层面上的规定,一般不涉及具体的操作方法和行为细节,因此在拟写时要从大处着眼,注意点到为止。

2. 关涉性

准则所写内容必须与行为主体的特定身份相适应,不涉及行为主体特定角色以外的行为。

3. 适度性

准则所规定的内容必须符合特定人群的实际,以绝大多数人都能够做到为宜。

4. 概括性

准则的内容必须具有高度的概括性,力求将一切可能出现的情况包含在内。

【思路拓展】

百字敕[1]

唐太宗

耕夫役役[2]，多无隔宿[3]之粮；蚕妇婆婆，少有御寒之衣。日食三餐，当思农夫之苦；身穿一缕[4]，每[5]念织女之劳。寸丝千命，匙饭[6]百鞭；无功受禄，寝食不安。交有德之朋，绝无益之友；取本分之财，戒无名之酒。常怀克己之心，闭却是非之口。若以朕之斯言[7]，富贵功名长久。

【注释】

[1]这是唐太宗李世民在公元640年（唐贞观十四年）视察南山防务，返回京城长安途中，夜宿蓝田官驿所作。敕：告诫，吩咐。这里特指皇帝的命令或诏书。[2]役役：形容劳苦不休。[3]隔宿：隔夜。[4]缕：丝，线。泛指线状衣物。[5]每：每每，经常。[6]匙饭：一小勺饭。[7]斯言：此言。斯，此。

【提示】"敕"是指帝王所发布的命令、法令。唐太宗的这则《百字敕》是写给朝中大臣的，其内容实质是要大臣们遵守的行为准则。这则百字短文要求为官者要体恤百姓的艰辛，关心百姓的冷暖，做到慎言、慎友、克己、清廉。从这则"命令"我们看到，中国古代的应用写作十分重视语言的平和与情理渗透，即使皇帝的诏令也不例外。

【实战训练】

本节案例中要写的是一则行为规范，其内容是就移动公司的员工在开展各项业务时应坚持的行为原则做出规定，写作时根据自身企业的性质、业务范围及其具体内容，把一切可能出现的情况都估计到，这样写起来就有针对性，也就不难了。参照本节中的范例3-2完成这份准则。

第三节 守 则

【话题与案例】

××学院大一新生张三和李四入校后参加了学院统一组织的军训，军训过程中教官教他们学唱了《三大纪律八项注意》那首歌。由此，他们想到作为中国人民解放军士兵守则的三大纪律和八项注意——

三大纪律：一切行动听指挥，不拿群众一针一线，一切缴获要归公。

八项注意：说话和气，买卖公平，借东西要还，损坏东西要赔，不打人骂人，不损坏庄稼，不调戏妇女，不虐待俘虏。

【基础知识】

守则是国家机关、社会团体、企事业单位为维护正常的工作、学习及生活秩序而制定的要求所属成员遵守的规章，其内容以纪律要求为主，兼及作风、态度等其他方面。

守则是适用性十分广泛的一类文种，对制发机关没有严格的限制，机关、团体、企事业单位及其下属部门都可以根据需要制定要求所属成员遵守的守则,如保卫处可以制订《保卫人员守则》,大会组委会可以制订《大会工作人员守则》。

一、守则与准则的区别

就适用对象而言,准则不仅适用于个体行为,而且适用于群体行为,守则只适用于个体;就内容的侧重点而言,准则侧重于职业道德、行为方式、行为目标及其评价标准,而守则侧重于纪律方面的要求,兼及作风和态度等;就其作用而言,准则要求人们具备良好的职业道德、职业素养,强调行为方式及行为效果,守则要求人们对待本职要有积极的态度、良好的作风,强调纪律意识。

二、守则的特点

1. 全面性

守则对特定人群的要求以其身份为基础,从各个方面提出要求,涉及的内容比较全面。如《国务院工作人员守则》从工作作风、工作态度和工作纪律等各方面对国务院工作人员提出了相应的要求。

2. 适应性

守则的具体内容与其要求遵守的人的身份相适应,如《中学生守则》中规定的"按时到校,不迟到,不早退,不旷课"等内容只适合于学生这一群体;《国务院工作人员守则》中规定的"树立全局观念,同兄弟单位主动配合,团结协作,不扯皮,不推诿,共同搞好有关工作"就适合机关工作人员这一人群的身份。

3. 务实性

守则的内容讲求实效,哪些条文写得概括一些,哪些条文写得具体一些,根据实际需要而定。如《中学生守则》中的"不吸烟,不喝酒,不随地吐痰"就写得很具体;《国务院工作人员守则》中的"注重调查研究,一切从实际出发,实事求是地反映情况和处理问题"就写得比较概括。

4. 简洁性

守则一般篇幅都比较短小,条目清晰,逻辑严谨;语言简洁、质朴。

【写作指导与范例】

一、守则的写作要点

守则一般只有标题和正文两个部分,有的标题下加注制发机关或发布日期等。

1. 标题

守则的标题由适用对象和文种构成,如果守则是试行的,则在标题下用括号注明"试行草案";有些守则需要在标题下方正中加括号标注制发日期或制发机关等,如《全国人民代表大会常务委员会组成人员守则》标题下加注"1993年7月2日第八届全国人民代表大会常务委员会第二次会议通过"字样,《国务院工作人员守则》标题下加注"国务院1982年07月08日发布"字样。

2. 正文

守则的正文一般没有序言和结尾,通常采用通篇条文式,以序码标明条项,一项一个意思,多用一句话加以表达。

守则条文的排列顺序一般按照其内容的轻重、主次来排列,有关政治纪律和公共道德的条文排在前半部分,与其身份相应的其他事项排在后半部分。

守则正文的内容具体写什么?怎样确定条款?要点有二:一是依据守则的特点来确定内容范围,二是根据相应人群的身份特点来确定条款的具体内容。

【范例3-4】

国务院工作人员守则

(国务院1982年07月08日发布)

一、拥护中国共产党的领导,努力学习马克思列宁主义、毛泽东思想,坚持人民民主专政,坚持社会主义道路,全心全意为人民服务。

二、模范执行国家的宪法、法律、法令和行政法规,严格遵守纪律,廉洁奉公,不徇私情,勇于同不良倾向作斗争,特别要同官僚主义作斗争。

三、注重调查研究,一切从实际出发,实事求是地反映情况和处理问题。

四、办事认真、负责、准确、迅速,注重质量,讲究效率。自己职责内的事或上级交办的事,要按规定的时限完成;紧急的事,及时处理。

五、坚持民主集中制,服从组织领导,密切联系群众,虚心倾听人民群众和下级机关的意见和建议。

六、树立全局观念,同兄弟单位主动配合,团结协作,不扯皮,不推诿,共同搞好有关工作。

七、努力学习文化科学知识,积极钻研业务,不断提高知识水平和工作能力。

八、生活艰苦朴素,遵守社会公德,讲究文明礼貌。

九、谦虚谨慎,不骄不躁,坚持真理,修正错误,经常开展批评与自我批评。

十、提高革命警惕,严守国家秘密,维护祖国的尊严和荣誉。

【提示】范例3-4就国务院工作人员的工作作风、工作态度和工作纪律等提出了比较全面的要求,要求相关人员严格遵守。

二、守则写作的基本要求

(1) 要有针对性。在遵守国家法律法规的前提下,结合本地区、本系统、本单位的实际情况,有针对性地拟定具体条文。

(2) 要切实可行。守则内容要实在;既要高度概括,又要具体可行,使所属成员觉得应该做到;所规定的条文,所提出的要求,实事求是,不提过高要求,使人们通过努力可以做到。

(3) 守则语言要明白、流畅、易懂;提倡什么,反对什么,应明确、具体、扼要;条文不可过多过长,篇幅要短小。

(4) 拟定条文应集思广益,满足绝大多数人的意愿,这样写出来的守则才有广泛的群众基础,才能很好地贯彻和落实。

(5) 条与条的前后顺序要符合逻辑规律,做到条理清楚,层次分明。

【思路拓展】

全国职工守则

一、热爱祖国,热爱共产党,热爱社会主义。
二、热爱集体,勤俭节约,爱护公物,积极参与管理。
三、热爱本职,学赶先进,提高质量,讲究效率。
四、努力学习,提高政治、文化、科技、业务水平。
五、遵守纪律,廉洁奉公,严格执行规章制度。
六、关心同志,尊师爱徒,和睦家庭,团结邻里。
七、文明礼貌,整洁卫生,讲究社会公德。
八、扶植正气,抵制歪风,拒腐蚀,永不沾。

【提示】 这则守则的内容是对职工思想、工作、学习、生活等各方面的基本要求,全部内容可以概括为讲公德、遵守公共秩序这样一个主题。

【实战训练】

请根据以下情形,加上自己的补充,写一则《大学生守则》。

镜头一:教学楼旁边,几个学生在吸烟;戴着"值周"袖标的老师走过来,那几个学生赶忙将烟头踩在脚下。

镜头二:一个学生架着一个喝醉的学生从大门里进来,打着酒嗝,做了个敬礼的动作,对站在门口戴着"值周"袖章的老师说:"老师好。"老师向架着他的那个同学说:"怎么喝成这样?先送回宿舍休息,回头再说。"

镜头三:教室里,老师正在上课,一个学生在下面偷看小说;一个学生在嗑瓜子,桌上一堆瓜子皮;一个学生趴在桌上睡觉。

镜头四:课间,几个学生站在教室门口,一个学生懒洋洋地靠在墙上,一同学问:"昨晚又通宵上网了?"靠在墙上的同学说:"小声点,别让辅导员听见。"

第四节 规　　则

【话题与案例】

××学院为了丰富校园文化生活,同时培养大学生的思辨能力,拟举办一场全校性的辩论赛。为了保证本次辩论赛和谐有序地进行,同时确保评分的公平和公正,现需要拟订一个竞赛规则。这个竞赛规则应该怎样拟订?

【基础知识与范例】

规则是指规定出来供大家共同遵守的东西。规则有广义与狭义之分:广义的规则不仅指一切写在纸上的规则,而且指纸上没有但存在于人们心中的规则,其中包括技术规则、游戏规则、道德规则等一切人们做事的行为准则及其行为结果评价标准;狭义的规则特指行政机关、社会团体、企事业单位为了有序地开展工作或确保某项活动有序地进行等而制定的人们必须共同遵守的一种规范性文书。

我们这里所讲的规则,是指狭义的规则。其作用主要表现为:协调人们的行动,规范人们的行为,维护正常的工作或活动秩序,确保工作或活动的正常开展;就某一工作或活动所涉及的问题进行全面、具体的约定,制定相应的评判标准,以便对人们的行为的对错及其结果做出公正的评价。如举办各种大型的运动会,特别是像奥运会那样大规模的运动会,之所以能够紧张而有序地进行,很少有纠纷与争议,主要是各种规则在发挥着作用。

狭义的规则主要可分为两大类:一类是工作规则,其内容主要是就某一行业、某一单位或某项工作的工作原则、工作纪律、工作程序和工作方法等做出明确的规定,以规范和协调人们的行为,确保工作有序、有效地开展;另一类是活动规则,其中就某项活动的参与办法、评判标准等做出明确具体的规定,以保证活动的顺利进行。

由于工作规则和活动规则的适用对象、内容性质都存在较大差异,其内容要点也不尽相同,现分述如下。

一、工作规则的内容要点

工作规则是就一个行业、一个单位或某项工作的工作原则、工作纪律、工作程序和工作方法等做出明确规定的一种规则,其内容主要包括以下几个方面。

1. 规则制定的依据

这一项内容是工作规则和活动规则都必须具备的内容,一般作为规则的"第一条"入,旨在说明规则制定的合法性。如《国务院工作规则》:"……根据《中华人民共和国宪法》和《中华人民共和国国务院组织法》,制定本规则。"

2. 工作的指导思想

这一项写本部门开展工作的总的指导思想,以及部门工作的基本宗旨。

3. 工作准则

工作规则从实质上讲就是一个行为准绳,因此"工作准则"是工作规则中必不可少的一项内容。如《国务院工作规则》第三条:"国务院工作的准则是,实行科学民主决策,坚持依法行政,推进政务公开,健全监督制度,加强廉政建设。"

4. 工作内容

工作内容是工作规则主体部分的核心内容之一,具体规定特定部门必须发挥的职能和其工作人员必须履行的职责。如《国务院工作规则》第二章和第三章就是其"工作内容"部分。

5. 行为原则与工作纪律

从实质上讲,工作规则是特定的人群在一定的工作中应当遵守的行为规范,因此行为原则与工作纪律是工作规则的重要内容。如《国务院工作规则》第四章至第八章的部分具体规定了公务员工作的原则,第十一章具体规定了工作纪律等事项。

6. 工作程序与工作方法

工作规则的作用主要在于约束和引导特定的行为,使群体行为目标趋于统一,以保证特定的工作或活动有序、有效地开展。因此,工作规则的一项重要内容是比较具体、全面地对特定工作的工作程序和工作方法做出具体规定。如《国务院工作规则》第九章和第十章就是有关工作程序和工作方法的具体规定。

二、活动规则的内容要点

活动规则的制定不仅为了保证活动和谐有序地进行,而且也是为了保证活动的公平与公正。因此,活动规则一般由规则的制定依据、活动的基本设计、参与办法、评判标准和特别约定等内容组成。如《双色球游戏规则》的第一章第一条即写明双色球游戏规则的制定依据;第二章、第四章和第五章具体说明游戏的基本设计;第三章说明游戏的参与办法;第六章说明该游戏胜出的评判标准;第七章是关于兑奖的特别约定。

需要说明的是,活动规则主要由以上几个部分构成,在实际写作时可根据活动内容的不同灵活掌握。与此同时,各部分内容的前后顺序、表述方法都不必拘于程式。如下面这则规则采用条款式的写法,既简明、扼要,又不失严谨。

【范例3-5】

××知识竞赛规则

一、基本规则

1. 组委会聘请知识渊博、熟知竞赛规则的3名专家组成仲裁组。主持人无法评判时由仲裁组评判;主持人评判有误时,仲裁组可予以更正。

2. 每场竞赛由六支代表队参加,每个代表队由3名参赛选手组成;各代表队在比赛开始前10分钟通过抽签确定队次;比赛选手一经坐定顺序不得更改,即观众左侧为1号选手,右侧为3号选手。

3. 各代表队基准分为100分,在此基础上通过竞赛答题增减,比赛结束依据各队得分高低排定名次。

4. 选手答题须起立作答,答题完毕后须回复"答题完毕",在规定时间之外回答的内容无效。

二、个人必答题规则

1. 个人必答题分3轮,每轮6题,共18题;每题10分,答对加10分,答错不扣分。

2. 第一轮由各代表队的第一号选手首先回答,第二轮由各代表队第二号选手回答,第三轮由各代表队第三号选手回答,即第一轮的1—6号题由1—6号代表队的1号选手回答,第二轮的1—6号题由1—6号代表队的2号选手回答,第三轮的1—6号题由1—6号代表队的3号选手回答,其他队员不得代为作答或提示,否则不得分。

3. 选手答题时间不得超过30秒,超过时间视作答错。

三、小组必答题规则

1. 小组必答题分2轮,每轮6题,共12题,每题10分,答对加10分,答错不扣分。

2. 每轮的1—6号题分别由1—6号代表队作答,答题时选手可以相互讨论,由一名队员起立作答,其他人可以在规定时间内补充。

3. 每题答题时间不超过30秒,超过时间视作答错。

四、抢答题规则

1. 抢答题共 21 题,每题 10 分,答对加 10 分,答错扣 10 分。

2. 主持人念完题目,说"开始"后,各代表队方可抢答,否则视为犯规,犯规代表队扣 10 分,答错扣 10 分。

3. 抢答题答题时间不得超过 30 秒,超过时间视作答错,扣代表队 10 分。

五、风险题规则

1. 风险题分为 10 分、20 分、30 分三类,各代表队可视自身积分自由选题或弃选。

2. 各代表队按 1—6 号顺序统一在风险题比赛开始前选题,题目一经选定便不得更改;已选过的风险题后选的代表队不得重选,答对加相应分数,答错扣相应分数。

3. 代表队内部可在相互讨论后,选派一名选手起立作答,其他选手亦可在规定时间内补充,答完题应说"回答完毕"后方可坐下。

4. 对于 10 分、20 分、30 分的风险题,各代表队讨论和答题时间分别不得超过 30 秒、60 秒、90 秒,否则,视作答错。

六、附加赛规则

1. 风险题比赛结束后,如果有两支以上代表队积分相等,积分相等的代表队进行附加赛。

2. 附加赛题型为抢答题,规则同前。

3. 若两队进行附加赛,加赛 3 题;若三队进行附加赛,加赛 5 题;若四队进行附加赛,加赛 7 题;依此类推,直到决出名次为止。

××知识竞赛组委会
2016 年 9 月 10 日

【提示】范例 3-5 就竞赛的基本设计、参赛办法、评分标准和胜出规定等都进行了具体的说明,内容要素齐全。就表述的方法来看,这份规则的最大特点是将各部分内容综合起来,既把各项内容都交代得清清楚楚,同时又使全部内容浑然一体。

【写作指导】

一、规则的基本结构

规则一般由标题、题下标示、正文和落款几个部分构成。

1. 标题

规则的标题一般有两种结构形式:一种是由制发机关或适用范围+基本事项+文种几个部分组成,如《咸阳市仲裁委员会仲裁暂行规则》《国务院工作规则》。另一种由事由+文种组成,如《双色球游戏规则》。

必要时可以在文种前加"试行"二字,也可在标题后加括号标明"试行"。

2. 题下标示

题下标示由制发依据和制发时间两部分构成,加括号标注于标题之下正中位置,如"(国家税务总局 1999 年 9 月 23 日 印发)"。制发依据可以是通过会议的名称、批准机关名称或制发机关名称。如果是随正式公文发布的规则,可以不单独注明日期,以发布规则的那篇公文的发文时间为准。

3．正文

规则的正文主要有以下三种写法。

(1) 章条式写法。这种写法适用于内容复杂的规则,按总则、分则、附则三大块来写。总则为第一章,主要写制定规则的指导思想、缘由和依据等内容。分则根据情况由一章或若干章构成,写规则的实质性内容,其中包括具体方法、措施、处罚手段、生效日期、解释权、实施对象即实施项目等内容。附则为最后一章,主要写实施要求等内容。

(2) 条款式写法。这种写法直接分条,适用于内容比较简单的规则,如《考试规则》。

(3) 引言加条款式写法。跟通篇分条式写法比较相似,只是前面有一段没有列入条款的引言,一般用来交代规则制定的根据、目的、意义。

4．落款

签署制发机关、日期。

二、规则的写作要求

1．要符合实际

制订规则的目的是为了更好地开展工作或者活动,因此,规则的条文要符合实际。符合实际主要指两个方面:一方面是指要为其所涉及的人群普遍接受,没有苛刻要求;另一方面是指符合其所涉及的工作或活动本身的实际,具有极强的针对性,没有多余的或难以实现的规定。

2．规定事项要明确、具体

规则是从事某项工作或活动的有关人员必须遵守的规范和准则,其内容必须就某项具体工作或活动提出具体详尽的规范化要求,即旗帜鲜明地告诉人们应该怎样做、不应该怎样做以及违犯规则应受到的处罚等。

3．态度要明朗、措辞要准确、语气要肯定

规则是人们行动的准则,要求用准确的词句,明确地表达出倡导、允许、禁止、限制的内容,其语气要坚决。

4．规则事项要周密、精当、具体,排列符合事物本身的逻辑

规则的层次和章、条、款之间,应当有序地排列,不可缺漏或重复,整个规则应成为一个严密、有机的整体。

【实战训练】

课余时间,同学们经常会开展一些小体育活动,如踢毽子、跳绳等。为了增加活动的娱乐性,同学们还经常开展小体育活动比赛。要比赛,就得约定比赛规则。请选择自己最熟悉的一项小体育活动项目,拟写一份简明扼要、具有实际应用价值的比赛规则。

第五节 规　程

【话题与案例】

××职业学院烹饪专业毕业生赵××毕业后凭着过硬的烹饪技术应聘到一家大饭店工作。因为技高一筹，加之年轻，有点沾沾自喜，甚至骄傲，对一些"规矩"满不在乎。有一次，赵××正要煎鱼，锅里已经加了宽油，放在了火上。这时，女朋友打来电话，他顺手拿起电话就接。还没等电话接完，锅里的油就猛烈地燃烧起来。由于锅里加的油多，火来得又快又大，赵××被烧伤了。事后，赵××被解雇，原因是违反操作规程。

【基础知识与范例】

规程是就相互关联或前后相继的一系列工作或活动的基本要求、进行程序、操作规范、衡量标准等做出规定的规章制度文书，其作用主要在于规范人们的操作行为，以确保工作或活动有序、有效地开展或进行。

一、规程的特点

1. 系统性

规程对于相互关联或前后相继的一系列工作或活动所涉及的方方面面都制定出相应的规则，具有全面、系统的特点。

2. 提示性

开展某项工作或参与某项活动应注意的事项是规程的主要内容之一，这就决定了规程具有提示性的特点。

3. 指导性

规程既规定了开展工作或活动应遵守的基本规范，同时又说明了工作内容和工作的一般程序及方法，具有指导性的特点。

4. 约束性

规程的基本内容是规定人们从事某项工作或参与某项活动应该遵守的规则，因此具有一定的约束性。

二、规程的分类

1. 工作规程

工作规程是对内容比较复杂的工作所涉及的方方面面做出具体规定的规程，其内容包括工作内容、工作要求、工作制度、工作程序和工作方法等。如《幼儿园工作规程》中就幼儿园的设施要求、人员素质要求、工作内容及工作要求等事项都做了明确、具体的规定。

2. 操作规程

操作规程是就操作某种设备或从事某个工种应该遵守的操作规范、操作程序、操作要求及其安全事项等做出具体规定的规程。

【范例 3-6】

一般钳工安全操作规程

1. 所用工具必须齐备、完好、可靠，才能开始工作。禁止使用有裂纹、带毛刺、手柄松动等不符合安全要求的工具，并严格遵守常用工具安全操作规程。

2. 开动设备，应先检查防护装置、紧固螺钉以及电、油、气等动力开关是否完好，并空载试车检验，方可投入工作。操作时应严格遵守所用设备的安全操作规程。

3. 设备上的电气线路和器件以及电动工具发生故障，应交电工修理，自己不得拆卸，不准自己动手敷设线路和安装临时电源。

4. 工作中注意周围人员及自身的安全，防止因挥动工具、工具脱落、工件及铁屑飞溅造成伤害。两人以上一起工作要注意协调配合。工件堆放应整齐，放置平稳。

5. 起吊和搬运重物，应遵守起重工、挂钩工、搬运工安全操作规程，与行车工密切配合。

6. 登高作业应遵守高处作业的有关规定，工作前应检查梯子、脚手架是否坚固可靠及有防滑措施。工具必须放在工具袋里，不准放在其他地方。安全带应扎好，并系在牢固的结构件上。不准穿硬底鞋，不准打闹，不准往下面扔东西。

7. 使用手持式电动工具，必须经过安全检查，符合有关安全规定：如有使用Ⅰ类工具，必须使用绝缘手套，站在绝缘干燥的场地上或者使用漏电保护器，在金属器内及潮湿、狭窄环境内工作，使用Ⅱ类工具，应配用安全隔离变压器或配用漏电保护器。手持电动工具使用期每达 3 个月时，应送交有关责任电工检查登记。

8. 使用手提照明灯应采用安全电压，禁止直接使用 220 伏。电气插头、插座破损，应请电工及时更换，不得侥幸使用或直接用线头插入插座内。

9. 操作台钻作业，严禁戴手套，工件应压紧，不得用手拿工件进行钻、铰、扩孔。

10. 清除铁屑，必须使用工具，禁止手抓嘴吹。

11. 工作完毕或因故离开工作岗位，必须将设备和工具的电、气、水、油源断开。工作完毕，必须清理工作场地，将工具和零件整齐地摆放在指定的位置上。

【提示】范例 3-6 就一般钳工操作工艺流程各个环节应该注意的事项、应遵守的操作规范等进行了详细、具体的规定和说明，对于操作者安全操作具有指导性、提示性和约束性。

3. 竞赛规程

竞赛规程是就某项竞赛的比赛程序、比赛规则、参赛要求等事项做出具体规定的规程。

4. 会议规程

会议规程是就会期较长、内容较多、规模较大的会议的议程、议题、参会者应做的工作和应遵守的纪律等做出具体规定的规程。

【写作指导】

一、规程的写作要点

规程一般由标题和正文两个部分构成，确有必要时还可以加上落款和日期。

1. 标题

规程的标题一般由适用对象、分类和文种名三个部分构成，如《幼儿园工作规程》中，"幼儿园"是适用对象，"工作"是分类，"规程"是文种名。

2. 正文

规程的正文一般按一定的"程序"对某个工作或活动所涉及的方方面面做出详细具体的规定，使参与者明确应该干什么、怎样干、干时要注意什么问题等，做到有序、有效、有章可循。如《叉车安全操作规程》就是按照行车前、行车中和行车后这样的程序来对叉车的操作做出具体规定的；《幼儿园工作规程》是按照依次排列的顺序对幼儿园工作所涉及的几个方面分别做出规定和说明的。

规程的正文一般采用两种写法：一种是章条式写法，另一种是条款式写法。

（1）章条式写法。

这种写法适用于内容较多的规程，一般按照总则、分则、附则三大部分来写。总则主要说明制定规程的根据、目的、指导思想等。总则一般排为第一章，分若干条。分则是规程的主体部分，分若干章，每章再分若干条。分则部分对相关事项做出详细、具体的规定，使参与者明确工作内容、工作要求及注意事项等内容，使其有章可循。附则部分主要就规程实施与执行做出说明。

（2）条款式写法。

这种写法不分章，直接列条，适用于内容较简单、篇幅较短的规程。如范例3-6就属于这一类。

二、规程的写作要求

（1）要结合实际，切实可行，对于人们更好地开展工作和参加活动等具有实际指导意义。

（2）内容要具体，表述要准确，不能产生语言歧义；语言要通俗易懂，使人一看就明白，并且知道应该怎么做。

（3）要注意"程序"，按照事物的本来规律层次清楚地、条理清晰地表述。

【实战训练】

小汽车的普及率越来越高，驾驶小汽车技术已成为现代人的一项基本技能。实际上，驾驶小车不仅要技术熟练，而且要遵守操作规程，如点火时要踩住刹车、停车要拉上手刹等，这样才能确保安全。请查阅有关资料，把一切可能发生安全事故的情况都考虑到，写一份《小汽车驾驶操作规程》。

第六节 须 知

【话题与案例】

××学院中国文化课老师星期一上午带领学生去参观××省历史博物馆，等到了博物馆门口才知道——全国的历史博物馆大部分都是星期一闭馆（不开放）整理，于是，老师便向同学们做检讨。这时，一个同学站出来说："您不必自责，白跑一趟这种事经常发生——我前几天到车管所补驾驶证，就因为没带身份证白跑了一趟。"

不论是参观博物馆白跑一趟，还是补办驾驶证白跑一趟，都是可以避免的事情。因为不论是全国各省历史博物馆，还是各地的车管部门，都发布有相关的"须知"，只要在网上查阅一下相关的"须知"，"白跑"的事情就不会发生了。

【基础知识与范例】

须知是告诉人们办理某项事务、参与某项活动、参观某个展览或从事某项工作时必须知道的事项的告知性文书，大多具有一定的警示性。

一、须知的特点

1. 发布形式的特殊性

须知大多张贴在有关场所的醒目位置，使人们很容易看到，以便于人们遵照执行。如"参观须知"一般都张贴或悬挂在景点或展览入口处的醒目位置。

2. 使用的广泛性

须知的作者和适用范围都比较宽泛，机关、团体、企事业单位因业务需要都可以使用须知告知业务对象他们应该知道和必须遵守的具体事项。

3. 提示性

须知的主要作用是告知人们有关规定或提示人们注意有关事项，具有提示性和警示性。如"购房须知"就是提示人们在购房时应注意的事项。

4. 指导性

须知所写的内容有相当一部分是人们办理某事或参加某个活动等需要注意的事项，对于人们具有方向性的指导意义。

二、须知的分类

须知的使用范围广泛，相对来说种类也比较多。常见的须知主要有以下几类。

1. 办理须知

这类须知是就办理某项事务应该注意的问题进行详细、具体地说明，其中包括办理的程序、办理的手续、办理的方法等，其作用主要在于指导和提示，如《投稿须知》。

【范例 3-7】

人工存包须知

1. 存包处免费为您提供存包服务。
2. 请您先存包及物品，然后进入卖场购物。
3. 请您在当日营业结束前取回您所寄存的物品。
4. 请勿寄存现金、手机、金银珠宝、有价证券、证件等贵重物品。贵重物品请您妥善保管，若有丢失，本商场概不负责。

5. 请勿寄存玻璃器皿、易碎易烂等物品；请勿寄存宠物。

6. 请勿寄存易燃、易爆、有毒等危险违禁物品，一经发现将交由当地公安机关处理，并要求存放者给予赔偿。

7. 食品、饮料若当日未取者，次日清理掉，本商场不负任何责任。

8. 隔日取包者，需凭存包牌办理相关手续后取包。

9. 寄存的物品若三日未取，本商场有权自行处理。

10. 如因工作人员失误造成了您的财物丢失，则按包价的总价值予以赔偿。

11. 请妥善保管存包号码牌，若因号码牌丢失而造成的财产损失本商场概不负责，且您需向本商场缴纳10元号码牌赔偿金。

【提示】范例3-7详细地说明了存包应注意的各类事项，以及代存服务的相关约定等，提请存包者注意，以免发生不愉快的事情。

2．参观须知

这类须知主要说明参观需要注意的事项和必须遵守的规定，其作用主要在于提示和警示，如动物园"游人须知"。

3．活动须知

这类须知主要就参加活动的条件、活动前应做的准备、活动中应注意的问题等进行详细说明，目的主要在于提示和指导。

【范例3-8】

阅览须知

一、本室采用开架阅览方式。教师凭本人工作证，学生凭ID卡或本人学生证，一次一册。

二、本室图书只准室内借阅，不准带出室外；对于批评教育仍不改正者，取消阅览资格。

三、所借图书要在当日归还；逾期不还者，除扣留证件一周外，还要给予批评教育。

四、借阅图书时，请认真检查，如有破损，预先声明；否则，借阅者要承担损坏赔偿责任。

五、要爱护图书，不要弄脏、剪裁、勾画和折叠；违者，按有关规定进行赔偿。

六、主动维护室内秩序，保持清洁卫生；不准大声喧哗、聊天、吃零食、吸烟。

七、禁止穿拖鞋、运动短裤和跨栏背心进入阅览室。

八、不准在桌面和墙壁上乱写乱画；禁止利用各种物品占座位。

九、阅览完毕离开时，请将椅子轻轻放在桌下。

【提示】范例3-8就读者在阅览室应遵守的纪律和应注意的事项都作了具体的说明，以便人人遵守，确保正常的阅览秩序和维护良好的阅览环境等。

4. 购物须知

这类须知主要是就购物中应该注意的事项进行说明的,其目的主要是指导和提示注意,如《购房须知》。

【写作指导】

一、须知的写作要点

须知一般由两个部分内容构成:一是标题,二是正文。

1. 标题

须知的标题有三种写法:第一种是由须知的适用对象、须知内容和文种三部分构成,如《新生报到须知》;第二种是由适用对象和文种两部分构成,如《参观者须知》;第三种是由须知内容和文种两部分构成,如《购房须知》《投稿须知》。

2. 正文

须知的正文一般就办理某事、参加某个活动或参观某个展览应当知道的事项、应当注意的问题或者应当遵守的规定进行详细、具体地说明,使当事者心中有数。

从写作目的的角度看,须知的写作与发布,或在于提示,或在于指导,或在于警示,或兼而有之,写作时应当以实际需要而定。

须知的正文一般采用条文式的结构方法,或由重到轻,或按照办理、参观的先后顺序,依次排列下来。

二、须知写作的基本要求

(1) 须知的写作应该就事论事,把相关事宜交代清楚即可。
(2) 语言通俗易懂,交代清楚、明白,使当事人能够准确理解和把握。
(3) 条理清楚,简明扼要,使当事者易于记住要点。

【实战训练】

下面是一所学院阅览室里发生的事情,请根据这些事情,加上自己的补充,拟写一则"阅览须知"。

镜头一:一位同学在阅览室的报纸上读到一篇文章,感觉很好,便用笔尖将那篇文章从报纸上"割"了下来,夹进自己的书里。报纸被开了"天窗"。

镜头二:一位学生阅读阅览室收藏的杂志,边看边在杂志上用红颜色的笔做"批注",精彩处批个"好",自觉写得不好处批个"臭",还用大圈圈起来,十分醒目。

镜头三:两个学生在阅览室相邻而坐看杂志,突然,一个学生拿起杂志对另一个大声说:"哎!这上面说凤凰传奇有一首《荷塘月色》可火了,你会唱吗?"另一学生:"会呀。我唱给你听——牵一段时光缓缓流淌,流进了月色中微微荡漾……"

因为声音太大,整个阅览室都能听到,阅览室的学生纷纷侧目;唱歌的同学如梦初醒,用手捂上了嘴巴。

镜头四:一看杂志的学生,边看杂志边嗑瓜子,桌上一堆瓜子皮。

镜头五:一学生要将杂志拿出阅览室,被阅览室管理老师叫了回来。

第七节　制　度

【话题与案例】

近一个时期以来,××学院的学生很多不按时休息,晚睡现象十分普遍,这不仅严重影响身体健康,而且影响教学秩序和学风建设,广大教师、学生家长和一些同学强烈要求学校采取措施改变现状。

本着以学生为本的原则,学校在广泛调研的基础上,投入大量资金对学生宿舍的电路进行了改造,以保证实行统一定时熄灯制度后宿舍内的空调、卫生间电器、楼道照明设施等继续供电。在此基础上,学校决定制定和实行学生宿舍定时作息制度。

【基础知识】

制度是党政机关、社会团体、企事业单位为加强管理和严格组织纪律而制定的要求有关人员明确办事程序、遵守办理纪律的规章,常常兼有办事规程或行为准则双重属性,如《民事调解工作制度》。

制度的确立,使办事有头绪,处理问题有章法。在现代管理中,制度是实现程序规范化、职责明确化、质量最优化和管理科学化的重要保证。

制度的使用范围十分广泛,机关、企事业单位,不论工作、生活、学习,凡是要求有关人员明确办事程序、遵守办理纪律的,都可以使用制度这一文种。

一、制度的分类

根据内容来划分,制度可分两种:一种是岗位性制度。这类制度是就某一岗位上的岗位职责、工作要求、工作纪律等做出明确的规定,如《财务工作制度》《档案管理制度》。另一种是法规性制度。这类制度是对某方面工作制定的带有法规性质的规定,如《职工休假制度》《廉政制度》。

二、制度的特点

1. 规范性

制度的主要内容是关于办事程序和行为要求方面的,这就决定了制度具有规范性的特点——既是做事规范,又是做人的标准和要求。正是这样,制度对实现工作程序的规范化,岗位责任的明确化,管理方法的科学化具有极其重要的意义。

2. 指导性

制度既然规定了做事的程序、做事的要求,即具体规定了有关人员应该做什么,应该怎么做,这就对有关人员如何开展工作具有指导作用。

3. 约束性

制度不仅规定了有关人员应该干什么,应该怎么干,而且明确规定了不能干什么,以及违反本制度规定应该受到的惩罚等,对于特定人群具有一定的约束力。

4. 程序性

制度的制定必须以有关政策、法律、法规为依据，按照一定的程序来制定。与此同时，制度本身也有程序性，为人们的工作和活动提供可供遵循的依据。

5. 灵活性

制度涉及的对象及层面可大可小，十分灵活，大到一个机关、单位的整体工作，小到门禁、图书借阅，都可以制订相应的制度。

【写作指导与范例】

一、制度的写作要点

制度的内容包括标题、正文和签署三个部分。

（一）标题

制度的标题主要有两种形式：一种是由"适用对象＋文种"构成，如《财务工作制度》《校园管理制度》；另一种是由"单位名称＋适用对象＋文种"构成，如《陕西航空技术学院人事管理制度》《交大出版社职工奖励制度》。

（二）正文

制度的正文主要有以下三种结构形式。

1. 引言—条文—结语式

这一结构的特点是先写一段用来阐述制定制度的根据、目的、意义、适用范围等内容的引言，接着将有关规定一一分条列出，最后写一段结语，强调有关执行的事项。

2. 单一条文式

这种写法的特点是将全部内容全部分条列项——包括开头部分的根据、目的、意义，主体部分的种种规定，结尾部分的执行要求等，然后按照一定的逻辑顺序逐条罗列。

3. 复合条文式

这种写法一般用于涉及问题较多、内容较复杂的制度，其特点是将全文分为多层序码，按照各层内容的内部逻辑关系条理清晰、层次清楚地进行排列。

（三）签署

制度一般不需签署的内容；确有必要签署时，可在标题下方正中加括号注明制发单位名称和日期，也可以在正文之下，相当于公文落款的地方注明。

【范例3-9】

文秘人员校对工作制度

为了确保机关文秘工作的有序性和有效性，最大限度地发挥机关办公室在现代化管理中的协调和服务功能，特制定本制度。

一、校对工作程序

（一）文件发排时，必须达到以下三点要求：

1. 卷面整洁，字迹清晰。在文件发稿前，凡发现字迹、修改标志不够清楚的，应视具体情况，进行誊清或重新加注修改标志等，务必使发排的稿件字迹清晰，卷面整洁。

2. 行文要规范。发稿前,要认真检查稿件标题、主送和抄送机关、主题词、数字用法、落款等是否规范。如有不当,及时改正,然后填上文件的文号、签发日期、印刷份数,确定密级及年限和缓急程度等。

3. 登记发排。将稿件的文号、标题、份数、签发人、签发时间登记在《发文登记簿》上。

(二)稿样排出后,必须进行"三校":

1. 一校。对照原稿,逐字(包括标点符号)逐段读校,力求把与原稿不符的漏段、漏字、错字全部校改出来。

2. 二校。除了继续校核错漏的文字外,还要检查有无不准确的提法或不通顺的句子。发现文理不通或明显笔误的地方,应立即提出意见,经起草人或领导同意后,作文字上的修改。

3. 三校。检查文稿版面的字体、间隔、标题排列等格式合不合规范,校对改动的文字和标志是否清晰无误。经全面核对无误,方可填写印发日期,并在《付印文件通知书》上签名付印。文件付印后,将文件底稿注明发出日期送往存档。

(三)文件印好发出前,要再检查一遍,如发现错漏,应立即向领导汇报,以采取补救措施。

二、校对工作的要求

(一)要切实保证校对工作的质量。力求校对差错率全年不超过万分之一。

(二)要提高校对排印工作的效率。凡是印发的文件,一般从稿件发排到印好发出,应在三天内完成。部分急件,要加班加点,保证按时发出。

(三)文件印好后,再进行一次检查,确认无误后方可盖印、封装、发出。

××办公室
××××年××月××日

【提示】范例3-9就文件的印前发稿、印中校对、印后复核等作了明确具体的规定,具有规程和准则的双重属性。

二、制度的写作要求

制度写作的基本要求是各项规定具体准确、切实可行,内容详尽、逻辑严密,语言通俗易懂,叙述条理清楚。

写作制度应注意以下几点:

第一,所定制度内容不能同党和国家的有关方针、政策、法律、法规相抵触;要明确权限,不能越权制定制度。

第二,制定制度应在一定范围内进行讨论,反复修改,使制度的各项规定更符合实际。

第三,制度的条与条、款与款之间应考虑主次顺序和逻辑联系,做到条理清晰。

第四,制度的内容要明确具体,符合部门工作实际,便于遵守执行。

【实战训练】

请根据以下情景,加上自己的补充,写一则小区门禁制度。

镜头一：一个人走到大门口。保安：您有啥事？来人：我找黄教授。保安：请登记一下。

镜头二：一个人扛着东西要从大门出去。保安：请出示您的身份证。扛东西的人出示身份证，保安查验。保安：请登记一下。保安看着那人登记，提示：把您的身份证号码，要拿出去的是什么东西，都写清楚。

镜头三：一人提着一篮水果，拿着一杆秤，要进大门。保安：你干啥？提篮人：卖苹果。保安：对不起，卖东西只能在小区外面，不能进去。

镜头四：一小车出门，保安查验出入证。

第八节 章 程

【话题与案例】

大学生们思想活跃，兴趣广泛，大多数同学在大学学习期间都会根据自己的兴趣和爱好参加各种社团，有的还发起成立社团。加入社团，首先要承认和遵守社团的章程，而发起成立社团还需要自己拟定章程草案。那么，章程都包括哪些内容呢？

【基础知识】

章程是一个党派组织、社会团体、公司企业为保证其组织活动的正常运行，系统阐明自己的性质、宗旨、任务以及规定成员的条件、权利、义务、纪律及组织结构、活动规则，要求全体成员共同遵守的一种规则性文书。

章程是有关组织或团体的纲领性文件，有明确的范围、宗旨、鲜明的目的性和较强的针对性，对该组织或团体的成员有较强的约束力。一个正规的政党、社会团体、学术组织、公司企业，都应该有自己的章程。

一、章程的作用

章程是一个组织进行活动和对本组织成员进行管理的基本规则，具有以下几个方面的作用。

1. 统一思想和行动

每个组织都有自己的性质、宗旨、和基本任务，它的成员必须就这些内容达成共识，继而在思想和行动上保持一致。

2. 理顺内部关系

章程要明确组织内部的机构设置及领导者产生办法，明确内部关系，以保证组织内部的管理正常进行。

3. 明确成员的权利和义务

参加任何一个组织，都要为这个组织尽一定的义务，同时也享有这个组织所规定的权利。章程的一个重要作用就是明确成员的权利和义务，并对成员的权利起到保障作用。

4. 规定组织纪律

章程还要对成员的行为提出种种规范,并且规定成员应遵守的组织纪律,以及违犯这些组织纪律时要受到的处分。

二、章程的分类

章程依其内容可分为两类:一类是党团组织或社会团体章程,这类章程用来规定组织或团体的性质、任务、宗旨等,让本组织的成员共同遵守,如《中国共产党章程》《中国科技协会章程》;另一类是企事业单位章程,用以规定其业务性质、业务范围和员工的行为规范等,如《中国人民保险公司章程》。

三、章程的特点

1. 共识性

章程反映了一个组织全体成员的共同意志,体现了全体成员的共同利益,必须在全体成员达成共识的基础上才能建立起来。因此,章程的制定和修改必须经过充分的讨论,并且要在代表大会上表决通过。没有达成共识的内容不能写进章程中去。

2. 准则性

一个组织的章程,就是这个组织的根本法,也是这个组织所有成员的思想准则和行动规范,该组织的所有成员都必须按照章程规定的条文规范自己的行为,其条文具有很强的约束力。违背章程的规定,就要受到该组织的处分,甚至被组织开除。

3. 纲领性

章程规定一个组织的组织规程和办事规则,具有纲领的性质。属于本组织的分支机构和成员都必须承认和遵守。组织规程是该组织的最高准则,该组织的一切活动,都必须遵循这个章程,体现这个章程的基本精神。

4. 程序性

章程必须通过合法的程序制定,才能被下属机构和所有组织成员认可,才能要求下属机构和组织成员遵守。章程的一般制定程序是先成立起草小组,拟出草案,征求意见,最后由该组织的最高会议——代表大会通过,然后才能成为正式章程。

【写作指导与范例】

一、章程的写作要点

1. 标题和日期

组织章程的标题,一般由组织或社团名称加文种构成。标题下面,写明什么时间由什么会议通过,加上括号。如果是尚未经代表大会通过的章程,在标题末尾要加上"草案"字样。

在标题下方正中加括号标明通过日期,一般有三种写法:一是由会议名称、通过日期组成,如"中国应用写作学会全体会员代表大会2009年9月8日通过";二是由通过日期、会议名称组成,如"2009年9月8日中国应用写作学会全体会员代表大会通过";三是只写明通过日期,如"2009年9月8日通过"。

2. 正文

章程正文,包括总则、分则和附则三个部分。

总则又称总纲,从总体上说明组织的性质、宗旨、任务等。

分则一般规定以下几项内容:① 本组织成员应具备的条件、享有的权利、应尽的义务和应遵守的纪律;② 本组织的组织机构,代表大会制度,理事会、常务理事会组成情况等;③ 经费来源和使用管理等。

附则是附带说明制定权、修改权和解释权等。

【范例 3-10】

中国应用写作学会章程

(2009 年 9 月 8 日中国应用写作学会全体会员代表大会通过)

第一章　总则

第一条　本会是我国高等院校从事应用写作教学和应用写作学科研究的教师,以及从事与应用写作学科有关的党政机关、新闻出版等方面工作的人员,在坚持中国共产党的领导,根据国家有关法律法规的规定,自愿组织的群众性学术团体。

第二条　本会的宗旨是以科学的态度和求实的精神不断探索应用写作的基本规律,促使应用写作学科的健康发展。本会坚持四项基本原则,贯彻"百花齐放,百家争鸣"的方针,团结和组织应用写作学科的教学和研究力量,为进一步完善应用写作学科的基本理论体系和基本训练体系,提高应用写作教学和科学研究水平,普及应用写作知识而不懈努力。

第二章　任务

第三条　本会的基本任务:

1. 制定应用写作学研究计划,征集和发布年度研究课题,申报国家级研究课题。
2. 组织编写各类院校的写作教材,交流教学经验。
3. 组织年会和其他教学和学术活动;推荐会员的科研成果。
4. 保护会员从事本会业务活动的正当权益。

第三章　会员

第四条　凡我国高等院校从事应用写作教学、具有中级以上专业技术职称,或从事与应用写作学科有关的党政机关、新闻出版等方面工作、具有中级以上专业技术职称的人员,承认本会章程,均可申请入会。会员有退会的自由。

第五条　会员的权利:

1. 有选举权和被选举权。
2. 有参加本会学术活动的权力。
3. 对本会工作有建议和批评的权利。

第六条　会员的义务:

1. 遵守会章,执行本会决议,完成本会交给的任务。
2. 向本会介绍教学经验。
3. 向本会提供科研成果。

第四章 组织机构

第七条 会员代表大会是本会最高权力机构,每三年召开一次。必要时,经常务理事会决定,可提前或推迟召开。

会员代表大会的任务:

1. 审查理事会的工作报告。
2. 制定学会的工作计划。
3. 修改会章。
4. 改选理事会。

第八条 理事会是会员代表大会闭会期间的执行机构,由会员代表大会选举理事若干名组成,任期三年。理事会成员可连选连任,但每届理事须更新三分之一。理事会会议可单独召开,亦可结合学术年会召开。

第九条 由理事会推选会长一名、常务副会长一名、副会长若干名、秘书长一名、常务理事若干名,组成常务理事会,代表理事会主持学会的经常工作。会长负责学会的全面工作,常务副会长协助会长主持学会的全面工作;副会长协助会长主管某一方面的工作,秘书长负责处理学会日常事务。秘书长根据工作需要,聘请副秘书长若干名。副秘书长协助秘书长分管某一方面事务。常务理事会下设秘书处、教学研究委员会、学术委员会和编辑委员会。

第十条 本会对下设的各省、市、自治区应用写作学会和其他专业研究会,负有业务指导的责任。

第十一条 本会聘请名誉会长、总顾问及顾问若干名,任期与各届理事会相同。

【提示】范例 3-10 因为内容丰富而采用了分章式写法。这种写法的特点是篇下分章、章下分条;层次清晰,条理清楚。

二、章程的写作要求

1. 内容要完备

章程不仅是作为一个组织成员的行为规范,而更重要的是阐述组织的性质、宗旨、任务等,使组织及其成员的活动和行为有章可循,这就要求其内容必须完备。说得具体一点就是,本组织及其成员应该干什么,不应干什么,应该怎么干,不得怎么干都应规定得清清楚楚,不能有疏漏。

2. 结构要严谨

全文由总到分,要有合理的顺序。章程的条款,意思要完整和单一,一条表示一个意思,不要把一个完整的意思分成几条表述,也不要把几个意思揉在一条之中。这样,既便于说清楚,又便于实施和执行。

3. 语言要简洁

章程内容的表述要明确、简洁,要用很少的字句把意思明确地表达出来。章程的语言多用词语的基本意,语义毫不含糊,没有歧义;一般不用比喻、比拟、夸张和婉曲等修辞手法。

在整体安排上,章程用条文表达,句与句、段与段之间有一定的跳跃性,一般不要用"因为……所以……""虽然……但是……"等关联词语。

【实战训练】

××学院大一学生于晓光入校后发现本校没有大学生摄影协会,又通过调查得知和自己一样爱好摄影的同学不少,于是决定发起成立学院大学生摄影协会。他把这事和学院社团管理处一讲,社团管理处很支持,让其尽快将社团章程拟出来,和成立社团申请等材料一同交上来。请你帮助于晓光写一下这个章程。

第九节 公 约

【话题与案例】

为了齐心协力打造一个和谐、文明、学风良好的班集体,××学院中文系2012级汉语言文学专业1班的同学经过集体讨论,决定制定一份班级文明公约,以协调和规范全体班级成员的行为。这份公约都应写进哪些内容?

【基础知识】

我们这里所讲的公约是指某一社会组织或行业的成员为了维护公共利益,保证正常的生活、工作或学习秩序,在自觉自愿的基础上经过集体讨论,达成一致意见后共同约定大家都要遵守的行为规范。

公约是参与制定的单位和个人共同信守的行为规范,它对于维护社会秩序、促进安定团结、加强社会主义精神文明建设有着重要的作用。

平常我们常听到的"国际公约"中的"公约"与这里所讲的公约虽然文字相同,但其内容实质差异很大。"国际公约"中的"公约",通常指国际就政治、经济、文化、技术等重大国际问题举行国际会议,最后由若干国家共同缔结的多边条约。公约通常为开放性的,非缔约国可以在公约生效前或生效后的任何时候加入。这是一种用来维护国际生活的正常秩序和国与国之间的正常关系的国际性文书,与我们这里所讲的公约是两个完全不同的概念。我们在这里对其不作讨论。

一、公约的特点

1. 约定性

公约的最大特点是由同一行业的各个单位或者同一集体的个人为了维护大家的共同利益而相互约定的,其中应该遵守的事项都是经过大家讨论和协商后一致认同的。

2. 自律性

公约不是由权力机关或管理部门规定的,而是由角色相同或相近的社会组织或个人根据特定圈子的实际情况约定的,表达了大家共同的意愿,有一定的民间特色。公约不是法律和法规,对参与者只有道德约束力,没有法律效力。

公约是在大家的集体监督和相互监督之下发挥作用的。公约一经订立,就是订约人的行为和道德规范,每个人都有履行公约的义务,违反了就要受到大家的谴责。与此同时,每个人都有以公约为准则监督他人的义务,以保证公约发挥应有的作用。

3. 认同性

公约的条款必须经过大家的一致认同,不能获得大家一致认同的条款不能写进公约。

4. 灵活性

公约的条款都涉及哪些具体内容,要根据实际情况灵活掌握,以真正能够发挥作用为前提。

5. 普遍的适用性

公约的适用范围十分广泛,大到一个行业,小到一个班组,甚至到住在同一宿舍的几个人,都可以根据需要制定大家应该信守的公约。

二、公约的分类

常见的公约大致可以分为两类:一是行业公约,即一个行业为了加强本行业的职业道德,保护公平竞争,由行业协会出面主持制定的公约,如《北京市建筑装饰协会行业公约》;二是基层单位公约。这类公约是指各类社会基层单位的成员集体议定,相约共同遵守的一些约定,如一个班级的成员或一个宿舍的成员共同约定的公约等。

【写作指导与范例】

一、公约的写作要点

公约由标题和正文两个部分构成。

1. 标题

公约的标题有三种写法:一是由"适用范围+文种"构成,如《班级文明公约》;二是由"适用范围+适用对象+文种"构成,如《首都市民文明公约》;三是由"适用对象+文种"构成,如《村民公约》。

2. 正文

公约的正文一般采用两种写法:一是直接采用条文式写法,将具体内容一一列出;二是引言加条文式写法。引言主要用来写明制定公约的目的、意义,常套用"为了……特制定本公约"的固定格式;引言之后采用条文式写法,将具体内容一一列出。

公约一般不写署名和日期,标注日期的行业公约和部分基层单位公约有时注明集体讨论通过的时间。

【范例 3-11】

北京市建筑装饰协会行业公约
(1996 年 11 月 3 日第二届会员代表大会通过)

1. 认真贯彻执行党和国家的各项方针政策,模范遵守国家法规、规章,合法经营,照章纳税。

2. 爱岗敬业,诚实守信,积极进取,勇于开拓,不断提高行业素质。

3. 精心设计，精心施工，严格管理，优质服务，保质、保量、保安全，便民不扰民，重合同，守信誉，树立良好职业道德。
4. 企业之间要团结互助，交流经验，合法竞争，共同提高。

【提示】这则行业公约以树立本行业的整体对外形象、合法经营、有序竞争等关乎本行业共同利益的重要事项为基础，就大家应该共同遵守的事项作了约定。

【范例 3-12】

首都市民文明公约

一、热爱祖国，热爱北京，民族和睦，维护安定。
二、热爱劳动，爱岗敬业，诚实守信，勤俭节约。
三、遵守法纪，维护秩序，见义勇为，弘扬正气。
四、美化市容，讲究卫生，绿化首都，保护环境。
五、关心集体，爱护公物，热心公益，保护文物。
六、崇尚科学，重教尊师，自强不息，提高素质。
七、敬老爱幼，拥军爱民，尊重妇女，助残济困。
八、移风易俗，健康生活，计划生育，增强体魄。
九、举止文明，礼待宾客，胸襟大度，助人为乐。

【提示】这则公约以营造良好的社会氛围，使首都和谐有序为宗旨，就首都市民应该遵守的社会公德作了明确的约定。

二、公约写作注意事项

公约是为了正常的秩序、维护大家的共同利益而制定的。制定公约时应注意以下几点。
（1）公约条文的内容必须符合普遍的社会道德规则。
（2）公约条文的确定以现实存在的问题为着眼点，以促使问题的解决为最终目的，具有明确的针对性。
（3）公约是要大家来共同遵守的，公约条文的内容必须为大家普遍认同；存在异议的条文不要写进公约，以免因个别条文不能使大家普遍信守而致使整个公约形同虚设。

【思路拓展】

张天翼制定的《写作公约》

抗日战争期间，著名作家张天翼为初学写作者制定的"写作公约"，共有十条，其内容是：
一、多看多写，每周写作一篇，绝不可少。
二、参加讨论，要多发言，不要害羞，不要怕说错，不怕人笑。
三、提高写作的自信心和勇气，不怕幼稚，不迷信"天才""灵感"，不抱"不鸣则已，一鸣惊人"的观念。

四、人家批评我文章的缺点,不脸红生气;人家说我好,也不骄傲。

五、不写我所不知道的、没有研究过的东西;不抄袭或模仿人家的东西。

六、要有耐心,不惮再三再四地修改与重写。

七、写文章不是为了出风头,写了的不能投稿或投稿而被退回不要生气,更勿气馁。

八、对人家的优点不妒忌,虚心学习。

九、投稿登载了的,不要自命为"文豪"。

十、要浏览文艺部门以外的书籍,要多观察书本以外的人物及生活。

【提示】这则公约实际上是对文学青年的基本要求,也可看作是一种行为规范。

【实战训练】

以下列材料为基础,拟写一份宿舍文明公约。

某高职学院一学生宿舍住着赵一、王二、张三、李四、钱五和孙六,这六位同学学习都比较好,在尊敬师长方面也无可挑剔。但是,他们在安排自己的生活方面似乎有些欠缺。就拿他们的集体生活来说吧——

1. 赵一这个同学很懂事,能体谅父母的艰辛,经常利用周末休息时间出去打零工,以减轻家里的经济负担。上一周周末,赵一在一建筑工地干了两天小工,星期天晚上回到宿舍又看了一个多小时的书,然后上床睡觉。也许是由于在工地上干活出汗多的缘故,赵一扔在床下穿脏的袜子味儿特别大,熏得一宿舍的人叫苦不迭,尤其是对面床上的王二实在受不了。于是,王二将赵一的臭袜子扔到了宿舍外面的楼道里。

2. 周一晚自习后,张三由于当天的两节高数课没听懂,让赵一给自己讲讲。正讲到关键处,对面楼上有人唱歌,这下钱五来劲了,拿过吉他一阵猛弹狂吼,张三的鼻子差点气歪了。

3. 周二中午,王二的妈妈来看王二,带了一些水果。吃完晚饭后,同宿舍的几个人一块把这些水果解决了。香蕉皮、核桃壳扔了一地。王二让张三把地上的果皮收拾了,张三说:"今天赵一值日,等赵一回来收拾吧。"恰巧赵一这天出去带家教带得有点晚,被好心的主人留下来了。半夜,李四起来上厕所,踩到一块香蕉皮上滑了一下,头磕在了架子床上。

4. 周三下午没课,孙六到表姐家去玩儿,回来时带了一只小猫,说是玩两天,周末再给表姐家送回去。也许是小猫到了一个陌生环境不习惯,一晚上叫个没停,害得一宿舍的人晚上没睡好。

5. 周四下午,王二上完体育课后回宿舍洗了洗,走时忘了关卫生间的水龙头。等下午放学回来,宿舍被水淹了个一塌糊涂,大家放在床底下的鞋子全湿了。

周五晚上,同宿舍的人坐在一起,就一周来发生的事情各作自我检讨。最后,李四提议拟一份"宿舍文明公约",大家一起来遵守。对此,大家都表示赞同。可公约由谁来拟呢?大家你推我,我推你,都说拟不了。没办法,最后集体决定:每人掏五块钱,请人拟。

写作提示:

(1)阅读时,注意材料内容细节,如"赵一在一建筑工地干了两天小工,星期天晚上回到宿舍又看了一个多小时的书,然后上床睡觉"中的"又看了一个多小时的书"就是重要的细节——由此可知赵一完全有时间将脏袜子去洗一洗,但他却没有做。这样一思考,写什么就清楚了。

（2）所给的材料实际上只是实际生活的一部分，写作时，以此材料为基础，结合自身生活实际进行补充，如现实生活中，有的同学经常不叠被子，洗完衣服脏水不及时倒，等等，只有注意联系实际才能写充实。

第十节 职　　责

【话题与案例】

××学院中文系毕业生王五毕业后到一家杂志社工作，因为刚走上社会，又从事一份自己热爱的工作，所以工作热情很高，不论分内分外的工作都抢着干。结果，不但没受到领导的表扬，反而还遭到了训诫："干好自己的本职，不要越职侵权。"对此，王五一时想不通。王五真的错了吗？

【基础知识与范例】

职责是用于明确特定职能部门应尽的责任或规定身处特定职位的个人应当完成的工作任务的一种应用文种，属规章制度一类。这一文种属于典型的应用实践先于理论的应用文种，其实际使用相当广泛——如今，随处可见这一文种的应用实例。尽管长时间以来关于职责这一文种的写作理论未做系统的概括并未影响到这一文种的正常使用，但根据实践与理论相互关系的基本原理来看，对这一文种写作理论知识进行系统、全面的概括无疑有利于这一文种更加规范、合理和有效的使用。因此，我们在这里就职责这一文种的分类、特点、内容要素及写作要求等问题做一全面介绍。

一、职责的分类

根据内容及其适用对象的不同，职责可以分为部门工作职责和个人岗位职责两类。

1. 部门工作职责

部门工作职责是用于明确特定职能部门的工作内容的应用文书，其适用对象为承担各项具体工作的职能部门。其内容主要是写明特定的职能部门应当做、必须做的各项具体工作。如下面这则例文。

【范例 3-13】

(××局)办公室工作职责

一、负责局政务工作的组织协调、工作安排及对外联络、接待工作。

二、负责公务文电收发和传阅，局发文件审核、信息纪要、编发行政保密文件和印章管理工作。

三、负责全局基础工作管理、不断完善全局各项规章制度，推进基础工作上水平。

四、负责人大建议、政协提案的办理工作。

五、负责统计整理各单位工作情况，搞好调查研究，为领导决策服务。

六、负责局决定、决议及领导批办事项的督办和局务会议的组织工作。

七、负责局机关办公自动化管理、固定资产（台账）、低值易耗品和办公用品的采购、领用和管理工作。

八、负责全局的综合治理（签订目标责任书）、治安保卫、消防安全、安全生产、交通安全（责任书）、计划生育、防汛和爱国卫生管理工作。

九、负责局机关档案管理并对基层单位档案管理工作进行指导。

十、负责全局工作计划、总结、工作目标文字上报工作。

十一、负责局机关事务工作及办公场所物业管理的监督检查。

十二、完成好局领导交办的其他工作。

【提示】从范例3-13可以看到，部门工作职责用于明确特定部门在自己的职权范围内应该做、必须做的具体工作，并且只讲工作内容，不涉及工作要求、工作纪律等方面的内容。此外，职责的写作直接说事，不绕圈子，没有导语之类的文字。

2. 个人岗位职责

个人岗位职责也叫岗位工作职责，是用于明确身处某一工作岗位的行为个体应当做、必须做的具体工作的应用文书。如下面这则职责。

【范例3-14】

（××学院）办公室主任岗位职责

一、协助领导了解、掌握学院各部门贯彻执行党的路线、方针、政策和国家法律、法规及学院规章制度的情况，以及党纪、政纪方面的重大问题。

二、组织和参与院内外调查研究，为领导科学决策提供可靠的专题或综合信息。

三、负责主办的会议组织、准备、记录，督察督办会议决议（决定）。

四、负责组织起草、审核各种公文，把好文字关和政策关。

五、协助领导或代表领导协调各部门的工作，难以协调的提出解决问题的意见、建议。

六、负责对外沟通、联系、汇报、约请等，安排或代表领导参加公务接待和公务活动。

七、负责公文的批转、传递、保密等工作，落实领导批示，并及时反馈落实情况。

八、负责学院重要来访来宾的接待、安排，代表学院领导接待一般来信来访工作。

九、负责学院外事办公室工作。

十、负责办公室制度建设。负责制定本室年度工作计划，并组织实施。负责本室人员的工作安排、业务学习、培训和考核。

十一、组织完成上级有关部门及学院领导交办的其他工作。

【提示】范例3-14是一则个人岗位职责，其内容紧扣行为主体所在的工作岗位展开，将身处办公室主任这一职位的行为主体应该做的各项具体工作一一列举出来。

二、职责的特点

作为一种使用十分广泛的规章制度类应用文，职责具有以下几个特点。

1. 特定性

每一份职责的制定都是基于一个特定的部门或特定的工作岗位的,也就是说,每一份职责的适用对象是特定的。说得更具体一些就是职责与其适用对象是一一对应关系,在一个单位内部,适用于这一部门的工作职责不能用于其他任何部门,适用于这一工作岗位的职责也不能用于其他岗位。

2. 明确性

职责的写作目的主要是让行为主体明确自己应该干什么、必须干什么,因此,其条款所写内容一般比较具体和明确。

3. 单纯性

相对于其他规章制度类文书而言,职责的内容比较单纯,不论是用于特定职能部门的工作职责,还是用于特定职位的岗位职责,都只写应做的工作内容,不涉及工作质量等方面的要求。与此同时,将应做内容直接按照由主到次的顺序排列,不加"导语"和"附注"之类的条文。

4. 限定性

职责的制定不仅是为了明确工作任务,使行为主体各司其职,确保全局工作有条不紊地进行,同时也是为了防止职务重叠而发生工作扯皮现象,因此,职责在明确行为主体工作内容的同时,对行为主体的职权范围也起到一种限定作用。

【写作指导】

一、职责的内容要素及其表现形式

职责在古代称作"职分",如《三国志·蜀志·诸葛亮传》:"此臣所以报先帝而忠陛下之职分也。"顾名思义,职分即身处某一职位应尽的本分。也就是说,职责就是个人身处某一职位应该做、必须做的事情,或者说一个单位中具体的职能部门应该做的工作。

作为应用文体的职责,其写作目的就是以书面的形式将身处某一职位的个人或一个单位中具体的职能部门应当做、必须做的工作明确下来,以便行为主体明确自己的工作内容,做好本职工作。

职责的内容比较单纯,只写身处具体工作岗位的个人应当完成的本职工作或特定职能部门应该做的具体工作,不涉及有关工作质量、工作纪律方面的内容。

职责的表现形式比较单一,一般采用条款式,按照工作内容的性质、重要程度等按照由主到次的顺序排列。

二、职责写作的要求及注意事项

职责是用于明确工作内容和应尽责任的一类应用文书,其写作目的是让行为主体明确自己应该干什么,以便其更好地履行职责,做好本职工作。职责的写作应注意以下几点。

(1) 必须明确具体岗位应当承担的工作任务或特定职能部门的职权范围,在此基础上仔细考虑行为主体都应该做些什么,力求做到就本岗位或本部门来讲"本职"无缺漏,相对于其他岗位或部门来讲责任与任务不重叠,这样既可避免行为"缺位",又可防止越权问题,使全局工作和谐有序地开展。

(2) 直接说事,不及其余。职责是用于明确工作任务和工作责任的应用文书,写作时只需直接说事即可,不必添加引言、概述、结语之类的文字。与此同时,只要将应该做、必须做的事情说清即可,不涉及做事的要求、做事的纪律等方面的题外话。如"负责办公室制度建设,逐步实现办公室工作的制度化、规范化、程序化"这一句中,"逐步实现办公室工作的制度化、规范化、程序化"就属于题外话。再如"协助办公室领导做好来人来访接待工作。本着热情、周到、细致、不卑不亢的原则,安排好来宾的食宿,协调好来宾的工作,并做好相关登记。负责有关接待结算工作"一段中,"本着热情、周到、细致、不卑不亢的原则"一句也属多余。

(3)坚持必须、合理的原则。制定职责一要考虑各个岗位、各个部门的协调与配合,二要考虑人员的合理分工,因此,要坚持必须、合理的原则。既使各个岗位的工作任务相对均衡,又使工作任务的安排符合岗位实际。

(4)简明、扼要,表述清楚。职责的制定旨在使有关人员明确自己的岗位职责,认真履行岗位职责,以便其更好地完成自己的工作任务。因此,职责的写作一定要做到简明、扼要,表述清楚,使行为主体一看就知道自己应该干什么。

【实战训练】

同学们在大学学习期间,接触比较多的人中有一个是自己班级的辅导员,因此,对辅导员的工作内容有比较多的了解。请拟写一份《大学辅导员工作职责》。

第十一节 规　　范

【话题与案例】

类似漫画中这样的不文明行为,在大学生中并不鲜见。诸如随手丢弃垃圾、墙壁上乱画、攀折花木等。因此,应当制定一份大学生行为规范,对大学生的日常行为予以规范。

【基础知识与范例】

规范是一种使用十分广泛的规章制度类文书,普遍使用于各个行业因相同或相近工作内容而结成的群体,其内容主要是关于特定人群的职业道德要求和行为标准。关于"规范"一词,《现代汉语词典(第7版)》的解释是"约定俗成或明文规定的标准"。作为规章制度类文书的"规范"是指针对特定职业人群而制定的、明文规定的一种标准,这一标准或是做事的,或是做

人的,或者兼而有之,对于特定人群的行为具有引导、约束和规范的作用,从而确保特定人群的行为和谐、有序、有益和高效。

一、规范的分类

根据内容及其适用性的不同,规范主要分为以下三类。

1. 道德规范

道德规范重在强调做人,是用于评价人们行为的善恶、荣辱、正邪以及对错的一种标准。

作为规章制度出现的道德规范即我们平时所讲的职业道德规范,是指某一行业的工作人员在职业活动中应该遵循的行为标准,其内容以爱岗敬业、无私奉献、诚实守信和尽职尽责做好本职工作为基本内容,兼及从业人员与服务对象、职业与职业之间的关系等其他方面,如《中小学教师职业道德规范》。

职业道德规范的内容一般涉及具体职业的方方面面,是从事该职业人群履职的总的原则性要求与基本标准,内容全面、概括,对于特定职业人群具有普遍的适用性。道德规范的制定旨在预防人们的行为偏差、唤起人们的自律意识,引导人们自觉遵守道德准则、遵纪守法、恪尽职守。与此同时,道德规范还具有提高人们的道德觉悟、培养人们的道德情感、坚定人们的道德意志、树立和增强人们的荣辱观念等作用。

【范例 3-15】

中小学教师职业道德规范

一、爱国守法。热爱祖国,热爱人民,拥护中国共产党的领导,拥护社会主义。全面贯彻国家教育方针,自觉遵守《教师法》等法律法规,依法履行教师职责和义务。不得有违背党和国家方针、政策的言行。

二、敬业奉献。忠诚人民教育事业,志存高远,对工作高度负责,勤勤恳恳,兢兢业业,甘为人梯,乐于奉献。认真备课上课,认真批改作业,认真辅导学生。不对工作敷衍塞责。

三、热爱学生。关心爱护全体学生,尊重学生人格,平等、公正对待学生。对学生严慈相济,做学生的良师益友。保护学生安全,维护学生合法权益,促进学生全面、主动、健康发展。不讽刺、挖苦、歧视学生,不体罚或变相体罚学生。

四、教书育人。实施素质教育,遵循教育规律,勇于探索创新,不断提高教育教学水平。培养学生良好品德,塑造学生健全人格,启发学生创新精神。不违规加重学生课业负担,不以分数作为评价学生的唯一标准。

五、为人师表。知荣明耻,严于律己,以身作则。衣着整洁得体,语言规范健康,举止文明礼貌。谦虚谨慎,团结协作。平等对待学生家长,认真听取意见和建议,不以粗鲁言行对待家长。廉洁奉公,自觉抵制有偿家教,不利用职责之便谋取私利。

六、终身学习。树立终身学习理念,遵守教师培训制度,不断学习,与时俱进,自觉更新教育观念,完善知识结构,潜心钻研教育教学业务,不断提高教书育人的能力水平。

【提示】范例 3-15 就从事教师这一职业的人应当恪守的行为准则做了全面、概括的规定,内容涵盖守法、敬业、爱生、施教、表率、进取等各个方面。由此我们可以知道,道德规范以某一具体职业为对象,其内容主要是就从事这一职业应该坚持的道德标准做出全面的规定。

2. 行为规范

行为规范是关于做事的一种标准,其内容主要是就做某种事情应遵循的程序、应达到的要求和应注意的事项等做出明确、具体的规定,如《病历书写规范》《教师教学行为规范》。相对于道德规范来讲,行为规范以特定的事务为对象,条款内容更加的具体、明确。与此同时,行为规范不仅就一般情况下做某件事应遵循的程序和应坚持的质量标准做出明确的规定,而且对特殊情况下做该事的程序和要求也做出具体的规定。

【范例 3-16】

教师教学行为规范

一、要有端正的教学态度,严肃认真地对待教学工作中的每一项内容,全心全意地做好教学工作。

二、要激发学生的求知欲,避免对学生进行灌输教学。既教知识,又教学法,培养学生的自学能力。

三、既要严格要求学生又要尊重学生,肯定学生的优点,尊重学生的特点,避免学生对教师产生疏远倾向。

四、钻研业务,认真备课,熟悉教案。不断学习新的业务知识,充实教学内容,提高教学水平。

五、组织好课堂教学,创造生动活泼的课堂气氛,训练学生思维,向40分钟要质量。

六、精心指导学生学习,认真批改作业,及时纠正错误。把好教学过程的每一环节。

七、定期做好教学质量检查工作,及时查缺补漏,把好教学质量关。

八、按时上下课,组织好课堂教学,在规定时间内完成教学任务,不拖堂。

九、仪表端正,语言要清晰流畅,板书要整洁规范,内容要简练精确,不哗众取宠。

十、热情耐心地对待学生的提问,鼓励学生勤思善问,做好课后的辅导工作。

十一、对待学生的态度要一视同仁,不准讽刺挖苦学生,更不能因对个别学生不满而在众学生面前泄私愤。

十二、教学的计划安排应符合学校的要求,不能随意增、删内容,加堂或缺课,占学生的自习课或复习考试时间,增加学生的学习负担。

【提示】范例 3-16 就教师开展教学工作所涉及的各种问题做了全面、具体的规定,既是教师开展教学活动应该遵守的行为准则,同时也是衡量教师教学活动质量的一个评价标准。

3. 岗位规范

岗位规范也叫岗位标准,它是针对特定的岗位制定的用于规定该岗位上岗人员必备的条件、岗位职责和工作规程的一种规范。相对于道德规范和行为规范来讲,岗位规范具有综合性的特点,这种规范不仅就特定人群的职业道德、工作内容和质量要求做出明确的规定,而且就特定人群应具备的业务素质、身体条件等提出明确的要求。

岗位规范一般由三部分内容构成:岗位职责、上岗条件和工作规程。岗位职责部分主要规定本岗位应该完成的工作任务及应达到的工作质量标准;上岗条件部分具体规定上岗位人员应具备的道德素养、业务知识和身体条件等;工作规程部分主要就工作开展的程序、基本要求、操作规范、衡量标准等做出规定。

二、规范的文体特点

规范一般针对特定的人群而制定,或是提出特定人群中每个成员应坚持的道德标准,或是规定其行为标准,对特定人群的行为具有积极的引导作用。

1. 标准性

不论是针对做人,还是针对做事,规范的制定都是为了提出一个标准供特定的人群共同遵照执行,如《书稿编写规范》就是针对书稿的编著事宜而制定的标准,要求书稿的著者和编者共同遵照执行。因此,标准性是规范最大的特点。

2. 特定性

规范都是针对特定的人群而制定的,其适用对象是特定的,对特定人群以外的人一般没有约束力,如《北师大教师教学行为规范》只适用于北京师范大学从事教学工作的教师这一特定的群体,《病历书写规范》只适用于书写病历的医务人员,《书稿编写规范》只对著者和编者具有约束力。

3. 引导性

规范是评价特定人群行为对错和行为质量的一种标准,其作用主要是引导特定人群的行为趋于统一,以求取得最佳的行为效果。

【写作指导】

一、规范的内容要素与写作要点

一份完整的规范一般由行为描述、基本标准与要求和特别说明三个部分构成。

行为描述主要是针对规范所涉及的行为进行解释或说明,如《病历书写规范》中关于"病历"和"病历书写"分别作了解释和说明:"病历是指医务人员在医疗活动过程中形成的文字、符号、图表、影像、切片等资料的总和,包括门(急)诊病历和住院病历";"病历书写是指医务人员通过问诊、查体、辅助检查、诊断、治疗、护理等医疗活动获得有关资料,并进行归纳、分析、整理形成医疗活动记录的行为。"当规范涉及的行为比较明确、行为主体十分清楚时,行为描述这一部分内容可以略去不写,如《书稿编写规范》所涉及的行为是书稿的编写和编辑加工,行为主体都十分清楚,因此,该规范中就没有行为描述的条文。

基本标准与要求是规范的主体部分。这一部分从特定人群的职业特点或身份特点出发,全面、具体地提出其做事应坚持的道德标准或规定其做事的基本要求。写作这一部分内容时,要充分考虑特定主体行为所涉及的方方面面,力求全面、具体、完备,避免疏漏。

特别说明部分主要是就特殊情况下的行为方法与行为要求做出具体、明确的规定,以确保行为质量与行为效果,如《病历书写规范》中关于实习医务人员和试用期医务人员书写病历的规定:"实习医务人员、试用期医务人员书写的病历,应当经过在本医疗机构合法执业的医务人员审阅、修改并签名";《书稿编写规范》中关于"港澳台问题"的说明就属于特别说明的内容。

规范一般采用条文式的表现形式,条文的安排顺序主要考虑三点:一是按照行为描述、基本标准与要求和特别说明三个部分来安排层次;二是按照内容的重要程度,采用由重到轻的顺序来安排;三是将全部内容进行归类,然后按照一个合理的逻辑顺序来编排。

二、文种区分

以规定做人与做事标准为主要写作目的的规范与以规定做人与做事原则为写作目的的准则,以及用于协调人们的行动、规范人们的行为、维护正常的工作或活动秩序的规则都有所不同。

1. 规范与准则的区别

规范和准则不论是从内容上看,还是从作用上讲,都有很多的相同之处,如它们都是对主体行为进行评价的标准,规定道德标准的规范与准则在内容范围上基本相同。规范与准则的不同主要表现在以下几个方面:一是适用对象不尽相同——规范只适用于特定的人群,一般以特定的职业或职位为对象,准则不仅适用于特定的人群,而且适用于特定的行业或企业,对其经营行为做出要求,如《中国电信企业行为准则》;二是侧重点的不同——规范以"做事"为着眼点,对于职业道德的要求目的是为了更好地做事,准则以职业道德为着眼点,重在强调行为的社会效益;三是内容的不同——规范的内容一般比较全面、具体,准则一般写得比较原则和概括。值得注意的是,在现实生活中规范和准则的误用情况比较严重。

2. 规范与规则的区别

规范与规则的区别主要表现在两个方面:一是规范以特定的人群为对象,是关于特定人群做人或做事的标准,规则以具体的业务部门、事务或活动为对象,就事务处理或活动开展的一般程序、方法等做出规定;二是规范的制定主要着眼于行为标准和行为结果,规则的制定着眼于行为方法和行为的对错。

三、规范写作的注意事项

规范的制定目的是为了明确行为目标、提出行为要求,提高行为质量和行为效果。为此,规范的写作要注意以下几点。

1. 切实可行

规范的写作要充分考虑行为群体的实际,要切合实际,以绝大部分人能够做到为宜。与此同时,还必须考虑到行为的最佳效益,标准高低适度。

2. 全面具体

规范的制定要充分考虑到主体行为可能涉及的全部情况,力求做到全面、具体,没有疏漏和空白点,这样才能确保群体行为秩序和行为质量。

3. 注意细节

规范的制定要注意行为细节,要充分考虑到非常规或非常态情况下的行为方法和行为要求,对其做出明确的说明。

4. 表述清楚

规范的表述要逻辑清楚,语义明确,力戒语言歧义和含混不清等问题。

【实战训练】

在学校生活中,同学们大部分时间都坐在课堂上,对周围同学在课堂上的各种表现十分清楚。请根据自己平时观察到的情况,针对同学们在课堂上的各种不良表现,拟写一份《大学生课堂行为规范》。

第四章 事务应用文

　　事务文书是党政机关、社会团体、企事业单位或个人处理日常事务时,用来传递信息、沟通情况、交流经验、研究问题、指导工作或规范行为的实用性文书。事务文书包括计划、总结、调查报告、规章制度、简报等,是日常工作中使用最为广泛的一类文书。

第一节 事务文书概述

> 在现代社会里,各机关、部门、单位之间的联系更加频繁,要处理的事务日益增多,需要运用事务文书交流情况、沟通联系、总结经验、指导工作,以提高工作效率,因而事务文书的应用范围越来越广。

一、事务文书的特点

事务文书是为传递信息、交流情况与经验、处理公务、解决实际问题而写作的,一般有特定的发送对象和明确的发文目的,讲求实用。事务文书主要有以下几个特点。

1. 针对性

事务文书要有明确的针对性。无论是计划、总结、调查报告,或是各种简报,都要根据党和国家的有关方针政策,以及当前的形势和全局情况,联系实际,实事求是,有的放矢。针对性越强,事务文书的实用性和指导性也就越强。这样的事务文书才会有更大的现实效用。

2. 具体性

事务文书的应用性、指导性,必须建立在内容具体充实、观点明确的基础上。事务文书的内容具体、明确,是指陈述的情况确切、实在;反映的问题要明确,有分寸,总结的经验要切合实际。

3. 指导性

事务文书是用来处理事务的,其内容是针对现实情况或工作中的问题,进行调查、分析、总结或研究,目的是为了解决实际问题,推动实际工作的开展。因此,事务文书对实际工作具有现实的指导意义。

4. 真实性

事务文书的指导性以真实性为前提。真实,是指信息准确、情况真实、材料无误,典型经验合乎规律,观点体现普遍原则,表达实事求是。

5. 灵活性

较之公务文书,事务文书的体式更加自由灵活。在结构形式上,一般没有严格的限定;在表达方式上,它也更加多样化,常常结合使用叙述、说明、议论;在语言运用上,它更富于生动性,可以在真实反映情况的前提下,讲究语言表达的艺术效果等。

二、事务文书的写作要求

1. 深入调查研究,获取第一手材料

写事务文书首先要进行深入细致的调查研究,全面了解和掌握实际情况,尽可能多地搜集、积累材料。情况清楚了,材料丰富了,文章才能写得具体、充实,才具有更大的应用价值。

2. 实事求是,切实可行

各种事务文书都是为了解决工作中的实际问题而写的,因此必须实事求是,一是一,二是二。只有这样,才能使人们了解到真实情况,才能切实地指导工作,才有利于解决实际问题。与此同时,制定计划也好,提出解决问题的办法或措施也罢,必须切合实际,切实可行,只有这样,写出来的文章才具有使用价值。

3. 格式约定俗成,语言准确、简练

事务文书的格式虽然不像公文那样程式化,但许多文种的格式也有约定俗成的特点。在结构方面,事务文书要求开门见山、突出重点、层次分明;在语言方面,要求简洁、质朴,表意准确。

第二节 计　　划

【话题与案例】

《礼记·中庸》:"凡事豫则立,不豫则废。言前定则不跲,事前定则不困,行前定则不疚,道前定则不穷。"其实,无论是单位还是个人,无论办什么事情,事先都应有个打算和安排。有了计划,工作就有了明确的目标和具体的步骤,可以减少盲目性,使工作有条不紊地进行。

【基础知识】

计划是机关、团体、企事业单位及个人为了完成某项任务或为了达到某一目标而对一定时期的工作事先做出安排和打算时采用的一种文体。计划不仅体现工作目标、工作步骤、工作思路、工作方法和工作要求等,使各项工作有条不紊地进行,同时又可作为检查各个阶段工作完成情况的重要依据。

一、计划的作用

凡事预则立,不预则废。做任何事情前,先周密地筹划一番,理顺工作思路,对工作目标的实现具有十分重要的意义。概括起来讲,计划具有以下几个方面的作用。

1. 明确目标,减少盲目性

制订计划的目的主要在于明确目标,理顺工作思路,这样就能减少工作的盲目性,使工作有条不紊地开展起来,顺利地达到既定目标。

2. 统一思想,协调行动

有些工作需要一批人或几个部门相互配合与协作来完成,开展前先做一个计划,可以统一大家的思想,使各个部门之间密切配合与协作,不仅可以提高工作效率,而且可以提高工作质量。

3. 预见困难,优选方案

制订计划可以预见工作过程中有可能出现的各种困难,提前制定和优选工作方案,以保障工作的顺利开展。与此同时,在制定计划时,做出应对各种有可能出现的困难的预案,当困难出现时可根据客观情况的变化及时调整工作思路,有利于工作目标的顺利实现。

4. 为督导、检查和评价提供依据

计划一旦实施,各个阶段的工作目标就明确了。在计划的整个实施过程中,执行情况怎样?出现了那些异常?情况一目了然。计划既是上级领导督导工作、检查工作和评价工作质量的依据,也是执行者进行自查和自我评估的依据。

二、计划的分类

按照不同的分类标准,计划可分为多种类型。

(1) 按其内容性质来分,可分为工作计划、学习计划、生产计划、科研计划、教学计划、销售计划、采购计划、分配计划、财务计划等。

(2) 按适用范围大小来分,可分国家计划、地区计划、部门计划、单位计划、班组计划、个人计划等。

(3) 按涉及时限的长短来分,可分为长期计划、中期计划、短期计划三类,具体还可以称为十年计划、五年计划、年度计划、季度计划、月份计划、周计划等。

(4) 按约束力的强弱来分,可分为指令性计划、指导性计划。

(5) 按涉及问题的层面来分,可分为综合性计划、专题性计划。

(6) 按表现形式来分,可分为条文式计划、表格式计划和文表结合式计划。

三、计划的特点

1. 科学的预见性

计划是对未来行动的预想和策划,制订计划时要充分认识到事物发展的前景,依据现有情况,分析各种有利和不利的因素,使预想的目标可能实现,使设定的程序和方法、措施合情合理,因此,计划具有科学的预见性。科学的预见性主要体现在以党和国家的大政方针为指导,从本单位、本部门的实际情况出发,在总结过去的成绩和问题,分析目前的工作实际,预测今后发展趋势的基础上制订计划。要对各种可能出现的情况,有一个正确的估计。

2. 现实的可行性

计划是今后一个时期工作的依据,其中所提出的目标和任务、措施和步骤等,应当是可靠的和切实可行的。要尊重客观实际,目标既不能过高,也不能过低。目标过高,脱离实际,任务和指标不可能完成,计划会落空,会挫伤群众的积极性;目标过低,会造成人力、财力、物力上不必要的浪费,也不利于充分调动群众的积极性。

3. 明确的目的性

在一定时期内,要完成什么任务,解决什么问题,取得怎样的效果,达到怎样的目标,这是制订计划时首先要考虑的,是计划的核心内容,也是制订具体措施的依据。计划本来就是为了避免行动的盲目性而制订的,没有一个明确的目的,就谈不上计划。

4. 实施的灵活性

计划是事先对未来工作做出的设想和安排,在实施过程中,由于主客观条件在不断变化,可能出现这样、那样的问题,还会有一些预想不到的偶然事件冲击计划的执行。一旦出现这种情况,就需要对计划进行适当调整、修改、补充,并采取相应的措施。因此,在制订计划时,要留有余地,使计划具有灵活性。

【写作指导与范例】

一、计划的一般结构和各部分的写作要点

计划是为完成一定的任务而事前拟写的事务文书,是用来指导人们实践的。内容要具体、明确、简明扼要,结构要紧凑、逻辑性强,语言要通俗易懂。计划的内容虽有不同,但写法基本一致,一般包括标题、正文和落款三个部分。

1. 标题

标题是计划的名称,主要有公文式和文章式两类写法。

公文式标题一般由计划单位的名称、计划时限、计划的内容和文种名几个部分构成,如《白鹿原大学2010年度教学研究工作计划》;有的计划由计划单位、计划的内容和文种名或计划时限、计划的内容和文种名三个部分构成,如《陕西航空技术学院校园建设规划》《××大学2018年招生计划》;有的计划题目由计划的内容和文种名两部分构成,如《高等职业教育基础课教材建设规划》。

文章式标题由正题和副题两部分组成。正题概括计划内容,揭示主题,副题标明单位名称、计划时限和计划种类,如《影响力 亲和力 感召力 凝聚力——航空旅游分院2010年思想政治工作计划》。

2. 正文

计划的正文一般由前言、主体和结尾三个部分构成。

(1) 前言。计划的前言一般用简洁的文字阐明制订计划的指导思想、制定计划的依据,即回答"为什么做""依据什么做""能不能做"的问题。制订计划的根据包括上级文件或指示精神,本单位的实际情况和工作需要。

前言还包括计划的总任务、情况分析等。前言是计划的纲要,切忌冗长,不宜过多论述,点到为止。

(2) 主体。主体是计划的主干部分,用来表述计划的具体内容,是计划写作的重点,具体回答"做什么""怎么做""何时完成"的问题,是计划的核心。要求写得周密清楚,简洁而有条理。计划的主体主要包括三个部分,即目标(做什么)、措施(怎么做)、步骤(分几步做完)。

① 目标。做任何事情都要有一定的目标,有了目标工作就有了方向,缺少目标工作就难免出现盲目性。在一份计划中,首先要让人们明确工作或学习所要达到的目标,并且这个目标必须是切合实际的,是经科学分析,在自己能力范围以内制订出来的,不是凭主观臆造出来的,不存在假、大、空的成分。

② 措施。措施是实施计划的具体做法。有了目标就需要有相应的措施和办法相配合,以保证目标的顺利实现。如果没有具体的措施来保障计划的顺利实施,任何计划都会落空。措施包括采取什么样的工作方法,安排多少人力、物力,估计实施过程中会遇到怎样的困难及应采取的相应对策,等等。

③ 步骤。步骤是对计划实施过程的时间安排,其中主要明确哪些先干,哪些后干,使实施过程有条不紊,以确保总体目标的顺利实现。

(3) 结尾。计划的结尾没有固定的格式,可根据需要而定。它可以提出实施计划的要求,可以强调计划内容的重点,还可以提出希望、发出号召。有些计划甚至可以不写结尾。

3. 落款

落款包括单位名称和日期,通常在正文的右下方签署单位名称和日期。如果计划标题中有了单位名称,落款也可以将其省略。如果计划要上报领导机关或下发给下级机关、职能部门,落款处要加盖公章。

【范例 4-1】

语文能力强化训练计划

语文能力是人生活、学习和从事各种职业必不可少,并且十分关键的一种核心技能。从生活的角度讲,人与人之间的思想沟通与情感交流需要借助于语言来完成;从学习的角度讲,不论是从书本上获取知识,还是聆听别人的讲授,都需要良好的言语理解能力;从工作的角度讲,思想沟通、信息传递、经验交流等都需要良好的语言运用能力。

为了切实提高自己的语文能力,根据黄高才先生《语文能力概说》一文中关于语文能力形成规律的论述——良好的语感、丰富的思想、高超的想象与联想能力是语文能力赖以形成的三大基石,特制订本计划。

一、基本目标

通过三个月的强化训练,力争使自己在语文能力方面达到以下几个目标。

1. 在交际过程中,不仅能够准确领会别人谈话的意思,而且能够恰到好处地表达自己的思想,做到遣词造句不仅表意准确、条理清楚,而且生动、形象,富有感染力。

2. 掌握各种阅读方法,最大限度地从书中获得阅读效益——既要使阅读成为一种精神享受,又能从书中获得思想营养,同时还能够从中获得写作技法等方面的感悟和启示。

3. 掌握常见的表达方式及表现手法,具备准确、生动地表达自己思想和感情的能力,能随时将自己对社会和人生的思考,以及对现实问题的看法用文章的形式表现出来。

二、具体设想和做法

语感、思想修养、想象与联想能力是语文能力赖以形成的三大基石。据此,强化语文能力具体设想和做法如下。

1. 加强语感训练。语感是构成语文能力的核心因素。语感能力强的人,不仅感知和理解语言的能力强,而且写起文章来文从字顺。语感的培养途径很多,其中最重要的是朗读。因此,这三个月的语文能力强化训练,以朗读为最佳切入点,通过大量的朗读训练使自己的语言感受力得以强化。这里的"大量"主要指同一篇文章多遍数、熟读成诵式地朗读。

具体做法:精选8～10篇文章兼美的散体文章,逐篇无数遍的重复朗读,力求达到熟读成诵、脱口而出的程度。

2. 加强思想修养。思想是阅读理解能力与表达能力赖以形成的基础;语言是思想的载体。语言能力的高下实际上是由思想修养所决定的,思想浅薄的人语言必然是苍白的。从本质上讲,阅读理解能力实际上就是用自己的思想兼容阅读文本的思想,从中获取"养分"的能力。如果一个人的思想丰富而深邃,他就有消化一切文章的能力;写文章实际上就是表达作者自己的思想,思想匮乏或思想浅薄,都不可能写出好文章来。因此,要提高阅读理解能力和表达能力,首先必须丰富和提升自己的思想。丰富和提升思想最好的办法是多读能够使思想有所增益,可以涵养精神的书。

具体做法：以《增广贤文》《论语》和《伊索寓言》为主要阅读材料，反复阅读，细加品味，深入思考，最大限度地吸收其中的思想养分。

3. 加强思维训练。语言的发展促进思维的发展，思维的发展反过来对语言的发展产生重要的影响，两者是相互依存、相互促进的关系。没有思维，不会有语言的产生和发展；没有语言，思维也就失去了依托；思维借助语言进行表述，语言所表述的内容就是思维的结果。因此，加强思维能力的训练，尤其是加强想象与联想能力的训练是提高语言的理解与运用能力的重要途径。

具体做法：(1) 借助于生活事件的触发培养想象与联想能力；(2) 通过文学鉴赏活动培养想象与联想能力；(3) 通过改写训练培养想象与联想能力。

4. 加强遣词造句能力的训练。在日常生活与工作中，不论是说话还是写文章，都不能只满足于词用得对，语句通顺，还要力求用词精当，语言流畅，生动形象，富于感染力。这就要求我们重视对语言的推敲和锤炼，尤其是对动词的推敲和锤炼。正如前人说的："把语言放在纸的砧上，用心的锤来锤炼它们。"

具体做法：(1) 借助于朗读感悟语言组织的技巧；(2) 通过编发短信和"对对子"训练培养遣词造句的能力；(3) 通过改写、缩写和扩写等形式的训练培养语言组织的能力。

三、保障措施

1. 重视训练素材的选择。不论是语感的培养，还是思想的丰富与提升，训练素材的选择都十分关键。素材选择失误必然会遭遇事倍功半的尴尬。在选择素材时应坚持这样几个标准：一是用于语感训练的文本语言要绝对的规范；二是用于丰富和提升思想的素材必须思想意蕴深厚，能够给人以较多的思想养分；三是用于想象与联想能力训练的素材要易于触发人的想象与联想。

2. 重视训练方法的选择。语文能力的形成有其自身的特殊规律，其中很重要的一点是以大量的语言感性积累为基础。因此，进行语文能力培养与强化训练，在方法选择上应注意这么几点：一是语感训练要重视对同一篇文章不厌其烦地反复朗读，使之烂熟于心，以便从中获得多方面的感悟。那种蜻蜓点水似的朗读，即使读的文章很多，其收效也甚微。二是丰富与提升思想的训练，不仅要选择好阅读文本，而且要注意带着自己的思想去阅读——阅读的过程中要注意分析和思考，力求化文章的思想为自己思想的养分。三是进行想象与联想能力的训练要放开视野，让思想自由驰骋。

3. 要持之以恒。对于一篇文章不厌其烦地反复朗读，难免会使人产生枯燥的感觉，这就需要要持之以恒的精神。

【提示】这一份计划指导思想明确，计划依据符合语文能力形成的基本规律；内容具体、实在，可操作性强；措施切实、有力。

二、计划写作的基本原则

不论哪种计划，写作时都必须坚持以下五条原则：第一，对上负责的原则。要坚决贯彻执行党和国家的有关方针、政策和上级的指示精神，反对本位主义。第二，切实可行的原则。要从实际情况出发定目标、定任务、定标准，既不要因循守旧，也不要盲目冒进。即使是做规划和设想，也应当保证可行，能基本做到其目标要明确，其措施要可行，其要求也是可以达到的。第三，集思广益的原则。要深入调查研究，广泛听取群众意见，博采众长，反对主观主义。第四，突出重点的原则。要分清轻重缓急，突出重点，以点带面，不能眉毛胡子一把抓。第五，防患未然的原则。要预先想到实行中可能发生的偏差，可能出现的故障，有必要的防范措施或补救办法。

三、几种特殊计划的特点及其写作要点

计划是个总的称谓，除上面所讲的一般形式外，还有一些特殊的形式。其特殊形式包括规划、纲要、设想、打算、要点、方案、意见、安排等多种类型，其内容差异主要表现在计划目标的远近、时限的长短、内容的详略几个方面。具体来讲，比较长远、宏大的为"规划"，比较切近、具体的为"安排"，比较繁杂、全面的为"方案"，比较简明、概括的为"要点"，比较深入、细致的为"计划"，比较粗略、不成熟的为"设想"……不管是何种类型，其内容都由"准备做什么""打算怎么做"和"计划做到何种程度"三大部分构成。

1. 规划

规划是计划中最宏大的一种，是指为完成某一任务而做出的比较全面的长远打算。从时间上说，一般都在三五年以上；从范围上说，大都是全局性工作或涉及面较广的重要工作项目；从内容和写法上说，往往是粗线条的，比较概括。

规划是对全局或长远工作做出的统筹部署，既具有方向性、战略性、指导性，又具有严肃性、科学性和可行性。因为规划涉及的时限较长，要确保规划目标的实现，可行性是至为关键的。这就要求规划的制定者必须进行深入细致的调查研究，掌握大量的第一手资料，在此基础上根据党和国家的大政方针及本单位的实际情况，充分听取各方面的意见，经过多种方案的反复比较、研究和选择，确定各项指标和措施。

规划的写法适用于计划的一般结构，其内容要素与一般计划大体相同。其写作要点主要表现为标题的拟定和正文的安排。

（1）规划的标题一般由"单位名称＋时间期限＋内容范围＋文种名"构成。

（2）规划的正文一般包括以下几个方面内容：

① 前言。这一部分主要写制定规划的起因和缘由。在写作时要将各种情况概括起来进行深入浅出的论述，讲清制定规划的依据，使人们明确规划制定及实施的意义。

② 指导方针和目标要求。这是规划的纲领和原则，是在前言的基础上提出的，因此既要写得鼓舞人心，又要写得坚定有力，要用精练的语言，概括地阐述出来。

③ 主要任务和政策、措施。这是规划的主体和核心，集中阐述"做什么"和"怎样做"的问题。任务要提得明确，措施要提得概括有力。这部分写作通常有两种结构：对于全面规划或任务项目较多的规划，因其各项任务比较独立，没有多少共同的完成措施，一般采用以任务为主线的"并列式结构"（措施都在各自的任务之后分别提出）；对于专题规划或任务较单一的规划，因其任务项目较少而其项目之间的联系又较大，一般采用任务、措施分说的"分列式结构"。

④ 结尾，即远景展望和号召。这部分要写得简短、有力、富有号召力。

2. 纲要

纲要和规划相同，也是各级领导机关根据战略方针，为实现总体目标对某一方面的工作做出长远部署的计划类文书。与规划不同的是，纲要比规划更为原则和概括，一般只对工作

方向、目标提出纲领式要求和指导性措施。如《国家"十三五"期间文化发展纲要》。

3. 设想、构想、思路和打算

设想、构想、思路和打算都是粗线条的、想法不太成熟的非正式计划,其差异主要在于内容范围,这里一并作一介绍。

设想是一种粗线条的、初步的、预备性的非正式计划。这是计划中最粗略的一种:在内容上是初步的,多是不太成熟的想法;在写法上是概括地、粗线条地勾勒。相对来讲,其适用时限较长,但也有涉及时限较短的或涉及面较窄的。一般来说,时间长远的称为"设想";范围较广泛的称为"构想";时间不太长、范围也不太大的则称为"思路"或"打算"。

设想是为制订某些规划、计划做准备的,是一些初步想法。设想在严肃性、科学性和可行性方面的要求相对差一些,因为它是为正式的规划或计划做准备,不是给各级领导看的,就是交群众讨论的,不必也没时间考虑得太周密,只要基本成形就可以,且在提出任务或目标时,往往还有一些简短的论述语句。

设想与规划一样,在内容的写法上都是比较原则和概括,不可能也没有必要写得太细、太具体。

设想的写作要点:

(1) 设想写作的总要求是严肃、认真,所想与实际情况相差不大。

(2) 设想的标题可以"四要素"齐全,由"单位名称+时间期限+内容范围+文种名"构成;也可以由"三要素"构成,或省略单位名称,或省略时间期限;还可以是"两要素"构成,省略单位名称和时间期限,如《关于创办文化产业的初步设想》。

(3) 设想的正文一般有两种写法。第一种是只写清目标、要求和措施,采用条文式写法,这种写法适用于时间较长远的"设想"或工作计划的最初构思或打算。第二种是按规划、计划、方案或安排的格式结构,只是内容粗略一些,一般适用于用来征求意见的"构想""思路"或"打算"。

4. 要点

要点实际就是把计划的主要内容摘录出来整理而成,一般适用于时间相对较短的计划。其特点是使计划的主要内容简明突出,便于以文件的形式下发。一般以文件下发的计划都采用"要点"这一计划形式。如《××局20××年工作要点》。

要点多是上级机关某一项重要或较大工作计划的摘要,一般都要以文件形式下发,因而多用某个通知作"文头",所以只要有标题和正文两部分内容就可以了,不必再写落款和成文时间;但也有一些要点,由于涉及的工作重大,为郑重起见,往往要在标题下标明发文机关名称和制发的具体时间。

要点标题的写法与纲要相同;正文写法具有特殊性——由于要点的内容是摘录计划的主要内容,因此写得比较简明概括,既不要面面俱到,也不必讲具体做法,更不用论述。在结构方式上,大多采用并列式,分条列项,一贯到底;也可分几大项,大项下分若干小项,其中的小项可在每一大项下单独排列,也可全文排列。

5. 方案

方案是计划中内容最为复杂的一种,一般从目的、要求、方式、方法、进度等都部署得具体而周密,有很强的可操作性。方案一般适合专项性工作,其实施往往需经上级批准。如

《××市住房分配制度改革实施方案》。

由于方案一般涉及的具体工作比较复杂,因此在写作时特别注意层次的安排,将指导思想、主要目标、工作重点、实施步骤、政策措施、具体要求等项目逐层清楚地表达出来。

方案一般由标题和正文两部分内容构成。

(1) 标题。

方案的标题有两种写法:一种是由发文机关、计划内容和文种名三个部分构成,如《陕西航空技术学院工资改革方案》;另一种是省略发文机关,由计划内容和文种名两个部分构成,这种标题形式一般适用于发文机关已经在转发性通知的标题中出现的情形。值得注意的是,方案的标题下一般标有方案的成文时间。

(2) 正文。

方案的正文一般有两种写法:一种是常规写法,即按指导方针、主要目标、实施步骤、政策措施及要求几个部分依次写来,这种写法适合于一般常规性单项工作方案;另一种变通写法,即根据实际需要加项或减项的写法,适合于特殊性的单项工作。不管采用哪种写法,其中的主要目标、实施步骤、政策措施三项内容必不可少,并且要陈述清楚。

具体到细节方面,写作主要目标一般还要分总体目标和具体目标两个层次来写;实施步骤一般还要分基本步骤和关键步骤,关键步骤里还有重点工作项目;政策措施的内容里一般分政策保证、组织保证和具体措施等几个层次来写。

6. 安排

安排是短期内要做的,且范围不大、内容单一、布置十分具体的一种计划形式,是计划中最为具体的一种。一般适用于工作内容比较确切、单一的情形。

安排主要由标题和正文两部分内容构成,标题的写法与方案相同;正文一般由开头、主体和结尾三个部分组成,也有的省略结尾,主体结束,正文即随之结束。安排的开头一般阐述安排的制定依据,主体部分具体写任务、要求、步骤、措施四个方面内容。主体结构的安排可以按这四个方面内容分层来写;也可以把任务和要求合在一起,把步骤和措施合在一起来写;还可以先写总任务,然后按时间先后顺序一项一项地写具体任务,每一项有每一项的要求及措施,要依据工作性质及具体内容来定。但不管怎样安排,任务都要写具体,要求都要写明确,措施都要得当。

方案和安排都涉及单项、具体的工作,即只对一项工作做出部署和安排。二者的区别主要在于方案的内容范围适合于上级对下级或涉及面比较大的工作,安排的内容范围则适合于单位内部或涉及面较小的工作,如《××学院关于庆祝第××个教师节活动的安排》。

7. 意见

意见属粗线条、具有指导性的计划,它适用于上级向下级布置工作任务并提供基本的思路、方法,交代政策,提出要求等。这种计划一般写得比较概括、比较原则,下级具体实施时可以灵活掌握。如《××公司关于下属企业20××年扭亏增盈全面提高经济效益的意见》。

四、计划写作的一般步骤

计划体现的不仅是对未来情况的预见性,而且是对未来工作的组织和安排,这就决定了计划的写作需要前瞻性的眼光,需要有良好的思路。与此同时,还要占有大量的第一手资料,下一番分析和研究功夫。因此,计划的写作一般按照这样一个步骤进行:首先要明确计划的目的,即弄清为什么要制订计划、根据什么制订计划。其次要收集资料,特别要注意收集以前的计划,并对资料进行比较、分析、核实。在此基础上起草计划草案,必要时可拟出几个方案供领导、专家和群众讨论。最后对计划草案进行修改定稿。

五、计划写作的基本要求

1. 任务要清楚

一是总任务要讲清楚,并且围绕总任务提出指导思想、工作原则、工作目标、工作思路。二是任务要具体——将任务分解为一项项具体工作或指标,并提出明确具体的目标要求;目标能够量化的要予以量化。三是任务要可行。要本着实事求是、量力而行、可望实现、留有余地的原则,将任务表述为一件一件可落实的工作。

2. 措施要明确

在制订和写作计划时,措施的表述要做到:一是突出关键措施和主要措施。如必须创造哪些主要条件、采取哪些主要手段、运用哪些主要方法;克服哪些主要困难、排除哪些主要障碍等,要表达清楚。二是要注意逻辑顺序,重要的先说、详说,次要的后说、略说。三是表述时要理清各项措施的关系,尽量做到周密完善。四是要具体。措施不同于原则,措施应该是可操作的,表述时要讲清"如何做",不能太一般、太抽象、太原则化。

3. 语言要准确

准确包括两个方面:第一,语言运用要准确,否则易造成误解。如"据不完全可靠的判断,我单位青年三分之一具有主人翁精神。"句中的"据不完全可靠的判断"实际上给自己的结论带来了不可信的麻烦。又如"我公司所属的工厂全都增产了,只有个别厂略有减产。"该句中"全都"和"个别"是前后矛盾的。第二,选择修饰词语要注意分寸,否则也容易出现不准确的现象。如"非常""特别"等词语的运用。

【实战训练】

新的学期已经开始,在这学期里,如何轻松愉快而又有所收获的学习?请制订一份学习和生活计划。

第三节 总 结

【话题与案例】

经验是一种财富。善于总结,不仅能够积累经验,而且可以拓宽今后的工作思路,改进工作方法,富有成效地开展工作。

【基础知识】

总结是单位或个人对已经过去的一段时间内的工作、学习或思想情况进行全面、系统的回顾、检查、分析和评价，从中找出经验与教训，用于指导下一阶段实践活动的书面材料。不论是机关、团体、企事业单位，还是个人，在一个阶段的工作、学习之后，应该回顾一下：做了哪些工作或学了什么东西？取得了哪些成绩？有什么成功的经验？还存在什么问题？有什么失败的教训？下一阶段有什么打算？把这些内容写成文章，就是总结。善于总结会受益终生。

一、总结的作用

总结是通过回顾一个单位或个人一个时期的工作情况，检查工作的质量和效果，对取得的成绩进行肯定，对存在的问题进行反思和检讨，对今后的工作进行安排和部署。就个人来讲，经常性地对自己所做的一切来个回头望，这样既对上级、对组织、对群众、对自己有个交代，也有利于把今后的工作做得更好。

明智的人总是重视总结，善于总结，从总结中吸取经验教训，把经历当财富。经过一段时间的工作或学习之后，回头审视一下——有何得失，有何体会。事情做得好，好在哪里，什么原因，今后怎样发扬光大？出了问题，又是什么原因，今后怎么改进，以防止在同一类问题上犯同样的错误，甚至通过举一反三，防止出现其他问题。

总结的目的就是为今后的工作理清思路，指明方向，找出对策，使今后的工作少走弯路，以提高工作的质量。

二、总结的特点

1. 实践性

总结首先要回顾实践的全过程。自身实践的事实，尤其是典型事例和确凿数据是一篇总结得出正确结论的基础。

2. 真实性

总结是人们实践活动情况的概括反映。总结中对自身工作的回顾与评价，应当忠实于客观事实。所用的材料，必须绝对真实，不能添枝加叶，不能报喜不报忧，更不能无中生有，其中的观点必须是从自身实践活动中抽象出来的认识和规律。

3. 分析性

总结不是对已做工作的过程和情况的表面反映，而是对工作中成功的经验、失败的教训以及存在的问题的分析和研究，从中找出规律性的东西，以便在今后的工作中少犯错误或不犯错误。

总结不仅要陈述工作情况，而且要揭示理性认识。能否进行理性分析，能否找出带有规律性的东西，是衡量一篇总结成败的重要标准。找出带有规律性的东西，用以指导今后的工作，这是总结的实质。

4. 经验性

总结的目的不是简单地回首往事，也不是简单地罗列得失，而是从以往的工作中探求成功的规律，而规律性的东西总是寓于最典型的、最有说服力的事例中。所以，写总结不能事无巨细，主次不分，有闻必录。应当择其主要工作、主要实绩、主要问题来写。可以说，事例越典型、越突出，总结出来的经验就越深刻。

5. 简明性

总结往往作概括叙述,而不必具体描述;作简要说明,而不必旁征博引;作直接议论,而不必多方论证。

三、总结的种类

根据不同的分类标准,总结可以分为以下几类:

(1) 按内容分,可以分为工作总结、学习总结和思想总结。
(2) 按涵盖的范围分,可以分为单位总结、班组总结和个人总结。
(3) 按涵盖的时间分,可以分为年度总结、季度总结和月份总结。
(4) 按用途分,可以分为上报总结、下发总结和发表总结。
(5) 按进程分,可以分为阶段性总结和全程性总结。
(6) 按性质分,可以分为综合性总结和专题总结。

【写作指导与范例】

一、总结的结构和写作要点

总结的结构一般包括标题、正文和落款三个部分。

1. 标题

总结的标题主要有以下两种形式。

(1) 公文式标题。公文式标题一般由单位名称、时间、内容、文种名称几个部分构成,在实际使用时常常有所省略。如《基础部2017年度教学工作总结》。

(2) 文章式标题。文章式标题又可分为单行标题和双行标题。文章式单行标题一般概括总结的主要内容或基本观点,不出现总结字样,但对总结内容有提示作用,如《我是怎样抓教学质量的》;双行标题是指正副标题合用,正标题突出中心,概括总结的主旨或提出要回答的问题,副标题说明单位、时间、内容和名称,如《提高学生的人文素质是大学教育的首要职能——××大学2017年教育教学工作总结》。

2. 正文

正文的内容包括基本情况、成绩与经验、存在问题和教训、今后打算和努力方向几个部分。

(1) 概述基本情况。基本情况一般包括三个大的方面:一是在什么时间段、什么环境和背景之下开展的工作;二是都干了哪些工作,怎么干的;三是干的结果怎样。具体写作时要简要交代总结所涉及的时间和背景,说明总结的出发点和意图;简述工作内容、工作要求及其完成情况。这是正文的导言部分,写作时要做到简明扼要,提纲挈领,点明中心;背景的交代要少而精,对所做工作的叙述要概括而全面。

(2) 总结成绩与经验。对以前工作进行回顾和总结,目的是为了把以后的工作做得更好,因而成绩与经验部分是总结的重点内容。在这一部分里,要详细写工作过程中的具体做法和遇到困难时采取的具体措施,重点分析取得成绩的主客观原因,弄清哪些做法是成功的,在遇到具体困难时哪些应对措施是行之有效的。这部分内容较多,写作中常采取点面结合、详略结合、叙议结合的手法,用事实和数据说话,从成功的做法中提出有益于今后工作的经验。

(3) 揭示缺点、失误和教训。总结工作中的曲折与反复、缺点与不足,造成的消极影响或工作损失,弄清导致缺点或失误的主客观原因,将其作为以后工作中引以为戒的教训。

(4) 说明存在问题与今后设想。说明工作中尚未解决或尚未完全解决的问题及其原因,提出今后工作的设想,制定新的措施,指明努力方向或说明发展趋势。

正文内容的安排方法多种多样,常见的有以下几种。

(1) "两段式"结构。分"情况"和"体会"两个部分:先叙述情况——包括基本情况、主要做法、成绩与缺点等;然后叙述体会——包括经验的总结、教训的归纳以及对存在问题的认识和下一步的打算等。问题比较集中的专题总结大多采用这种写法。

(2) 横式结构。把全部工作归结为几个问题,就具体问题叙述情况和体会,每一部分有相对的独立性,但各部分之间又有密切的联系,各部分都为同一中心内容服务。采用这一结构模式,在写作时要注意合理地安排各部分的先后顺序,或以主次为序,或以轻重为序,或以因果为序等。

(3) 纵式结构。按工作进程,以时间顺序或事物发展的自然顺序安排内容,分别对每个发展阶段的情况进行分析和总结。这种安排便于反映事物发展的全过程,使读者的思想认识逐步走向深入。采用这种结构模式时,特别要注意详略处理,不要平铺直叙;发展过程的叙述要服从总结经验和教训的需要,注意各部分之间的连贯性,使整个总结成为一个有机的整体。

(4) 纵横交织结构。既考虑时间的先后顺序,反映事物发展的过程,又注意内容的逻辑联系,逐层深入地突出几个问题,纵横交织、事理结合。采用这种模式,既能使读者了解工作的全过程,又便于读者借鉴各阶段的成功经验。

3. 落款

落款包括署名和日期,单位总结具名,一般写在标题中或标题下,或者在正文的右下方写明总结单位和年月日;随另文发送的总结可不具名;个人总结的署名,一般写在正文右下。

【范例 4-2】

语文能力训练总结

通过三个月的语文能力强化训练,自己的言语理解和运用能力得到了很大的提升。具体表现为:与人交谈不仅语言顺畅、表意恰当,应对自如,而且时有"灵感"闪现,能够自然得体地使用幽默风趣的语言以及各种修辞手法来增强语言的生动性和感染力;阅读时不仅能够准确把握文本的要旨,而且能够从中获得更多的感悟;提笔为文,不仅能够很快明确自己要表达的思想,迅速理清自己的思路,而且遣词造句得心应手。事实证明,这一阶段自己在语文能力强化训练方面所采用的方法是十分有效的。为了使更多的人能够从我的经验中获得启示,现将前一阶段自己在语文能力强化训练方面的做法和体会总结如下。

一、基本情况

在实施语文能力强化训练之前,本人的听、说、读、写能力较差。具体表现为:与人交谈,常常找不到合适的词句来表达自己的意思,有时还会因口误使自己十分尴尬;读书虽然很认真,却不得要领,从书中所获教益甚微;提起笔来写文章,不是感觉没什么可写,就是不知如何来写,有时即使进入写作状态,也常常出现"卡壳"的情况。在这样一种情况下,本人实施了三月语文能力强化训练计划,主要做了以下几个方面的工作。

(1) 以×××大学出版社出版的《大学语文》为主教材,选取了其中16篇课文进行朗读训练,有的文章读了不下上百遍,直至达到脱口而出的地步。

(2) 以《增广贤文》《论语》和《伊索寓言》为主要读物,反复阅读,细加品味,深入思考,最大限度地从中获得思想营养。与此同时,对于《增广贤文》的文本进行反复的朗读,熟读成诵。

(3) 充分地发挥想象和联想能力,再现诗文所描绘的情景。与此同时,将文中所写与现实生活联系起来进行思考,力求从中获得多方面的感悟。

经过这么几个方面的强化训练之后,语文能力得到了较大的提升。

二、几点体会

(1) 要有持之以恒的精神。培养语感最有效的方法是对同一篇文章进行反复的诵读。对于一篇文章进行不厌其烦地反复朗读,难免会有枯燥乏味的感觉,尤其是在读了多遍还没有品味出语言的美感、获得精神上的愉悦以及获得思想上的感悟的情况下,容易产生懈怠的心理。在这种情况下,一定要坚持下来,尤其是要从语言形式、表现技巧和思想内容等多方面对文章进行细细地品味和感悟。只要坚持下来,最终会得到强烈的审美体验和深刻的感悟,最终收获到成功的喜悦。

(2) 充分展开想象与联想不仅是深透理解诗文内容和从理性的高度把握写作特点的前提,而且是打开写作思路的关键。想象与联想能力的培养既要深入书中,又要跳出书外,要善于在生活的触发下让思想大胆而自由地驰骋。

(3) 思想的丰富与提升对语文能力的提高非常关键。丰富和提升思想要注意阅读和体验有机结合。虽然从书本上获得思想养分比较直接和迅速,但真正要提高认识事物和分析事物的能力,从而提高自己提炼和表现主题的能力,还要依赖对于生活的观察、思考和体验。

在前一阶段的语文能力强化训练中,既取得了以上三点经验,也存在几点失误:一是最初朗读时没有注意语速、语调和节奏,这样对语感的形成极为不利;二是在一段时间内误用了"速读"的方法,虽然读了一些东西,但实际收效甚微;三是有的阅读文本没有选好——只有读思想底蕴深厚的书,我们从思想上才能获得较大的增益。

【提示】范例4-2结构完整,内容充实,层次清楚;"干了什么"交代得很具体,取得了哪些经验、有什么教训都写得恰到好处。

二、写总结应注意的问题

1. 全面回顾,深刻分析

总结既然是为了找出工作中的成绩和问题,吸取经验和教训,以利于今后工作的开展,就有必要对过去的工作进行全面回顾,深刻分析。所谓全面,指基本情况、成绩和问题、经验和体会、今后打算等几个重要的方面一个都不能少。少了就不能算是一份真正意义上的总结,就会失去指导工作的意义。深刻分析,既要找出各个方面存在的问题,又要分析产生这些问题的原因。需要注意的是,全面总结并不意味着事无巨细,面面俱到,必须有所取舍,有所侧重。

2. 用事实说话,真实、客观

用事实说话,主要体现为列举工作中的具体事例和对事例进行分析。生动的例子不仅能加深读者的印象,而且能增强说服力,因而用事实说话可以提高总结的价值。事实的选用既要真实,又要客观,不夸大,不缩小,这是分析问题、得出正确结论的前提。

3. 条理要清楚

总结是写给人看的,条理不清,人们就看不下去,即使看了也不知其所以然,这样就达不到总结的目的。

4. 突出重点

一个人,一个单位,经过了一段时间的工作,留下的东西是很多的。事无巨细地总结一遍是毫无意义的,必须抓住最重要的情况加以总结。

【实战训练】

前事不忘,后事之师。不管做任何事情,做完后都有必要进行一番回顾、反思,总结经验和成绩,汲取经验和教训,借以指导下一阶段的工作。从另一角度讲,人总是在不断地总结中成长与进步的,因此,学会总结,善于总结,将会受益终生。

请对自己前一阶段的学习进行一番认真地回顾,从中总结出成功的经验和失败的教训,写一篇学习和生活的阶段性总结。

要求:① 题目自拟;② 不能停留在学习生活过程的一般回顾或一般优缺点的自我鉴定上,要加以分析、概括,突出收获和体会;③ 正文按"基本情况——成绩和问题(或做法、体会)——今后的努力方向"的框架结构写作;④ 800~1000个字。

第四节 简　　报

【话题与案例】

××学院为了争取全院各部门的紧密配合,以加强对学生的全天候教育和管理,决定向领导、各部门和有关人员定期通报学情。他们应该采用什么形式为好?

【基础知识与范例】

简报,顾名思义,就是简明报道。它是国家机关、企事业单位、社会团体为汇报工作、交流经验、反映情况、沟通信息、报道动态而编发的事务性文书,是一种摘要性的内部文件。常见的"工作动态""情况反映""简讯""内部参考""××动态""××交流""快报"等都属简报。

一、简报的作用

1. 反映情况

通过简报,可以将工作进展情况以及工作中出现的新情况、新问题、新经验,及时反映给各级决策机关,使决策机关了解下情,为决策机关制定政策、指导工作提供参考。

2. 交流经验

通过简报进行交流,可以提供情况、借鉴经验、吸取教训,这样对工作有指导和推动作用。

3. 传播信息

简报本身就是一种信息载体,可以使各级机关及从事行政工作的人互相了解情况,吸收经验,学习先进,改进工作。

二、简报的特点

1. 真实性

简报所反映的内容、涉及的情况,必须严格遵循真实性原则,时间、地点、人物、事件、原因、结果,所有要素都要真实,所有的数据都要确凿。

2. 新颖性

新颖是简报的价值所在。简报只有反映新情况、新动向、新问题、新经验,才能发挥它应有的作用。也只有内容新鲜,观点新颖,才能引起人们的关注。

3. 时效性

简报在机关文书中以讲究时效著称。尤其是那些突发性的动态简报,类似新闻报道中的快讯。简报能否发生作用或发生作用的大小,关键在于它对工作中出现的新情况、新问题、新典型、新动向等是否能够及时地反映给有关上级机关和业务部门。如果简报编写不迅速及时,错过了时机,它的作用就会大大缩弱,甚至失去意义。

4. 简要性

简明扼要,是简报的显著特点。简,不仅是指文字少、篇幅短,更主要的是它讲求以最少的文字表现出尽可能丰富的内容,做到简短而不失疏漏。一份简报最好不超过1000个字。有些综合性的简报,虽内容较多,但字数也应控制在2000个字之内为宜。

5. 保密性

简报是机关、单位传阅的内部文书,一般不公开发行,这是它与大众传播媒介的主要区别。不同内容的简报,其传阅的范围和机密程度也不相同。一般来说,简报的发行范围越广,机密程度越低,发行范围越窄,机密程度越高。越是级别高的机关编写的简报,机密程度越高。

三、简报的种类

根据不同的分类标准,简报可以分为多种。目前最常用的简报分类方法主要有以下三种。

(一)按简报的时间特征划分

1. 定期简报

定期简报是按一定的时间周期定时编发、反映一个时间段内重要情况的简报,常见的有周报、旬报、月报等几种类型。

2. 不定期简报

不定期简报是一种随时反映新情况、新问题、新经验等的简报,没有固定的编发时间,有值得报的内容就编,没有值得报的内容就不编。

(二)按简报的内容性质划分

1. 工作简报

工作简报,也叫业务简报,为推动工作而编写,是一种反映本地区、本系统、本部门工作情况的经常性简报。它的任务是反映工作开展情况,介绍工作经验,汇报工作中出现的问题等。它常以定期或不定期的形式出现,在一定范围内发行。

【范例 4-3】

×××国税

工作简报

(第九期)

××市国税局　　　　　　　　　　　　　　　　　　　　　　　二×××年六月五日

全市国税发票专项检查情况表明事业单位发票管理亟待规范

5月初以来,市国税局组织6个检查组,在全市范围内开展发票专项大检查。截止到5月底,共检查用票户××××户,查处违章普通发票×××份,违章增值税专用发票×××份,补税××万元,罚款××万元,取得了显著成效。

检查情况表明,当前发票管理秩序比较混乱,事业单位使用、索取发票违章现象尤为突出,检查的×××户事业单位,都存在不同程度的违章现象,占被检查户数的××%,发现违章发票××××份,占违章发票总数的××%。事业单位发票违章行为主要表现在:一是白条入账多,××××户事业单位中,白条入账的违章行为占违章情况的××%,造成大量的税收流失;二是自印收据代替发票入账,这种情况在有收费职能的医院、广播电视等事业单位和土地管理、城建等所属的事业单位表现得比较突出;三是使用过期发票;四是跨行业填开,如将商品零售发票作酒席款入账,国税、地税发票混用;五是开具的发票不规范,大多数事业单位财会人员为图省事,项目填写不全,如有一份××元的发票只有金额和日期,余下项目全部空白。

事业单位发票管理问题如此之多,漏洞如此之大,值得大家深思。究其原因,至少有四点:一是部分事业单位税法观念淡薄,依法依规使用和索取发票的意识不强,单位负责人不能正确理解发票与税收的直接关系,个别单位甚至认为自己不是纳税人,逃避监管违章用票;二是事业单位财会人员疏于学习,对使用和管理发票的常识相当缺乏;三是国税部门在开展税法宣传活动中,对发票管理的宣传滞后,重视不够;四是国税部门平时对事业单位的发票使用检查不够,监督不力,有的事业单位甚至从未被查过。

针对发票检查中发现的问题,市国税局要求全市国税系统采取五条措施,推动发票管理工作扎实整改。一是各国税分局要转变观念,改变只管企业、个体户等纳税人,而不管事业单位发票使用的旧观念,明确事业单位不是"税收盲区",对事业单位的发票使用情况同样要适时检查、定期督导,与其他性质的纳税人一样严格管理。二是加强发票宣传工作,重点宣传《中华人民共和国发票管理办法》,使事业单位理解发票的意义、作用,增强依法规范用票、管票意识。三是大力争取地方党委、政府的重视与支持。目前,全市事业单位因发票使用而违章的情况较多,处罚金额较高,罚款和税款入库的阻力较大,各国税分局务必做好宣传汇报工作,切实争取党政领导的支持,坚决按政策办事,处罚到位,入库到位。四是严格发票审批,坚持实行"以票控税"制度,对发票领、用、存各个环节都加强控管,规范发票使用、管理。五是进一步加大发票违章查处力度,对违章使用发票屡教不改的事业单位,国税部门要顶住方方面面的压力,发现一个查处一个,必要时可在新闻媒体上公开曝光。

报:省局领导及有关处(室)
送:市局领导、市直有关单位
发:各分局、机关各科室

(共印60份)

【提示】范例4-3就"发票专项检查"发现的问题和情况进行了全面、概括性的反映,旨在引起各国税分局对发票使用情况检查工作的重视。这份简报有情况概述、有原因分析,还有整治措施,真正做到了以简洁的文字表现尽可能丰富的内容,堪称简报写作的典范。

2. 会议简报

会议简报是会议期间反映会议情况的简报。它是一种临时性的简报,内容包括会议中的情况、发言及会议决定等。规模较大、时间较长的会议常要编发多期简报,以起到及时交流情况、推动会议的作用。小型会议一般是一会一期简报,常常在会议结束后,写一期较全面的总结性的情况反映。

【范例4-4】

机密　　　　　　　　　　　　　　　　　　　　　　　　　　　编号005
<div align="center">中国人民政治协商会议 ××市××区第三届委员会第二次会议 简　　报 (第5期)</div>
大会秘书处编　　　　　　　　　　　　　　　　　　　2017年3月26日
关注民生　促进××区社会和谐　　3月26日,出席政协××市××区第三届委员会第二次会议专题讨论的政协委员们就"关注民生促进××区社会和谐"主题进行了专题讨论。××市政府副秘书长、××区区委副书记、代区长李××出席会议。会议由区委常委、政协副主席张××主持。现将委员发言摘编如下:

> 徐××：推动青年创业具有重要意义。建议：1. 以政社合作为基本模型，形成工作合力。由××区劳动和社会保障部门牵头，联合科委、财政等政府职能部门，共青团、青联、青年商会等群众团体，以及高校、社会中介机构，广泛开展协作，统筹各项资源，鼓励扶持青年创办中小企业及民办非企业。2. 积极营造良好的舆论环境。通过大众传媒、公益广告、论坛研讨等形式，加大对青年创业的宣传，推动社会对青年创业的认同和支持，提升青年创业意识。……
>
> 毛××：近年来，随着××区大量人口导入，幼儿教育需求同教育资源供给的矛盾日益突出。建议：1. 将另作他用的教育土地资源收归教育部门。2. 政府可通过租借小区会所等形式，开辟幼儿教学场所。3. 加强幼儿教育师资队伍建设，特别是加大对教师技能技巧的培训。
> ……………
>
> 报：××××，××××，××××
> 送：××××，××××，××××
>
> （共印 100 份）

【提示】范例 4-4 以摘录会议代表发言为主要内容，借此反映会议讨论的问题，以引起大家的关注。

3. 动态简报

动态简报着重反映与本单位工作有关的正反两方面的新情况、新动向、新问题，为领导和有关部门研究工作提供鲜活的第一手资料，向群众报告工作、学习、生产、思想的最新动态。这类简报的时效性、机密性较强，要求迅速编发，发送范围有一定限制，在某一个时期、某一阶段要保密。

（三）按简报内容所涉及的范围划分

1. 综合性简报

这是反映本部门、本系统各方面工作情况和问题的简报，也称情况简报。综合性简报主要报道本部门、本系统工作中发生的重大问题、重要情况以及新生事物、新经验、新办法等。综合性简报涉及面广，情况复杂，材料丰富，能给人们提供较全面的信息。

2. 专题性简报

专题性简报，也叫中心工作简报，是一种阶段性的简报。其内容主要是人们关心的、重要的专项工作的动态、进展、经验、问题等。其内容集中、单一，语言简洁，篇幅短小。这类简报往往是针对机关工作中某一时期的中心工作或专项工作而编发，中心工作完成，简报也就停办了。

四、简报的格式

1. 报头

简报的报头有些类似公文的"红头"，一般也是套红印刷，但又有一些不同之处。首页间隔横线以上称为报头,由简报名称、期数、编发机关、日期、保密提示等项目组成。

(1) 简报除用"××简报""××动态""情况反映"等常用四字名称之外,还可加上单位名称、专项工作等内容。如《××大学学生思想教育简报》。简报名称用大号字套红印刷。

(2) 期数位于简报名称下方正中,加括号。如果是综合工作简报,一般以年度为单位,统编顺序号;如果是专题简报,按本专题统编顺序号。如果是增刊,就标明"增刊"字样。

(3) 编发机关一般是"××办公室"或"××秘书处",位于期数下面、间隔横线上方左侧。

(4) 日期位于编发机关右侧。

(5) 如果需要保密,在首页报头左上角标明密级或"内部刊物"字样。确有必要,还可在首页报头右上角印上份数。

间隔横线一般为红色。

2. 报核

报头以下、报尾以上的部分都是报核。报核包括以下项目:

(1) 目录。由于简报内容单纯,容易查找,目录一般不需标序码和页码,只需将编者按、各篇标题排列出来即可,为避免混淆,可以每项前加一个五星标志。

(2) 编者按。必要时可加编者按,主要内容是工作任务来源、本期重点稿件的意义和价值、征稿通知、征求意见等。编者按不可过长,短者三五行,长者半页即可。

(3) 报道。一期简报可以只有一篇报道,也可以有多篇报道。依次排列即可。

3. 报尾

报尾在简报末页,用间隔横线和报核分开。报尾内容比较简单,只需写明报什么机关、送什么机关、发什么单位即可。

【写作指导】

一、简报的写作要点

1. 标题

简报的标题跟新闻的标题有些类似,可分为单标题和双标题两种基本类型。

(1) 单标题。将报道的核心事实或其主要意义概括为一句话作为标题,如《后勤工作今年重点抓好五件事》《我校通过"211工程"专家组审查验收》。标题中间可以用空格的方式表示间隔,也可以加用标点符号。

(2) 双标题。双标题有两种情况:一是正题后面加副题,如《再展宏图创全国一流市场——××农贸市场荣获市信誉市场称号》。前一个标题是正题,概括事实的性质,后一个标题是副题,补充叙述基本事实。二是正题前面加引题,如《尽责社会　完善自身——××师大团委开展"把知识献给人民"的活动》。前一个标题是引题,指出作用和意义,后一个标题是正题,概括主要报道内容。

2. 正文

简报的正文由导语、主体和结尾三个部分构成。

(1) 导语。导语就是简报的开头语,要用简短的文字,准确地概括报道的内容,说明报道的宗旨,引导读者阅读全文。导语写作总的要求是"开门见山",一开始就切入基本事实或核心问题,给人一个明确的印象。

导语的具体写法可根据主题需要,分别采用叙述式、描写式、提问式、结论式等几种形式。用概括叙述的方法介绍简报的主要内容,叫作叙述式。把简报里的主要事实或某个有意义的侧面加以形象的描写,以引起读者的阅读兴趣,叫作描写式。把简报反映的主要问题用设问的形式提出来,以引起读者的思考,叫作提问式。先将结论用一两句话在开头点出来,然后在主体部分再作必要的解释和说明,叫作结论式。这几种导语形式,各有所长,写作时可根据稿件特点选择运用。

(2) 主体。主体是简报的主要部分,它的任务是用足够的、典型的、富有说服力的材料把导语的内容加以具体化,用材料来说明观点。

写好主体是编好简报的关键。主体的内容,或是反映具体的情况,或是介绍具体的做法,或是叙述取得的成绩和经验,或是指出存在的问题,或是几项兼而有之,要视具体情况而定,没有固定的框框。

主体的层次安排有"纵式"和"横式"两种形态。纵式结构按事件发生、发展的时间顺序来安排材料,横式结构按事理分类的顺序安排材料。如果内容比较丰富,各层可加小标题。

(3) 结尾。简报要不要结尾,因内容而定。事情比较单一,篇幅比较短小的,可以不单写结尾,主体部分话说完就结束,干净利落;事情比较复杂,内容较多的,可以写个结尾,对全文作一个小结,以加深读者印象。有些带有连续性的简报,为了引起人们注意事态的发展,可用一句交代性的话语作为结束,如"对事情的发展我们将继续报告""处理结果我们将在下期报告"等。

二、简报的写作要求

1. 选材要精

简报不能有事就报,而是应当围绕本单位的实际,在众多的素材中选取那些最重要、最典型、最新鲜、最为群众关心、最需要引起注意的情况和问题,或必须引起重视的经验,予以全面的、实事求是的报道。关于简报的选材问题,可以概括为12个字,即抓支点、抓热点、抓沸点、抓亮点。

2. 反映速度要快

简报具有新闻性。这就要求简报的编发要快,对于工作中、会议中出现的新动向、新经验、新问题,编写者要及时地予以捕捉,并用最快的速度予以报道。否则,失去了新闻性、时效性,简报就会失去意义和作用。

3. 文字要简

简报的一个"简"字,代表了简报的基本特征。简报写作要求文字简洁,对事物作概括的反映。一篇简报最好是1000个字,至多不超过2000个字。

4. 真实准确

简报是单位领导对一些问题做出决策的参考依据之一,也是单位推动工作的一个重要手段。领导机关将依据简报所反映的信息、情况做出相应的决策。因此,材料的真实是简报写作的"生命",因此,简报所写必须真实、准确。

【实战训练】

根据本学期以来,本校召开的相关会议、举办的活动,或学生中间普遍存在的问题,以学生会的名义编写一份简报。

第五节 调查报告

【话题与案例】

对演艺界名人的盲目崇拜和迷恋是当代一些青少年心理的一大缺陷。导致这一问题产生的根源是什么,怎样引导他们走出这一误区,使其树立正确的人生观和价值观,这是当前教育工作的一个重要课题。关于这一问题的研究,首先要从调查研究开始。就调查研究的情况、分析、结论等写成的报告,就是调查报告。

【基础知识】

调查报告是针对现实中出现的重大问题、热点问题、焦点问题、典型情况等进行深入调查,在占有丰富的材料,进行系统、科学和周密的整理的基础上,根据实际需要进行分析、归纳、综合后写成的书面报告。

一、调查报告与作为公文的"报告"的区别

一是用途的不同。公文中的"报告"是用于向上级机关汇报工作、反映情况和答复上级机关询问的,调查报告主要是用于反映情况、揭示问题和推广经验的。

二是内容的不同。公文中的"报告"与调查报告虽然都有反映情况的作用,但二者在内容方面有明显的不同:前者主要用于反映"点"上的情况,后者主要用于的反映"面"上的情况。

三是写作立足点与要求的不同。公文中的"报告"反映情况是就已知的情况和问题进行客观地报告,调查报告一般要从已知到未知,在深入挖掘的基础上,通过认真的研究和分析,形成有事实、有分析、有结论的综合性报告。

二、调查报告的特点

1. 真实性

开展调查研究的目的就是为了掌握真实情况,揭示实际问题,所以调查报告必须真实、客观地反映情况和问题。只有情况反映得真实和准确、问题揭示得真实和准确、经验概括得恰如其分,调查报告的作用才能得以很好地发挥。因此,如实反映情况、用事实说话,是调查报告写作的关键问题。

2. 针对性

不论是用于反映情况、揭示问题,还是总结和推广经验,调查报告一般都有明确的写作意图,相关的调查取证都是针对和围绕某一综合性或专题性问题展开的。

3. 典型性

调查报告涉及的多是一些焦点、热点和重点问题,其调查对象本身具有一定的典型性。与此同时,调查报告中所运用的材料都力求典型,有说服力,能揭示事物的本质和规律。

4. 分析性

调查报告与公文中的"报告"一个重要的不同点是,它不只陈述事实,而是在事实陈述的基础上,进行深刻的分析,以揭示事物的本质和规律。因此,调查报告的写作多采用叙议结合的方式。

5. 时效性

调查报告的写作目的是及时反映当前工作中出现的重要情况,揭示迫切需要解决的问题,具有很强的时效性。因此,调查报告也常常被归入到新闻文体之列。

三、调查报告的种类

依据不同的分类标准,调查报告可分出许多种。最常用的分类标准主要有两种:一是按照调查目的和内容性质来分,二是按照调查的范围来分。

(一) 依据调查的目的和报告内容性质划分

1. 情况调查报告

这是比较系统地反映某地区、单位、行业或某一方面的基本情况、发展状况的调查报告。这种调查报告的写作目的是为了弄清情况,供决策者参考。

2. 典型经验调查报告

这是通过分析典型事例,总结工作中出现的新经验,从而指导和推动某方面工作的一种调查报告。

3. 问题调查报告

这是针对某一方面的问题,进行专项调查,判明问题的原因和性质,确定造成的危害,并提出解决问题的途径和建议,为问题的最后处理提供依据,也为其他有关方面提供参考和借鉴的一种调查报告。

(二) 依据调查的范围划分

有调查,才有报告。调查有普遍调查和非普遍调查。经过普遍调查写出来的调查报告叫综合调查报告;对某一事件、某一经验、某一问题进行重点调查写出来的报告叫专题调查报告。

【写作指导与范例】

一、调查报告的写作要点

调查报告是根据调查研究的结果写出的反映客观事实的书面报告。一篇完整的调查报告一般由标题、序言、主体、结尾和落款五个部分构成。

(一) 标题

调查报告的标题形式比较灵活,通常有两种写法:一种是单行标题,另一种是双行标题。

单行标题又分两种形式:一种是公文式标题,由调查对象、内容以及文种构成,如《关于大学生日常消费情况的调查报告》;另一种是主题式标题,即标题直接点明文章的主要内容或主要观点,如《高职学生的心理困惑是什么》。

双行标题由主标题和副标题两个部分构成。一般情况下主标题为主题式标题,副标题为公文式标题,即主标题点明文章的主旨或提示作者对问题的看法,副标题补充交代调查对象、内容以及文种,如《再造秀美山川——××县退耕还林情况调查报告》。

(二) 序言

序言是调查报告的开头部分,写法多种多样,比较常见的有:

1. 概述式

用简明扼要的文字,交代调查的起因或目的、时间和地点、对象或范围、经过与方法,以及人员组成等调查本身的情况,从中引出中心问题或基本结论来。采用这种写法能使读者从中得到对调查报告的总体印象,同时能吸引读者。

2. 主题式

概述调查的主要内容,取得的主要收获,点明全文基本观点,包括对调查的课题、对象、调查结果、分析所得的结论的概说。

3. 背景式

交代调查活动展开的历史背景、介绍课题的由来,或说明调查对象的历史背景、大致发展过程、现实状况、主要成绩、突出问题等基本情况,进而提出中心问题或主要观点。

4. 结论式

开门见山,干净利落地把调查结论或主要内容写在开头处。这一方法笔法明快,多用于总结经验的专题性调查报告。

5. 提问式

在调查报告的开头抓住问题的关键进行设问,引发读者的思考,让读者循着作者的思路,明确调查报告的主旨或主要内容。

在实际运用过程中,以上各种类型常结合运用。无论采用何种方式,都要简明、概括、富于吸引力,能够起到明确主要内容和突出主旨的作用。

(三) 主体

主体部分是调查报告的核心。这一部分要详细记录调查所得到的大量事实和数据,并对其进行科学、深入的分析和研究,针对存在的问题提出解决办法。主体部分的写作要把握住以下几个要点。

1. 要确定一个好的主题

无论是综合调查报告还是专题调查报告,必须首先确立好一个总的观点,用总观点统帅全篇,这是写好调查报告的关键所在。调查报告不是现象的记录,不是调查材料的堆砌,而是作者对调查的材料经过周密的分析之后,把问题的本质揭示出来。这个本质就是调查报告的主题,就是作者的观点。观点要鲜明,要有新意,要有很强的针对性,具有普遍的社会意义或指导性。

2. 要善于把观点和材料统一起来

所谓观点,就是作者对所报告的事物所持的看法和态度。所谓材料,就是说明观点的具体的和概括的事例。观点是在对大量的材料进行分析和研究的基础上形成的。有了观点,应当使用恰当的材料,也就是典型的事例(包括正、反两个方面)和概括的情况,以及历史的背景材料加以说明,做到观点和材料的统一。

在写作过程中,要防止出现这样两种倾向:一是观点与材料分离;二是观点加事例式的简单印证,没有面上情况的概括,内容单薄。一个好的调查报告应当做到:观点鲜明,材料丰富,两者自然地糅合在一起。

3. 要讲究章法,做到逻辑清楚、层次分明

一般来说,调查报告的布局有三种结构形式,即"纵式结构""横式结构"和"合式结构"。无论是按照哪一种结构来布局,都应当揭示事物的内在规律,做到各个部分和主题有其内在联系。文章能展得开收得拢,结构完整严谨,层次清楚,中心突出,行文流畅,前后连贯,表现出完整的思想体系。

(四) 结尾

结尾是调查报告的结束语,具有升华主旨和收束全文等作用。结尾的方式很多,常见的有这样几种——提出解决问题的方法、对策或下一步改进工作的建议;总结全文的主要观点,进一步深化主题;提出问题,引导人们做进一步思考;展望前景,发出号召。

(五) 落款

调查报告的落款一般写明调查者——单位名称或个人姓名,以及完稿时间即可。如果标题下面已注明调查者,则落款时可省略。

【范例 4-5】

关于教师职称评审条件问题的调查

教师职称评审条件中,对发表教学研究论文有一定的数量要求,这一条件的设置使教师们苦不堪言——现在绝大多数刊物发表论文都要收取所谓的"版面费",少者几百元,多者上千元,这对于靠工资吃饭的普通教师来讲,的确是一个沉重的负担。针对这一问题,笔者采用走访式的调查方法进行了一次专题调查。现将调查结果报告如下:

一、调查结果

调查对象	调查人数	出资发表论文	自费出书	人均花费
大学教师	12	9	3	3200元
中学教师	26	25	1	1100元

二、存在问题

在这次调查过程中,笔者与广大一线教师进行了广泛的交流。教师们普遍认为,在目

前学术腐败问题严重、各类刊物大肆收取"版面费"的情况下,将发表论文情况作为职称评审的一个先决条件,不但有失公允,而且后患无穷。事实上,有很多工作勤勤恳恳、任劳任怨的一线优秀教师因为没钱支付"版面费"职称上不去,而一些在编不在岗、长期从事第二职业的教师雇"枪手"写论文、买版面发论文,职称问题却得以解决。这些问题应该引起有关方面的高度重视。

三、建议

鉴于目前教师职称评审中存在以上问题,笔者建议:尽快修改各级各类学校教师职称评审条件,特别是取消发表论文的要求。这样,可以使教师职称评审工作更加公平和公正。

【提示】这篇调查报告有数据、有分析、有建议;基本事项的交代十分清楚,叙议结合,分析透彻,意见中肯,具有较高的参考价值。

二、调查报告写作的基本要求

1. 深入实际,调查研究

要写好调查报告,首先要深入实际进行调查研究,详尽地占有材料。在调查时,要尽量掌握第一手资料,同时要大量收集间接资料,必要时,还要查阅有关的历史文献。在大量占有材料的基础上,运用科学的世界观和方法论进行综合分析,得出正确的判断和结论。

2. 观点与材料统一

写调查报告不能进行简单的材料堆积和数字罗列,必须既有材料,又有观点,让观点统帅材料,使材料说明观点,做到观点与材料相统一、相融合。

3. 用事实说话

客观事实是调查报告赖以存在的基础。写调查报告,从调查对象的确定,到开展调查活动,从对问题的分析研究,到提出解决问题的途径,都要以充分确凿的事实作为依据。

4. 明确的针对性和典型性

调查研究所针对的往往是在实际工作中迫切需要解决的问题,目的就是为了探索解决问题的途径。与此同时,调查报告又不同于普通的工作总结,它要求调查对象本身具有典型性。这就要求调查报告的写作必须做到两点:一是调查报告的选题必须能反映问题的共性,有相当的代表性;二是所选择的调查对象是典型的,所运用的材料也是典型的。

5. 叙议结合

调查报告写作要采用叙议结合的表达方式。叙事力求真实具体,简明扼要,议论务必严谨精当,恰到好处。

【实战训练】

请选择当前大学生所普遍关心的某一问题,对其进行调查研究,然后将调查情况撰写成一份调查报告。

第六节 会议记录

【话题与案例】

朱秘书在做会议记录。他心想：这个马局长，说话也太快了，让人记都记不过来。我就喜欢牛副局长讲话，他不仅讲话慢，而且一句话总是重复好几遍，记起来轻松。（画外音：这个朱秘书，怎么就不知道学点速记的技巧呢？）

【基础知识与范例】

在会议过程中，由记录人员把会议的组织情况和具体内容记录下来，就形成了会议记录。"记"有详记与略记之别：略记是记会议大要，即会议上的重要或主要言论；详记则要求记录的项目必须完备，记录的言论必须详细完整。

会议记录的格式

一般会议记录的格式包括两个部分：一部分是会议的组织情况，要求写明会议名称、时间、地点、出席人数、缺席人数、列席人数、主持人、记录人等；另一部分是会议的内容，要求写明发言、决议、问题。这是会议记录的核心部分。

对于发言的内容，一是详细具体地记录，尽量记录原话。这种记录主要用于比较重要的会议和重要的发言。二是摘要性记录，只记录会议要点和中心内容，多用于一般性会议。

会议结束，记录完毕，要另起一行写"散会"二字；若中途休会，要写明"休会"字样。

【范例4-6】

会议名称：　　　　　　会议时间：
会议地点：　　　　　　记录人：
出席与列席会议人员：
缺席人员：
会议主持人：　　　审阅：　　　签字：
主要议题：
发言记录：

【范例4-7】

时间：××××年××月××日××时
地点：公司办公楼五楼大会议室
出席人：×××　×××　×××　×××　……
缺席人：×××　×××　×××　……
主持人：公司总经理

记录人：办公室主任刘××
主持人发言：(略)
与会者发言：×××……………………………………………
　　　　　　×××……………………………………………
散会

　　　　　　　　　　　　　　　　　　　　主持人：×××（签名）
　　　　　　　　　　　　　　　　　　　　记录人：×××（签名）

（本会议记录共×页）

【写作指导】

一、会议记录的基本要求

（1）准确写明会议名称（要写全称）、开会时间、地点、会议性质。

（2）详细记下会议主持人、出席会议应到和实到人数、缺席、迟到或早退人数及其姓名、职务，记录者姓名。如果是群众性大会，只要记参加的对象和总人数，以及出席会议的较重要的领导成员即可。如果某些重要的会议，出席对象来自不同单位，应设置签名簿，请出席者签署姓名、单位、职务等。

（3）忠实记录会议上的发言和有关动态。会议发言的内容是记录的重点，其他会议动态，如发言中插话、笑声、掌声、临时中断以及别的重要的会场情况等，也应予以记录。

记录发言可分摘要与全文两种。多数会议只要记录发言要点，即把发言者讲了哪几个问题，每一个问题的基本观点与主要事实、结论，对别人发言的态度等，作摘要式的记录，不必"有闻必录"。某些特别重要的会议或特别重要人物的发言，需要记下全部内容。有录音条件的，可先录音，会后再整理出全文；没有录音条件，应由速记人员担任记录；没有速记人员，可以多配几个记得快的人担任记录，以便会后互相校对补充。

（4）记录会议的结果，如会议的决定、决议或表决等情况。

会议记录要求忠于事实，不能夹杂记录者的任何个人情感，更不允许有意增删发言内容。会议记录一般不宜公开发表，如需发表，应征得发言者的审阅和同意。

二、会议记录的重点

会议记录应该突出的重点有：
（1）会议中心议题以及围绕中心议题展开的有关活动；
（2）会议讨论、争论的焦点及其各方的主要见解；
（3）权威人士或代表人物的言论；
（4）会议开始时的定调性言论和结束前的总结性言论；
（5）会议已议决的或议而未决的事项；
（6）对会议产生较大影响的其他言论或活动。

三、会议记录的写作技巧

一般来说，会议记录的写作要点有四条：一快、二要、三省、四代。

一快，即记得快。字要写得小一些、轻一点，多写连笔字。要顺着肘、手的自然趋势，斜一点写。

二要，即择要而记。就记录一次会议来说，要围绕会议议题、会议主持人和主要领导同志发言的中心思想，与会者的不同意见或有争议的问题、结论性意见、决定或决议等作记录；就记录一个人的发言来说，要记其发言要点、主要论据和结论，论证过程可以不记；就记一句话来说，要记这句话的中心词，修饰语一般可以不记。要注意上下句子的连贯性，一篇好的记录应当独立成篇。

三省，即在记录中正确使用省略法。如使用简称、简化词语和统称。省略词语和句子中的附加成分，比如"但是"只记"但"，省略较长的成语、俗语、熟悉的词组，句子的后半部分，画一曲线代替，省略引文，记下起止句或起止词即可，会后查补。

四代，即用较为简便的写法代替复杂的写法：一可用姓代替全名；二可用笔画少易写的同音字代替笔画多难写的字；三可用一些数字和国际上通用的符号代替文字；四可用汉语拼音代替生词难字；五可用外语符号代替某些词汇，等等。但在整理和印发会议记录时，均应按规范要求办理。

【实战训练】

不论是什么行业，什么单位，因为工作的需要，经常要开一些会议——或传达上级的指示精神，或要求下级完成某项工作，或讨论某个问题、希望达成共识等。为了确保会议精神的贯彻和落实，也为了日后有据可查，每次会议都要做一个记录。那么，会议记录怎么做呢？

根据下列一则故事，拟写一份会议记录。

泛舟之役

周襄王二年（前650年），在秦穆公的帮助下，逃亡梁地的晋国公子夷吾回国即位，是为晋惠公。惠公在即位前曾答应秦国，如帮其回国即位，就将河外五城送给秦国以为报答。但是惠公登上王位后，随即反悔。

晋惠公即位后，晋国接连几年都遇到灾荒，五谷不收。到惠公四年（前647年），仓廪空虚，饿殍遍野，不得不向其他国家买粮。想来想去，秦国离晋国最近。于是，晋惠公又厚着脸皮求秦国。

秦穆公召集群臣商议卖还是不卖粮给晋国。

蹇叔、百里奚都认为天灾是无法避免的，帮助邻国也是理所当然的，主张卖粮。

穆公认为自己有恩于晋，晋却不思回报，有点迟疑。

公孙枝说："我们对晋国施恩，本来就没想过要回报，不回报我们也没损失什么，他们知恩不报，过在他们，我们还是应该卖粮给他们。"

丕豹却认为："晋君无道，这是天赐良机，我们正好借机灭晋，机不可失。"

大夫繇余说："仁者不乘危以邀利，智者不侥幸以成功，秦国不可乘人之危，我们应当卖粮给晋。"

穆公考虑再三，说："有负于我的，是夷吾，不是晋国的百姓，受到饥荒威胁的却是晋国百姓，我不忍心因为晋国的国君有负于我而让百姓受灾。"

于是，秦国派了大量的船只运载了万斛粮食，由秦都雍城（今陕西凤翔南）出发，沿渭水，自西向东五百里水路押运粮食，随后换成车运，横渡黄河以后再改山西汾河漕运北上，直达晋都绛城。运粮的白帆从秦都到晋都，八百里路途首尾相连，史称"泛舟之役"。

第七节 先进事迹材料

【话题与案例】

学院推荐××同学为省级三好学生,需要向省教育主管部门报送一份该同学的先进事迹材料。因为你和该同学比较要好,对该同学的情况比较了解,老师想请你帮着写这份材料。你知道怎么写吗?

【基础知识】

先进事迹材料是陈述先进单位或个人的典型事迹,建议上级有关部门给予肯定、表彰和奖励,或号召人们学习其先进思想和可贵精神的一种应用文书。先进事迹材料的写作对象主要有两类:一是先进个人,如优秀教师、先进思想工作者、劳动模范等;一是先进集体或先进单位,如思想政治工作先进单位、优秀班集体、抗洪抢险先进集体等。

一、先进事迹材料的作用

先进事迹材料是上级部门树立先进和典型的依据。写好先进事迹材料是弘扬正气、鼓舞士气、激励人们向英雄模范人物学习的一种重要手段;通过先进事迹材料,人们可以了解先进集体的好作风和崇高精神,了解先进人物的好思想、好品德,进而学习这些好思想、好品德。从这个意义上讲,写好先进事迹材料,对推动全社会的精神文明建设具有重要的意义。

具体来讲,先进事迹材料的作用主要表现为两点:一是表彰先进。先进事迹材料最直接的作用,就是对先进人物或先进集体进行表彰,对他们的先进事迹予以充分肯定,鼓励他们再接再厉。二是教育群众。通过对先进人物或先进集体的先进事迹进行表彰,树立模范,能够起到教育广大人民群众的作用。

二、先进事迹材料的分类

1. 按照内容主体来分类

一是先进个人事迹材料,如先进工作者、优秀党员、劳动模范等;二是先进集体事迹材料,如先进党支部、先进车间或科室、抗洪抢险先进集体等。

2. 按照材料性质来分类

一是典型经验材料,其内容主要是写个人或集体取得成绩的好经验、好做法;二是典型事迹材料,其内容以人物的先进事迹为主体。

事迹材料和典型经验材料的内容侧重点不同:事迹材料以先进对象的事迹和成绩为主要内容,侧重于"做了什么";典型经验材料以先进对象的经验和做法为主要内容,侧重于"怎么做"。事迹材料可分为个人事迹材料和集体事迹材料,而典型经验材料主要指先进集体经验材料,应用中很少有先进个人经验材料。

三、先进事迹材料的特点

1. 真实性

先进事迹材料的内容必须真实、可靠,无论是介绍单位或个人的基本情况,还是在材料中所反映出的先进思想、先进事迹和典型经验,都必须做到一是一、二是二,绝不允许有任何虚构或想象。只有这样才能起到树立典型、教育群众、鼓舞群众的作用。

2. 感染性

先进事迹材料写作目的是表彰先进人物或先进集体的先进事迹,树立典型,对大众的言行起到引导的作用。这就要求先进事迹材料能够吸引读者、感染读者,能够在读者心中留下深刻印象,能够使读者产生情感共鸣,从而发挥教育作用,因此,先进事迹材料一般具有具体、生动、形象、富有强烈的感染力等特点。

3. 时代性

一个人、一个单位的事迹必须能够体现时代精神,对社会某一方面的工作具有积极的引导,甚至推动作用。因此,先进事迹的材料一般都体现出一种时代精神。

4. 独特性

先进人物、先进集体的典型事迹或典型经验具有鲜明的个性特征,以其与众不同之处打动人、影响人。

四、先进事迹材料与通讯的主要区别

从内容实质上讲,先进事迹材料与通讯没有本质的区别,二者的差异主要在于以下几点:

(1)先进事迹材料一般用于本系统、本部门树立典型,奖励先进和激励后进之用;通讯的主要写作目的是舆论引导、弘扬正气、营造良好的社会氛围。

(2)先进事迹材料的素材以能够表现人物的精神品质或一个单位的事迹与经验为取舍原则,对于时效性的要求不是十分严格;作为新闻体裁的通讯对素材的时效性要求较为严格。

(3)先进事迹材料一般从多角度表现先进主体的精神面貌,内容比较全面;通讯一般截取一个断面或者抓住一个或几个亮点加以表现。

(4)先进事迹材料的语言朴实、庄重,而通讯的语言生动、形象。

【写作指导与范例】

一、先进事迹材料的结构和写作要点

先进事迹材料一般由标题、正文和落款三个部分构成。

(一)标题

先进事迹材料的标题有三种写法:第一种是由先进人物姓名(或集体名称)、主题内容和文种名三个部分组成,如《×××同志教书育人先进事迹》;第二种是由人物姓名(或集体名称)和文种名两部分成,如《×××同志事迹简介》;第三种是新闻式标题,主标题概括事迹材料的中心思想,副标题与第一种或第二种相同,如《16秒的生死抉择——记兰州空军某部

飞行员李剑英的事迹》。

（二）正文

先进事迹材料的正文由开头、主体及结尾三个部分构成。

1．开头

正文的开头部分，简要介绍先进个人、先进集体的总体情况。对先进人物，主要介绍其姓名、性别、年龄、政治面貌、工作单位、职务、曾获得何种先进称号、主要事迹及群众评价等。此外，还要写明有关单位准备授予其什么荣誉称号，或给予哪种形式的奖励。对先进集体、先进单位，先要介绍其先进事迹材料产生的自然环境、社会背景，然后要概括说明其先进事迹的主要内容、突出成就。语言要简洁明了，不要冗长、啰唆。

2．主体

主体部分是先进事迹材料的核心内容，是对先进人物或先进集体的事迹情况、典型经验的具体展开，尤其要突出先进人物或先进单位的感人事迹、闪光思想。为了增强先进事迹材料的说服力，起到树立模范形象的作用，还要注意选择那些具有代表性的具体事实来加以说明，在必要时还可运用一些数字。

写作这部分内容时，要详略得当，内容充实，突出重点。一般来说，这部分内容的表述，应当既要有思想，又应有具体做法或实例；既要有面上的综合，又应有点上的说明。

3．结尾

先进事迹材料结尾的写法不固定，可以点明主体部分所叙述的先进事迹的意义，进行总体评价，也可以发出号召要求大家向先进人物或先进集体学习。

（三）落款

先进事迹材料一般在正文的右下方注明单位名称、写作日期，然后要加盖公章。先进事迹材料不宜以个人名义署名，因为撰写先进个人和先进集体的材料，都是以本级组织或上级组织的名义，是代表组织意见的。所以，材料写完后，应经有关领导同志审定，由相应一级组织正式署名上报。

【范例4-8】

学海无涯苦作舟
——记×××同志自学成才的事迹

×××同志××××年中师毕业，凭着坚韧的毅力和顽强的意志，通过自学获得了××师范大学汉语言文学专业大学本科学历，取得了中国文学学士学位。近年来，她编著有《简明文学读本》《常见文体阅读基础》等书，主编、参编教材十余部；撰写并发表教学论文三十多篇；获各种奖项二十多个。值得一提的是，××××年，×××同志有三篇论文获奖，其中两篇获省级一等奖；××××年，×××同志有四篇论文获奖，其中三篇获省级一等奖。近年来，她所带的班级多次在本地区中学语文统考中取得第一名的好成绩。她的事迹被收入《中国中学骨干教师大辞典》等书，先后有多家媒体报道了她的先进事迹。

自学的道路是一条艰辛之路。自学需要时间，需要一定的经济基础，同时还要处理好工作、家庭等各方面的关系。首先是书籍的问题。她和爱人都是农家出身，家境都不太好。两人的工资不管怎样安排都月月经济拮据，捉襟见肘。在这样的情况下，她要购买学习资料，那个艰难是可想而知的。为了购买所需资料，她节衣缩食。几年的时间里，她共购买各种图书一千多册。

书的问题解决了，可时间从何而来，怎样自学？繁忙的教学业务，繁重的家务劳动几乎占据了她所有的时间。传统教学方法中有许多合理的东西，但不少做法，如重知识轻能力、烦琐的讲解、灌输各种各样现成的结论等，显然不适应时代的潮流，也不利于人才的培养，需要大力进行改革。改革需要时间和精力，这对于一向对工作兢兢业业的她来说更是不敢怠慢，因为这项工作始终是主旋律，自修也是为了更好地教学，于是她的大部分时间用到了教研教改之中，能用于自学的时间零零星星。在这种情况下，要真正学点东西是极其不容易的，它需要有"钉子"精神。于是，她没了节假日，没了看电视、逛商场的闲情。走路的时候思考问题，碰到树上还很有礼貌地说声"对不起"，弄得别人疑心她的大脑细胞是否还在正常运转；做饭的时候边做边记东西，经常不是菜没有放盐，就是多放了酱醋。

当劳累了一天的人们已进入甜蜜的梦乡时，陪伴她的只有孤灯、书本，她拼命地吸取着、思考着；当别人还在酣睡时，又是她家的灯光最早迎来黎明，该朗读的东西朗读，该背诵的东西背诵。为了把语文教学所需的专业知识一门一门地攻下来，她以文学史为经线，以各个时代的代表作品为纬线，先后阅读了千万字中外古今的文学作品。

成功永远属于那些敢于搏击风浪、勇往直前的人。自学成才更需要付出数倍于别人的代价。功夫不负有心人，有一分耕耘，就有一分收获。自学培养了她独立工作的能力，自学给了她信心和勇气，给了她知识和力量。经过自己的刻苦自学，她自修完了汉语言文学专业的所有课程，在参加××师范大学大专起点汉语言文学本科函授考试中，她以优异的成绩入学，以优秀成绩毕业，同时还获得了文学学士学位。在此期间，她著书几部，撰写的教学论文获奖多个。

不断的追求，永无止境的探索，这极大地开阔了她的知识视野，对她的教学工作起了很大的促进作用，她的教学成绩一直名列前茅，受到学生和家长的一致好评。她多次荣获省市级"优秀教师""三八红旗手""优秀女职工"等光荣称号。

【提示】这份先进事迹材料既概括叙述了主人公刻苦自学的事迹，又交代了主人公所取得的成绩，叙议结合，内容充实，主题突出。

二、写作先进事迹材料应当注意的一些问题

1. 事实必须真实、可靠

先进事迹材料的先进事迹是否真实，直接关系先进典型的影响力。只有绝对真实才能使先进典型真正具有教育人、鼓舞人的作用。因此，凡是先进事迹材料中反映的先进思想、先进事迹，一定要认真核对清楚，不允许有半点虚假、拔高、拼凑及张冠李戴的情况，不能把道听途说、未经核实的东西写入材料。

2. 观点和提法要分寸恰当

在叙述先进典型的先进事迹和经验时，要注意摆正先进典型和其他群众、集体的关系。许多先进个人、先进集体的事迹，都不是单枪匹马干成的，是与周围群众和其他集体、单位的

大力支持分不开的。因此,讲先进典型的事迹,一定要注意切不可讲那些脱离群众、脱离整体观念的过头话。否则,就不能起到先进典型的带动作用。

3. 文字要朴实、简明

整理先进典型材料,主要是通过实实在在的事实说话,以叙事为主要表达方式。与此同时,在语言表达上,一定要善于选择那些实在、贴切的词语,不要过多选用做修饰成分或言过其实的形容词。不要讲空话、套话。语言要简洁明了,朴实无华,易于群众接受。

【实战训练】

"不想当将军的士兵不是好士兵"这句话讲得很好,正如我们学生,谁不想当三好学生、优秀学生干部呢?这对于学生来说,是很重要的一种荣誉,毕竟不是所有的学生都能获此殊荣呀!当老师和同学把这个荣誉给予你时,老师可能很忙,可能怕对你的了解不够,把你的优点写不充分,老师让你先写个先进事迹材料的草稿,你会写吗?请试着为自己写一份先进事迹材料。

第八节 声　　明

【话题与案例】

××学院学生马晓哈不慎将身份证丢失。一个月后,先是银行工作人员找到她,说她的信用卡透支了一万多元,到期未还,让她在规定时间内还款。接着是汽车租赁公司找到她,说她一周前租用了一辆现代轿车未还……对此,马晓哈感到吃惊——因为她从未办过信用卡,也没有租过汽车。但银行工作人员和汽车租赁公司的同志都说办理相关手续的身份证是马晓哈的,这让马晓哈很头疼。请问,关于别人假借马晓哈身份证办理信用卡和租车之事,马晓哈有责任吗?身份证丢失时,应该怎么办?

【基础知识与范例】

在经济生活十分活跃、人们维权意识不断增强的情况下,作为集体和个人重要维权工具的声明这一文体使用越来越广泛。证件丢失、商标被假冒、名称被盗用、名誉被损害、著作权被侵犯等,都可以通过媒体发表声明,以防止或遏制侵权行为的发生或继续。

声明是党政机关、企事业单位、社会团体以及公民个人就有关事项或问题表明自己的观点或态度,或者向侵害自身权益者发出书面警告,或者向社会公众说明有关情况时使用的一种事务类文书。

声明的发文主体没有限定,党政机关、企事业单位、社会团体以及公民个人均可发表声明。声明的发布途径广泛、发布形式灵活,可以在报刊登载,可以通过广播、电台播发,也可以利用互联网发布,还可以进行张贴。

声明可以由声明人自己发布,也可以授权给律师,由律师代表声明人发布,还可以由声明人和律师共同发布。

一、声明的主要类型

从大的层面上讲,声明分为外交专用声明和一般性声明两大类。我们在本书只讨论一般性声明。一般性声明主要分为以下三类。

1. 告启性声明

告启性声明是在丢失了重要的证件、文件、印章、凭证等情况下，为了防止他人或不法分子冒领冒用等行为发生，提醒相关单位和个人注意而发布的声明。这类声明的作用是预防侵害行为的发生，以避免或减少声明发布者的损失。如下面这则声明：

【范例 4-9】

遗失声明

刘××不慎于 2011 年×月×日将第二代居民身份证丢失，身份证号：×××××××××××××××××；发证机关：××市××区公安分局。特此声明！

【提示】 范例 4-9 是一则由个人发布的遗失声明，其发布目的是防止他人冒用自己的证件而给自己造成损失或带来麻烦。

2. 警示性声明

警示性声明是指自己的权益有可能受到侵害或已经遭到侵害时，为了防止或制止侵害行为、维护自己的合法权益而发布的声明。这类声明的作用主要是对实施侵权者进行警示或警告，防止侵权行为的发生或与制止已经发生的侵权行为。如下面这则声明。

【范例 4-10】

××省食品进出口公司
授权××市律师事务所×××律师
郑重声明

"××牌"是××省食品进出口公司于××××年依法申请的注册商标，该公司享有此注册商标的所有权。"××牌"白砂糖是××省食品进出口公司享誉国际市场的名牌产品，深受国内外消费者的信赖。最近发现有单位未经该公司许可，擅自制造销售该公司"××牌"注册商标标识，并在同类商品上使用此商标。此种行为是违反我国商标法的严重侵权行为。为维护该公司合法权益，本律师经××省食品进出口公司特别授权，郑重声明如下：

凡有上述商标侵权行为的单位，必须立即停止其非法行为。否则一经发现，本律师将诉诸法律，依法追究侵权者的法律责任。

××市律师事务所　×××律师
2016 年 6 月 10 日

【提示】 范例 4-10 是一则警示性的维权声明。其发布目的是为维护企业的合法权益和信誉不受侵害，制止擅自制造、冒用注册商标的侵权行为。

3. 澄清性声明

澄清性声明是指本来与自己无关的行为或事件连累到自身的声誉，或者影响到自己业务的正常开展等情况发生时发布的，旨在澄清事实、还自己以清白的声明。如别人利用与自己名称相近的商标制造假冒伪劣商品而累及到自己的产品声誉时，就需要发表声明向公众说明情况，使公众明白事实真相。

【范例4-11】

声明

近来，我校个别教师以帮助学生联系工作为由，大肆收受家长和学生的钱物，在校内外造成了极坏的影响。为此，我校在此郑重声明：个别老师的作为纯属其个人行为，与本校无关。

特此声明。

×× 中医学院
2016年6月15日

【提示】范例4-11是一则澄清性的声明。其发布目的是向公众说明个别老师的不良行为与学校无关，希望大家不要产生误会。

二、声明的文体特点

声明是用来表明自己的态度，或说明事件与问题的真相，从而使自己的声誉或其他权益不受侵害或少受侵害所使用的一种事务性应用文。这一文体主要有以下几个特点。

1. 严肃性

不论是表明自己的态度，对侵权行为提出警告，还是说明事件或问题的真相，还自己一个清白，都是一种严肃的行为。这就决定了声明这种文体在使用上的严肃性，即措辞要严谨、事实要确凿、态度要坚决、语言要恰如其分。

2. 针对性

声明都是针对一定的行为或问题而发布的，在写作时要指明具体的侵权行为或问题，这样才能对侵权者起到警告作用，或者使公众弄清事实真相。

3. 警示性

声明大多是为了防止侵权行为的发生或者制止侵权行为的继续而发表的，这类声明具有警示或警告的作用。

4. 说明性

为了澄清事实、消除公众对自己的误会而发布的声明以说明事实真相为主要内容，具有说明性的特点。

【写作指导】

一、声明的写作要点

声明由标题、正文和尾部三个部分组成。

（一）标题

声明的标题有三种写法：一是由单位名称、事由、文种名三个部分构成；二是由事由和文种名两个部分构成，如《遗失声明》；三是直接用文种名"声明"二字标题。

标题上有时加"严正"二字,如《××渊源文化传播有限公司严正声明》;有的声明单位授权××律师,在标题上也标明,如《高才作文网授权法律顾问××律师声明》。

(二)正文

声明的正文部分一般由发表声明的缘由、声明事项和声明者的态度几个部分构成。

1. 声明的缘由

这一部分简明扼要地交代发表声明的原因。如"近一个时期以来,市场上出现了两种《怎样写好高考作文》的盗版书。盗版者严重侵害了原作者黄××先生和××大学出版社的合法权益。为此,黄××先生和××大学出版社共同授权律师×××发表声明如下"。

2. 声明事项

简明扼要地交代发布声明的缘由和目的之后,紧接着直接陈述声明事项。

告启性的声明要交代清楚受文对象须知的各种具体事项。如关于遗失重要票据、证件一类的声明,既要写清楚遗失了什么,还要写清楚支票的号码和银行账号,证件、执照的签发机关和编号等重要信息,然后"声明作废"。

警示性的声明重在向侵权行为人提出警告,责令其停止侵权行为。如"责令盗版者停止侵权盗版行为。希望图书销售者停止购进和销售盗版书。"

澄清性的声明主要陈述清楚事实,使公众明白该事件或行为与声明人无关或并非声明人的真实意愿。

3. 声明者的态度

这一部分是在陈述声明事项的基础上,表明声明发布者的态度。如,遗失类的声明在"声明作废"的同时,需提请受众注意有可能发生的他人冒领冒用的行为,并明确表示自本声明发布之日起,因声明作废的证件所发生的一切责任与自己无关。警示性的声明在向行为人发出警告的同时,表明将依法维权或保留追究责任权利的态度。澄清性的声明表明自己将针对相关事件做出怎样的反应。

(三)尾部

声明的尾部包括署名、时间和附项三项内容。署名是指发布声明的单位或个人签署自己的名称。时间是指发布日期。

有的声明正文内容中写有希望公众检举揭发侵权者的意思,还应在署名项目的右下方附注自己单位的地址、电话、电传号码以及邮政编码等,以便于联系。

二、写作声明应注意的问题

(1)声明是一种严肃庄重的文体,写作时一定要注意语言分寸,措辞要严谨、语气要坚定。不能言辞过激,更不能随意指责和谩骂。

(2)声明的写作要在简明扼要地陈述事实的基础上,直截了当地就有关事项和问题发表自己的意见、表明自己的态度。力求层次清晰、言简意赅。

(3)声明的内容要素必须齐全,行文要规范。发表声明的缘由要交代清楚,声明事项要具体、明确、合理、合法,态度要坚决。

(4)声明的写作要有明确的针对性,要直接点出事实,明确指出行为后果,但不对事实进行议论和评价。

【实战训练】

遗失声明

周××不慎于 2009 年×月×日将第二代身份证丢失,身份证号:××××××××××××××××××××。特此声明!

这是一则由个人发布的遗失声明,其发布目的是防止他人冒用自己的证件而给自己造成损失或带来麻烦。请你思考一下,这份声明应该怎样完善一下更好。

第五章 日常应用文

　　日常文书是指个人在日常生活、学习和交往中所使用的各种文书的总称。它在交流沟通、加强和改善人际关系、从事社会交往、表达愿望或意向、规范个人社会行为等各方面都起着十分重要的作用。

第一节 日常文书概述

> 虽然时代发展了,信息的传播手段发生了很大的变化,但是我们在日常生活、学习和交往中所要用到的各种日常文书的基本内容、文体特点都没有发生变化,其在我们生活、学习和交往中的作用显得更加重要。

一、日常文书的特点

1. 及时性

今天人们的日常交往,与20世纪相比,可以说是高速度、高效率的。过去人们交往,一封信送达收信人,往往需要几天甚至十几天的时间;现在网上传递,只需几秒钟就到了。要适应这种高效交往,日常文书的撰写要及时。如贺信、祝词,过了时日,时过境迁,就会变成废纸一张。因此,日常文书的写作要十分注意及时性。

2. 有特定的对象和行文目的

日常应用文的对象是十分明确的,写给谁看的,行文者一清二楚。就写作目的而言,日常应用文也是明确的,它就某一个事件为主要内容,希望达到什么样的写作目的也是明确的。因此日常应用文写给谁、写些什么、达到怎样的效果,事先是已知道的。

3. 简约性

日常文书或为交往、交流和沟通而写,或为表达思想和读书时摘章撷句而作,都以简约为佳。简洁,使人一目了然,让人一看就懂,作者的意图能够得以很好地体现。

二、日常文书的写作要求

1. 书写格式要规范

日常文书大多有规范的格式,写作时注意格式的规范性,不仅使文书的内容和要点一目了然,而且也显得对接收对方的尊重。与此同时,格式的规范也便于迅速的检索信息。如日记里所记年、月、日、气候,有时是很重要的资料,略去不记,其作为历史资料的价值就大打折扣;书信要称呼在前,落款在后,这是长时间里形成的规矩。

2. 语言要求精确、周密、生动、具体

日常文书都要表达具体准确的意思,因此,在语言的运用方面要求准确、周密,绝对不允许模棱两可。含糊不清,不仅是败笔,还会影响内容的表达。有人认为,日常文书只要语言准确、简洁,把意思表达清楚就行,语言生动不生动无所谓,这是一种错误的看法。日常文书的语言同样要生动,语言生动了就会给人以强烈的美感,使人愉悦甚至兴奋,交际、交流效果就会更好。当然,日常文书有些种类,生动性不明显。然而像书信、演讲稿之类的应用文,其生动性还是很突出的,如果写得枯燥无味,就缺乏感染力,很难收到好的表达效果。

3. 要注意感情色彩

有人认为日常文书只要把事情说清楚、达到实用的目的就行了,感情色彩无所谓,这是极其错误的看法。作为人与人之间思想与感情的交流工具,日常应用文书的感情色彩特别重要。在这方面,林觉民的《与妻书》给我们树立了典范。首先,从日常交往的出发点来看,日常文书的应用对象是"人",而与"人"的交往没有感情是不现实的,也必然是不会成功的;其次,我们许多的日常文书写作本身就要求有真诚的、浓郁的感情色彩,如感谢信、祝贺信、演讲稿等只有动之以情,才能增强表达效果。

第二节 感谢信

【话题与案例】

一群蚂蚁举着旗子,唱着《爱的奉献》,给黄鹂鸟送来了感谢信。感谢黄鹂鸟救了落水的一只小蚂蚁(故事见《伊索寓言》)。

【基础知识】

感谢信是单位或个人,为了感谢对方的关心、支持和帮助而写的书信。感谢信带有表彰、赞扬、鼓励和感谢的特性。它把对方助人为乐、舍己为人的好思想、好作风写出来,起到树立新风和弘扬正气的作用。

感谢信可分为以单位名义写的感谢信和以个人名义写的感谢信两种。

【写作指导与范例】

一、感谢信的结构与写作要点

感谢信的结构包括标题、称呼、正文、结语、签署五个部分。

1. 标题

标题有两种写法:一是直接标明文种"感谢信";二是受文对象与文种结合而成,如"致××的感谢信"。标题用稍大的字标在第一行正中的位置。

2. 称呼

在标题下一行,顶格写被感谢的单位名称或个人姓名。个人姓名后,应加上"先生""同志"或其他相应的称谓以表示礼貌。称呼之后加上冒号。

3. 正文

在称呼之后,另起行空两格,写感激的内容和感激心情。应当分段写出以下两个方面。

(1)简洁地叙述对方的好品德与所作的事情。在叙述的过程中,要交代清楚人物、事件、时间、地点、原因、结果,重点叙说在关键时刻对方的关心、支持、帮助产生的效果。

(2)热情赞颂对方的可贵精神以及产生的客观影响,并表明向对方学习的态度和决心。

4. 结语

写上表示感激、敬意或祝愿的话。如"此致、敬礼""致以崇高的敬礼""致以最诚挚的敬礼"等。"此致""致以"在正文后另起一行空两格写,其后的"敬礼""最诚挚的敬礼"另起一行顶格写。

5. 签署

在结语之下的右方,空一行或两行写上发信单位名称或个人姓名,姓名之下一行写上发信的年月日。

二、感谢信的写作要求

(1) 要把被感谢的人物、事件,准确、精当地叙述清楚,使对方能够想得起来,组织上也能具体地了解是什么人、什么时间、什么地点、做了什么好事,有什么好的影响。

(2) 在叙述的过程中,要怀着感激的心情加以议论、评价,以便突出其深刻的含义。

(3) 表示感谢的话要用得符合双方的身份,如年龄、性别、职业、境遇等。特别是要根据对方的具体情况表示谢意。感情要真诚、朴素,表达谢意的行动,要符合实际,说到做到,切实可行。

(4) 文字要精练,评价要恰当,篇幅不能太长。

【范例 5-1】

感谢信

××部队全体指战员:

  我县今年遇到了特大洪水灾害。在万分紧急的情况下,你部全体战士发扬了无私无畏的战斗精神,同我县全体人民并肩战斗,夜以继日,奋力抢救,赢得了抗洪斗争的胜利。你们这种助人为乐的精神是值得我们学习的。为此,特向你们表示衷心的感谢!

  我们决心在党中央的领导下,努力搞好工农业生产,以实际行动报答你们的关怀,为早日实现全面小康,共建社会主义和谐社会而努力。

  此致

敬礼

××省××县人民政府
××××年××月××日

【提示】这份感谢信首先点明事实,接着表达感谢之意,最后表明向对方学习的态度和决心。内容要素齐全,层次清楚。

【实战训练】

在开展"一帮一助学"活动中,田间中学初二(3)班的王新同学已于 2004 年 9 月 20 日收到建设公司李铭同志寄来的 600 元助学金和衣服、文具等物。请你以王新同学的身份给建设公司的李铭同志写封感谢信。

要求:① 符合感谢信的基本格式及内容要求。② 正文字数不超过 150 字。③ 语言符合写信人的身份。

第三节 申请书

【话题与案例】

学生：老师，我想调个专业。

老师：你先写个申请，把申请的理由写充分。

【基础知识】

申请书是个人或集体向组织、机关、企事业单位或社会团体表述愿望、提出请求时使用的一种专用文书。

一、申请书的使用范围

申请书的使用范围广泛，个人对党团组织和其他群众团体表述志愿、理想和希望，要使用申请书；下级在工作、生产、学习、生活等方面对上级有所请求时，也可以使用申请书。

申请书的使用情形主要有：一是个人或集体向组织、团体表达愿望、理想和希望时，可以使用申请书；二是个人在学习、工作、生活上对机关、团体、单位领导有所要求时，可以使用申请书；三是下级单位在工作、生产方面对上级单位、领导有所要求时，可以使用申请书。

二、申请书的作用

申请书把个人或单位的愿望、要求向组织或上级领导表述出来，让组织和领导对自己或下级有一个了解，争取了组织和领导的帮助与支持，加强了上下级之间、集体与个人之间的关系。具体来讲，申请书的作用主要有：一是申请书是下情上传的一种好形式；二是申请书是一种良好的沟通手段；三是申请书是争取领导支持和帮助的一种途径；四是申请书是增加感情、引起重视的一种有效办法。

三、申请书的特点

申请书就是个人或单位请求加入什么组织或是请求解决什么问题而向上级递送的一种特殊的书信，其主要特点如下。

1. 请求性

顾名思义，申请书是申述自己的理由，有所请求的意思。无论是个人志愿加入组织的申请，或者个人、单位在其他方面的申请，其写作目的都是表达某种请求和愿望。因此，请求的特性是申请书的一个重要特点。

2. 使用的广泛性

从国家层面来说，比如说申请加入世界贸易组织，需用申请书；从一个城市来说，申请举办奥林匹克运动会，需用申请书；从一个单位来说，申请上级帮助解决什么困难，需用申请书；从一个人来说，申请入队、申请入团、申请入党、申请调动工作、申请困难补助，也都需要申请书。

3. 态度真诚，内容真实

申请书是请求上级同意、批准的信，不能因为希望获得上级同意，就编造或夸张困难，一定要实事求是。

4. 语言朴实，感情真挚、诚恳

如写入团申请书，就要把自己对团组织的真情实感写出来。

【写作指导与范例】

一、申请书的写作要点

申请书由标题、称谓、正文、结语和落款五个部分构成。

（一）标题

申请书的标题主要有两种形式：一种是由性质加文种构成，如《入团申请书》；另一种是直接用文种名"申请书"作标题。

（二）称谓

第二行顶格写接受申请书的单位或单位负责人名称，后加冒号。如"×××团支部："、"系总支领导同志："等。

（三）正文

说明要申请的具体内容、理由和要求，这是申请书的主要部分。在这部分里，要写清楚所申请事情的原委、理由和事项。用简短精练的语言说明清楚，然后直接提出申请事项，就可以了。

正文的层次安排一般按照以下顺序：首先开门见山、直截了当地向领导、组织提出申请；接着说明申请的目的及自己对申请事项的认识；最后进一步表明自己的决心、态度和要求，以便组织了解写申请书人的认识和情况。申请书应写得具体、详细、诚恳而有分寸，语言要朴实准确，简洁明了。

（四）结语

申请书可以有结语，也可以没有。结语一般是表示敬意的话，如"此致 敬礼"等；也可以写表示感谢和希望的话，如"请组织考验""请审查""望领导批准"等。

（五）落款

在右下方署明申请人姓名，并在下面注明年、月、日。

【范例 5-2】

××团支部：

中国共产主义青年团是中国共产党领导的先进青年的群众组织，是广大青年在实践中学习共产主义的群众组织，是广大青年在实践中学习共产主义的学校，是中国共产党的助手和后备军。中国共产主义青年团坚决拥护中国共产党的纲领，坚持以马克思列宁主义、毛泽东思想为行动指南，坚持社会主义道路、维护人民民主专政，团结全国各族青年，为逐步实现"四化"，把我国建设成为高度文明，高度民主的社会主义国家，为最终实现共产主义的社会制度而奋斗。

中国共产主义青年团是在中国共产党以及毛泽东同志等老一辈无产阶级革命家的关怀下发展壮大的,始终站在革命斗争的前列,为党输送了大批的无产阶级优秀战士,有着光荣的历史。

我志愿申请加入中国共产主义青年团,继承和发扬革命优良传统和作风,在团组织的帮助教育下,把自己锻炼成为有理想、有道德、有文化、有纪律的共产主义事业的接班人。如果组织批准了,我一定要"百尺竿头,更进一步",努力学习、积极工作。如果组织未批准,我一定接受组织的教育和考验,继续努力,创造条件,争取早日加入团组织,成为一名光荣的共青团员。

申请人:×××
××××年××月××日

【提示】范例 5-2 是一份申请加入共青团组织的申请书,全文用较大的篇幅谈了自己对团组织的认识,在此基础上表达了自己加入团组织的愿望,表明了自己无论怎样也会以共青团员标准要求自己的态度。全文层次清晰,意思表达清楚。

二、申请书的写作要求

(1) 申请书要求一事一议,内容要单纯。
(2) 态度诚恳,内容真实,语言朴实。
(3) 申请书的理由必须充分,所讲的事实令人信服,要把申请什么、主要理由和具体要求写清楚,表达详细明白,不能含混模糊,以便接受申请书的上级组织研究和处理。

【实战训练】

指出下列一则申请书存在的问题,并提出修改意见。

申请书

我通过团章、团组织以及团员同学的教育和帮助,认识到作为现时代的青年,应该积极争取加入共青团组织。

如果我被批准了,我决心遵守团的章程,执行团的决议,履行团员义务,争取早日成为一名共青团员;如果我一时未被批准,绝不灰心,争取继续努力入团。为此,强烈要求团组织考验我。

此致

敬礼

申请人:张××
2017 年 5 月 4 日

第四节 倡议书

【话题与案例】

我们每天生活在校园里,总希望校园洁净、舒适。然而,校园里到处是垃圾,墙壁上随处可见乱画的痕迹……于是,你想号召大家行动起来,共同创造一个良好的校园环境。这时如果想写一个倡议贴出去,该怎么写呢?

【基础知识】

倡议书是个人或集体提出建议并公开发起,希望大家共同完成某项任务或开展某项公益活动所运用的一种专用书信。其主要用途是针对社会生活中的实际问题,或是为了完成某些重大的任务由个人或集体带头提出些合理化建议,向公众发出一些公开性的号召,以引导大家积极参与。

一、倡议书的作用

(1) 倡议书具有广泛的群众性,可以在较大范围内调动群众的积极性,使大家心往一处想,劲往一处使,齐心协力共同做好一些有益于社会的事情和开展某些公益活动。

(2) 写倡议书是组织开展精神文明建设活动的一个有效的方法。倡议书的内容一般是同人们的日常生活紧密相关的一些事项,如倡议爱护花草树木、保护生态环境,倡议众志成城、同心协力等,所有这些都属于社会主义精神文明的重要内容。

二、倡议书的特点

1. 群众性

倡议书不是对某个人、某一集体或某一单位而言的,它往往面向广大群众,或对一个部门的所有人发出,或对一个地区的所有单位发出,甚至向全国发出。因此,倡议书具有广泛的群众性。

2. 对象的不确定性

倡议书是希望广大群众响应的,但其对象范围往往是不确定的。即便是在文中明确了自己倡议的具体对象,但实际上有关人员可以表示响应,也可以不响应,而其中没有明确倡议的别的群众团体却可以有所响应。倡议书本身不具有约束力。

3. 公开性

倡议书就是一种广而告之的书信。它就是要让广大的人民群众知道和了解,从而使更多的人响应,以期在最大的范围内发挥作用。

【写作指导与范例】

一、倡议书的格式与写作要点

倡议书一般由标题、称呼、正文、结尾、落款五个部分组成。

1. 标题

倡议书的标题一般由文种名单独组成,即在第一行正中用较大的字体写"倡议书"三个字。另外,标题还可以由倡议内容和文种名共同组成,如《建设节约型机关倡议书》。

2. 称呼

倡议书的称呼可依据倡议的对象而选用适当的称呼。如"广大的青少年朋友们""广大的妇女同胞们"等。有的倡议书也可不用称呼,而在正文中提出。

3. 正文

倡议书正文的内容包括以下几个方面。

（1）倡议书发出的背景、原因和目的。倡议书的发出重在引起广泛的响应，只有交代清楚倡议活动的原因、倡议提出的背景，并申明发出倡议的目的，人们才会自觉地响应。这些因素交代不清就会使人莫名其妙，难以获得响应。

（2）倡议的具体内容和要求。这是正文的重点部分。倡议的内容一定要具体化。开展什么活动、都做哪些事情、具体要求是什么、它的价值和意义都有哪些均需一一写明。倡议的具体内容一般是分条开列的，这样写往往清晰明确、一目了然。

正文部分首先要写清楚三点：一是倡议做什么事。二是为什么要做这些事，即讲清目的和意义。三是怎么去做，提出初步设想。倡议书有无效果首先要看倡议的事情有无价值，这部分是否写得能服人、能感人了；其次，倡议要有可行性；再次，倡议书应写得情理并重，富有号召力。一份好的倡议书应晓之以理，动之以情，使人读后能被倡议者的理由说服，能被倡议者的感情打动。同时，还要在语言上下功夫，有几句能深深地震撼别人心灵的话。

4. 结尾

结尾要表示倡议者的决心和希望，或者写出某种建议。倡议书一般不在结尾写表示敬意或祝愿的话。

5. 落款

落款即在右下方写明倡议者单位、集体或个人的名称或姓名，署上发倡议的日期。

【范例 5-3】

倡议书

全体党员、干部及同志们：

俗话说："天有不测风云，人有旦夕祸福。"我们机关的刘××租住的房子因年久失修屋顶漏水，昨天一阵暴雨过后，屋内电线短路造成起火，当时刘××同其妻均在上班，此火未能及时发觉，待中午下班回家时才发现家中失火，彩电、冰箱等家电和新置办的结婚家具全化为灰烬。

组织上得知此事后，一方面安慰小刘夫妇；另一方面想方设法联系住房，解决救济款。但是，无情的大火造成了大约 8 万元的巨大财产损失，除上述措施可弥补部分损失外，尚有大部分损失仍然压在小刘夫妇的肩上，使小刘夫妇陷入生活的困境之中……因此，我们在此发出倡议，希望大家能捐钱捐物，帮助他们渡过难关。

小刘前年大专毕业后分配至我们单位，他工作兢兢业业，为人诚实，深受领导和群众的好评。由于参加工作时间短，结婚仅有月余，夫妻双方家在农村，负担较重。因此，组织上倡议大家伸出援助之手，奉献一片爱心，资助小刘夫妇应急。

全体党员、干部及同志们，让我们行动起来吧！

机关党支部
2016 年 11 月 1 日

附：捐款时间：2016 年 11 月 1 日至 8 日
　　捐款地点：机关党支部办公室

【提示】 这则倡议书目的明确，倡议事项具体、清楚，措辞严谨，态度诚恳，富于鼓动性和感召力。

二、倡议书写作的注意事项

写倡议书，所提的倡议必须是对国家、对人民有利的好事，这样才会有广泛的群众基础。所提的倡议又必须是简便易行的，这样才能吸引更多的人响应。与此同时，应注意以下几点。

（1）倡议书的内容要切实可行，并且不违背国家的方针政策。

（2）发倡议的背景、目的要写清楚，理由要充分。

（3）倡议书的措辞要恳切，情感要真挚，同时要富于鼓动性。

（4）倡议书篇幅不宜太长。

【思路拓展】

谁说败局已定

〔法国〕戴高乐

那些多年身居军界要职的将领们已经组成了一个政府。

这个政府以我们的军队吃了败仗为由，同敌人接触，意在谋取停战。

毫无疑问，我们确是吃了败仗，我们陷于敌人陆、空军的机械化部队的围困之中。我们之所以受挫，不仅是因为德军人数众多，更重要的是他们的飞机、坦克和战略。正是德军的坦克、飞机和战略使我们的将领们不知所措，置他们于今天的境地。

但是难道已一锤定音、胜利无望、败局已定吗？不，绝不如此！

请相信我，因为我对自己说的话胸有成竹。我告诉你们，法兰西并没有失败。我们完全可以以其人之道还治其人之身，并有朝一日扭转乾坤，取得胜利。

因为法兰西并不孤立，她不是在孤军作战！她绝不孤立！她有一个幅员辽阔的帝国作后盾。她可以同控制着海域并继续在战斗着的不列颠帝国结盟。同英国一样，她可以得到美国雄厚工业力量的取之不尽、用之不竭的资源。

这场战争不仅限于在我们这块不幸的土地上，战争的胜败不取决于法国战场的局势。这是一场世界大战。所有的过失、延误和磨难都不会改变一个事实，即世界上仍有种种锦囊妙计能够最终置我们的敌人于死地。我们今天虽然受挫于机械化部队，将来我们却可用更高级的机械化部队制胜。世界的命运正系于此。

我，戴高乐将军，现在伦敦向法国的官兵发出请求，不管你们现在还是将来踏上英国的国土，不管是否持有武器，都同我联系。我请求具有制造武器技能的工程师和技术工人，不管你们现在或是将来踏上英国的国土，都和我联系。

不管风云如何变幻，法兰西的抗战烽火都不会被扑灭，法兰西的抗战烽火也绝不可能被扑灭。

明天，我还会像今天一样继续在伦敦发表广播演讲。

【提示】 从内容实质来讲，这篇演讲词相当于一个倡议书，因为作者发表这一番演说的目的是号召逃亡到英国去的官兵、工程师和技术工人等和自己联系，目的是将他们重新组织起来进行抗战。人们可以听他的,也可以不听他的。因此,这篇演说词具有倡议的性质。

戴高乐将军运用充分的理由确立"法兰西并没有失败"这一观点,不仅令人信服,而且具有鼓动性和感召力,这样可以更好地达到倡议的目的。本文语言节奏明快,铿锵有力,掷地有声。

【实战训练】

同学们共同生活在校园里,都希望校园整洁、环境优美,而整洁、优美的校园环境主要靠同学们的维护。请你以"共建美好的校园"为主题,写一份倡议书,号召大家共同维护校园环境。

第五节 建 议 书

【话题与案例】

有相当一部分同学把英语学习当作一种负担。造成这种情况的原因是多方面的,其中,盲目的课程设置和不切实际的英语学习要求是主要原因。对此,如果你有什么想法和看法,可以用建议书的形式向教育决策部门陈述。

【基础知识】

建议书是个人、单位对某一问题或情况向领导、集体或他人陈述自己的看法,提出某种积极有益的主张或建议时使用的一种文体。建议书是群众向领导和组织提出自己主张的重要手段,是沟通党群、干群、上下级关系的重要渠道。

一、建议书的作用

(1) 建议书是人民群众发表意见、提出建议的一种工具。在社会生活中,每个人的政治地位平等,每个人又都是国家的主人,每个人都有责任和义务对一些关系到国家、集体或个人相关利益的事情发表自己的看法。写建议书是为"天下兴亡"尽"匹夫之责"的最佳途径。

(2) 建议书可以充分调动各方面的积极因素,集中广大群众的智慧,更好地推进工作的顺利开展。畅通建议这条渠道,可以扩大建议的范围,扩大建议的来源途径,切实调动广大群众的积极性,使许多合理化建议和建设性的意见可以反馈给有关方面和政府机关,帮助他们更好地开展工作。

二、建议书的特点

(1) 建议书是对有关部门或上级领导提建议时使用的一种书信。它没有公开倡导、具体实施的作用,只是提出一种想法,其中心思想是作为一种设想而存在的。

(2) 建议书必须被有关部门、领导批准认可后才能被实施,所以建议书具有较强的可塑性,它可以被修改、被增删甚至被弃之不用,这要由具体的情况来定。

三、建议书和倡议书的区别

建议书和倡议书不同。倡议书中虽然有所建议，但它一般是面对群众，带有一定的号召性，具有广泛的群众性；建议书主要是个人向组织或下级向上级提出的积极主张，希望组织或上级采纳。

【写作指导与范例】

一、建议书的格式及写作要点

一般说来，建议书由以下几个部分组成。

1. 标题

标题可写"建议书"或"建议"。

2. 称谓

顶格写上接受建议书一方的名称。格式与一般书信相同。

3. 正文

首先写建议的原因或建议的出发点。写清这一点便于接受建议的一方联系实际情况，考虑建议的可行性和价值如何；接下来写建议的具体事项。根据内容多少决定是否分条列出。内容要具体，以便接受者考虑是否采纳，只要表达出自己的愿望就行。

4. 结尾

结语写上表示敬意或称颂语的话。署名和日期写上提建议人或单位名称。日期写在署名下面一行。

【范例 5-3】

建议书

教育部：

目前对各级各类学校外语的教学要求普遍偏高，严重地冲击了母语教育，致使整个社会母语应用环境恶化。这一状况如果不改变，将直接导致国民素质的下降。为此，我建议：① 尽快修订各级各类学校的教学计划，降低外语教学的要求；② 由于外语的语用规则对母语能力的形成冲击很大，建议尽快取消义务教育阶段的外语课，即初中和小学阶段不要开设外语课；③ 外语课从高一年级起开设，并且教学要求要降低；④ 由于人才培养的方向不同，除一类本科院校继续开设外语课外，二本以下院校，特别是各类高等职业技术院校不再开设外语课；⑤ 各类专业技术职称的评聘不再考外语，代之以汉语能力考试。果真能够如此，国民素质的整体提高将指日可待。

以上建议供你们参考，不当处，请批评指正。

黄××
2006 年 9 月 8 日

【提示】这份建议书建议事项明确，内容具体、实在，具有很大的参考价值。

二、建议书写作应注意的事项

1. 建议要切合实际

写建议书一要从实际出发、实事求是,要根据具体问题、实际需要和可能条件,以有助于改进工作、开展活动为出发点;二是所提意见和建议应当比较准确、比较合理,在现实条件下行得通。

2. 内容要写得具体

写建议书不管是分条开列,还是不列条款,都应当把建议的内容写具体,使接收单位或个人在采纳时容易落在实处,切忌空话、套话,不要抽象、笼统。

3. 语言要精练,语气要诚恳

建议书要言简意明地把具体办法、具体措施表述出来,不需要分析和论证。与此同时,写建议书应心平气和、语气诚恳。

【思路拓展】课外阅读李斯的《谏逐客书》。

【阅读提示】本文是李斯为逐客一事写给秦王的"建议书"。该文"据事以类义,援古以证今",运用类比推理,于对照之中,正反并论,利害对举,顺势而进,以一篇"建议书"改变秦王的国策,足见其议论高超、匠心独运。

【实战训练】

关于开展丰富多彩的校园文化活动问题,你有了一些比较成熟的想法,想把它说给校领导听,并且希望校领导能够按照你的想法去做。这就需要你写一份书面的东西交给校领导,怎么写呢?

第六节 承诺书

【话题与案例】

高中毕业生在参加高考时都要写一份"承诺书",其中有两项重要内容:一是考试不作弊;二是一旦被自己填报的学校录取,一定去上。然而,一些同学却不能兑现自己的承诺。那么,承诺书都有哪些作用?其中的承诺不能兑现时会承担什么责任呢?

【基础知识】

承诺书是党政机关、企事业单位、社会团体或个人面向社会公众,郑重承诺办理事务、提供服务或规范行为,以期提高工作效能和服务质量,建立信誉,接受监督的一种专用书信。

承诺书的使用范围十分广泛,从政治教育到道德建设、从科研领域到教育系统、从经济工作到文体活动、从社会到家庭、从集体到个人,都可能使用到这一文种。一家企业要对自己的产品质量和服务质量进行保证和承诺,否则就不会有信誉;一个组织成员要对严格遵守组织纪律做出保证,违反纪律要受到一定的惩罚;事业单位或权力机构要对完成自己的职责做出承诺,并随时接受群众的监督;学生申请助学贷款要做出还款的承诺和保证……在特定的时候,这种保证和承诺是必要的,具有法律效力。

一、承诺书的使用情形

承诺书适用于成员对组织、员工对领导、下级对上级、个人对他人、单位对社会就某事做出承诺时使用。其使用情形主要有以下几种情况。

(1) 承诺遵守特定的纪律、严格履行职责或履行应有的义务时使用。

(2) 党政机关就当前人们十分关注、涉及广大人民群众的切身利益的事项,承诺满足大众的要求和愿望时使用。

(3) 就产品质量、售后服务等向消费者或客户做出承诺时使用。

(4) 科研、教育机构关于加强学术规范,重视学术道德,净化考试环境,体现公平公正,向公众做出承诺时使用。

(5) 就改变工作作风、提高工作效率及质量等问题做出承诺时使用。

这里要强调的是承诺书的适用面很宽、使用情形众多,一时难以完全列举。

二、承诺书的作用及其类型

承诺书的作用主要体现为这么几点:一是加强责任心;二是调动积极性;三是增强约束力,自觉接受监督。

承诺书主要有以下几种类型:

1. 用于保证产品质量的

这类承诺书是企业为自己的产品质量所作的保证承诺。住房等建筑工程,按国家规定要向住房提供质量保证书;一些高档的商品如家用电器也附有专门的质量保证书。

2. 用于承诺优质服务的

服务性的社会机构为保证自己的工作人员向人民群众提供优质服务,也常主动向社会发布自己的服务承诺书。

3. 用于保证遵守纪律的

一般情况下,对纪律的遵守是不需要专门做出承诺的,但在特殊时期也有这样做的必要。例如,"非典"疾病暴发时期,一些学校要求学生每人写出保证书,承诺不违反校方制定的关于预防"非典"的各项纪律。

4. 用于承担法律责任的

学生向学校申请助学贷款时,就必须写出毕业后按期还款的承诺书,并表明违反承诺自愿承担的法律责任。

三、承诺书的特点

1. 郑重性

发表书面承诺是表达自己的真实意愿、自愿接受有关方面监督的一种郑重行为,一般是经过深思之后做出的。

2. 自我鞭策性

承诺书一般只强调义务的履行,不提及个人权利,是一种严格要求自己的举措,具有自我鞭策性。

3. 约束性

不论是向对方做出许诺,让对方约束自己,还是做出承诺自己去践行,都具有约束性。

4. 契约性

承诺书虽与契约和协议书不同,但也具一定的契约性。不履行承诺,不仅要受到谴责,有时候还要承担责任。一些承诺书是具有法律效力的,譬如施工单位对工程质量的承诺,如不能实现,就必须承担法律责任;申请贷款如果不如期归还,也同样要承担法律责任。

【写作指导与范例】

一、承诺书的写作要点

承诺书一般由标题、正文、结语、署名和日期组成。

1. 标题

承诺书的标题主要有这么几种写法:一是单独以文种"承诺书"为题;二是由"事由＋文种名"组成,如《大学生诚信承诺书》;三是由"单位名称＋事由＋文种名"组成,如《苏州市师德承诺书》。

2. 正文

承诺书的正文一般包含这么几项内容:一是说明签署承诺书的目的,表达做承诺的意愿;二是分条列项写出具体承诺事项;三是表明接受监督的态度。

3. 结语

承诺书的结语主要是写一些表态性的话。

4. 署名和日期

承诺人是单位的,写单位全称,加盖单位印章;承诺人是集体的,写上集体名称,所有成员一一签名,或由该集体主要负责人签名;承诺人是个人的,由个人签上姓名。

日期是指签署承诺书的时间,年、月、日要写清楚。

二、承诺书的写作要求

(1) 承诺书必须是承诺人真实意愿的表达,必须切实可行,能够付诸实际行动。

(2) 承诺书的内容必须与自身的实际情况相适应,以有利于树诚信、建立良好的信誉为原则,要有针对性,突出重点。

(3) 承诺书本身具有契约性与约束性,要注意适度性,以能够切实做到为原则。

(4) 要慎重。凡在保证书和承诺书认定的条款,在实践中一定要一一遵守;做不到的事情就不能写入其中。写保证书和承诺书是一件十分严肃的事,签署一定要慎重。

【例文 5-4】

师德师风承诺书

为切实开展今年的"苏州教育形象年"工作,进一步明确每位教职工对师德师风建设应负的责任,努力提高我校师德师风建设的整体水平,特向全社会做出公开承诺,全校教职工应在以下八方面履行职责,承担教育责任。

（1）实行师德师风建设目标管理责任制，每一位教职工都应严格执行学校关于加强师德师风建设的各项规定，身正为范，以德立身。

（2）切实提高依法执教的法制意识，全校教职工都要自觉学法、知法、守法，用《教师法》《教育法》《未成年人保护法》《中小学教师职业道德规范》等有关政策法规规范自己的教学工作。

（3）坚持开展"以德立身，教学为本，情感育人"的师德自律教育，铸师魂，修师德，练师能，内强素质、外树形象。

（4）模范遵守社会公德。为人师表，衣着整洁得体，语言规范健康，举止文明礼貌，以自身的良好形象教育引导学生。

（5）尊重、爱护和信任学生，爱心育人，尊重学生人格，对学生不讽刺、不挖苦、不辱骂，杜绝体罚和变相体罚行为。教师不得随意让学生停课。

（6）注重提高教育教学效果。爱生敬业，勤奋工作，备好每一篇教案、上好每一堂课、批好每一次作业、与学生谈好每一次话，以自己辛勤的劳动换取每一位学生的成功。

（7）规范收费，严格执行有关教育法规。不擅自收费，不搞有偿家教，不向家长索要或暗示馈赠钱物，不参与黄、赌、毒及一切封建迷信活动，教师不得请学生代批作业、试卷及代写学生成绩册、评语等。

（8）自觉抓好自查自纠，围绕师德师风建设问题，定期进行自我对照、自我检查、自我整改，主动听取并接受学生家长、学校行风监督员等各方面的批评与建议，自觉将自身置于社会的监督之下。

以上八条，特向全社会做出公开承诺，如有违法违纪，本人将接受学校批评、警告，取消评优资格，工作质量考核降一等，报请上级行政部门处分等处罚措施，同时本人敬请学生、学生家长、行风监督员积极配合、支持，共同落实以上承诺。

承诺人：×××

××××年××月××日

【提示】这封师德师风承诺书就做出本承诺的目的、具体承诺事项作了清楚的交代，表明了自愿接受监督的态度。全文条理清晰，叙述简明扼要。

【实战训练】

本校张龙同学利用周末时间勤工俭学，他找到了一份小学家教的工作。学生家长担心他没经验，怕他教不好，所以要考虑是不是请他。为了得到这份工作，张龙决定给家长写一份教学质量承诺书。你能帮他写这份承诺书吗？

第七节 演讲稿

【话题与案例】

全国大学生演讲赛既给大学生们提供了一个展示自我的平台，同时又给大学生们提供了一个脱颖而出的机会。怎样才能很好地利用这个平台将自己推出去呢？写好演讲稿是其中关键的一环。

【基础知识】

演讲稿也叫演讲词，是演讲者在特定的场合、针对特定的问题向听众说明事理、发表见解和主张的讲话文稿。与一般议论文不同的是，演讲稿的内容最终诉诸听众的听觉而不是读者的视觉，要富有感召力、感染力和说服力，能够引起听众感情上和思想上的共鸣，起到宣传、鼓动和教育作用。

演讲稿有以下几个特点：

1. 针对性

针对性包括两个方面：一是根据特定的场合和特定的听众对象，即根据听众的文化水平、接受能力以及现场气氛来安排演讲内容；二是演讲内容的现实针对性，即演讲者提出的问题是听众所关心的问题，并且演讲者关于此问题的观点要能为听众所接受。

2. 鼓动性

演讲的鼓动性主要是依靠演讲稿思想内容的丰富、深刻和见解的精辟，以及语言表达的形象、生动，富有感染力。如丘吉尔任英国首相后的首次演讲："你们问我们的目标是什么？我可以用一个词来回答：胜利——不惜一切代价，去赢得胜利；不论多么可怕，也要赢得胜利；无论道路多么遥远和艰难，也要赢得胜利。因为没有胜利，就不能生存……我要说：'来吧，让我们同心协力，一道前进！'"这种富有激情的演讲，不仅为听众树立了坚定的信念，而且也使他们产生了火热的情感，具有强大的感召力和鼓动性。

3. 感染性

演讲稿与一般议论文最大的不同是富于情感性，具有极强的感染力。演讲稿在表达上要注意感情色彩，把说理和抒情结合起来，要情理交融。

4. 哲理性

演讲不能仅仅满足于表达自己的观点和主张，而要能够启人心智，引发人的思考，丰富人的思想，这就要求演讲的语言必须富于哲理。因为哲理语言来自对人生、对世界独具慧眼的观察，来自鞭辟入里的认识，新颖、睿智、深刻，能以较强的冲击力刺激大脑，让读者获得快感，使其精神得到振奋。

5. 口语化

演讲稿的写作既要符合书面语法规范，又要使用通俗易懂、生动形象的口语，语气要有一定的跌宕变化。演讲要使人听得懂、记得住。

【写作指导与范例】

一、演讲稿的写作要点

演讲稿写作的要点可以概括为八个字：拟好标题、写好正文。

（一）标题

演讲稿的标题力求简洁、准确、生动。或揭示主题，如《人应该有奉献精神》；或提示内容,如《在诺贝尔奖颁奖会上的演讲》;或提出问题,如《如何才能取得成功》。

（二）正文

演讲稿的正文包括开头、主体、结尾三个部分。各部分的写作要点如下。

1. 开头

演讲稿的开头具有导入演讲的重要作用,对于演讲的成败至关重要。演讲稿的开头部分一般由称呼语和开场白两个部分构成。

称呼语是演讲者面对听众所作的称呼,在选择称呼时,要做到准确得体,即称呼要符合听众对象的特点;开场白是指演讲词开篇的内容,其作用是渲染气氛、沟通情感、提出问题、启发思考、交代背景、说明情况。演讲词的开场白一是要引人入胜;二是要言简意赅,力避冗长、拖沓。

开场白的表达方法多种多样,常见的有以下几种。

（1）开门见山。开头就直截了当地提出演讲的中心论题,说明演讲的意图,言简意赅,单刀直入。尤其是一些有时间限制的简短的演讲,更适合这种开头方式。

（2）提出问题。提出问题也是一种常用的开头方法。通过提问,制造悬念,从而吸引听众的注意,或引发人的思考。

（3）引用资料。引用资料是引用名人名言、故事、成语、格言、诗词等现成的语言材料作为演讲的开头。运用得好,可以使演讲的论题深入浅出,收到出其不意的效果,也能激起听众的兴趣。

2. 主体

主体是演讲稿的核心部分。这一部分的写作不仅要求合情合理、条理清楚、逻辑性强,而且要求波澜起伏、扣人心弦、出神入化、张弛有度。主体部分的撰写尤其要注意以下几点。

（1）层次安排。在层次安排上,要根据演讲的时空特点,对演讲内容加以取舍和组合,使其结构合理、顺理成章,诉诸听众听觉后,能获得层次清晰、条理分明的艺术效果。

（2）节奏组织。在节奏上,要根据听众的心理特点,确定好节奏频率,既要鲜明,又要适度,做到张弛起伏、一波三折,始终吸引听众的注意力。

（3）衔接自然。由于节奏调节的需要,要适时变换演讲内容,而内容的变换需要考虑衔接问题,使内容间的过渡更为巧妙自然,使演讲词有浑然一体的整体感。

3. 结尾

演讲稿的结尾要言简意深。好的结尾可以起到突出重点、深化主题、收拢全篇、首尾呼应、申明立场、表明态度、发人深思、给人启迪等多方面的作用。常用的结尾形式有以下几种。

（1）豪情鼓舞式。这种方法常能激发起听众的浓厚兴趣,使演讲达到高潮。这种形式的结尾常以生动形象、饱含激情的语言结束,使整个结尾热情洋溢、令人振奋,具有极大的鼓舞力量。

（2）含蓄幽默式。这种结尾方法常常是以幽默的语言巧妙照应严肃的主题,含蓄地道出演讲的意义所在,给人启迪。

（3）哲理名言式。这种结尾为了强化演讲的效果,以名人名言、哲理名句作为演讲的收束,既发人深思,又有余韵。

（4）概括总结式。在演讲词的最后总结归纳自己的见解、主张,强化演讲的中心内容,将气氛推向高潮,给听众留下深刻印象。

【范例 5-5】

<h2 style="text-align:center">中国人能够创造奇迹</h2>
〔埃及〕侯赛因·伊斯梅尔·侯赛因

亲爱的朋友们：

我想，在座的各位一定与我有着共同的感觉：在短短的几分钟里表达我对中国的感情，确实是一个艰难的任务。

之所以说其艰难，是因为中国具有五千年的文明史，她的天空下生活着世界上 1/5 的人口，她是绘制 21 世纪世界蓝图的最大参与者。我说艰难，是因为中华人民共和国的诞生是 20 世纪后半叶世界上最重要的事件之一；是因为中国在最近 20 年中取得的成就，是许多国家和民族在同样短暂的时间内难以实现的；是因为整个世界应该授予中国最伟大的人权勋章。请问有比把占世界 1/5 的人口从穷困和死亡中拯救出来，使其过上体面的生活更伟大的成就吗？

我真要嫉妒自己，嫉妒任何一位生活在中国，特别是在这一时刻生活在中国的外国人了。因为，我目睹了这里目不暇接的发展，亲身感受到这里惊天动地的变化。如果说我对中国成就的一切惊叹不已，那并不意味着我诧异不已。因为建筑了万里长城的人们是能够创造奇迹的！拥有如此深厚文明遗产的人们，决不会因一次跌倒、一次失足而放弃伟大的征程。

亲爱的朋友们，我的出生地——埃及的金字塔与你们的长城相距万里，但是，我从未觉得自己是中国土地上的陌生客，是中国人中的外国人。每当我离开北京时，心中总怀有深深的眷恋和强烈的回返之感。在我与中国的一切之间、与中国有关的一切之间，出现了一种奇怪的关系，使我于 1997 年 7 月 1 日之前背上行囊，前往香港，以把它的回归深深地镌刻在我的记忆之中；也是这种关系，使我非常珍重在 1999 年 10 月 1 日与你们同在，置身于你们中间；还是这种关系，会在今年 12 月把我带向澳门，目睹其投向中国怀抱的回归。我真诚地希望能在不远的将来，与你们同庆台湾问题的解决，使中国大家庭得以团圆。就是这种关系，使我在谈起中国时，如我们的一些朋友们所说的那样，感情同中国人一样深厚。

亲爱的朋友们，50 年前，中国的伟大领袖毛泽东在天安门上庄严宣告：中国人民从此站起来了！1982 年，邓小平在中国共产党第十二次全国代表大会的开幕式上宣布：我们坚定不移地实行对外开放政策，在平等互利的基础上积极扩大对外交流。到 1997 年中国共产党召开第十五次全国代表大会时，江泽民主席又郑重宣布：中国决不放弃改革开放政策。此时此刻，我想起中国伟大的思想家和哲人孔子曾经说过："吾少也贱，故多能鄙事""吾十有五而志于学，三十而立，四十而不惑，五十而知天命"。今天，中国确确实实地知道上天所欲。

亲爱的朋友们，在中华人民共和国欢庆成立 50 周年之际，授予我"友谊奖"，是一件意义深远的大事，因为它正式表明了 12 亿中国人民的友谊。生活在中国人民中间的人们，都了解中国人民对友谊的崇尚和珍视，他们把友谊视为一种生命的价值。作为一个国家，中国将其体现在对和平与发展的呼唤、提倡及其坚持不懈地与其他国家人民建立友好关系上。

> 再一次在新中国成立 50 周年之际向你们表示祝贺。我要对你们说,是你们伟大的人民使我热恋这个国家,成为她忠诚的情人。在这个国家里,我感受着中国的温暖,享受着朋友的挚爱。
> 最后,我要对你们说:我爱你们,中国人民!

【提示】范例 5-5 这是《今日中国》杂志社的外国专家侯赛因·伊斯梅尔·侯赛因在 1999 年度"友谊奖"(中国政府授予外国公民的最高奖)颁奖大会上的演讲。这篇演讲词的成功之处在于三点:一是情真意切,感人肺腑;二是内容充实,陈述角度巧,变换自然;三是语言美感十足。

二、演讲稿的写作要求

一席成功的演讲,首先要能够从情感上打动人、鼓舞人,才能说服人、教育人。要取得这样的效果,演讲稿的主题要鲜明、例证要动人、感情要深厚、条理要清晰、结构要完整,并注意跌宕起伏。语言力求灵活、朴实、形象、幽默,并善于运用警句。

1. 有的放矢

写演讲稿首先要了解听众的思想状况、了解他们所关心和迫切需要解决的问题、确立符合他们意愿的主题,这样才能达到宣传、鼓动和教育的目的。

2. 以情动人

演讲的关键是打动人、感染人,从而起到宣传和鼓动的作用。因而,演讲稿要注重感情色彩,营造浓郁的情感氛围。

3. 注意内容节奏

演讲的节奏,主要是通过演讲内容的变换来实现的。演讲内容的变换,是在一个主题思想所统领的内容中,适当地插入幽默、诗文、逸事等内容,以便听众的注意力既保持高度集中而又不因为高度集中而产生兴奋性抑制。演讲的节奏既要鲜明,又要适度。平铺直叙、呆板沉滞,固然会使听众紧张疲劳;而内容变换过于频繁,也会造成听众注意力分散。所以,插入的内容应该为实现演讲意图服务,而节奏的频率也应该根据听众的心理特征来确定。

4. 语言优美

演讲稿的语言既要有自然质朴、简洁明了的本色,又要具有准确严密、条理清晰、生动形象、平易亲切、圆润动听甚至幽默风趣等特点。有时在整散结合中显示出参差美,有时在平易中显示绚丽美;有时曲折含蓄,峰回路转;有时明白晓畅,酣畅淋漓;有时庄重,有时诙谐,有时激昂,有时舒缓……凡此种种,都要各得其"体",恰到好处。

【实战训练】

演讲比赛是一种比较常见的活动,这类活动不仅能够检验一个人的口才、思维能力和思想涵养等,而且为人才脱颖而出提供一种平台。假如现在要举办全国性的演讲比赛,比赛的题目是"青春,在奉献中更加精彩",请你写一篇演讲稿,参加本校的选拔赛。

第八节 启　　事

【话题与案例】

捡到东西要寻找失主,丢了东西要找回来;办一份校刊需要向同学们征求稿件,校学生会办公地址变动要告知同学们……这些时候都要用到启事。那么,启事都适用于哪些情形?应怎么写?

【基础知识】

启事是机关、企事业单位、团体或个人需要向公众说明某事或希望公众协助办理某事时使用的一种文书。按内容分,启事有征文启事、招聘启事、招生启事、征订启事、开业启事、迁址启事、征婚启事、寻人启事等。按公布的形式分,启事有报刊启事、电视启事、广播启事、张贴启事等。

启事有以下两个特点:

1. 告启性

启事面向大众告知事宜,只具有知照性,而没有强制性和约束力。

2. 简明性

启事要求写得简洁明了。无论是登报、广播、电视或张贴,启事都必须写得十分简明。有的启事三言两语;有的启事用单行单句排列内容,竭力做到一目了然。

【写作指导与范例】

一、启事的写作要点

启事通常由标题、正文、结尾三个部分组成。

1. 标题

标题的写法可以有这样几种:第一种,只写"启事";第二种,标题里标明启事事项,如"招领启事""开业启事"等;第三种,如果事情重要和紧迫,可标明"重要启事"或"紧急启事"。有时将"启事"两字省去,只写"寻人"或"招聘"。

2. 正文

不同类型的启事正文内容有所不同,一般包括:启事的目的、意义、具体办理方法、要求、条件等。正文是启事的主要部分,主要说明启事的事项。正文写法形式多样,可以分段写,内容多的应逐条分项写清楚。要写得具体、明白、准确、简练、通俗,千万不可模糊、含混,以免产生歧义。

3. 结尾

启事的结尾一般包括联系地址、联系电话、联系人姓名或者签署启事者姓名、时间等。

【范例5-6】

招 聘 启 事

咸阳××语言文字工作室招聘文字编辑5名。

应聘条件：① 汉语言文学专业，大学本科以上学历；② 有两年以上从事中学语文教师或编辑工作经验；③ 年龄30岁以下，男女不限。

待遇：面议。

应聘时间、地点：2008年12月15日前持本人有效证件前往咸阳市××路××号咸阳××语言文字工作室面试。

咸阳××语言文字工作室
20××年12月8日

二、启事的写作要求

1. 内容要严密、完整

启事的事项要严密、完整，不遗漏应启之事，而且要表述清楚，切忌含糊不清。

2. 用语要热情、恳切、文明。

应态度诚恳，语言有礼貌，言辞恳切。

3. 不能将"启事"错写为"启示"

"启示"含有"启发指示，使人有所领悟"之意，它跟"启事"毫无关系。

【实战训练】

依据下面提供的材料，请以张晓的名义写一则招领启事。要求符合文体写作要求，表述简明，措辞得当。

2017年2月15日，王楠在返校途中不慎将一黑色旅行包遗失。包内有人民币2200元，当日长春至上海的火车票一张，专业书籍5本，iPad一个。

王楠的黑色旅行包于当日被人拾到，并交给车站派出所的张晓，车站派出所的电话：6569865。

第九节 海 报

【话题与案例】

为了活跃师生的文化生活，本周六19：00，学生会在学校一号教学楼一楼大厅举办舞会，欢迎全校师生积极参加。请你写一则海报舞会的海报。你会写吗？

【基础知识】

海报是主办单位告知公众举办文化、娱乐、体育等活动的一种文书。海报中通常写明活动的性质，活动的主办单位、时间、地点等内容。海报的内容一般应简明扼要，其形式应新颖美观。按内容分,海报有演出海报、讲演海报、比赛海报、报告会海报、展览会海报等。从形式分,海报有纯文字海报和图文海报两种。

一、海报的特点

海报具有张贴性、宣传性和灵活性的特点。海报在某些方面与广告有相似之处,但也有很大的不同。海报的特点是重在告知和宣传;广告除了宣传外,目的重在营销。虽然两者都很注重创意和设计,但海报较广告更灵活。海报以宣传为重要目的,以张贴为主要手段,具有很强的灵活性:可以是设计精美的艺术宣传招贴,还可以写在大小不等的纸上张贴;既可以用质量不错的展板设计制作,也可以用黑板写清楚告知的内容;重要的海报还可以通过报刊、电台、电视台等媒体进行发布。有一点特别要注意,那就是海报的制作必须醒目。

二、海报与启事、广告的异同

海报与广告、启事有相似点,它们都属于告知公众信息或情况的告启性文书,是请求人们支持、协助,希望人们参与和合作的,其表现形式也相似。但它们又有以下明显的区别。

第一,使用范围不同。海报以报道文化、娱乐、体育消息为主;启事可以反映政治、经济和生活等多方面的内容;广告则多属于经济方面的内容。

第二,适用的场合不同。海报多用于热闹、轻松的场合;启事多用于比较庄重的场合;广告则什么场合都可使用。

第三,表现形式不同。海报除文字说明外,可配上图片、图案或用各种色彩进行装饰;启事以文字说明为主;广告虽在表现形式上与海报有相似之处,但多属于商业性质。

【写作指导与范例】

一、海报的结构与写法

海报的告知性和宣传性,以及海报表现的特殊性,决定了海报的整体创意必须在一瞬间留给人以强烈的印象,让人对海报的内容一目了然。

海报写作的内容和结构基本包括:标题、正文、落款三个部分以及整体创意和美术设计。海报的美术设计要求形式灵活多样,讲究新颖独特。

1. 标题

海报的标题要能表现其主旨或概括其内容要点。海报的标题主要有两种形式:一种形式是直接采用"海报"做标题;另一种形式是根据活动内容拟定标题,适当使用修辞手法,突出海报的宣传效果。

2. 正文

正文是海报的主体,一般应写明活动内容,交代清楚具体事项。如开晚会,要写明表演团体、时间、地点等,报告会要写明报告题目、报告人、地点、时间等。

3. 落款

写明举办单位或演出单位和发海报的日期,还可注明联系电话、联系人。如果标题已写上单位,落款处可省略。

【范例 5-7】

青春诗会
这是诗歌的擂台
这是青春的精彩
这是激情的盛会
这是热情的澎湃
文采　口才　素质
浪漫　激情　比拼

时间：2016 年 11 月 9 日下午 2 点
地点：多功能厅
欢迎参加

××学院学生会基础部
2016 年 11 月 8 日

二、海报的写作要求

海报的写作主要有以下要求：

(1) 事项交代要清楚。对于活动的内容、时间、地点等具体事项，必须交代清楚。
(2) 简洁明了。将具体事项交代清楚即可，切忌啰唆和重复。
(3) 一事一报。一份海报只写一件事。
(4) 尽可能图文并茂，以吸引读者。

【实战训练】

著名学者黄××教授将于 201×年 10 月 28 日应邀到我校做"咸阳文化与中国精神"专题报告，报告在图书馆学术厅进行；具体时间为上午 9：00—12：00。请你写一份关于本次报告的海报。

第十节　一般书信

【话题与案例】

有人认为，现在电脑、手机等通信工具十分普遍，再也没有必要学习一般书信的写作知识了。这种看法正确吗？

【基础知识】

一般书信是指在日常生活中，亲友、同学、同事之间，通过书面形式进行思想与情感交流，互通信息，商讨问题时所用的一种文体。

有人说,现在都发电子邮件或短信了,谁还写书信呀？这种认识是错误的。电子邮件的出现和手机短信的普遍应用,只是传递手段发生了变化,书信的本质及使用范围并没有发生任何变化。不仅如此,现代社会是一个大协作的社会,交流和交际更加频繁,书信的应用更加广泛。

一、一般书信的特点

1. 私密性

多数情况下,一般书信的写作主体与阅读主体是一对一的,常常带有私密性。

2. 情感性

一般书信一般表露作者的真情实感,下笔时大多抛开客套,或絮絮叨叨,或喷涌而出,亲切自然。

3. 稳定性

不管社会怎么发展,传递和传播手段怎样更新,书信的本质保持不变,在社会生活中的作用没有减弱。尤其是时代发展到今天,人们之间的交流日益显得重要,书信在人与人之间的感情维系、思想交流与沟通作用更加重要了。

二、一般书信的作用及使用情形

一般书信是指个人之间来往的信件,是人们用书面形式互相谈话的一种工具。人们相隔两地或虽在一起但不便于面谈,就用书信进行问候,交流思想、讨论问题。它使用起来灵活、方便,是最常见的、运用得最广泛的应用文之一。

一般书信是维系人与人之间感情的纽带,是人们之间加强交流与沟通的桥梁。充分地利用一般书信的这些作用,多交流、多沟通,不仅可以建立良好的人际关系,而且可以扩大和疏通信息渠道,使自己的人生与事业左右逢源。

【写作指导与范例】

一、一般书信的格式与内容要点

一般书信由称呼、问候语、正文、祝颂语、具名、日期和附言七个部分构成。

1. 称呼

称呼是写信人对收信人表示尊重的一项重要内容,在第一行顶格写。称呼后点冒号(：)表示领启下文。

如何称呼,要视写信人和收信人之间的关系而定。一般说来,平时口头上怎么称呼,信上就怎么称呼。写给长辈的,一般照辈分称呼；写给平辈或晚辈的,可以直呼其名,也可以只写辈分称呼,或在名字后加辈分。同事、朋友间通信,一般称"同志""先生"或在姓的前面加"老"或"小"字以表亲切；对德高望重的人,常在姓后面加上"老"字,以表尊重。有时在称呼之前加"敬爱的""亲爱的""尊敬的"等修饰语,以表示对特定对象的尊敬或亲密之情。

2. 问候语

问候对方是对对方的关心和敬重,也是写信应有的礼节。问候语根据收信人身份的不同来写。一般写在称呼的下面一行，空两格，单独成行。通常用"您好"。遇到节日，可以致以节日的问候。如"新年好""节日愉快"等。另外，还可以对收信人的工作、学习、生活、身体等各方面情况进行问候。如"近来身体好吗""精神好吗"。问候语的后面一般用感叹号或问号。

3. 正文

正文在问候语之后另起一行空两格写起，转行时顶格，根据内容可以适当分段。每写一件事都要分段，做到条理清楚，一目了然。正文是书信内容的主体，也即书信所要说的事，所要论的理，所要叙的情。正文部分的内容一般应分段写，可分为缘起语、主体语、总括语三个部分。

缘起语写明写信的原因和目的，用以引出主体语。

主体语是信的主要部分，写信人要询问或要回答的问题，都在这一部分。如果事情较多，可按主次分段排列，一般一件事、一个问题为一段。如果回信，应先回答对方信中提出的问题，再写自己的事情。回答对方的问题时要有针对性。

总括语大多用在内容较多的书信末尾，将正文的内容总括一下，使收信人对信的内容更清楚，若认为无必要，也可不写。

正文部分的内容十分广泛，形式也非常自由。政治、经济、文学、艺术、风土人情、社会风尚、家庭琐事等内容都可谈；描写、叙述、议论、抒情等表达方式均可采用。

正文的写作起码要做到两点：一是把意思表达明白。写信为了什么事，要对方办什么事必须明确。所谓明白就是在对方不在面前不能问的情况下，一读信就明白写信人的意思。一定要表达清楚，不要产生误会。二是要写得简洁扼要，语言感情要真挚、亲切、诚恳。对长辈要尊重，用商量的口吻。对平辈或较熟悉的人，可以写热情一些。总之在措辞上要根据对方的身份来写，能让对方接受。

4. 祝颂语

正文写完后，另起一行写表示祝愿或者敬意的话即祝颂语。多用"此致""敬礼"，但事实上祝颂语可以丰富多彩，完全可根据收信人的不同身份及写信的目的和书信的内容去选择，如写给长辈可用"安康""福安"等，写给平辈可用"工作顺利"等，写给晚辈可写"希努力工作"或"愿你进步"等。

5. 具名

写信的具名是有讲究的，给朋友写信具名时，一般不写称谓，只写名字。给长辈写信一般要写称谓。如给父母亲的信，则写"儿××上"，给老师写信，则写"学生×××上"等。

6. 日期

在具名的后边或下边一行，写上写信的年、月、日。有的在日期的后边，还写上写信的地点与时刻。如"伯阳 2017 年 6 月 6 日夜于北京颐和园休养所"。

7. 附言

有的信写完后，发现还有些事情需要交代，或者与此信内容有关的问题需要说明，就要在后边补写。补写的内容叫"附言"。在写附言时，先写一个"附"字，后边加上冒号，然后写补充内容，写完后，用"另及""又及"说明。

【范例 5-8】

陶行知给母亲的信

母亲：

　　家中从前寄来的信，如今都收到了，并未遗失，只是来得慢些。

　　儿从母亲寿辰立志，决定要在这一年当中，于中国教育上做一件不可磨灭的事业，为吾母庆祝并慰父亲在天之灵。儿起初只想创办一个乡村幼稚园，现在越想越多，把中国全国乡村教育运动一齐都要立它一个基础。儿现在全副的心力都用在乡村教育上，要叫祖宗及母亲传给儿的精神都在这件事上放出伟大的光来。儿自立此志以后，一年之中务求不虚度一日；一日之中务求不虚度一时；要叫这一年的生活，完全的献给国家，作为我父母送给国家的寿面，使国家与我父母都是一样的长生不老。

　　试验乡村师范开办费要一万五千元，经常费要一万二千元，朋友们都已答应捐助，只要款项领到，就可开办。阴历原想回家过年，无奈，一切筹备事宜必须儿亲自支配，不能抽身。倘使款项早日领到，或可来京两星期。如果到了腊月廿七还没有领得完全，那年内就不能来了。好在家中大小平安，儿亦平安健康，彼此都可放心。

　　昨日会见冬弟，知道金弟在西安尚好，可以告慰。冬弟亦较前强壮。

　　桃红、小桃、三桃、蜜桃给我的拜年片子都很有意思、很有价值，儿已经好好的深存了。

　　敬祝健乐。

行知
一月廿日

【提示】 这封信格式规范，内容具体，条理清楚；语言平和而内蕴深厚，言辞恳切，其情感人，读来让人深受感动和鼓舞，同时给人以鞭策。

二、一般书信的写作要求

　　一般书信虽然是常见的、运用得最广泛的应用文之一，它每时每刻都可能与人们发生联系，但要真正写好一封信，并不容易。常常看见有些人写信，写了撕、撕了写，或写了涂、涂了写，直到将信发出去了，仍然感到不满意。造成这种情况的原因是多方面的，但没有掌握书信的写作要求是其中一个很重要的原因。

　　1. 目的明确

　　是叙情还是说理，是请托还是问候，是询问事情还是回答问题等，写信目的不同，内容、写法各异。

　　关系不同，写信的目的不同，在语气和写法上都有不同。提出自己的主张和看法，应采用议论的方式；介绍某个事物，应采用说明的方法；反映某个事件，应采用叙述的方式；表示自己的喜怒哀乐，应采用抒情的方式；等等。这些问题都弄清楚了，才能做到有的放矢，明确地表达出写信人的意思。

　　2. 格式规范

　　称呼、问候语、正文、祝颂语、署名、日期等构成要素应基本完整，各就其位。通过前面的介绍，我们已经知道一般书信从称谓到署名、日期均有一定的格式，只有按其格式行文，才能让收信人看得清楚、明白。才能收到比较理想的沟通与交流效果。格式不规范,字迹不工整,都是对别人不尊重的表现。这样的信有时候写了不如不写。

3. 语言得体

措辞、语气要以"自谦而敬人"为原则,切合写信人与受信人关系;语体风格要相对统一,尽量避免文白夹杂。

4. 表意明了

层次清晰,不可语无伦次;详略得当,不可没有重点;用语简洁,不可拐弯抹角。写信说事要开门见山,不要绕弯子;写信使用的语言要平直和口语化,平时话怎样说,写信时就怎样写,直截了当,让人看了一目了然。不要刻意地去"做"文章,堆砌辞藻,弄得华而不实。

5. 书写认真,字体规范,文面整洁,美观大方

总之,一般书信,要求写得礼貌周全,语言简明,字迹工整,清楚明白。写后要仔细检查,看意思是否清楚,用词是否恰当,是否有漏字和错别字,准确无误之后方可发寄。

【思路拓展】课外阅读林觉民的《与妻书》

【阅读提示】这封书信,是作者参加广州起义前夕给妻子写下的绝笔书。全文以感情为线索,通篇贯穿一个"爱"字,字里行间洋溢着对妻子的爱,对生活的爱,时时作安慰,时时作解释。但作者并没有停留在儿女之情上,而是由爱自己的妻子扩而大之爱"天下人",使对妻子的爱与革命需要统一起来。这封信中的"辛亥三月念六夜四鼓,意洞手书"是具名,"家中诸母皆通文,有不解处,望请其指教。当尽吾意为幸!"一段是附言。

【实战训练】

当今社会是一个大协作的社会,人际交往十分重要。即使你学富五车,能力超凡,但不善于交际或不重视交际,就可能会失去本应属于你的机会。书信是一种十分重要的交际工具,当有些事情不便于面谈,或无法实现面谈时,我们便可以借助于书信这一工具。

异地求学,出门在外,父母亲会时时牵挂着。经常向父母汇报一下在学校的学习、生活等情况,好让父母放心。请写一封信给自己的父母,汇报一下你近期在学校的学习和生活情况。

第六章 求职与履职应用文

职场应用文特指人们在求职、职位调整、岗位竞聘以及规划职业生涯时所使用的一类应用文书。主要包括简历、自我鉴定、求职信、辞职信、竞聘演说词、劳动合同等。

第一节 职场应用文概述

> 当今时代,用人机制相对灵活,人才与用人单位都可以在一定的条件下自主选择。从人才的角度讲,不论是求职、辞职、申请岗位调动,还是岗位竞聘、述职演说等,都需要用到相应的职场应用文。因为写作能力的高低是由人的思维能力及其人文素养所决定的,人才所写的每一篇职场应用文都将是用人单位衡量人才素质的重要依据,直接关乎着人才的职场前途与命运。因此,每一个步入社会的人都应该具备良好的职场应用文写作能力。

一、职场应用文的特点

1. 特定性

职场文书的含义十分明确,使用范围是特定的,一般限于求职、职位调整、岗位竞聘和职业生涯规划等几个方面。

2. 自我评价性

职场文书的一个共同特点是自我评价性,简历、求职信自不待言,就是职业生涯规划书的制定也要以自我评价为前提。

3. 自我推荐性

职场文书的写作在很多情况下是以自我推荐为目的的。不论是个人简历中写的自己干过什么,还是求职信中写的自己能干什么,抑或是竞聘词中对自己能力的阐述,都带有自荐的性质。从另一角度讲,职场文书的质量本身就是写作者的一张招牌——一份言辞优美、语言分寸十分恰当的简历或求职信可以使用人单位对求职者留下良好的印象。

4. 写实性

职场文书一般都如实地描述自己的基本情况,这不仅是对自己负责,而且也是为用人单位负责;既是诚信的表现,也是人品的体现。

5. 礼节性

职场文书中的绝大多数都是写给别人看的,具有一种交流思想、拉近感情距离的作用,因此,语言一般很平和,措辞一般有理、有节。

二、职场应用文的写作要求

1. 客观真实

职场文书写作的最大要求是客观真实。客观真实就是要如实地描述自己的基本情况,不夸大,不隐瞒,以便使受文者有一个正确的评判与选择,这样于人于己都有好处。

2. 条理清楚，重点突出

每一个人身上的闪光点很多，把这些闪光点都表现出来往往会使最大的"亮点"黯然失色，因此，职场文书写作中，要善于根据实际需要进行取舍，将自己身上所具备的，同时又是用人方感兴趣的东西突显出来。

3. 不卑不亢，有理有节

由于现今职场竞争十分激烈，很多人在职场文书中表现出了不应有的谦卑，这些常常会使人觉得求职者平庸和缺乏自信。因此，职场文书的写作要不卑不亢，有理有节。

4. 语言简洁、质朴，通俗易懂

职场文书的语言要语气委婉，言辞恳切，情真意切。与此同时，要简明、质朴，通俗易懂。

第二节 简 历

【话题与案例】

请看下面一则招聘启事——

陕西××大学××学校
面向社会诚聘优秀教师

陕西××大学××学校位于西咸新区××花园社区内，建筑面积近3万平方米，是一所十二年一贯制的全日制学校。学校拥有现代化的教学设施，环境优美，后勤保障完善。根据学校发展需要，现面向社会公开诚聘各类优秀人才。

一、招聘职位
1. 小学、初中、高中各科教师。
2. 有一定经验的教育教学管理人员。
3. 行政、文秘、文印员、图书管理员、档案管理员。
4. 水电工、司机（A1驾照）、生活老师。
二、应聘条件（略）
三、应聘办法
1. 应聘者请于2017年5月15日前将亲笔书写的个人简历1份和身份证、学历学位证、职称证、教师资格证、普通话等级证、计算机等级证复印件，以及其他能证明个人能力和水平的相关材料复印件送交陕西××大学××学校人力资源部。
2. 应聘材料经初审，符合条件者将通知参加面试和笔试。
学校地址：陕西省西咸新区世纪大道××花园社区内。
联系电话：029-×××××××

在这则招聘启事中，招聘方要求应聘者要提交个人简历。个人简历要写哪些内容？重点是什么？这些同学们都要弄清楚，因为毕业后大家都要去求职，都需要写一份恰到好处的个人简历。

【基础知识】

个人简历是每个人职业生涯中都要用到的文体，不仅找工作、评职称、升迁时要用，而且在接受公众评选、推举等方面也要经常用到。一份能够突显个人事业亮点的个人简历，不仅能够使自己的付出得到肯定，而且会给自己带来进一步发展的机遇。

一、个人简历的内容及其作用

个人简历，也称作个人履历，是求职者在求职、评聘时向用人单位或评审团提供个人情况的一种应用文书。它的主要内容是对自己的学历背景、技能专长、以往工作经验和工作业绩及其他个人情况的简洁概括，其写作目的是把自己介绍给用人单位或评审团，供用人单位或评审团参考。

二、个人简历和求职信的区别

个人简历和求职信是有区别的：求职信的写作目的是吸引用人单位招聘负责人去看后边的简历，使其更具体地了解自己的情况；个人简历相当于推销自己的广告文稿，其作用如同产品介绍那样，把自己优秀的一面突出地展示给对方，目的在于引起用人单位对自己的浓厚兴趣，最终选聘自己。

【写作指导与范例】

一、个人简历的写作要点

标准的个人简历主要由以下四项基本内容组成。

1. 基本情况

基本情况包括姓名、性别、年龄、籍贯、政治面貌、毕业学校及专业，婚姻状况、健康状况、身高、爱好与兴趣、家庭住址、联系方式等。

2. 教育背景

按时间顺序列出自己曾在某某学校、某某专业或学科学习，以及学习的起止时间，同时列出所学主要课程及学习成绩，在学校和班级所担任的职务，在校期间所获得的各种奖励和荣誉，以及所参加的各种专业知识和技能培训情况。

3. 工作资历情况

按时间顺序列出参加工作至今所有的从业记录，包括单位名称、所任职务、就任及离任时间，应该突出所任每个职位的职责、工作性质等，这是个人简历的重点部分。

4. 业绩与成就

这一部分重点写自己参加工作以来所取得的骄人业绩，以及自己在本学科的著述、建树和影响力等。

个人简历的写法比较灵活，无论采用哪种形式，都要突出个性、富有创意，以便更好地向用人单位展示自己，达到成功推介自己的目的。

值得注意的是：大学生用于求职的个人简历与一般情况下使用的个人简历不尽相同，现分别举例如下。

【范例6-1】

大学生求职个人简历范式

一、个人基本情况

姓名：秦×× 　　　　　　　　　性别：女

毕业院校：陕西师范大学　　　　学历：本科

主修专业：汉语言文学　　　　　辅修专业：新闻学

年龄：22　　　　　　　　　　　身高：166cm

政治面貌：中共党员

移动电话：134887785×× 　　　固定电话：029-6739363×

电子邮箱：huang1995@163.com　QQ号：××49029804

二、教育经历

2013.9—2017.7：陕西师范大学汉语言文学专业

三、知识与技能

（一）主修专业主干课程：文学理论、现代文学、古代文学、外国文学等。

（二）辅修专业主干课程：新闻采访学、报纸编辑学等。

（三）计算机能力：能熟练应用各类报刊排版和平面设计软件。

（四）外语能力：具备较强的听说读写的能力，达到公共英语六级水平。

（五）其他能力：有驾照。

四、在校期间担任的职务

2014—2015年　陕西师范大学文学院学生会宣传部　部长

2014—2017年　陕西师范大学文学院本科党支部　组织委员

五、社会实践经历及业绩

1. 在校期间兼任校报编辑，独立编辑报纸15期。

2. 参与学院卡拉OK大赛及演讲比赛的策划和组织。

3. 在各类报刊发表作品26篇。

六、个人评价

具备团队合作精神，生活态度积极、乐观，有进取心和责任感，善于与人沟通交流，有一定的工作组织能力。

七、特长与爱好

读书　运动　音乐

【提示】这份求职简历内容要素齐全，重点突出。特别值得一提的是，本简历突出了较强的文字功力，这是中文专业学生最大的能力点，也是大部分用人单位十分看重的能力点。

【范例6-2】

宋美龄简历(1897—2003)

1897年生于上海。幼年在家学英文。

1910年去美国，后在威斯理女子大学就读。

> 1920年回国后,参加基督教女子青年会活动。曾在电影审查委员会、童工委员会任职。1927年12月在上海同蒋介石结婚,后广泛参加社交、政治活动,并担任一些妇女团体、儿童福利团体的领导职务。
> 　　1936年12月西安事变后,亲赴西安,支持和平解决。抗日战争时期,曾任航空委员会秘书长。1943年随蒋介石参加开罗会议,任翻译。1948年代表蒋介石去美国求援。1950年从美国去台湾。
> 　　1974年,国民党十届五中全会授予她"中山奖章"。1975年蒋介石病逝后不久即去美国就医、定居。1976年曾回台湾小住。
> 　　曾任中国国民党评议会主席团主席,中国国民党妇女工作会指导长等职。1986年10月,回台湾参加蒋介石百年冥寿纪念活动。
> 　　宋美龄著有《西安事变》《中国的和平与战争》等。

【提示】一般个人简历主要突出人生经历和事业成就,注重人生经历的展示,表现形式不拘一格。这份简历很好地体现了简历的一般特点。

二、个人简历的写作要求

1. 简历要"简"

简历贵在简明扼要,各个部分内容较多时,选择其中最主要的几项即可。如论文选发表刊物层次最高的写,获得的奖项选颁奖单位级别最高的写,等等。总之,要把简历写得一目了然,给人留下十分清晰的印象。

2. 有的放矢

一般来讲,用人单位选人都是按预先设定的招聘条件来选的,因此,在写简历时一定要关注对方的招聘条件,并在自己的简历中突出自己与对方所要求的条件相关的内容,与应聘职位无关的不要写。

3. 突出自己的优势

写简历的时候,一定要突出自己的优势,尤其要突显自己与众不同的地方。同时还要注意,应聘什么职位就突出与之相应的那方面的特长。不要面面俱到地展示你所有的才能,这样反而会掩盖自己的优势,削弱自己的竞争力。

4. 注重艺术性和个性特色

怎样使简历在最短的时间内吸引用人单位的注意?一是要精心设计表现形式,力求达到让人"眼前一亮"的效果;二是关于个人专长的描述要实在而巧妙,让用人单位感到你的思维水平不同一般。

【实战训练】

个人简历不仅在求职时要用到,而且在专业技术职务评聘、岗位变动、行政职务提升等各种职场事务中都经常用到,不论是哪方面使用的个人简历,写作时都要突出两点:一是资历,二是能力。资历不仅仅代表的是经验,而且常常标志着人的专长和职业定位;能力决定着人做事的效率和成功指数等,是用人单位十分看重的素质之一。这两项内容是个人简历的重点,一定要写好。

第三节 自我鉴定

【话题与案例】

大学毕业前,每个同学都要填写一份《毕业生登记表》,其中有一栏"自我鉴定"是很多同学都感到比较难填的。主要难在两点:一是不知道写些什么,二是不知道怎样写好。于是,有的同学干脆随便填写一下了事。这是对自己极不负责任的一种做法,因为《毕业生登记表》是要进入个人档案的,"毕业鉴定"是别人对你进行考察的一份重要参考,可能会影响你一生的职业选择与发展。

【基础知识与范例】

自我鉴定是对自己在一个时期或一段时间里的生活、学习和工作等各方面的表现情况进行的自我总结和自我评价。自我鉴定将同组织鉴定、学习成绩单、学位学历证明等一起归入个人档案,而自我鉴定是给用人单位的第一印象材料,所以,每个同学都应该高度重视,实事求是,恰如其分地写好自我鉴定。

一、自我鉴定的基本内容

自我鉴定一般包括以下四个方面的内容。

1. 思想政治方面

思想政治方面主要包括对国家在新时期的路线、方针、政策的认识和态度,以及在各项社会活动中自己的思想认识和表现等。

2. 道德风尚方面

道德风尚方面主要包括能否自觉地遵守公共行为准则和学校的各项规章制度,以及尊敬师长、团结同学、爱护集体、遵守公共道德等方面的情况。

3. 学习和健康方面

学习和健康方面主要包括学习目的、学习态度、学习成绩,以及重视课外体育锻炼、身体健康、心理健康等方面的情况。

4. 存在的主要缺点和今后的努力方向

多数毕业生在谈到自己的优点时,往往会列举出许多事例,并且津津乐道,可一旦说到缺点时,则往往避重就轻,好像说到缺点就意味着一个人犯有严重错误似的,其实不然。事实上每个人都有优点和缺点,所谓缺点即不足之处,不一定就是原则性的问题,完全可以坦而言之。不过表达时定义要准确,用词要恰当。

二、自我鉴定的作用

(1) 总结以往的思想、工作、学习,展望未来,发扬成绩,克服不足,指导今后工作。

(2) 帮助领导、组织、评委了解自己,作好入党、入团、求职、职称评定、晋升的依据材料和准备工作。

(3) 重要的自我鉴定将成为个人生活历史中一个阶段的小结,具有史料价值,被收入个人档案。

【写作指导】

一、自我鉴定的格式及写作要点

自我鉴定篇幅短小,语言概括、简洁、扼要,具有评语和结论性质。一份完整的自我鉴定一般由标题、正文和落款三个部分构成。

1. 标题

自我鉴定的标题有两种形式:

(1) 内容性质加文种构成,如《学年教学工作自我鉴定》。

(2) 用文种"自我鉴定"作标题。如果是填写自我鉴定表格,不写标题。

2. 正文

正文由前言、优点、缺点、今后打算四部分构成。

(1) 前言。概括全文,常用"本学年个人优缺点如下""本期业务培训结束了,为发扬成绩,克服不足,以利今后工作学习,特自我鉴定如下"等习惯用语引出正文主要内容。

(2) 优点。一般习惯按政治思想表现、业务工作、学习等方面的内容逐一写出自己的成绩和长处。

(3) 缺点。一般习惯从主要缺点写到次要问题或只写主要的,次要一笔带过。

(4) 今后打算。用简洁明了的语言概括今后的打算,表明态度,如"今后我一定×××,争取进步"等。

自我鉴定的正文,可用一段式,也可用多段式。要实事求是,条理清晰,用语准确。

3. 落款

在右下方署明鉴定人姓名,并在下面注明年、月、日期。

二、怎样写好自我鉴定

(1) 要认真听取老师和同学们的意见。老师看问题比较透彻,对学生各方面情况有着比较全面的了解;同学之间朝夕相处几年,情同手足,互相之间比较了解,临别之际,也能讲肺腑之言。注意听取他们的意见,对写好自我鉴定无疑会有帮助。

(2) 自我鉴定必须写实,使人看了鉴定如见其人,依据鉴定判断你的品质、能力、性格等,以便组织对你有所了解和合理使用。

(3) 态度要端正,字迹要工整。有些同学对自我鉴定不太重视,常常是条理不清,文笔不畅,字迹潦草,口号连篇,马马虎虎,敷衍了事。这种鉴定给人留下的印象或是缺乏责任心,或是玩世不恭,或是水平不高,会让人怀疑你的能力。

【范例6-3】

大学毕业生自我鉴定

四年的市场营销专业知识学习和丰富的房地产市场兼职实践经历,使我在房地产营销职业的兴趣和技能等方面获益匪浅。我从坎坷曲折中一步步走过,脱离了幼稚、浮躁和不切实际,心理上更加成熟、坚定,专业功底更加扎实。

专业:掌握了大量营销专业理论和房地产营销技能,同时,自己的计算机应用水平、英语水平、社交能力有了很大程度的提高。

素质:吃苦耐劳,工作积极主动,能够独立工作、独立思考,勤奋诚实,具备团队协作精神;身体健康、精力充沛,可适应高强度工作。

四年的大学学习和一年有余的房地产公司营销岗位见习工作磨炼,培养了我良好的工作作风和团队意识,比如多角度了解和觉察客户的购买需求,全方位进行房产客户服务工作,埋头苦干的求实精神以及随机应变的推销能力等。

我的生活准则是:认认真真做人,踏踏实实工作。我的最大特点是:勇于拼搏,吃苦耐劳,不怕困难。在实际工作中,更重要的是牢固树立了强烈的事业心、高度的责任感和团队精神。朝夕耕耘,图春华秋实;十年寒窗,求学有所用。相信在前辈的培养和自我的奋斗下,我定会胜任本职工作。

【提示】这份鉴定紧扣自己的专业来写,角度选得较好。这样下笔,一是入口小,能够写得具体、实在;二是容易理顺思路,使文章层次清晰,主旨明确、突出。

【思路拓展】

黑格尔的鉴定

健康状况不佳,中等身材;不善辞令,沉默寡言;天赋高,判断力健全,记忆力强;文字通顺,作风正派,有时不太用功;体质一般;神学有成绩,虽然定式讲道不无热情,但看来不是一名优秀的传教士;语言知识丰富,哲学上十分努力。

【提示】这是1793年黑格尔从图宾根神学院毕业时,神学院给黑格尔的评语,短短的几十个字使黑尔格形象地站在了我们面前。这篇89个字的评语中竟有36个字写了黑格尔的不足之处,占整体评语的2/5。从对黑格尔的评语中,我们可以得到一点启示,只有把一个人真实的优点和缺点都写出来,才能客观全面地把一个人的面貌反映出来,从而避免或减少用人上的失误。

【实战训练】

大学生毕业时都要做自我鉴定,这份鉴定要永远载入你的个人档案,在一定程度上影响你的前途和事业,所以一定要写好。毕业自我鉴定写什么?说简单一些就是对自己作以自我评价,看自己是否达到了一个合格的大学毕业生的要求。这其中包括自己在知识与技能、思想品德修养、人文素质以及身体和心理素质等各个方面所达到的程度。请根据提示,假如自己是一个即将毕业的学生,为自己拟写一份自我鉴定。

第四节 求职信

【话题与案例】

某大宾馆因工作需要,需招聘大堂经理、公关助理、餐饮、客房部领班、服务员、保安员数名。有一位35岁的下岗女工毅然前往应聘。她认为自己有如下优势:在原单位担任过保卫干事,熟悉保安工作的规律与特点;女性善于察言观色,第六感觉特棒,非常细心;受过专门训练,学过擒拿格斗的基本技巧,而且还业余学过柔道;体格健壮等。

请据以上材料代她写一份求职信。

【基础知识】

顾名思义,求职信就是用来表达求职者求职意向的书信。写求职信的目的是为了激起招聘者阅读求职者个人简历的兴趣和争取到面试机会。招聘者从求职信获得对求职者的第一印象,依据求职信和求职者的个人简历做出选择。因此,写好求职信是求职成功与否的关键。

求职信的内容要素

一份好的求职信,能够给用人单位留下良好的第一印象,为求职者争取到面试的机会。那么,什么样的求职信才算好的求职信呢?内容充实,中心突出,尤其是要把求职者的实力与优势充分地展示出来。一般来讲,求职信应包括下面几项主要内容。

1. 求职目标

写求职信的目的就是为了找到一份自己满意的工作,因此求职目标必须明确。确定求职目标要从自身的实际出发,以使自己的专长能够得以发挥为原则。因为只有当你所干的工作能使自己的专长得以充分发挥时,你才有可能在工作中取得较大的成绩,也只有这样,你才能真正成为一个单位的骨干,受到用人单位的重用。职业目标确定不好,用非所学,尽管工作很卖力,也很难有所成就,这样不但得不到用人单位的肯定,而且会浪费自己的大好青春。

从另一个方面讲,结合自身实际确定自己的求职目标,还可以提高求职的成功率。

2. 求职理由

在明确求职目标的前提下,充分地阐明自己之所以选择这一目标的理由。理由是否真实、充足,是决定你能否被录用的关键,因此,陈述求职目标既要实事求是,又要机智灵活。所谓实事求是,就是既要从符合自己的专业特长、未来发展出发,同时也要从满足用人单位需求入手。所谓机智灵活,就是避免讲一些可能引起对方反感的话语,适当迎合对方自豪、自尊的情绪,争取收到"正效应"。

3. 求职条件

求职条件是求职者在众多竞争者中脱颖而出的关键。一旦条件不能满足用人单位的要求,求职就只能成为泡影了。因此,在求职信中,必须特别重视这一部分内容的写作。要针对自己求职的目标,扬长避短,具体陈述自己的主要成绩、专业优势、技术特长、年龄优势,还可以讲明自己的有关爱好、业余兴趣,也不妨提及自己已取得的成果及所受奖励,对某些问题和难题的看法,解决办法或方案等。对于应届大学毕业生来讲,也可写进与求职有关的其他有利条件,如参加过哪些有成就的社会工作等。总之,要力求"立体展示",突出优势,引起用人单位的注意和考虑,促进求职愿望的实现。

当然,应该注意在陈述自己的求职条件时要实事求是,恰如其分。既不夸夸其谈,漫无边际,也不卑怯谦恭,唯唯诺诺。这样做都不会起到好效果,甚至适得其反。

4. 附件

由于受篇幅限制,求职信不可能把所有材料都写进去,但为了证明你的能力,可以另外准备一些材料,作为附加材料随求职信一起寄给对方。附加材料的内容主要有:① 学历证书复印件。② 职称证书复印件。③ 学术成果证明文件复印件。凡本人的著作、论文、译文、报纸杂志发表的短文,均应复印成集,并注明出版社、报刊的名称及题名、刊出时间,或虽未发表但有一定水平的论文及有关专家的评价材料。④ 科研成果证明。包括设计研究项目及开发新产品照片、简介、设计的图纸、发明专利证书等。

对于刚步出校门的学生,除了学历证书、报刊发表的文章外,校园内参加各类比赛的获奖证、得奖学金情况,评"三好学生""优秀干部"的荣誉证书也同样可作为自荐资料。另外社会名流、导师、专家学者对你写过的评语亦可作为求职自荐材料。这些附件对于争取面试机会是非常重要的。但是要根据具体情况,有选择地提供,要选择最有代表性的、最能说明你的优势的材料。不一定每封信都附上全部材料。

【写作指导与范例】

一、求职信的写作要点

求职信是针对特定的用人单位写的。写求职信要集中突出个人的特长与求职意向;书写要清晰、简明;态度要诚恳,用语要得当,要能打动招聘人的心。求职信的格式和一般书信大致相同,由开头、正文、结尾、落款四个部分组成。

1. 称呼

信的开头,要写明收信人的称呼。对于称呼不甚明确的收信人,可写成"人事处负责同志""尊敬的某某公司领导"等;对于明确了用人单位负责人的,可以写出负责人的职务、职称,如"尊敬的赵教授""尊敬的毛处长""尊敬的朱经理"等。

和一般书信一样,称呼在第一行顶格书写,以示尊重和有礼貌。称呼之后用冒号,然后,另起一行,写上问候语"您好",接着写正文。

2. 正文

正文是求职信的主体部分。其主体部分应写清楚三个方面的内容:① 求职意向;② 个人基本情况,如姓名、就读学校、专业名称、何时毕业等;③ 个人所具备的条件,这是求职信的核心。

主体部分可分为两个部分来写:第一部分开宗明义,自报家门,直截了当地说明求职意图,使信的主旨明确、突出,引起对方注意。如"我是××大学即将毕业的学生,想在贵公司找一份工作",一目了然,要言不烦。切忌在开头客套问候,给对方留下矜持或莫名其妙之感。另外,表达力求简洁、生动,以便吸引对方读下去。

第二部分先讲自己求职的理由、目标。说明你愿意来所选单位效力的理由,理由要合乎情理,合乎实际,充足、可信;目标要具体明确。接着要重点介绍自己应聘、应征或寻求工作的条件。注意要突出自己的重要成绩、特长、优势,同时要有的放矢,阐明你对该单位的特殊价值,重申简历中已经提到的那些主要成就。在信中,你可以更详细地介绍某一专长和成绩;对于大学毕业生来讲,也可以多提一下你的几个有代表性的工作经历,但要具有吸引力和新鲜感。总之,根据自己的求职目标,这一部分只要做到告知情况,突出重点,言简意赅,语气自然就行了。

3. 结尾

求职信的结尾,主要是进一步强调求职的愿望。就其愿望而言,希望能给予考虑,给予明确答复;或者请求同意前往面谈;或希望试用,以供单位进一步考察,等等。无论如何表述,都要注意用语恰当、得体、掌握分寸,以免造成不良印象。

4. 落款

落款包括署名和日期。署名应写在结尾祝词的下一行的右后方;日期(×年×月×日)应写在名字下面。

若有附件,可在信的左下角注明。例如"附1:个人简历""附2:成绩表"等。

【范例6-4】

求职信

××大学人事处负责同志:

  我是一个渴望得到用武之地的在职人员,女,22岁。一年前我从××大学教育系学校管理专业毕业,由国家分到本市,后由市教委分配到市直机关幼儿园当了幼儿教师。一年来,在用非所学、用非所长的岗位上已耽误了许多宝贵时光,这对国家、对个人无疑都是损失,故本人渴望寻找一个能发挥自己所长的地方。

  现将本人情况略作介绍:本人能力方面长于语文学科,高考时以单科108分的成绩被高校录取,在校期间曾在省报发表过小说两篇,在《××日报》发表大学生暑假调查报告一篇,曾获学校硬笔书法赛二等奖(正楷)。以前曾被市直×机关借用作文字工作,写过多种计划、总结、报告,为×副市长的电视讲话写过讲稿。另外,我的英语学科一直是中学和大学期间的强项,成绩名列前茅。大学三年级时在省级刊物上发表过翻译作品两篇,大学四年级时通过了国家英语四级考试。基于以上情况,本人适合担任秘书工作或外语公共课教学工作。

  负责同志,如果你们能让我担任以上两个方面的工作,我定会让你们满意。我自己也定将珍惜这来之不易的工作,奋力做出自己的贡献。

  此致

敬礼!

求职者:×××
××××年××月××日

【提示】这封求职信正文第一自然段介绍个人的基本情况简明扼要,点到为止;第二自然段叙写自己的实力有条不紊、客观实在,毫无溢美之词,在此基础上表明自己的求职意向,有水到渠成之妙。总的来讲,本文格式规范,条理清晰;内容简明扼要,重点突出;语言平实,语气委婉。

值得注意的是,这份求职信存在一个比较大的问题——求职目标设计不当。一个非英语专业的毕业生,仅仅通过了公共英语四级考试,能胜任大学公共英语课教学吗?求职信是为实现求职目标而写的,目标设计不当,其写作就失去了意义。

二、求职信的写作要求

1. 简明扼要,重点突出

写求职信一定要做到简明扼要,重点突出,点到为止。每一个用人单位收到的求职信都非常多,如果拖沓冗长,或是喋喋不休,无论哪个企业负责人都不会耐着性子看完,这样即使你非常优秀,你得到面试的机会也是非常小的。

2. 格式规范,条理清晰

格式规范,条理清晰,会使阅读者心情愉悦,这样的愉悦会带给你好运。确保条理清晰最有效的办法是将不同的内容用一空行隔开,这样,求职信的内容层次就十分的清晰。

3. 语言简洁、优美

语言是思维的外壳。一个人的语言表达能力可以反映出他的思维水平,而一个人思维水平的高下又决定着他创造能力的高下,因此,绝大多数用人单位都很重视应聘者的语言表达能力。写求职信时,应反复推敲词句,力求语言简洁、生动。

4. "自我推销"与谦虚应适当

写求职信就是为了"推销自己",就要强调自己的专长与成就,强调自己对用人单位的价值,这就少不了自我介绍一番。谦虚是一种美德。一个谦虚的人,可以使对方产生好感。但对于求职者来说,过分谦虚,又会使人觉得你什么也不行。所以,写求职信应遵循"适度推销"的原则,将自己的优势突显出来。

5. 富有个性,不落俗套

写一封求职信,正如精心策划一则广告,不拘泥于成法,立意新颖,以独特的语言及多元化的思维方式,给对方造成强烈的印象,引起对方的注意,激起对方阅读的兴趣,才能最终达到求职的目的。

【思路拓展】

写求职信一定要把自己的才能和美德展示出来。在这一点上,达·芬奇的《致米兰大公书》为我们树立了典范——

致米兰大公书
〔意〕达·芬奇

显贵的大公阁下:

我对那些冒充作战器械发明家的人所进行的试验作了观察和思考,发现他们发明的东西与平常使用的并无两样,故此斗胆求见阁下,以便面陈机密,但对他人不抱任何成见。

一、我能建造轻便、坚固、搬运便利的桥梁。可用来追逐和击败敌军；也能建造坚固的桥梁，用以抵御敌军的炮火和进攻，这种桥梁装卸非常方便；我也能焚毁、破坏敌军的桥梁。

二、在围攻城池之际，我能从战壕中切断水源，还能制造浮桥、云梯和其他类似设备。

三、一个地势太高，或坚不可摧，因而无法用炮火轰击的据点，只要它的地基不是用石头筑的，我能摧毁它的每一个碉堡。

四、我还能制造一种既轻便又易于搬运的大炮，可用来投小石块，犹似下冰雹一般，其中喷出的烟雾会使敌军惊惶失措，因而遭受沉重损失，并造成巨大混乱。

五、我能在任何指定地点挖掘地道，无论是直的或弯的，不出半点声响，必要时可以在战壕和河流下面挖。

六、我能制造装有大炮的铁甲车，可用来冲破敌军最密集的队伍，从而打开一条向敌军步兵进攻的安全通道。

七、在必要情况下，我能建造既美观又实用的大炮、迫击炮和其他轻便军械，不同于通常所使用者。

八、不能使用大炮时，我能代之以弹弓、投石机、陷阱和其他效果显著的器械，不同于通常所用者——总之，必要时我能提供不胜枚举的进攻和防御器械。

九、倘若在海上作战，我能建造多种极其适宜于进攻和防守的器械，也能制造可以抵御最重型火炮炮火的兵船以及各种火药和武器。

十、在太平年代，我能营造公共建筑和民用房屋，还能疏导水源，自信技术决不次于他人，而且保君满意。

此外，我还善于用大理石、黄铜或陶土雕塑；在绘画方面，我也绝不逊色于当今任何一位画家。

我还愿意应承雕塑铜马的任务，它将为您已故的父亲和声名显赫的斯福乐尔扎家族增添不朽的光彩和永恒的荣誉。

如果有人认为上述任何一项办不到或不切实际的话，我愿随时在阁下花园里或您指定的其他任何地点实地试验。

谨此无限谦恭之忱，向阁下候安。

达·芬奇
××××年××月××日

【提示】 这封求职信将自己的一专多能表述得十分清楚，内容实实在在，层次十分清晰；语言平实、质朴，毫无夸张、溢美之嫌。正文最后一个自然段的补充交代，加强了文章的可信性。写求职信就要像《致米兰大公书》这样，把自己的实力充分地展示出来，以使自己在众多的求职者中脱颖而出。

【实战训练】

写作求职信关键是要有的放矢，即根据个人的专长和兴趣、针对用人单位的招聘条件来写。本节"话题与案例"中要求代写的求职信是针对保安员一职来写的，因此要突出两个方面的内容：一是擒拿格斗等专业技能和相关业务知识，二是相关从业经验和忠于职守的工作作风。这两点"话题与案例"中的应聘者都具备,所以写起来就比较容易。请根据提示完成这封求职信。

第五节 辞 职 信

【话题与案例】

××大学计算机应用专业毕业生小王一毕业就找到一份还算不错的工作——在一所民办大学计算机中心从事校园网维护工作,但干了一段时间后发现这份工作并不适合自己,于是想辞掉另找一份对自己未来发展有利的工作。他把这个想法告诉了人事处的赵处长,赵处长让他写份辞职报告交到人事处。这份辞职报告该怎样写呢?

【基础知识与范例】

辞职信是员工向供职单位表白辞职愿望的文书。辞职,意味着离开原单位,人虽走了,感情和友谊是长存的,所以辞职信是处理个人与单位关系的一种应用文书。

辞职信的结构与求职信大体相同,即同样有标题、称呼、问候、正文、结尾、落款等部分,但正文的写法不同。

【范例 6-5】

尊敬的领导:

我很遗憾自己在这个时候向公司正式提出辞职。

来到××公司已经一年多了,正是在这里我开始踏上了社会,完成了自己从一个学生到社会人的转变。有过欢笑,有过收获,也有过泪水和痛苦。公司平等的人际关系和开明的工作作风,一度让我有着找到了依靠的感觉,在这里我能开心地工作,开心地学习。然而工作上的毫无成就感总让自己彷徨。由此我开始了思索,认真地思考今后的路咋走?

或许只有重新到社会上去遭遇挫折,在不断打拼中去寻找属于自己的定位,才是我人生的下一步选择。从小到大一直过得很顺,这曾让我骄傲,如今却让自己深深地痛苦,不能自拔,也许人真的要学会慢慢长大。我也很清楚,这时候向公司辞职于公司于自己都是一个考验,公司正值用人之际,公司新的制度的启动,所有的前续工作在公司上下极力重视下一步步推进。也正是考虑到公司今后在这个项目安排的合理性,本着对公司负责的态度,为了不让公司因我而造成的决策失误,我郑重向公司提出辞职。我想在项目还未正式启动之前辞职,以便公司在项目安排上能做得更加合理和妥当。长痛不如短痛,或许这对公司对我都是一种解脱吧。能为公司效力的日子不多了,我一定会站好自己最后一班岗,做好工作的交接工作。离开这个公司,离开这些曾经同甘共苦的同事,很舍不得,难忘领导们的教诲,舍不得同事之间的那片真诚和友善。

祝愿公司兴旺发达!

辞职人 李明
2017 年 5 月 20 日

【提示】从范例 6-5 中可以看到,辞职信的标题、称呼、问候和落款的写法,跟求职信都是相似的,主要不同是正文。辞职信的正文,要写明两层意思:一是辞职的原因。这一层要写得简明扼要,合乎情理。就算是为了表示抗议而辞职,也要委婉一些,毕竟"人生何处不相逢";二是对单位和同事表示感谢。工作离去,友谊犹存。要处理好人际关系。

【写作指导】
有关辞职信的写作要求如下:

(1) 辞职的理由,既要写得清楚,又要写得得体。辞职的理由大体有两种:一是个人原因,二是单位问题。不管哪一种都要写清楚。如果的确属不便公开说出的理由,属个人的就用"由于个人原因";属于单位的,也要注意用词的分寸,尽可能避免意气用事、言辞过激。

(2) 辞职信带有请求的性质,在写作时,除了充分说明理由,书写有条理外,还应态度恳切。

(3) 辞职是一件非常严肃的事,因此在写作前,应对集体、组织和个人双方的利益做周密的考虑。

(4) 详略要恰当。有关部门和领导已经了解的情况,可以不写或略写;了解不详细、不清楚的情况,要详写;全然不了解的情况,要重点写。

【范例 6-6】

> 敬爱的公司领导:
>
> 您好。
>
> 我因为诸多个人原因,经过深刻冷静的思考后,郑重地向公司高层提出辞职请求。
>
> 首先,在公司工作的这几个月以来,我收获良多。在领导以及同事的帮助下,我掌握了很多非本专业的知识,开阔了眼界,增长了阅历。
>
> 其次,公司的工作气氛很好,同事们工作都很努力,领导也很体谅下属。这使我在公司感受到了家的温暖。
>
> 无奈之下提出辞职,客观原因是我家将远迁至××市××区,工作上班实在是不方便,每天将近一个半小时的路程,如果再遇到恶劣天气以及交通堵塞,实在是很难保证上班时间。而且如果加夜班、晚班,归家路途也有诸多不便。除了客观原因外,主观原因则是我觉得自己的能力有限,对于剧本的写作掌握得似乎还不够火候,我从事小说、散文以及报道写作多年,可是对于剧本是首次尝试,因此给公司造成的诸多不便还请谅解。也许是天资愚钝,我对于公司的工作很难跟上节奏,因此为了不再给领导添加负担与麻烦、拖同事们的后腿,我特此提出辞职。
>
> 最后,祝公司生意兴隆,发展越来越好。
>
> 您的员工:×××
2017 年 5 月 20 日

【提示】范例 6-6 中的辞职信这样写不仅可以达到辞职的目的,而且能够取得"来得愉快、走得高兴"的效果,同时还可以维系好原有的人际关系,使自己在事业发展上的路子更加宽广。这封辞职信对要离开的公司只有感激,没有抱怨,言辞恳切、语气委婉,不会使公司老板看了心里不舒服,也会给同事们留下良好的印象。

【思路拓展】课外阅读李密的《陈情表》

【阅读提示】 从内容方面来讲,《陈情表》是一份辞职信。因为这封辞职信的呈送对象是晋武帝,写不好就可能招来杀身之祸。为了打消晋武帝可能有的猜忌,作者在文中申明自己作为故旧遗老,现在不奉诏绝非是忠于前朝,而是实属无奈,是为尽孝而难以远行的,因此反复强调"逮奉圣朝,沐浴清化",特蒙"国恩""凡在故老,犹蒙矜育""过蒙拔擢,宠命优渥"等,以表自己对当今皇帝的感情,同时表达"生当陨首,死当结草"报答皇恩的诚心。无奈,祖母"日薄西山,气息奄奄,人命危浅,朝不虑夕"。所以实难从命,入情入理,使人无由驳回。最终打动了晋武帝,晋武帝答应了他的辞职请求。

【实战训练】

很多人一生会从事多个不同的职业,随时也面临着职业的重新选择,当目前所从事的职业不能发挥所长,或者不利于自己未来的发展,或者眼下有更适合自己的工作机会等,这些情况下都可能发生辞职行为。辞职就需要写一份言辞委婉、意思表达到位的辞职信。请根据下面一段文字,帮梁馨同学写一份辞职信。

大德学院毕业生梁馨毕业后到一家医药公司打工。工作中,她发现这家医药公司不仅故意夸大一些新药的疗效,而且还卖假药,于是,她决定辞职。

第六节　竞聘演说词

【话题与案例】

竞聘上岗制度的普遍实施给人才提供了脱颖而出的机会,使真正有思想、有才能、有抱负的人有了获得用武之地的途径。竞聘主要是通过竞聘演说来实现的,而竞聘演说是否能取得成功在很大程度上取决于演讲词的写作。

【基础知识】

竞聘词,也叫竞聘演讲稿、竞聘演说词,它是竞聘者为了竞争某岗位或职位而作的演说词,其写作目的和演说目的都是为了展示自己的实力。竞聘词写作的关键是能够将自己所具有的优秀品德、知识才干充分展示出来,给选拔者和选举者良好的"第一印象",使自己从众多的竞争者中脱颖而出。

竞聘词的写作与演讲词大致相同,只是在写法上必须突出它自身的特点——竞聘者的竞聘条件。这里说的竞聘条件,包括个人优势、特长和竞聘者提出的未来的任期目标、施政构想、责任要求、措施等。

一般来讲,一份完整的竞聘词主要由以下三个部分构成。

一、标题

标题有三种写法。第一种是文种标题法,即只标"竞选演说""竞聘词";第二种是公文标题法,由竞聘人和文种构成或竞聘职务和文种构成,如《关于竞聘××公司××部主管的演讲》;第三种是文章标题法,可以采用单行标题形式,也可采用正副标题形式,如《根在矿大,情系中文系——在学生会主席竞选大会上的演讲》。

二、称呼

称呼是指对评委或听众的称呼。

三、正文

正文是竞聘词的重点和核心,应围绕以下几个方面展开。

1. 开头

简单叙述竞聘的职务和竞聘的缘由。

2. 主体

先简介自己的年龄、政治面貌、学历、现任职务、工作经历等一些自然情况。再摆出自己竞聘的优势,如政治素养、业务能力、工作水平等。最后提出自己任职后的施政目标、施政构想、施政措施等。

3. 结尾

结尾要表明竞聘的决心、信心和请求。

竞聘词中介绍个人简历时要讲求真实性、简要性,突出特殊性;突出工作成绩、优化工作思路;提出的施政措施要目标明确、实在,语言上要做到情真意切。

【写作指导与范例】

一、竞聘演说词的写作要点

(1)竞聘演说词写作之前要做好调查研究,要深入细致地了解所就职部门面对的焦点、难点、热点问题;要深入细致地了解面对的群众情况,仔细分析他们的观点、态度、希望和要求。

(2)竞聘演说词的写作要实事求是,通俗易懂,不能讲假话、大话、空话,也不能讲过于抽象的话;既不好高骛远,也不墨守成规,给群众留下严谨、朴实又锐意进取的印象。

(3)竞聘演说词既要有热情的鼓动,又要冷静地分析,给人感觉是既不打官腔,又不卑微,语言亲切感人,并适当暴露自己的缺点,以求得大家的帮助,这样才能产生强大的感染力和号召力。

二、竞聘词的写作要求

1. 开头要新颖

竞聘词的开头要新颖、生动,富有吸引力和感召力,这样才能给人以良好的第一印象,为自己在众多的竞争者中脱颖而出奠定基础。

2. 自我介绍要有针对性

要将自己的学历、经历、政治素质、业务能力、个性特征、曾获得的荣誉称号、奖励等,简洁、清楚地介绍给听众,引导听众自然而然地认识到这个岗位非你莫属。在注意针对性的同时,还要言之有物,让人们确信你有能力。

3. 应聘后的目标要有感召力

工作目标和措施要明确,对解决工作的热点、难点问题要提出明确、切实可行的措施,力求达到客观性、可行性和前瞻性的统一;做到目标高低适度,措施得当,令人信服。

4. 缺点要点到为止

对于自己的缺点和不足,可适当提及,但不要过分详细。要知道,竞聘词不是自我批评的检讨书,此时少提及自己的缺点并不意味着不谦虚。

【范例6-7】

竞聘词

同学们:

大家好!

今天,我走上演讲台的唯一目的就是竞选班长。

首先,我已经担任了两年班长,有了足够的经验。虽然如此,但我会做一个彻底的平民班长,没有"官相官态""官腔官气",更没有畏首畏尾的私虑,而有的是敢作敢为的闯劲。

第二,我跟同学相处不错。我应该是架在老师与同学之间的一座桥梁,能向老师提出同学们的合理建议,向同学们传达老师的苦衷。我保证做到在任何时候,任何情况下,都首先是"想同学们之所想,急同学们之所急"。

第三,班长作为一个班组的核心人物,应该具有统御全局的大德大能,我够条件——入校两年来,我各门功课的成绩都在良好以上,连续两年被评为校级"三好学生"。

我坚信,凭着我新锐不俗的"官念",凭着我的勇气和才干,凭着我与大家同舟共进的深厚友情,这次竞选演讲给我带来的必定是下次的就职演说。

同学们,请信任我,投我一票,给我一次为大家服务的机会吧!我会经得住考验的,相信在我们的共同努力下,充分发挥每个人的聪明才智,我们的班务工作一定能做得十分出色!

谢谢大家!

【提示】这份竞聘演讲词开篇即表明自己的意图,接着陈述自己的"实力",内容具体、实在;语言质朴,意思表达清楚。特别值得注意的是这么一句:"给我一次为大家服务的机会吧!"一下子拉近了演讲者与同学们的距离,给人以十分亲近的感觉。

【实战训练】

怎样写好竞聘演讲词?美国历届总统的竞选演说就是最好的范例。从这些竞选演说词中,我们既可以吸收很多的思想养分,同时又能够受到多方面的启示,学会巧妙、生动、有效地表达自己思想的方法和各种组织语言的技巧。

大家都知道,在上大学时担任班长,这既是人生的一段重要经历,也是一个十分重要的锻炼机会。很多人都想争取这个机会,都想拥有这样一段经历。那么,怎样才能竞聘上班长这一职务呢?请你写一篇竞聘演说词,参加班长的竞选。

第七节 劳动合同

【话题与案例】

××学院毕业生李三到一公司工作。两个月试用期满后,公司同意继续用他,他接过劳动合同看都没看就签了字。一个月后他去领工资,财务人员说当月2000元工资全被扣作风险抵押金。第二个月也只领到1000元,说风险抵押金共3000元,又扣了1000元。李三感到很委屈,因为他在公司里差不多每天都加班加点,但公司却这样待他。他该怎么办呢?

【基础知识】

劳动合同是劳动者与用人单位确立劳动关系、明确双方权利和义务的协议,也是维护劳动者和用人单位合法权益的法律保障。

劳动合同可以对劳动内容和法律未尽事宜做出详细、具体的约定,使双方明了权利和义务,促进双方全面履行合同,防止因违约而导致责任发生;劳动合同在发生劳动争议时也是解决纠纷的重要证据,使用人单位和劳动者解决纠纷更为便利,降低争议解决成本和社会耗损费用。

一、劳动合同的分类

《劳动合同法》第十二条规定:"劳动合同分为固定期限劳动合同、无固定期限劳动合同和以完成一定工作任务为期限的劳动合同。"

1. 固定期限劳动合同

《劳动合同法》第十三条规定:"固定期限劳动合同,是指用人单位与劳动者约定合同终止时间的劳动合同。""用人单位与劳动者协商一致,可以订立固定期限劳动合同。"

固定期限劳动合同的特点是当事人双方约定的劳动合同在一段时期内有效,在这个时间段,劳动合同具有法律约束力,超过这个时间段,双方的权利义务关系终止,劳动合同对当事人不再有法律约束力,劳动法律关系归于消灭。固定期限的劳动合同,明确了合同的有效期,在有效期届满之前,任何一方当事人不得擅自提前解除劳动合同。

2. 无固定期限劳动合同

《劳动合同法》第十四条规定:"无固定期限劳动合同,是指用人单位与劳动者约定无确定终止时间的劳动合同。"无固定期限劳动合同的订立有下列三种情形。

(1) 协商订立:用人单位与劳动者协商一致,可以订立无固定期限劳动合同。

(2) 法定强制:有下列情形之一,劳动者提出订立或者同意续订劳动合同的,除劳动者提出订立固定期限劳动合同外,应当订立无固定期限劳动合同:① 劳动者在该用人单位连续工作满十年的;② 用人单位初次实行劳动合同制度或者国有企业改制重新订立劳动合同时,劳动者在该用人单位连续工作满十年且距法定退休年龄不足十年的(双十);③ 连续订立二次固定期限劳动合同,且劳动者无《劳动合同法》第三十九条和第四十条第一项、第二项规定的情形(单位享有法定解除权的情形,劳动者有过错;以及非工伤和不胜任工作两种情形),续订劳动合同的。

（3）推定签订：超过一年不签书面合同，视为签订了无固定期限合同。用人单位自用工之日起满一年不与劳动者订立书面劳动合同的，视为用人单位与劳动者已订立无固定期限劳动合同。同时，在法律责任中规定：用人单位违反本法规定不与劳动者订立无固定期限劳动合同的，自应当订立无固定期限劳动合同之日起向劳动者每月支付二倍的工资。

3．以完成一定工作任务为期限的劳动合同

《劳动合同法》第十五条规定："以完成一定工作任务为期限的劳动合同，是指用人单位与劳动者约定以某项工作的完成为合同期限的劳动合同。""用人单位与劳动者协商一致，可以订立以完成一定工作任务为期限的劳动合同。"

以完成一定工作任务为期限的劳动合同，是指用人单位与劳动者约定以某项工作的完成为合同期限的劳动合同。当事人双方就完成某项工作任务达成协议，一旦该项工作完成，劳动合同就自行终止。这类劳动合同的特点是既不是无固定期限，也没有确定的合同终止的具体时间界限，而是以劳动合同中规定的工作任务的完成作为合同的终止条件。以完成一定工作任务为期限的劳动合同，是一种比较灵活的劳动合同期限方式和用工方式，适应了非正规就业方式的要求。

此类劳动合同可以是以完成单项工作任务为期限的劳动合同，也可以是以项目承包方式完成承包任务的劳动合同，还可以是因季节原因临时用工的劳动合同以及其他双方约定的以完成一定工作任务为期限的劳动合同。

在这里，有一个重要的概念需要注意：劳动合同期限。劳动合同期限即劳动合同关系开始和终止的时间界限，是指劳动者与用人单位在劳动关系存续期间，双方当事人享受权利和履行义务的期限。劳动合同的期限是劳动合同在时间上的表现形式，是保证劳动合同履行，保护劳动者权利实现的重要条件。用人单位与劳动者通过订立劳动合同，建立劳动关系，明确双方的权利义务。劳动关系的存续是由劳动合同确定的期限所决定的，在确定的合同期限内，劳动关系存在，超过确定的期限，劳动关系就不复存在。与民事合同不同的是，劳动合同可以是无固定期限的，而民事合同则有或长或短的期限。

二、劳动合同的作用

劳动者同用人单位订立劳动合同，对于保障劳动者的合法权益，合理使用劳动力，增强企业活力，发挥劳动者的积极性和创造性，提高劳动生产率，促进社会主义现代化建设，都有重要的作用。劳动合同的作用主要表现在以下几方面。

1．劳动合同是劳动者实现劳动权的重要保障

劳动权是劳动者获得职业的权利。它是劳动者生存的权利。我国《宪法》规定："中华人民共和国公民有劳动的权利和义务。"国家通过宪法和法律保障劳动者实现劳动权。劳动合同是保障劳动者实现劳动权的法律形式。劳动者订立劳动合同，意味着劳动权的实现，劳动者在合同期限内获得有保障的工作，用人单位不得无故解除劳动合同。

2．劳动合同是减少和防止发生劳动争议的重要措施

签订劳动合同，明确规定当事人双方的权利和义务，有助于提高双方履行合同的自觉性，促使他们正确地行使权利，严格地履行义务。这样，就可以减少和防止发生劳动争议。

3. 劳动合同是用人单位合理使用劳动力、巩固劳动纪律、提高劳动生产率的重要手段

用人单位可以根据生产经营或工作需要确定招收录用劳动者的时间、条件、方式和数量，并且通过与劳动者签订不同类型、不同期限的劳动合同，发挥劳动者的专长，做到人尽其才，合理使用劳动力。用人单位享有依法订立、变更、解除、终止劳动合同的自主权，劳动者能进能出，可以促进劳动力流动，优化劳动力资源配置。劳动合同规定劳动者必须遵守其所在单位内部劳动规则和其他规章制度，有利于巩固劳动纪律。签订劳动合同的目的之一是为了提高劳动生产率。只要用人单位认真履行劳动合同，就能调动广大劳动者的劳动积极性，促进劳动生产率的提高。

三、劳动合同的特点

劳动合同与一般的民事合同不同，它具有以下四个比较突出的特点。

1. 国家干预下的当事人意思自治

劳动合同是在国家干预下的当事人意思自治，而民事合同是没有国家干预的，体现的是当事人意思自治。也就是说，当两个人在签民事合同的时候，只要合同的内容不侵犯国家利益、公共利益，也不侵害第三者的利益，基本上都不受国家的干预。

但是劳动合同却不同，尽管用人单位和劳动者之间约定的是他们双方之间的事情，但他们也不可以任意约定合同内容。比如说，用人单位在与劳动者约定工资条款的时候，就不可以把工资约定在当地政府规定的最低工资以下。

2. 合同双方当事人强弱对比悬殊

在民事合同中，当事人之间一般没有强弱之分，而劳动合同的双方当事人之间强弱对比则比较悬殊。在劳动合同当事人中，一方当事人是非常弱小的个体，即劳动者；而另一方则是无论从资本实力还是其他方面来看都较强大的组织，即用人单位。针对这一特点，《劳动合同法》应是一部着重保护劳动者权益的"倾斜法"，因为在劳资双方不对等的条件下，只有倾斜于弱势群体才能达到公平。

"倾斜法"的立法理念，认为劳动关系是一种不平等的关系，必须通过法律的强制来弥补劳动者的弱势地位。侧重保护劳动者，是具有社会法品格的劳动法律与生俱来的使命。《劳动合同法》向劳动者倾斜，追求的正是实质上的公正。

3. 劳动合同具有人身性

用人单位与劳动者建立劳动合同关系，目的是为了使用劳动力。马克思曾经说过："我们把劳动力或劳动能力，理解为人的身体即活的人体中存在的、每当人生产某种使用价值时就运用的体力和智力的总和。"因此可以说，劳动力是蕴涵在劳动者的肌肉和大脑里，与劳动者人身密不可分。这样一来，劳动合同的履行，对于劳动者来说，就具有了所谓的人身性。

4. 劳动合同同时具有平等性和隶属性

劳动合同关系的平等性主要表现为双方权利义务的表面上的对等。在市场经济条件下，这主要体现在以下两个方面：一方面，管理方和劳动者双方都是劳动力市场的主体，双方都要遵循平等自愿协商的原则订立劳动合同，缔结劳动关系。任何一方在单方决定与对方解除劳动关系时，都要遵循一定的法律规定。另一方面，双方各自遵守自己的权利与义务，发生争议时法律地位平等。劳动合同关系具有人身让渡的特征，劳动者同用人单位签订

劳动合同,缔结劳动关系之后,就有义务在工作场所接受用人单位的管理和监督,按照用人单位所规定的纪律或要求付出劳动。《劳动合同法》第四条规定,"用人单位应当依法建立和完善劳动规章制度";《劳动法》第三条中规定,劳动者应当遵守劳动纪律和职业道德。换句话说,企业依法制定的规章制度和劳动纪律,劳动者应当遵守和执行,这就形成了所谓的隶属性,也就是不平等性。

【写作指导与范例】

一、劳动合同应当具备的条款

劳动合同应当具备的条款包括法定条款和任意条款。

(一)法定条款

(1)用人单位的名称、住所和法定代表人或者主要负责人;

(2)劳动者的姓名、住址和居民身份证或者其他有效身份证件号码;

(3)劳动合同期限;

(4)工作内容和工作地点;

(5)工作时间和休息休假;

(6)劳动报酬;

(7)社会保险;

(8)劳动保护、劳动条件和职业危害防护;

(9)法律、法规规定应当纳入劳动合同的其他事项。

此外,用人单位与劳动者可以约定试用期、培训、保守秘密、补充保险和福利待遇等其他事项。

(二)任意条款

1. 试用期条款

劳动合同期限三个月以上不满一年的,试用期不得超过一个月;劳动合同期限一年以上不满三年的,试用期不得超过两个月;三年以上固定期限和无固定期限的劳动合同,试用期不得超过六个月。

同一用人单位与同一劳动者只能约定一次试用期。

以完成一定工作任务为期限的劳动合同或者劳动合同期限不满三个月的,不得约定试用期。

试用期包含在劳动合同期限内。劳动合同仅约定试用期的,试用期不成立,该期限为劳动合同期限。劳动者在试用期的工资不得低于本单位相同岗位最低档工资或者劳动合同约定工资的80%,并不得低于用人单位所在地的最低工资标准,否则补足并支付赔偿金。

在试用期中,除劳动者有不符合录用条件、有违规违纪违法行为,不能胜任工作等情形外,用人单位不得解除劳动合同。用人单位在试用期解除劳动合同的,应当向劳动者说明理由。用人单位违反本法规定与劳动者约定试用期的,由劳动行政部门责令改正;违法约定的试用期已经履行的,由用人单位以劳动者试用期满月工资为标准,按已经履行的超过法定试用期的期间向劳动者支付赔偿金。

2. 违约金条款

违约条款适用于以下情况。

(1) 涉及培训的：用人单位为劳动者提供专项培训费用，对其进行专业技术培训的，可以与该劳动者订立协议，约定服务期。

劳动者违反服务期约定的，应当按照约定向用人单位支付违约金。违约金的数额不得超过用人单位提供的培训费用。用人单位要求劳动者支付的违约金不得超过服务期尚未履行部分所应分摊的培训费用。

用人单位与劳动者约定服务期的，不影响按照正常的工资调整机制提高劳动者在服务期期间的劳动报酬。

(2) 涉及保密的：用人单位与劳动者可以在劳动合同中约定保守用人单位的商业秘密和与知识产权相关的保密事项。

对负有保密义务的劳动者，用人单位可以在劳动合同或者保密协议中与劳动者约定竞业限制条款，并约定在解除或者终止劳动合同后，在竞业限制期限内按月给予劳动者经济补偿。劳动者违反竞业限制约定的，应当按照约定向用人单位支付违约金。

二、劳动合同签订应注意的事项

1. 注意合同条款的具体内容

签订劳动合同要遵循平等自愿、协商一致的原则，不得违反法律、法规的规定。

平等是指订立劳动合同时，用人单位和劳动者双方当事人法律地位平等。平等原则赋予了劳动者发表自己意愿的权利，劳动者不必以为自己在劳动关系中处于弱者地位而不敢伸张自己的主张，不敢要求自己的利益。

自愿是指签订劳动合同完全是出于本人的意愿，不得采取强加于人和欺诈、威胁等手段签订劳动合同。

协商一致是指劳动合同的内容、具体条款，在法律、法规允许的范围内，必须由双方共同讨论、协商，达成一致意见后才能签订劳动合同。

2. 签订劳动合同要合法

无论是合同当事人的主体资格、合同的内容与形式，还是订立劳动合同的程序，都必须符合法律、法规和政策的要求。

劳动合同的内容合法，是指双方当事人在劳动合同中设立权利义务条款必须符合国家法律、法规和政策规定。例如，国家规定职工工作时间为每日不超过 8 小时，平均每周工作时间不超过 40 小时，那么，劳动合同中约定的工作时间只能在每日 8 小时、每周 40 小时以内确定。在执行劳动合同制度过程中有些合同规定女职工不得结婚、生育；因工负伤协议"工伤自负"，甚至签订了生死合同等显失公平的内容，违反了国家有关法律、法规的规定，这类合同自签订之日起就成为无效或部分无效合同。因此，在签订合同前，双方一定要认真审视每一项条款，就权利、义务及有关内容达成一致意见，并且严格按照法律、法规的规定，签订有效合法的劳动合同，避免由此引发劳动争议。

3. 当前我国人才流动比较频繁，为防止不正当竞争，用人单位一般与高级职员在劳动合同中约定，劳动者在终止或解除劳动合同后的一定期限内，负有保密义务，不能到生产同类产品或经营同类业务，且有直接竞争关系的其他单位任职，这是劳动合同中的竞业避止条款。因为竞业避止肯定会限制劳动者的职业自由，直接影响劳动者离开用人单位后的职业发展和经济收入，所以用人单位应向劳动者支付一定数额的补偿费，在竞业避止的年限内，补偿额一般不低于避止人员原工资的 50％，而且竞业避止的年限应当适当，一般不超过两年。劳动者在签订竞业避止条款时应特别注意工资补偿、避止年限、避止范围等，进行有效的自我保护。

4. 仔细审查合同细节

劳动合同主要应包含下列内容：① 劳动合同期限；② 工作内容；③ 劳动保护和劳动条件；④ 劳动报酬；⑤ 劳动纪律；⑥ 劳动合同终止的条件；⑦ 违反劳动合同的责任。要仔细阅读关于相关岗位的工作说明书、岗位责任制、劳动纪律、工资支付规定、绩效考核制度、劳动合同管理细则和有关规章制度，做到心中有数。

5. 谨防合同"陷阱"

部分用人单位为了实现自己利益的最大化，千方百计在劳动合同中设立种种陷阱，侵害劳动者权益。这些"陷阱"主要包括：在合同中设立押金条款；采用格式合同，不与劳动者协商；在合同中规定逃避责任的条款，对于劳动者工作中的伤亡不负责任；准备了至少两份合同，一份是假合同，内容按照有关部门的要求签订，以对外应付有关部门的检查，但真正执行的是另一份合同，等等。

6. 签订劳动合同后，及时申请劳动合同鉴证

劳动合同鉴证是劳动保障行政部门依法审查、证明劳动合同真实性和合法性的一项行政监督、服务措施，是为用人单位和劳动者提供政策、法规咨询服务的重要手段，是预防和处理劳动争议的一项基础工作。由于我国实行劳动合同制度时间相对较短，劳动合同立法滞后，用人单位和劳动者法律知识欠缺，劳动合同法律素质不高，也缺少签订劳动合同的经验，在劳动合同订立、变更时存在不少问题。从劳动合同争议处理情况看，劳动合同中的违法条款比较多，因而给劳动合同的履行带来了很多困难。因此，劳动合同签订后，主动、及时地申请鉴证，发现问题及时纠正，对于减少无效合同或违法合同，加强劳动合同的管理，保证劳动合同的严格履行，预防和减少劳动争议，维护劳动者的合法权益。

【思路拓展】

> 农民工王某在一私营建筑队干活，一次搭作业架时从高空中掉下来，造成下肢致残。当他向这家建筑队提出赔偿时，建筑队的法人代表拿出了与王某签订的一份劳动合同，其中有这样一项条款："施工中如发生意外，导致伤残、死亡的，其后果一律由本人承担，与本工程队无关。"在这种情况下，王某应该怎么办？

【提示】私营建筑队与王某签订的那份劳动合同不符合国家法律、法规和政策规定，该合同中的"工伤自负"部分属无效合同。因此，王某可以拿起法律武器保护自己的合法权益。

【实战训练】

本节案例中，李三在签订合同时没有坚持协商一致的原则，也没有仔细审查合同细节，因此给自己带来了麻烦。目前存在的劳动合同不规范，甚至不符合法律、法规规定的现象，主要原因是在签订劳动合同前双方没有认真协商合同条款，尤其是劳动者一方为了尽快获得一份工作，在对有些条款本来不愿接受的情况下，也违心地签订了劳动合同，这就违背了劳动合同签订的原则，其结果是常常导致劳动争议的发生。因此，签订劳动合同，一定要注

意本课所讲的"注意事项"。当你遇到类似李三的情况时,你准备怎么解决?

第八节 自 传

【话题与案例】

沙湖学院能源工程系学生姚进步要加入党组织,在填写志愿表时看到上面有"自传"一栏,不知怎么填好,便去问教他们应用写作课的老师。恰好,老师也在填写"职称评审表",那上面有"业务自传"一栏。于是,姚进步问老师:"我们这两份表上的自传内容要素相同吗?"老师说:"不完全相同。"接着,老师便给他讲了两种自传的写作要点。

【基础知识】

自传是作者对自己生平的自述。具体一点讲,自传是将自己的经历、思想演变过程、工作业绩或专业成就等系统地记录下来的文字材料。自传的应用比较普遍:加入一个组织或团体,申请一个项目,专业职务晋升,竞聘某个职位……常常都需要写自传。通过自传使组织、团体、新单位以及相关部门对自己有较充分的了解。

一、自传的特点

1. 纪实性

自传着眼于记叙与介绍,它的内容主要是对自己所走过的生活道路的如实记录。

2. 亲历性

自传的取材限于作者亲身经历、亲眼所见、亲耳所闻的事实。

3. 目的性

自传的内容大多服务于一定的需要,因此写作时总是有一定的重点。

二、自传的类型

1. 根据表现形式的不同划分

(1) 小说体自传。小说体自传的最主要特征是它所记录的内容已不是客观事实的真实,而是艺术的真实。它对作者的生活作了一定的艺术加工。但小说体自传与一般的小说不同:一般的小说往往主要是从作者的自身经历之外,去集中概括大量的生活原型以创造人物形象,而自传体小说则主要以作者的亲身经历为依据,再拿其他类似的人物来补充,以创造出典型人物形象。一些有着特殊经历或有典型意义的人物,常用自身的素材写作这种小说体自传。

(2) 回忆录体自传。回忆录体自传最主要的特征是真实而又较为全面系统地追记本人过去的生活经历和社会活动。它排斥任何的虚构与合理想象。它与一般回忆录的不同在于较为全面系统地叙述本人的生平事迹。

(3) 小品体自传,又称为自传小品。小品体自传的最大特点是它往往在短小的篇幅中,采用独特的形式与生动的语言,去说明自己的经历与思想。

如漫画家方成写的自传："方成，不知何许人也。原籍广东省中山，但生活在北京，讲一口北京话，自谓姓方，但其父其子都是姓孙的。非学画者，而以画为业。乃中国美术家学会会员，但宣读论文是在中国化学会，终身从事政治讽刺画，因不关心政治屡受批评。"这则自传寥寥数语，道出了方成人生态度和艺术造诣，读后耐人寻味。

小品体自传的写作讲究文艺笔调，它是用散文的笔法去写自传。因此它的表现手法是极为灵活自由的，常常运用打比方、联想、幽默诙谐、夹叙夹议的方法，形象地新鲜地自述生平。

（4）文书体自传，即应用性自传。这种自传是为了组织或别人了解自己而写的，要写明作者的一般情况，诸如姓名、性别、年龄、籍贯、家庭出身、学历、工作经历、社会关系、个人思想情况、工作成果以及优缺点等，这就使自传有一定的规定格式和写法，需要作者按照有关规定的提纲来写。一般"干部履历表""入党志愿书""入团志愿书"上所要求写的自传，就属于这种文书体自传。

文书体自传的内容多根据作者工作的性质而定，如作家主要记述自己的创作经历，一般干部则写自己的工作经历。文书体自传应注意以自己的思想发展过程贯穿生平的各个阶段，以便组织和别人对自己的了解。文书体自传还要有选择有重点地介绍自己的生平事迹，不能堆砌材料。文书体自传的语言则要简明朴实，忌渲染夸张。

我们在本节中主要介绍文书体自传的基本知识及其写作要点。

2. 根据自传内容侧重点的不同划分

（1）一般性自传。一般性自传是指将自己的经历、思想演变过程、工作业绩或专业成就等系统地而又有重点地记录下来的文字材料。

（2）业务自传。业务自传是以第一人称来叙述自己从事某种专门事业或学问的经历和主要贡献的文章。

【写作指导与范例】

一、一般性自传的写作要点

一般性自传主要用于加入组织、团体和向用人单位介绍自己的基本情况等情形，其内容主要是将自己的历史和思想演变过程予以客观的介绍。一般性自传的基本格式及内容要点如下。

1. 标题

一般性自传的标题部分应居中写"我的自传"（或自传）。

2. 正文

一般性自传的正文部分主要包含三层意思：

（1）写明个人和家庭主要成员、主要社会关系的情况。个人情况包括：姓名、性别、民族、出生年月日、籍贯、家庭出身、文化程度、本人成分、现从事的工作以及担任的职务等。家庭主要成员情况主要指父母、配偶和子女，以及和本人长期在一起生活的亲属的职业和政治情况。主要社会关系情况指与本人在政治上、经济上有直接联系的亲友等人的职业和政治情况。

（2）写明自己的历史。一般从上小学写起，要写明何时、在什么学校读书或在何地从事什么活动；何时参加工作，在哪些单位工作过，担任些什么职务。前后时间应衔接，每段经历要提供证明人。还应写明加入过什么民主党派、进步团体、反动组织或封建迷信组织、任何职务以及有何其他政治历史问题,结论如何;受过何种奖励或处分;需要向组织说明的其他问题等。

(3)写明自己的思想演变过程,这是自传的主体部分。一些年岁较大、经历较复杂的同志,可把自己的历史分成若干阶段,写明各段时间的思想变化,对组织的认识。通过这些思想演变过程的回顾和清理,总结经验教训,提高思想觉悟,明确今后的努力方向。

写作一般性自传应该注意这么几个问题:一是要坚持实事求是的原则。要如实写自己的经历,实事求是地评价自己,不夸大,不缩小,不编造,不隐匿,包括时间、地点都要写清楚,一些重要事件要有证明人。二是要从实际生活中总结经验教训。写自传不单单是实录自己的生活经历,应该从自己思想变化的分析中,明辨是非,把握方向,增添前进动力。经验教训不要写成干巴巴的几条,要寓理于叙事之中。三是写自传与一般填写"干部履历表""党员登记表"是不一样的,自传要求写得详细些,对主要的经历、情节要交代得具体。既要避免只直述经历而不触及思想,又切忌事无巨细地什么都写,重点不突出、记流水账似的做法,应力争达到简繁得当,主次分明。

【范例 6-8】

> 著名作家老舍在 40 岁时写下了一份自传,全文如下:
> 舒舍予,字老舍,现年四十岁,面黄无须,生于北平。三岁失怙,可谓无父,学志之年,帝已不存,可谓无君。无父无君,特别孝爱老母。布尔乔亚("资产阶级"的法文音译)之仁未能一扫空也。幼读三百篇,不求甚解。继学师范,遂奠教书匠之基。及壮,糊口四方,教书为业,甚难发财。每购奖券,以得末彩为荣。示甘于寒贱也。二十七岁发奋读书,科学、哲学无所懂,故写小说,博大家一笑,没什么了不得。三十四岁结婚,今已有一男一女,均狡猾可喜。闲时喜养花,不得甚法,每每有叶无花,亦不忍弃。书无所不读,全无所获并不着急。教书作事均甚认真,往往吃亏,亦不后悔。如此而已,再活四十年也许能有点出息。

【提示】这篇自传,仿佛闲谈,仔细品味,旁敲侧击,妙趣横生,给人以阅读快感。

二、业务自传的写作要点

在专业技术职务评聘工作中,规定专业技术人员必须向各级评审组织提交专业工作"业务自传"。

业务自传是以第一人称来叙述自己从事某种专业或学问的经历和主要贡献的文章。是各级职称评审组织考核专业人员工作,衡量其是否有资格获得某种专业技术职称的重要依据。

业务自传分为技术性工作业务自传和研究性工作业务自传两大类别。根据专业系列职称申报的要求,可以分为履历型业务自传、总结型业务自传和综合型业务自传三种类型。

履历型业务自传以叙述个人基本情况、工作经历为主,配合工作总结、各种相关报告,方能形成代表个人学识水平、专业技术水平和工作能力的完整材料。

总结型业务自传以叙述个人专业经历,总结个人专业工作为主,而与其他材料共同形成代表个人学识水平、专业技术水平和工作能力的完整材料。

综合型业务自传能同时容纳个人各方面有关内容,能说明申报人是否属于规定的申报范围、是否具备相应条件、已有哪些成绩，申报哪一档次技术职务等，即一份业务自传就是代表个人学识水平、专业技术水平和工作能力的完整材料。

业务自传一般由标题、正文、结尾、署名及日期组成。各部分的写作要点如下：

1. 标题

业务自传的标题一般由所从事的专业名称和文种名两部分构成，如"教育教学工作总结"。有时省去专业名称，只用文种名标注，如"专业工作自传""业务自传"等。

2. 正文

业务自传的正文应包括个人基本情况、政治思想表现、专业知识和学识水平、业务能力和主要工作成绩五个方面的内容。

（1）个人基本情况大致有姓名（曾用名）、性别、年龄（出生年、月）、民族、籍贯、家庭出身、文化程度（最终学历）、学位、外语、专业进修、政治面貌及相关时间、参加工作时间及从事本专业时间、工作单位、现行职务、技术职称等内容，以及工作简历和应说明的受奖励或处分（处罚）情况。通过上述说明个人属于某职称系列某档次的申报范围。

（2）政治思想表现是确定和晋升技术职称的主要考核内容之一。包括专业思想、遵纪守法、职业道德等有关内容。

（3）专业知识和学识水平包括专业理论知识和技术知识、相关专业基础理论知识学习和掌握的广度、深度、政策水平的高低，通过总结个人对客观规律不断认识的提高过程，表明自己符合某种职称规定"应知"的要求（有的专业还强调总结出从事专业工作的经验）。

（4）业务能力是指完成专业工作各种活动的本领，不仅包括具体规定的"应会"技能、手段，还包括从事某种专业活动所必需的心理特征。业务能力是业务实践中形成和发展起来的。所以，应该对个人专业活动进行恰当的分析，表明自己已经具备与准备申报或晋升的职称相应的科研技术工作能力并能够履行相应的岗位职责。

（5）主要工作成绩体现出个人的工作贡献。专业成绩不仅是对个人学识水平和业务能力的补充说明，而且标志个人在专业领域的地位。因此主要工作成绩是确定或晋升业务职称的主要依据，是确定"特殊贡献"的主要标准。在必要的情况下，主要工作成绩可以包括个人在近似专业取得的主要成绩。

3. 结尾

在正文记述的基础上，恰如其分地提出申报要求。

4. 署名及日期

署名及日期在结尾的右下方，分两行署申报者的名字，注全年、月、日。

三、自传写作的一般要求

1. 要真实

自传的真实则指自传的内容要完全真实。时间、地点、人物、事件的重要细节都必须真实，即使一个细节失真，也会导致自传全面的失真，使自传失去其应有的价值。

2. 以叙述为主要表达方式

由于自传是自己写自己的经历，因此在记叙表达上要求用叙述性的语言，客观、真实、公正地来叙述,尽量不用抒情、议论、描写等手法。

【思路拓展】

> **著名发明家诺贝尔的自传**
>
> 阿·诺贝尔：仁慈的医生本当在呱呱坠地之时就结束他痛苦的生命。
> 主要优点：不沾光讨便宜,不成为任何人的负担。
> 主要缺点：终身未结婚,脾气暴躁,消化不良。
> 唯一的希望：不要让人活埋。
> 最大的罪过：不崇拜财神。
> 一生中重大事件：全无。

【提示】这个自传在夹叙夹议中极好地反映出了这位发明家无私、谦虚的美德与广阔坦荡的心胸,给人极其强烈的感染和教育。

【实战训练】

自传的写作比较灵活,内容根据实际需要而有所侧重。一般来讲,不论是加入各类团体或组织的自传,还是用于业务考评的自传,都以德与才的描述为重点。试以加入某组织作为模拟情境为自己写一份自传。

第九节 小 传

【话题与案例】

本书封面一打开,就可以看到本书的"作者简介",这份简介实际上就是一份内容有所侧重的个人小传。个人小传都写哪些内容？有哪些用途？这是本节要讲的内容。

【基础知识】

小传属于传记体应用文章的一种,它是篇幅短小、简略记叙人物生平事迹的文章。小传因短小灵活,在生活中运用广泛。一个人如果做出了突出的贡献,引起了社会的关注,新闻媒体往往会在报道他事迹的同时,配发他的小传,以满足人们了解他生平的要求。出版社出版重要著作,有时也会在书中附上作者小传,以便读者更多了解作者。此外,毛遂自荐者要写介绍自己简历的小传,等等。

一、小传的特点

1. 篇幅短小

与一般传记相比,小传篇幅十分短小,通常不过数百字,甚至几十字。

2. 内容简单明了

小传只记载人物生平事迹的要点,不枝不蔓,内容简洁明了。

3. 体式灵活

小传可将传主生平事迹概括叙述出来，也可只选其某一侧面加以重点描述。表现角度、表达手法，均可自由灵活处理。

二、小传的内容要点

小传只写人物的主要生活经历和思想，甚至可以选写人物生平的几件典型事情。小传一般包括下面几个方面的内容或者从下面几个方面的内容中进行取舍。

1. 人物身世

包括姓名、出生日期、籍贯和主要身份等。

2. 生活道路

包括人物不同时期身份的变化，从事的主要职业，所做的主要事情等。

3. 主要业绩和贡献

包括人物在事业上取得的成就，为社会做出的贡献及在社会上产生的影响等。

4. 性格特点

写其性格特点是为了使人物的形象鲜明生动，给读者留下深刻印象。

【写作指导与范例】

小传写作的一般要求如下。

（1）真实是小传的生命。写小传也要遵循传记的特点，要实事求是，不允许虚构和夸张。

（2）在充分占有材料的基础上，要严格选材，根据人物特点，选择典型材料。要选取最典型的事例，来表现人物主要的思想性格特征，不能像履历表式的简单罗列。

（3）在有限的篇幅内，尽量比较全面的展示人物的主要思想性格特征，透视人物的精神世界。

（4）人物小传基本上采用客观叙述的方式，可以适当穿插一点抒情和议论。对人物思想品格、是非功过的态度和评价，要持全面、客观、公正的态度。

（5）要注意"小"字。作者小传应在"小"字上面下功夫：要小巧、精悍、扎实、言之有物；不要说空话、套话，不要面面俱到，求大求全。

【范例6-9】

小传写作示例

归有光（1506—1571），字熙甫，明朝昆山（今属江苏）人。少年时勤苦读书，至三十五岁才中了举人，此后曾八次考进士都未被录取，于是迁居嘉定安亭江上，读书讲学二十余年，学生有几百人，称他为"震川先生"。六十岁时才中进士，出任湖州长兴县知县。官至南京太仆寺丞。归有光重视宋唐文，对欧阳修尤为推崇，反对前后七子的"追章琢句，模拟剽窃"的复古主义和形式主义风尚。他以自己真实的生活感受写出了不少清新优美的散文，文笔简洁洗练，情真意挚，颇有感染力。王锡爵为他写墓志时说他的文章："无意于感人，而欢愉惨恻之思，溢于言表。"这很能说明他散文的特色。著有《震川文集》。

【提示】这则作者小传选取了人物一生中典型的经历来写，主要突出其文学成就，重点突出，给人以深刻的印象。

【思路拓展】

> **台湾著名女作家琼瑶的小传**
>
> 　　籍贯湖南，体重四十九公斤，一九三八年四月二十日生，属虎。O型血，不抽烟，不喝酒，不爱运动。最爱紫色、最爱冬季、最喜深夜、最爱吃柳丁。怪癖是不爱被陌生人拍照。基本个性——好胜，不服输，别人以为我做不到的事，我一定试试。

【提示】在这则小传里，尽管只着重写了自己的爱好、个性，也不乏是一篇精彩之作。

【实战训练】

　　树人学院举行大学生演讲比赛，要求每个参赛选手在演讲前首先做一个简短的自我介绍。这个简短的自我介绍直接影响着评委对参赛选手的第一印象，因此要认真对待。假如你是一名参赛选手，请为自己写一份简短的自我介绍稿，也就是为自己写一份小传。

第十节　述职报告

【话题与案例】

　　晚清时期，湘军主帅曾国藩奉命镇压太平军，但最初几年总是打一仗败一仗，特别是在鄱阳湖口一役中，连自己的老命也险些送掉。他不得不上疏皇上表示自责之意，在他的上疏书里有一句"臣屡战屡败，请求处罚"。手下的一个幕僚建议把"屡战屡败"改为"屡败屡战"。这一改，果然成效显著，皇上不仅没有责备他屡打败仗，反而还表扬了他。在这一典故中，曾国藩的上疏书就是我们今天所要介绍的述职报告，而将"屡战屡败"改为"屡败屡战"，实质上反映出了我们应该关注述职报告的写法这一问题。

【基础知识】

　　述职报告是机关、团体、企事业单位的主管领导、部门负责人或者某一岗位的工作人员，就自己任职期间履行岗位职责情况，向上级领导部门、人事部门、专家组或本单位职工群众进行汇报陈述和自我评价的一种事务文书。

　　述职报告的使用主体是在某一岗位任职的个人。既包括党政机关的各级领导干部和一般干部，也包括企事业单位的各级负责人和其他业务人员；既包括经组织任命的公职人员，也包括由企事业单位招聘的受聘人员。

一、述职报告的作用

　　述职报告是报告人向上级领导部门、人事部门或本单位的职工群众陈述自己在一定时期内的工作实绩、存在问题和今后设想的自我述评性的报告文书。其作用主要有以下几个方面：

1. 有利于改进工作，提高自身素质

通过述职，对过去的工作进行回顾，总结经验，吸取教训，改进工作方法。这些，不仅有利于改进工作，而且有利于述职者自身素质的提高。

2. 为上级机关和人事管理部门考核提供科学依据

上级机关和人事管理部门根据述职报告，全面掌握述职者的工作情况，对其进行考核，做出评价。

3. 接受群众监督，密切干群关系

述职报告是群众评议干部的主要依据。干部向群众述职，由群众评议，接受群众监督，有利于干群间的思想沟通，密切干群关系，提高领导干部的威信，鞭策、激励领导干部奋发上进。

4. 可以作为干部和职工升降、留任、调动的依据

述职报告可以全面反映出述职者德、勤、能、绩的情况，为上级组织量才用人提供依据。

二、述职报告的特点

述职报告是述职者陈述自己在一定时期内的工作实绩、存在问题和未来工作设想的自我评述性的事务文书，其内容主要是对任职期间工作的自我回顾、总结和评价。其特点主要表现为以下几个方面：

1. 自述性

所谓自述性，就是报告人采用自述的方式述说自己在一定时期内履行岗位职责的情况，向有关方面报告自己的工作实绩，即个人在一定时期内按照岗位职责的要求，做了哪些事情，达到了什么目标，取得了什么成绩。

2. 自评性

所谓自评性，就是报告人依据岗位规范和职责目标，对自己任期内的德、能、勤、绩等方面的情况作自我评估、自我鉴定和自我定性。

3. 规定性

述职者的述职内容是有规定的，即述职者必须根据自己所在岗位的职责和目标，述说做了哪些工作、取得哪些成绩、工作效率如何、哪些地方存在不足、工作是否有失误、工作作风如何，等等，不能偏离或超出自己的工作职责范围。

4. 客观性

述职报告作为干部考核、评优、晋升的一个重要依据，要求述职者必须客观地陈述自己履行岗位职责的情况，不允许随意夸大事实，也不允许虚构事实，更不允许刻意掩盖工作中的失误。

5. 法定性

述职报告的使用主体是法定的，即只有担任一定职务者才能向特定对象陈述自己履行岗位责任的情况，不任职者，不存在"述职"的可能。此外，任何人都不得代替他人述职。

三、述职报告与总结的区别

总结和述职报告虽然都是对自身某一时期工作的回顾、总结和自我评估,但二者的区别十分明显:一是写作目的不同。总结写作的目的是回顾过去、总结经验、吸取教训,以利于今后更好地工作,而述职报告的写作主要是根据某一职位的要求,着重汇报个人在一定时期内履行岗位职责的情况,主要回答自己称职与否的问题。二是作用不同。总结的主要作用是总结成绩,发现问题,寻找解决的办法,以利于推动工作向前发展。其中虽然也评价总结者的业绩,但对个人职务和职称的升迁不一定构成直接影响。述职报告是上级主管领导和有关评审组对述职人任职实绩和能力考核的依据之一,也是群众评议的基础,从某种程度上讲,具有鉴定的意义,直接影响述职者的升迁和去留。

四、述职报告的分类

依据不同的分类标准,述职报告可分为以下几种:

1. 依据内容划分

(1)综合性述职报告:报告内容是对自己一个时期所做工作全面、综合的陈述与自我评价。

(2)专题性述职报告:报告内容是对某一方面的工作所作的专题汇报与自我评价。

2. 从时间上划分

(1)任期述职报告:对任现职以来的全部工作所作的报告。这类报告涉及的时间较长,涉及面较广,一般要写出一届任期内的全部情况。

(2)年度述职报告:这是一年一度的述职报告,其内容是写本年度岗位职责的履行情况。

(3)临时性述职报告:就担任某一项临时性的工作而作的述职报告。

3. 从表达形式来划分

(1)口头述职报告:向专家组或本单位职工群众所作的口头述职。

(2)书面述职报告:向上级领导机关或人事部门呈报的书面述职报告。

【写作指导与范例】

一、述职报告的写作要点

述职报告由标题、称谓、正文和落款四个部分组成。

(一)标题的写法

述职报告的标题,主要有以下几种写法:

1. 文种式标题

此种标题只写"述职报告"四个字即可。

2. 时限+文种式标题

文种前加上述职的时间范围,如《2010年度述职报告》。

3. 公文式标题

公文式标题由任职时限+所任职务+文种名称构成,如《2010年度教学副院长述职报告》。

4. 文章式标题

文章式标题用正题或正副题配合的方式标明。如《培养大学生的人文素质是大学教育的第一职责——航空旅游分院执行院长述职报告》。

（二）称谓的写法

在正文上方一行顶格书写主送单位或听取述职报告的人员的称呼，如"××人事部"、"×××领导"；如果是在一定的场合口头述职，则应用"各位领导""各位评委""各位同志"等称呼。

（三）正文的写法

述职报告的正文由前言、主体、结尾三个层次组成。

1. 前言

前言又叫引语，一般交代任职的自然情况，包括何时任何职，变动情况及背景；岗位职责和考核期内的目标任务情况及个人认识；对自己工作尽职的整体估价，确定述职范围和基调。这部分要写得简明扼要，给听者一个大体的印象。

2. 主体

这一部分是述职报告的中心内容，主要写实绩、做法、经验、体会或教训、问题。要重点写好以下几个方面：

（1）对党和国家的路线、方针、政策、法规和指示的贯彻执行情况。

（2）对上级交办事项的完成情况；对分管工作任务完成的情况；在工作中出了哪些主意，采取了哪些措施，做出哪些决策，解决了哪些实际问题，纠正了哪些偏差，做了哪些实际工作，取得了哪些业绩。

（3）个人的思想作风、职业道德，廉洁从政和关心群众等情况。

（4）写出存在的主要问题，并分析问题产生的原因，提出今后改进的意见和措施。

（5）应简要写出述职者今后的努力方向、有关的态度、愿望等。如对个人进退的态度，对上级领导和群众的感谢等。文字要简朴，态度要诚恳。

这部分，要写得具体、充实、有理有据、条理清楚。由于这部分内容涉及面广，宜分条列项写出。分"条"列"项"要注意把内在的逻辑关系安排好。

3. 结尾

述职报告末尾还应有结束语，如"述职完毕，谢谢大家"，"以上报告，请批评指正"等。这类习惯用语既显示了对上级领导或下属群众的尊重，又在一定意义上表示了自己做好工作的愿望，绝不是可有可无的。

（四）落款的写法

全文结束之后要有落款，即述职者职务、姓名和成文日期。如在标题下已有署名，此处应略。

【范例6-10】

语文教师述职报告

本学期我担任06级药学和计算机电算化两个专业三个班的语文课。受就业指挥棒的影响,这些学生普遍重视专业课,看轻文化基础课,加上教材选文的审美性欠佳,致使他们对语文课的兴趣不浓。再加上长时间以来(指在中小学阶段)过重的课业负担等原因造成的厌学情绪,加大了教学实施的难度。在这样一种情况下,我采取了以下几个措施,取得了比较理想的效果。

1. 培养学生浓厚的学习兴趣。只要兴趣培养起来,热情激发出来,学生在课堂上互动起来,教学实施就容易了。那么,怎样培养兴趣呢?首先,我采用了避实就虚的办法。第一堂课一开始,我问:大家喜欢唱歌吗?"喜欢"的回答是主流声音。于是,我以《母亲》和《父亲》两首歌为例做了这样的引导:第一步,先让学生唱,唱完我来评点,就此引出一个话题——怎样才能进入情境,把歌曲要表达的感情完美地表现出来?第二步,指导学生反复诵读歌词,然后就歌词进行分析。第三步,让学生在透彻理解歌词的基础上再唱。通过这三个步骤,学生普遍有所感悟。其次,课内外结合,精选配有曲子的古典诗词让学生反复诵读、歌唱,感受语言的魅力。再次,见缝插针,给学生讲精彩的神话故事,如《女娲补天》、《夸父逐日》和《干将莫邪》等,让学生体验想象的乐趣。通过这些,学生学习语文的兴趣得到了培养,上语文课的热情高涨,我自己教得很轻松,学生也学得很愉快。

2. 以用促学。在让学生获得强烈的审美体验的基础上,让学生充分认识到语文能力的重要性,这是增强学生自觉地学习语文内驱力的关键。所以,在培养学生对语文课兴趣的同时,我采用了以用促学的办法来引导学生自觉地学习。如在写作指导课上,我让学生随堂编写手机短信,编完后同学间互改,让学生实实在在地感到遣词造句能力的重要。

3. 让学生在感动中不断进取。语文课有一个重要功能是培养和强化学生的人文素质。强化学生的人文素质,说明白一点就是要学生有一颗善良的心,使他们富于爱心,真诚、善良,尊重别人,能够与人和谐相处。这一教学目标一旦实现,不仅学生的灵魂得以纯洁,他们自觉学习的内驱力也将大大增强。为此,我在教学实施过程中从课外选了一些催人泪下、令人感奋的优美文章让学生读,让学生在动心的同时动情,使他们在感动中不断进取。

4. 让学生体验到成功的快乐。职业院校的学生普遍基础较差,有自卑感,对自己缺乏信心。针对这一情况,我在教学过程中作了两个方面的工作:一是讲究教材处理的艺术,努力寻找文章所写内容与学生实际生活的最佳切入点,让学生对文章产生"似曾相识"的感觉;二是力求讲解浅显易懂——不求讲深,但求讲透,让学生听得懂,学有所获,增强他们学习的自信心。在作文训练方面,我尽量采用"小"题目,让学生人人都能做,都有兴趣做,稍加用心都能做好,使他们真切地体验到成功的快乐。

5. 牵住语文能力培养的"牛鼻子"。语文能力的形成有自己的规律——以丰富的思想、想象与联想能力和良好的语感为基础。为此,我在语文教学过程中一直重视学生思想的涵养与提高,加强学生想象与联想能力的训练,重视语感的培养与强化,取得了十分喜人的成绩。

总的来讲，作为一个语文教师，我的工作是尽职尽责的，取得的成绩是十分显著的。当然，需要改进之处也有：一是关于学生课外阅读的指导和引导问题，尤其是在杜绝学生阅读不健康读物方面还缺乏更好的措施和思路；二是在引导学生正确对待网络文学方面还研究不够；三是在丰富和提升学生的思想修养方面还需要做更多的工作。

陕西国际商贸学院　刘会芹
2007 年 12 月 12 日

【提示】这份述职报告比较详细地陈述了个人在教学工作中的具体做法，对自己一学期来的工作进行了自我评价，同时也讲了需要改进之处。全文写得比较客观、实在，给人以十分清晰的印象。

二、述职报告的写作要求

1. 实事求是

述职报告不是一般的表态或思想汇报，写作时不要过分谦虚，而是应该将工作业绩理直气壮地全部摆出来。同时，不回避问题，不讳言失误。无论讲成绩或问题，都应客观、真实，是成绩就是成绩，是问题就是问题。用事实说话，必要时列出实际数字加以说明；实事求是，有一说一，有二说二，既不过分谦虚，也不浮夸。只有这样，群众和考核者才能对述职者做出客观、公允的评价。

2. 突出重点

述职报告的内容涉及德、能、勤、绩几个方面，面面俱到势必会使文章冗长，令人生厌。因此，述职报告的写作要突出重点，重在"述绩"。与此同时，"述绩"也要抓主要之点，精心选择。对其中的重点部分，要写得详细、具体、充分、全面；次要部分，则可约略提及，一笔带过。

3. 突出个性

不同的岗位，有着不同的职责要求，即使是相同的岗位，也由于述职者个人的个性差异，其工作方法、工作业绩也不相同。这就是说，每个述职者都有与别人不同的情况，因此，写述职报告，应根据自己的实际情况，写出自己特有的做法和独有的贡献。同时，不同时期或阶段写的述职报告要在前面述职的基础上有所突破，每次述职要总结出一些新鲜经验，写出一些新意，这是衡量述职人是否具有创新意识、进取精神和开拓能力的一项重要内容。

4. 行文得体，语言通俗

述职报告的行文要庄重朴实，措辞要严谨，态度要谦恭，使人易于接受。与此同时，语言要精练、通俗，要尽可能让个性不同、情况各异的与会代表都能听懂、听明白。

【思路拓展】课外阅读《跟随良知的指引——美国总统布什的离任演说》

【阅读提示】这是前美国总统乔治·布什的离任演说，其实质是一份典型的述职报告。其内容主要是就自己任总统期间所做的工作进行了概括的陈述，对自己在任期间的一些失误，也做了交代。如"如果还能有机会，有些事我会做出不同的选择"，这一句十分巧妙地承认了自己任职期间的一些决策失误。文中像这样的陈述有多处。单从巧妙的表达这一点来讲，本文不失为述职报告的经典之作。

【实战训练】

述职是接受群众监督、使上级主管部门和领导了解自己工作情况的重要途径，不仅关乎自己的群众威信，而且还决定着自己的升迁、去留等，关乎自己的职业前途和命运。因此，在写作述职报告稿时要把自己的成绩客观地摆出来，突出自己与众不同的个性与亮点，以获得群众或上级的认可。试模拟一个礼仪公司营销经理的身份写一份"述职"报告。写作时可以大胆想象，比如为了展示公司形象、提高公司知名度，经常"打着旗号"在街头开展公益性礼仪示范活动等。

第七章 经济应用文

经济应用文是经济部门、企事业单位用于处理经济事务,传递经济信息,协调经济活动时使用的具有相对固定格式的一类专用文书的总称,一般称之为经济文书或经济应用文。

第一节 经济应用文概述

> 经济应用文广泛应用于生产、交换、流通、消费等经济活动的各个环节,直接服务于生产和经营,在企业生产和经营管理中起着指导、控制、协调、促进等作用。

一、经济应用文的作用

经济应用文之所以备受重视,源于它适应了市场经济发展的需要,在经济活动中发挥着极其重要的作用。概括起来,经济应用文的作用主要表现在以下几个方面。

1. 信息传递作用

在市场经济中,信息起着至关重要,甚至是决定性的作用。一方面,科学的经济决策是建立在大量经济信息基础上的。从一定意义上说,决策的水平在很大程度上依赖于经济信息的质量。另一方面,市场竞争的关键是知己知彼,而知己知彼的关键在信息。信息的传递必须借助于一定的载体,经济文书就是这样的载体。

2. 联系与纽带作用

市场经济条件下,各经济部门之间,无论是进行一般业务询答,还是协调彼此之间的关系,或者是建立受法律保护的经济协作关系,都需要借助于经济文书,诸如商务函件、合同、协议书、招标书、投标书等。这类文书是各经济部门相互的纽带,是经济领域人们相互交往、沟通、协调、制约的重要手段和工具。

3. 凭证作用

在频繁的经济交往中,难免会出现经济矛盾,如经济合作中权利和义务的冲突、执行合同过程中的违约、债务纠纷等,这些问题的解决常常要求助于经济仲裁机构和人民法院。仲裁机构和人民法院解决这些问题的"事实"依据,就是双方往来的函件、标书、签订的合同、协议书,还有商品广告、商品说明书等文字材料。

二、经济应用文的特点

1. 经济性

经济文书的经济性主要体现在三个方面:一是直接服务于经济活动;二是以讲求经济效益为写作的出发点和归宿点;三是遵循经济规律,维护经济秩序。

2. 合法性

经济文书的合法性主要表现在两个方面:一是以党和国家的方针、政策为指导,符合党和国家在一定时期内的经济政策;二是依法拟制,如合同、公司章程、商品广告等的撰写,要遵守相关的法律规定。

3. 时效性

经济文书是经济信息的载体,而经济信息,特别是市场信息瞬息万变。作为信息载体的经济文书,必须及时、准确反映急速变化的经济活动情况,要写得及时、发得及时、办得及时。

4. 数据性

运用翔实的数据是经济文书写作的突出特点之一。在生产、交换、分配、消费等各个环节中,无论是企业的产品产量、品种、质量、产值、成本、利润,还是国民经济的行业比例以及国家的预算、决算等,无不建立在数据分析的基础之上。事实上,经济文书有时传递给人们的经济信息就是一组数据。一篇经济文书能否精确描述经济现象,正确反映经济活动,往往取决于对数据运用得准确与否。

5. 规范性

经济文书要及时传递经济信息,正确反映经济活动的各种情况,以取得相应的经济效益,就必须讲求格式的规范性。因为格式规范,可以使内容明确,重点突出,为信息检索提供方便。

三、经济应用文的分类

根据内容及其作用来划分,经济文书可以分为以下几类。

1. 经营管理类

经营管理类文书是在经营管理过程中产生,并对经营管理起促进作用的文书。经营管理涵盖企业管理的各个层次、各个环节、各项职能。因此,经营管理类文书是很多的。比如,涉及经营决策方面的就有市场调查、市场预测、经营决策方案等;决定内部管理体制的有股份制文书等;合作协调方面的有商务函件、招标投标文书、协议书、合同等。

2. 评估检查类

评估检查类文书,是在对经济活动进行调控、管理过程中产生的文书。评估检查是政府或其主管部门对社会经济活动的宏观调控手段之一,主要体现在生产经营过程中定期或不定期地进行财政、税务等检查,以及对经营状况进行评估,对经营效果进行分析评价等。评估检查类文书包括审计文书、税务文书、经济活动分析报告等。

3. 传播推广类

传播推广类文书是指借助一定传媒,通过一定渠道,将经济发展动向、生产经营过程中供需情况,以及商品动态等,向生产经营管理者、消费者进行广泛宣传的文书。这类文书可提供信息、记录与分析成果、介绍商品等。例如,商品广告、商品说明书和服务说明书等。

4. 涉外经济类

随着经济全球化步伐的进一步加快,我国与世界各国的商贸活动、经济合作与技术交流更加频繁,涉外经济文书的使用频率越来越高,使用范围越来越广。中外合资意向书、中外合资建议书、涉外仲裁申请书、涉外贸易索赔书与理赔书等,都属于这一类。

四、经济应用文的写作要求

1. 要合理合法

经济文书的内容要符合国家的方针、政策及政府的法令、法规,要建立在不损害公共利益的基础之上,公平公正。

2. 深入实际,广泛获取信息

经济文书以信息为基础,这就要求作者必须深入实际,充分了解并掌握经济活动过程中的各种信息资料。只有这样,才能写出内容翔实、有指导价值的经济文书。

3. 真实准确

经济文书承载的信息必须真实准确,这样才能发挥出应有的作用。引用数据,要准确无误;使用材料,要反复核实。

4. 表达得体

得体,包括两个方面:一是经济文书常常涉及大量的数据和分类信息,要善于使用表格等表现形式,使表达条理清晰;二是语言运用要严谨,准确,忌用"大约""大概"等模糊语言。

第二节 经 济 合 同

【话题与案例】

当今时代,合作是谋求更好更快发展的重要途径。而任何一项经济合作关系的形成,都要经历表达意向、磋商、洽谈和签约等过程。其中,签约是十分关键的一个环节。

【基础知识】

合同,也较合约或契约。1999 年 3 月 15 日第九届全国人民代表大会第二次会议通过的《中华人民共和国合同法》(以下简称《合同法》)规定,合同是"平等主体的自然人、法人、其他组织之间设立、变更、终止民事权利义务关系的协议"。

经济合同是指平等主体的自然人、法人、其他组织之间为了实现一定的经济目的,明确相互权利义务关系而订立的协议。

一、经济合同的基本特征

1. 合法性

《中华人民共和国合同法》规定:"当事人订立、履行合同应当遵守国家法律、行政法规、尊重社会公德,不得扰乱社会经济秩序,损害社会公共利益。"否则无效。

2. 经济性

经济合同的签订就是为了实现一定的经济目的的,它明确的是当事人在经济活动中买卖商品、提供劳务等而发生的经济关系,与当事人的经济利益息息相关。

3. 平等性

签订经济合同的当事人之间地位是平等的。合同是依法平等协商的产物,因此,不论单位大小、部门层次高低都应该在签订合同的过程中贯彻平等互利、协商一致、等价有偿的原则。任何通过欺诈、胁迫等非法手段所签订的合同均属无效。

4. 明确性

经济合同明确规定了当事人所应承担的义务和所应有的权利。

二、经济合同的作用

经济合同的作用主要表现在以下三个方面:

1. 有利于稳定社会经济秩序

经济合同明确了当事人的权利和义务,当事人按照合同规定享受权利、承担义务,使得经济活动在依法有序的状态下进行,减少了不必要的混乱,有利于社会经济秩序的稳定。

2. 有利于保护当事人的合法权益

依法签订的经济合同,一经成立,便具有了法律效力。对于在经济合同的履行过程中由于当事人恶意破坏合同条款而给另一方造成损失的,可依合同法的规定进行追偿甚至诉诸法律,以保护当事人的合法权益。

3. 有利于当事人经济目的的实现

经济合同的签订是为了实现当事人的经济目的。对经济条款的履行过程,也就是经济目的的实现过程。

三、经济合同的种类

合同名目繁多,依据不同的分类标准来划分,可得到不同的分类结果。

(1) 按内容分,可分为买卖合同、赠予合同、租赁合同、承揽合同、建设工程合同、运输合同等。

(2) 按表现形式分,可分为条款式合同、表格式合同以及条款、表格相结合式合同。

(3) 按合同期限的长短来分,可分为短期合同、中期合同、长期合同。

(4) 按合同订立主体来分,可分为单位合同、个人合同。

以上只是常用的分类方法。实际上,合同的分类标准及分类方法远不止这些。

四、合同的基本内容

(一) 合同的一般条款

1. 当事人的名称或者姓名和住所

名称是指法人或其他组织在登记机关登记的正式称谓。姓名是指公民个人在身份证或户籍登记上的正式称谓。住所,对法人和其他组织而言,是指其办事机构所在地;对公民个人而言,是指其户籍所在地或经营居住地。

合同中标明当事人的名称或姓名,也就确定了责任人和义务人;写明住所,也就明确了债务履行地点。

2. 标的

标的是指合同当事人各方权利、义务共同指向的对象,即指某种实物、劳务、行为或货币。如,购销合同的标的是某种产品,货运合同的标的是某种劳务活动,保管合同的标的是保管行为,借款合同的标的是货币,等等。

任何合同都要有标的,否则,当事人的权利、义务就不能实现,也就无法履行合同。

3. 数量

数量是指标的的计量,如产品数量、完成的工作量、借款的金额等。它是衡量合同当事人各方权利义务大小的尺度,数量是通过计量单位来表现的。

4. 质量

质量是指标的的特征,如产品的品种、成分、性能、规格、款式,工程项目的标准等。它是检验标的内在素质和外观形态的标志。

5. 价款或者报酬

这是标的代价,即取得对方产品或接受对方劳务所应支付的代价,以货币数量来表示。它是有偿合同的主要条款。它是标的的价值反映,标的是货物,应标明货款;标的是劳务,应标明报酬。标的的价金,政府有规定的,按规定计价;有政府指导价的,当事人可在指导价规定的幅度范围内确定价格;政府没有规定的,由当事人议定。除法律、行政法规另有规定外,以货币履行义务时,必须用人民币计算和支付;除国家允许使用现金履行义务的以外,必须通过银行转账或者票据结算。

6. 履行期限、地点和方式

履行期限是合同履行的时间范围,也就是支付标的或支付价金的时间。地点,是指当事人实现承担义务的地方,即交付、提取标的的地方。方式,是指履行义务的具体方式,即当事人采取什么方式、手段来履行合同中的义务。这几项是标的运行的时间和空间及其运动形式的具体化,关系到合同履行的程度和各方的利益。

7. 违约责任

违约责任是指不履行或不完全履行合同约定的义务应负的责任。这是对违约的一种制裁措施,包括继续履行,采取补救措施,支付违约金、赔偿金,罚没定金等。

8. 解决争议的方法

当事人在履行合同的过程中如发生争议,需要采取一定的方式或途径来解决。《合同法》第一百二十八条规定,解决争议有三条途径:一是和解或调解,前者指由当事人双方通过友好协商的方式解决争议,后者指当事人双方共同邀请第三者作为调解人主持调解;二是仲裁,即当事人双方将争议提交仲裁机构,由仲裁机构依法仲裁;三是诉讼,即当事人向人民法院起诉,由人民法院依法进行审理、判决。仲裁与诉讼分属两种不同的解决争议的方法,二者中只能选一种,因此当事人在订立合同时要约定解决争议的方法。

(二) 几种常见合同的条款内容

1. 买卖合同

这是指出卖人转移标的物的所有权给受买人,买受人支付价款的合同。其内容除一般条款外,还应包括包装方式、检验标准和方式、保险条款、风险条款、结算方式等。

2. 供用电合同

这是供电人向用电人供电,用电人支付电费的合同。其内容包括供电方式、质量、时间,用电容量、地址、性质,计量方式,电价、电费的结算方式,供用电设施的维护责任等。

3. 借款合同

这是借款人向贷款人借款,到期返还借款并支付利息的合同。其内容应有借款种类、借款币种、借款用途、借款数额、借款利率、借款期限和还款方式等。

4. 租赁合同

这是出租人将租赁物交付承租人使用、收益,承租人向出租人支付租金的合同。其内容包括租赁物的名称、租赁数量、租赁用途、租赁期限、租金及其支付期限和方式、租赁物的维修等。

5. 承揽合同

这是承揽人按照定做人的要求完成工作,交付工作成果,定做人向承揽人支付报酬的合同。其内容包括承揽的标的、数量、质量、报酬、承揽方式、材料的提供、履行期限、验收标准及方法等。

6. 建设工程合同

这是承包人进行工程建设,发包人支付价款的合同。包括工程勘察、设计、施工合同。其中:勘察、设计合同的内容应有提交有关基础资料和文件(包括概预算)的期限、质量要求、费用以及其他协作条件等条款;施工合同的内容应有工程范围、建设工期、中间交工工程的开工和竣工时间、工程质量、工程造价、技术资料交付时间、材料和设备供应责任、拨款和结算、竣工验收、质量保修范围和质量保证期、双方相互合作等条款。

7. 技术合同

这是当事人就技术开发、转让、咨询或者服务订立的确立相互之间权利和义务的合同。技术合同有技术开发合同、技术转让合同、技术咨询合同和技术服务合同之分。技术合同的内容一般要有项目名称,标的的内容、范围和要求,履行的计划进度、期限、地点、地域和方式,技术情报和资料的保密,风险责任的承担,技术成果的归属和收益的分成办法,验收标准和方法,价款、报酬或者使用费及其支付方式,违约金或者损失赔偿的计算方法,解决争议的方法,名词和术语的解释等条款。

8. 仓储合同

这是保管人储存存货人交付的仓储物,存货人向保管人支付仓储费的合同。存货人交付仓储物,保管人应给付仓单。仓单上应有存货人的名称或者姓名和住所、仓储物的品种、数量、质量、包装、件数和标记、仓储物的损耗标准、储存场所、储存期间;仓储费;仓储物已经办理保险的,其保险金额、期间及保险人的名称;填发人、填发地和填发日期等内容。

【写作指导与范例】

一、 合同的写作要点

1. 标题

标题一般要写明合同性质,即标明是哪一类合同,如"买卖合同""货物运输合同"。有的还要进一步写出内容，如"食油定购合同"。

2. 立合同人

空两格并列写出各方单位名称及代表姓名，也可一行连着写，并注明一方为"甲方""供方""卖方""发包方""出租方"，另一方为"乙方""需方""买方""承包方""承租方"。

3. 正文

正文是合同的中心部分，主要有下面几项内容：

（1）签订本合同的目的或依据。依据，多指法律依据及实际情况。如"根据国家规定，借款方为进行基本建设所需贷款，经贷款方审查同意发放。为明确双方责任，恪守信用，特签订本合同，共同遵守"。既有"根据"，又有"目的"。而多数合同只要写出签订本合同的目的即可。

（2）协议的具体内容。这是合同最重要的部分。包括一般条款和特殊条款。例如，购销合同一般包括品名、规格、质量、数量、单位、单价、交提货日期、交提货方式、违约责任等。

（3）合同的有效期限。如"本合同有效期自2005年××月××日至2010年××月××日，过期作废""本合同自鉴证之日起生效，有效期至2010年××月××日"。

（4）合同的份数和保存方法。如"本合同一式四份，甲乙双方各执一份，副本两份，送双方上级主管机关存查"。如有附件，可写在或附在正文后面，并注明附件名称、序号、份数。

4. 落款

当事人各方及代表签名盖章，有时还要鉴证机关的意见及盖章。最后写上签订日期，有的合同还要注明生效日期。

【范例 7-1】

订货合同

立合同单位：××市××商贸大厦（以下简称甲方）

××省××电子厂（以下简称乙方）

甲方向乙方订购货物，经双方协商，订立合同如下：

货物名称：××牌×××毫米遥控落地电风扇

规　　格：××××-×××型

订购数量：×××台

货物单价：×××元

货款总额：××××元

交货日期：××××年××月××日以前全部交清

交货地点：××市×××火车站

交货办法：铁路托运，由乙方负责办理，费用由乙方支付。如有运输损失由乙方承担。

付款办法：银行托收。本合同签订后，一周之内一次付清。

误期交货处罚办法：误期七天以内，每台按原价百分之五交付罚款；超过七天，按百分之十罚款；超过一个月，按百分之二十罚款；超过三个月按百分之五十罚款。

合同变更：中途如甲方要求增加订货，双方另行商定；如要求减少订货，乙方按减少台数原价百分之六十退款。

损失赔偿：交货后如发现产品确因质量问题造成甲方减价销售的损失，由乙方负责赔偿；无法销售的，乙方负责更换。

本合同在执行中发生纠纷，合同双方不能协商解决时，可于三个月内向仲裁机构申请裁决。

签订合同日期：××××年××月××日

本合同自签订之日起生效。货款两清后，其效力终止。

本合同一式两份，双方各执一份。

　　　　××市××商贸大厦　　　　　　××省××电子厂
　　　　经办人：×××（印章）　　　　经办人：×××（印章）
　　　　××××年××月××日　　　　××××年××月××日

【提示】这份条款式购销合同格式完整，条理清楚。标题即点明合同性质，立合同人也一目了然，正文结构四项内容齐全。购销合同应有的条款基本具备，所列事项规定具体，特别是对供货方（乙方）的责任规定明确、细致。缺点是：如果甲方没有在规定付款期限内付清货款，怎么处罚？这一违约责任不明确。另外，条款少了"开户银行"与"账号"，如何通过银行托收？

二、合同的写作要求

1. 要合理合法

所谓合理，是指合同的签订要满足三点：一是必须遵循自愿、公平的原则。合同当事人享有自愿订立合同的权利，应通过平等协商，公平地确定各方的权利和义务，不允许任何一方把自己的意志强加给对方。二是必须遵循诚实信用的原则。当事人在合同活动中要讲诚实、守信用，以善意方式履行合同义务，不得以分割他人利益来实现自己的利益。三是要注意合同的可行性，即要从本企业生产能力、经济基础和市场需求出发，这样签订的合同才是科学的、合理的。

所谓合法，就是"订立、履行合同，应当遵守法律、行政法规，尊重社会公德"，必须符合国家政策的规定。合同内容不得与国家法律相抵触，不得扰乱社会经济秩序，不得损害国家利益和社会公共利益，也不能超越自己的经营范围。当事人必须具备相应民事权利能力和民事行为能力，代理人不能超越代理权限，不能在没有授权委托书的情况下签订合同。

2. 要审慎

签订合同一是要弄清楚签约人身份，弄清当事人是否具备签订合同的资格。二是弄清签约人履行合同的能力，其中包括弄清对方经营范围与所要订立的合同内容是否一致，弄清对方有没有支付大笔款项的能力、信誉如何，等等。这些弄不清楚，就可能吃亏或上当。

3. 合同条款要完备、具体

合同的条款不仅要完备，而且要具体，不能有遗漏和疏忽。比如，标的物不仅要写明数量,而且要明确计量单位;不仅要标明品种、规格型号,而且要说明质量的技术要求和标准。价款和报酬,要有计算标准、结算方式和程序。

4. 概念明确,防止歧义

合同中使用的概念,尤其是关键性概念都具有法律效力,必须做到概念明确,否则就可能引起经济纠纷。如同是经济制裁,"违约金""赔偿金""罚金"的概念不同,处理的结果就各异。

5. 手续要完备

依法订立的合同受法律保护,合同中规定的债、权、利,当事人各方必须遵守和全面履行,以维护合同的严肃性。任何一方不得从自身的经济利益出发,擅自修改或终止合同,否则应负赔偿责任和违约责任。如需变更或终止合同,必须经各方协商同意,并签具修订或撤销合同的协议书,加盖公章报鉴证机关备案,方为有效。

为了保证合同的有效履行,合同拟定后,可以履行鉴证程序,请业务主管部门或工商行政管理部门进行鉴证或公证。

【实战训练】

根据下面谈判情况,写一份承揽合同。

深圳市××铝合金厂(甲方)的代表雷××于2011年10月15日与香港××建筑公司(乙方)的代表陆××签订了一份合同。经过协商:乙方不作价,来料按样委托加工电热器40万只,单件加工费每只2.50元(港币);铝合金窗框加30万副,单件加工费每副5元(港币);铝锅60万只,单件加工费每只1.40元(港币)。乙方每月提供原料×吨,厂房及设备由甲方负责,原料及包装物料由乙方运至甲方工厂,运输和装卸由乙方负责。产品由甲方运至香港乙方公司,运输和装卸费由甲方负责,损耗率为2%。甲方加工的产品于2012年10月15日以前交完给乙方验收,每月交电热器不少于3.3万只,铝合金窗框不少2.5万副,铝锅不少于5万只,交货须经双方在出货单上签字生效。由乙方负责投保,加工费以支票付款,每月结算一次。乙方开户银行是香港××银行,账号是831932077743211162。甲方开户银行是深圳市××银行,账号是9559917848095642278。若乙方未按量提供原料,则乙方负责甲方损失的责任,按来料不足部分价值的10%赔偿加工费;若甲方未按时、按质、按量交付产品,则甲方应负乙方损失的责任,按未能如期交付产品价值的10%赔偿。合同期一年。本合同一式五份,正本两份,甲乙双方各执一份,副本三份,送鉴证机关及双方开户银行。

第三节 协 议

【话题与案例】

张某2008年7月应聘进入西安一家机电股份有限公司。进入公司后即与公司签订了为期三年的劳动合同,在合同执行了两年的时候,公司决定派张某到某大学学习。公司与张某在平等自愿的基础上签订了一份《继续教育协议》。协议约定:公司出资30 000元送张某进修,张某在进修后,继续为公司服务三年,原劳动合同的期限也随之延长,若三年内张某要求解除劳动合同,应承担相应的赔偿责任。张某完成继续学习的学业后回到公司,在公司只工作了一年,于 2011 年 5 月提出解除劳动合同。公司同意解除劳动合同,但要求张某赔偿公司为其支付的学习费用 20 000 元。张某以公司提出的赔偿数额过高为由,拒绝履行相关承诺,双方遂产生争议。现在,双方原来签订的《继续教育协议》就成了解决争议的重要依据。

【基础知识】

协议书是国家、政党、社会团体、企事业单位或个人,对某一事项、某个问题或某项工作,经过谈判协商,取得了一致意见之后,用书面形式表现出来,共同签订的具有政治的、经济的或其他关系的契约性文书。

协议书是由双方(或三方以上)当事人为了共同实现一定的目的,明确相互之间的权利、义务关系而制订的书面契约。协议书作为一种契约、信用文书,它的应用范围十分广泛。在经济活动、涉外经济合作、民事活动中,它有时可直接代替合同,对双方当事人的合作事项及权利义务做出规定。有时,它作为合同的补充形式,或用于合同履行一段时间后,对某些条款进行补充和修订;或用于发生纠纷后,经双方协商,提出处理意见,为仲裁、解决纠纷提供依据。协议书与合同同样具有法律效力。

一、协议书的特点

1. 契约性

协议书是一种具有合同性质的契约。它与合同具有相同的效力,但使用起来又不像合同那样详尽、严谨,它只是为使合作双方协商一致的意见更加明确和具体,因此,体现着契约性的特点。

2. 一致性

协议书是双方当事人在平等互利的原则基础上,经协商一致后所订立的,其反映的主要内容,是合作双方真实的意思表示,任何一方都不可能将自己的意思强加于对方,否则,就失去了合作的可能。

3. 约束性

协议是合作双方协商的结果,双方对协议的内容都负有履行的义务,并要保证其按共同意愿逐步得以实现。从这个意义上说,协议书对双方的行为均有一定的约束力。如经公证机关予以公证,那么它就具有法律上的约束力,任何一方违约,都要依法承担相应的法律责任。

二、协议书的种类

协议书的种类很多。按涉及的经济活动对象分,可分为一般(或称国内)协议书、涉外协议书。按内容分,主要有经济协议书、技术协议书、人员聘任协议书、文化交流协议书和社会服务协议书等。

三、协议书与合同的区别

从广义上讲,合同是一种协议;从狭义上讲,协议书与合同又有区别。合同与协议的概念虽然接近,但使用范围不同,不能互换使用。从集合的角度讲,合同是协议的一个子集。

这就是说,合同一定是协议,而协议不见得都是合同。可以说具备合同成立要求的、具有强制执行力的协议才是合同。一般来讲,协议与合同的区别主要表现为以下几点:

1. 从使用范围来看

"协议"和"合同"经常用作同义词,但"协议"这一术语含义更广。合同的适用范围较窄,多用于经济领域;协议书不仅用于经济领域,还用于其他领域,如政治、军事、文化、教育等,协议书的适用范围更具开放性、广泛性。

2. 从立约主体的角度来看

合同订约主体有较为严格的限制,法律规定必须是平等主体的自然人、法人和其他组织。协议书订约主体没有限制,国家与国家之间、国家与政党之间、国家与单位之间、单位与单位之间、单位与个人之间、个人与个人之间等都可以签订。

3. 从内容方面来看

协议书的内容一般比较概括和原则,合同的内容一般比较详尽和具体;合同内容较为全面、规范,协议书的内容比较单一;实际使用当中,协议可不受必备条款的限制,而称为合同的文体肯定少不了必备条款。

4. 从表达形式来看

合同写作可采用条款式、表格式、条款和表格结合式;协议书一般只采用条款写法,协议书的条款多少,不受任何约束,可以有一项,也可以有多项,篇幅不受限制。

5. 从时效的角度看

合同的时效一般比较固定。协议书时效比较灵活,变化比较大,有的可以长达数年、数十年,如子女收养、过继协议书,有的可以短到几天、几个小时,如赔偿协议,在赔偿完毕后即结束其有效期。

6. 从使用外延上看

协议书的外延更为宽泛些,比如"离婚协议",如果说"离婚合同"就可能闹笑话。

【写作指导与范例】

一、协议书的写作要点

协议书一般由标题、名称、正文和落款四个部分构成。

1. 标题

标题要写明协议书的性质,如"赔偿协议书""代理协议书""委托协议书"等,也可以只写"协议书"三个字。

2. 签协议单位名称或立约当事人

在标题下、正文之前,写明订协议各方当事人单位或个人的名称,并在立约各方当事人名称之后注明一方是甲方,一方是乙方,便于在正文中称呼。

3. 正文

协议书的正文包括签订协议书的原因、目的和双方商定的具体内容。签订协议书的原因、目的是正文的开头部分,即导言。交代完签订协议的目的、原因、依据之后,紧接着可用程式化语言,如"现就有关事项达成协议如下",转入双方商定的具体内容,这是协议书的主体部分。主体部分要求就协议有关事宜做出明确的、全面的说明,尤其要着力写好协议双方的权利和义务。主体部分大多用条款罗列,不同类型不同性质的协议书所包括的条款也不一样,都由双方协商的结果而定。接着是结尾,如"本协议的书面形式是手抄件或打印件、份数、有效期、保存人或单位等"。

4. 落款

落款即签名和日期,协议书最后必须写明订协议双方单位和负责人的名称,并加盖公章。若有中间人的,中间人也要签字盖章;如果是内容重要的协议书,邀请公证处公证,并签署公证意见、公证人姓名、公证日期,加盖公证机关印章。最后写上签订协议的日期。

【范例 7-2】

科研协议书

甲方:××市橡胶厂　　　　　　乙方:中国××科技大学

为共同协作解决××市橡胶厂帘布复胶厚度自动测量显示、自动调整控制这一研制课题,双方订立协议如下:

一、客体的目的、要求

帘布复胶厚度自动测量显示、自动调整控制是××市橡胶厂生产实际中迫切需要解决的科研课题之一,也是在化工系统内橡胶、胶卷等许多行业有实际推广价值的重大科研项目,双方本着科研为生产服务,为发展国民经济服务的原则,一致协议,共同承担这一研制课题。要求在协议生效后一年半投入使用。

二、实现途径:初步方式和主要技术指标

经中国××科技大学有关领导、教师在××市橡胶厂实地调研考察,与××市橡胶厂领导、技术人员、工人等进行了详细讨论,提出了以下的初步方案和主要技术指标要求:

1. 初步方案

以现有放射性同位素测厚探头作为自动测厚的基础,在半年内调研、试验全套厚度显示,控制线路,然后进行现场试验,共同确定最后实施方案。

2. 主要技术指标要求

(1) 初仪每 10 秒钟给出厚度平均值显示,便于操作工人监测。

(2) 厚度超过工艺要求时,给出超差控制信号。偏厚、偏薄分别予以控制。

(3) 控制信号启动滚动筒间隙调整电机,每次控制微动量 0.02—0.03 毫米。

(4) 在联机试验中,要求解决通过帘布接头时,自动控制不动作,解决干扰问题。

(5) 仪表工作性能要求稳定可靠,操作方便。

(6) 以上确定的各项技术指标作为试验的数据,现场试验时根据实际工艺要求需要再予调整。

三、协作分工

1. 双方必须密切协作,齐心协力,共同配合,完成任务。各方组织必要的人员,共同组织课题协作组。

2. 中国××科技大学主要负责自动控制的技术方案,研制并提供自动控制主机,除在本校作必要试验、调整外,要组织人力、物力来厂作现场试验,结合生产实际,解决问题。

3. ××市橡胶厂主要负责现场联机试验,提供现有测厚仪灵敏度响应数据,控制电机脉冲数据,屏蔽壳设计制作和现场安装等工作,必要时,也派人去中国××科技大学参与共同研制,了解全过程。

四、时间进度

1. 协议生效后半年内,要求中国××科技大学完成电子电路设计试验,提供现成试验线路。要求××市橡胶厂完成现有测厚仪灵敏度响应和提供控制电机脉冲驱动数据。

2. 用三个半月的时间进行现场试验,进一步改进试验线路和进行样机设计,要求××科技大学来人和××市橡胶厂在现场共同试验、工作。

3. 从第十个月开始:完善工艺,制作样机,××市橡胶厂完成仪器屏蔽壳设计和制作以及控制电装置安装工作。

4. 第十四个月开始:共同进行调试和现场安装试验。选择两台样机留厂运行,一台样机留中国××科技大学继续最后改进试验和完善全套技术资料,为鉴定作技术准备。

五、经费来源

1. 双方共同申报,提请化工部拨款伍拾万元人民币、伍万外汇作为科研试验费,双方再按任务分工合理分配。

2. 在化工部经费下达以前,××市橡胶厂先垫款叁拾万元给中国××科技大学,负责采购元件,试制整机,最后向××市橡胶厂提供自动控制样机。

六、双方应积极创造条件,保证该项目试验和生产应用的成功,双方必须按期完成,不能半途而废,否则各方应承担经济责任。

七、因帘布复胶自动控制投入正常生产具有推广意义,对该技术项目资料,各方不得随意向第三方提供。确需提供时,须双方共同协商确定转让技术的一些问题。

八、项目投入生产以后,中国××科技大学应把有关技术数据和图纸供给××市橡胶厂,以便有利维修工作的进行。

九、本协议经双方领导机关盖章鉴定生效。

十、其他未尽事宜,可由双方进一步商定补充协议。

××市橡胶厂(公章)　　　　　　　　　　　　中国××科技大学(公章)

负责人:　　　　　　　　　　　　　　　　　　负责人:

××××年××月××日　　　　　　　　　　××××年××月××日

【提示】这是一份科研合作协议,其中就双方的权利、义务以及费用的负担问题都作了详细的约定。值得注意的是,其中一些条款写得比较概括,不像合同那么具体。如其中的第六条"双方应积极创造条件,保证该项目试验和生产应用的成功,双方必须按期完成,不能半途而废,否则各方应承担经济责任"。这一条中的"积极创造条件""承担经济责任"都是原则性的条款。

二、协议书的写作要求

1. 突出主要内容

协议书是合作的各方进行洽谈磋商后签订的,有不同的类型,既有综合的,又有单项的;

既有等同于合同的,又有作为合同的补充协议,或订于合同之前,或订于合同之后的。写作时,其内容不要面面俱到,只需写明双方议定的有关事项即可。

2. 语言表达简明

协议书的条款必须是订立协议的当事人双方或多方协商一致的结果,是建立在平等互利原则的基础上的,故条理要清晰,语言表达要简洁、明确、周密、严谨,要把握好分寸。

【实战训练】

白鹭软件中心与海燕科技公司达成协议,协议的基本内容如下：

(1) 甲方为乙方在校生提供实习岗位,不收取实习费,也不向实习学生支付劳动报酬;甲方向乙方毕业生提供合法的就业岗位,按国家法律法规提供劳动保护、社会保险等。

(2) 乙方为证甲方提供订单式教育方便,按照甲方要求制订培养计划,确保毕业生达到高等教育专科毕业水平。

(3) 甲乙双方可在对外宣传中宣称对方为自己的合作伙伴。

请根据以上资料拟定一份合作协议。

写作要求：① 协议构成要素要齐全;② 除写清主要协议条款外,要根据法律法规的规定,结合实际情况进行合理的补充;③ 所有协议条款不能违反合同法的有关规定。

第四节 意 向 书

【话题与案例】

××大学经管系大二学生李闯想承包经营校园里的一个书店,就自己的想法写了一份意向书,希望借此达到与书店拥有者初步沟通的目的。

【基础知识】

意向书是国家机关、企事业单位、团体及公民个人相互之间,对某项事务在正式签订条约、达成协议之前,由一方向另一方表明基本态度或提出初步设想的一种具有协商性的应用文书。在这里,"一方向另一方表明基本态度或提出初步设想"是其中的关键词。这种意向书表达的是单方的意愿,有待于对方的认同。这是意向书里最常用的一种。

另一种情况是合作双方就某一合作事项已有一些共识,但还没有经过认真的磋商或还没有进入实质性的谈判,在这种情况下草签的表达初步接触后双方意愿的文书。这种意向书表达的是双方的意愿。

一、意向书的作用

意向书的主要作用是传达"意向",提请对方注意或供参考。意向书是双方进行实质性谈判的依据和基础,是签订协议(合同)的前奏。

二、意向书的特点

1. 意向性

意向书的写作有两种情况:一种是在一方产生与对方就某事进行合作的意向,但尚未与对方接触,不知对方是否愿意的情况下表达单方意愿,请对方考虑;另一种是双方或多方当事人经过初步接触,达成愿意合作的初步意向,但还需进一步磋商,先就彼此合作的意愿草签一种备忘式的文件。不论是哪种情况,其核心内容都是表达愿意合作的意愿的,具有意向性。

2. 协商性

写意向书多用商量的语气,不带任何强制性。有时还用假设、询问的语气。

3. 灵活性

意向书的灵活性主要体现在两个方面:一是可以随时改变自己的主张。意向书发出后,对方如有更好的意见,可以直接采纳,部分改变或全部改变都是可能的。二是在同一份意向书里可以提出多种方案供对方选择。或者对其中的某项某款同时提出几种意见或建议,让对方比较和选择。

4. 临时性

意向书是协商过程中各方基本观点的记录,一旦达成正式协议,便完成了意向性的使命。意向书不像协议、合同那样具有法律效力。

【写作指导与范例】

一、意向书的结构和写作要点

表达单方意愿的意向书与表达双方意愿的意向书的结构有所不同。

1. 表达单方意愿的意向书的构成

表达单方意愿的意向书一般由标题、对方称谓、正文和意愿表达者署名四个部分构成。其整体格式与公函和一般书信相似。

(1)标题。标题的主要形式有两种:一种直接写文种,即"意向书",另一种由合作项目名称和文种构成。

(2)对方称谓。在标题下顶格写对方的单位名称或负责人的职务、敬称等。

(3)正文。表达单方意愿的意向书首先要表明自己愿与对方进行合作的项目、合作方式及具体合作内容;接下来具体阐述双方的合作能给对方带来的好处;再下来叙述自身所具备的与对方合作的条件,其中包括自己这一方在人力资源、资金实力等各方面的情况;最后提请对方给予答复。写清自己一方的联系方式、联系人。

(4)意愿表达者署名。写清楚表达合作意愿者的单位名称或个人姓名,以及意向书的成文时间。

【范例 7-3】

联合办学意向书

×××教育学院：

　　为了使我院现有教育资源能够得以有效地利用，我院有意与贵方联合开办成人教育脱产班。具体意向如下：

一、基本意向

　　2017年秋，我院招收汉语语言文学、人力资源管理、历史学、旅游与中国文化和音乐教育五个"高起专"脱产班学员500人，招收汉语语言文学"专起本"脱产班学员100人。学员入校后，由我校负责组织复习、备考，参加2007年成人高考。成绩合格者，由贵院负责办理录取手续，我院负责教学实施。学员毕业，由贵院颁发成人教育脱产班文凭。在整个教育过程中，我院与贵院各自的职责是：

　　我院负责招生、教学实施和学生日常管理。学员统一在我院就读，一切教学与生活设施均由我院提供，师资由我院配备。开学日期与放假日程，均与贵方学员保持一致，教学时数在贵方课时计划的基础上只增加，不缩减；学员日常管理实行双重保险（平安险与校园险）与治安保卫相结合的办法，确保学员在校就读期间绝对安全、安宁；师资配备尽可能精良，确保教学质量。

　　贵方负责学员的统一录取、学籍管理、教学监督、课程结业测试和毕业发证工作。

二、我院的办学条件及招生优势

　　我院地处××经济技术开发区，占地228亩，建筑面积3.5万多平方米，设施完备，办学条件优越，生活设施完善。现有条件同时可容纳3000余名学生学习和生活。我院的前身系×××国际学校国际部，系教育部认定的全国百所外国留学生培训基地，现外国留学生在校生数300多人。办学10年来，教育部，省教育厅，市、区教育局领导一直给予我校以极大的关心和支持。经国务院批准，×××国第×××届总理×××博士欣然出任我院名誉院长。10年艰辛，10年辉煌，我院的汉语教学声名远播海内外。

　　目前，我院聚集了一批国内知名的专家和学者，如主编、主审多部大学汉语专业国家级规划教材的×××副教授，在古汉语教学研究上成果颇丰的×××教授，汉语言文学专业师资力量雄厚。

　　世界多国的近20所院校与我院建立了良好的合作关系，相互间互派留学生和教师的工作已形成制度。特别值得一提的是，多所合作院校要求我院为其代培和选送汉语教师。2017年3月，我院正式跨出国门，在英国投资创办汉语言学院。与此同时，我院还与韩国、新加坡和哈萨克斯坦等国的多所院校联合办学。到2020年，我院的国外自办学院和联合办学点需要一大批优秀的对外汉语教师。

　　从世界范围看，"汉语热"不断升温。据我国教育部对外公布的数字和世界各国对汉语教师的急切需求看，到2020年，全球对外汉语教师缺口至少在400—500万。对外汉语教学已成为炙手可热的职业，将汉语言文学教育与对外汉语教学进行科学的对接，可以增强我们双方的办学活力。

　　我院是教育主管部门批准设立的对外汉语教师培训专门机构，在对外汉语教师培训方面具有极其丰富的经验和多方面的优势。我院与贵方联办的汉语言文学专业，在严格执行国家教学计划的基础上,采用增加课时的办法增加对外汉语教学内容。与此同时,充分利用我院外国留学生数量大的优势为学员提供"对外汉语教学"实习条件,使学员通过几年的学习,既能拿到贵方颁发的学历证书,又能拿到国家教育部颁发的"对外汉语"教师高级资格证书,为学员到国外就业奠定良好的基础。

以"对外汉语"为支点和"卖点"、具有极大的吸引力和感召力,这是我院与贵方联合开办汉语言文学专业的招生优势。据保守估计,2017年暑期,仅汉语言文学专业我院至少可招来学员400人左右,其中"高起专"300人,"专起本"100人。

在联办其他专业方面,我院也有自己的一些优势。开办旅游与中国文化专业:我院拥有×××大酒店和×××大酒店两个涉外酒店,每年接待大量的国内外旅客,具有十分优越的学员实习条件和推荐就业优势。

三、学生毕业后的就业去向

我院与贵方联办的汉语言文学专业,增加了"对外汉语"教学内容,学员毕业后可以较顺利通过国家的对外汉语教师资格考试,就业前景十分广阔。他们不仅可以选择国内就业,还可以选择国外就业。国内就业渠道与普通汉语言文学专业毕业生相同;国外就业的途径有四:一是在我院的国外办学点任教,二是由我院选派到国外合作院校,三是申请国家"对外汉语教学"志愿者,四是通过人才中介机构出国。当然,到国外任教关键是"对外汉语"教师资格证书。国外汉语教师需求量巨大,只要拿到对外汉语教师资格证书,出国十分方便和容易。

其他专业学员的毕业出路除与各院校安置渠道相同外,我院还拥有×××大酒店和×××大酒店的"安置桥头堡"优势。因为×××大酒店和×××大酒店均为星级酒店,接待的贵宾较多,我们将充分利用这一有利条件积极推荐学员就业。推荐的方式除在酒店大堂、电梯设置相关信息广告外,在每个房间的"旅客须知"文件夹中放置相关资料。与此同时,我们还将利用行业信息网络对学员进行推介、安置。

四、联合办学将给贵方带来的潜在效益

我院与贵方联办学历教育班,在可以给贵方带来直接经济效益和更大的社会效益的同时,还能为贵方带来巨大的潜在效益。其主要内容包括:① 可以为贵校相关专业学生提供"对外汉语教学"方面的培训,提升贵校的生源竞争力;② 可以组织外教和外国留学生到贵方进行交流,扩大贵方的对外影响;③ 可以为贵方外语系的学生提供与外教和外国留学生的交流机会;④ 可以为贵校学生出国留学提供帮助;⑤ 联办班学员大量出国任教后可以为贵校带来巨大的社会影响;⑥ 在贵方具有接收外国留学生资格的情况下,我院可以为贵方选派外国留学生到贵方就读。

以上所述,有异议处,尽可磋商;未尽事宜,据情再议。

欢迎贵方领导来我院实际考察和指导工作

致

礼

×××汉学院
2017年3月19日

【提示】这是一份表达单方合作意愿的意向书,合作意向表达清楚,自身实力与双方合作成为事实后给对方带来的益处两个部分写得很充分,能够激发对方的合作兴趣。

2. 表达双方意愿的意向书的构成

表达双方意愿的意向书一般由标题、正文和签署三个部分构成。

(1)标题。标题一般有三种构成形式:一种是由协作内容和文种构成,如《兴建麦秆草席加工厂的意向书》《合作经营××××箱包玩具厂的意向书》等。另一种是由项目性质和文种构成,如《中外合资项目意向书》等。还有一种由文种构成,直接写为《意向书》。

(2)正文。正文由导言、主体和结尾三个部分构成。

① 导言。一般写各方当事人的单位名称,因何事项进行了协商,以及合作的指导思想,继而用"双方就有关事宜,达成如下意向"一类承上启下的惯用语导出主体部分。

② 主体。主体部分是意向书的重点内容,一般写双方的意图及初步商谈后达成的倾向性认识和比较认同的事项。多采用分条列项的形式写。各项条款之间的界限要清楚。各条项的内容要相对完整。

③ 结尾。一般应写明"未尽事宜,在签订正式合同时予以补充"之类的话,以便留有余地。

(3)签署。写意向书签订各方单位的名称、签订时间、通联地址、电子邮箱、电话号码等。

【范例 7-4】

意 向 书

××厂(甲方)、××××公司(乙方)双方于××××年××月××日在×地,就建立合资企业事宜进行了初步协商,达成意向如下:

一、甲、乙双方愿以合资或合作的形式建立合资企业,暂定名为××有限公司。建设期为×年,即从××××年—××××年全部建成。双方意向书签订后,即向各方有关上级申请批准,批准的时限为×个月,即××××年××月××日—××××年××月××日完成。然后由××厂办理合资企业开业申请。

二、总投资×万(人民币),折×万(美元)。××部分投资×万(折×万);××部分投资×万(折×万)。甲方投资×万(以工厂现有厂房、水电设施及现有设备等折款投入);乙方投资×万(以折美元投入,购买设备)。

三、利润分配:各方按投资比例或协商比例分配。

四、合资企业生产能力:(略)。

五、合资企业自营出口或委托有关进出口公司代理出口,价格由合资企业定。

六、合资年限为×年,即××××年××月—××××年××月。

七、合资企业其他事宜按《中外合资法》有关规定执行。

八、双方将在各方上级批准后,再行具体协商有关合资事宜。

本意向书一式两份。作为备忘录,各执一份备查。

　　　　　××厂(甲方)　　　　　　　　　　××××公司(乙方)
　　　　　代表:　　　　　　　　　　　　　　代表:
　　　　　　　　　　　　　　　　　　　　　　××××年××月××日

【提示】这是一份表达双方意愿的意向书，其中关于双方的合作内容、双方各自的职责、利益分配等问题都作了明确的约定，为下一步签订合同奠定了基础。

二、意向书的写作要求

1. 内容简洁

意向书是合作双方合作的初步意向，正文涉及的内容应该只是规定双方合作的大体原则和方向，而不必像合同、协议那样涉及全面事项和要求，只把合作项目和双方应做的几件主要事项逐条简明地写清即可。

2. 设想可行

意向书中对合作的双方的工作和权利义务的规定都必须考虑到其可行性，不能作过高的设想，要为以后的深入谈判、订立协议书或合同留有余地。

3. 语言平和

意向书的内容比较原则、概括，不像合同、协议书那样带确定性、规定性，而是带协商性的。因此，要多采用商量的语气，多使用富有弹性的词语，语言平和、灵活，如用"尽可能""适当"等，绝不要随便使用"必须""应当""否则"之类的用语。

4. 要忠实地表达各方协商的事项

【实战训练】

意向书是当事人双方或多方之间，在对某项事物正式签订条约、达成协议之前，表达初步设想的意向性文书，是为下一步正式签订协议或合同奠定基础的，是"协议书"或"合同"的先导。因此，意向书的写作只需将主要意思，即基本意图和设想等表述清楚即可，作为双方下一步签约的备忘，同时作为起草合同或协议书的基础稿本。

意向书不像协议、合同那样，一经签约不能随意更改，而是在正式签订协议、合同前可随时变更或补充的。请以下列一段文字为素材，拟写一份意向书。

浙江出版联合集团与英国普罗派乐卫视在伦敦签署出版合作框架协议。双方将利用各自的资源和渠道，优势互补，进行出版、发行等领域的合作开拓，并在英国建立出版机构；向英国读者提供英文版图书；合作建立新的汉语学习栏目；开展电视购书、数字阅读、网上书店等新媒体业务。

第五节 广告文案

【话题与案例】

推销人的广告词：新配方益智饮品，喝了记忆力倍增。你想一天牢记500个英语单词吗？你想过目不忘吗？新配方益智饮品帮你成就梦想。

众学生："给我来一瓶""我两瓶""我要一箱"……（广告词）

【基础知识】

广告是指企事业单位或个人，以公开介绍或者说明、说服、劝诱的方式，通过特定的传播媒介，有计划、有目的地引导消费者或服务对象对商品、劳务、文化活动的信息产生需求，以便开展业务或扩大销路所采取的大众化的宣传手段。

广告文案是指广告作品中为传达广告信息而使用的全部语言符号所构成的整体，即广告文本（它与非语言符号共同构成有效传达信息的广告作品）。

广告具有传播信息、加速流通、促进生产、指导消费等作用。广告有广义和狭义之分。广义的广告是指为了达到某种目的，通过一定形式的媒介物，公开、广泛地向社会公众传递信息的一种宣传手段。狭义的广告则特指商品广告，即为了达到促销的目的，通过一定形式的媒介物，向社会公众传递某种商品、劳务、商业服务等方面信息的一种宣传手段。

一、广告的特点

1. 商业性

企业和商家利用广告广泛地传播信息，宣传自身形象，提高自己企业或产品的知名度、美誉度，从而达到诉求目的，获取最大商业利益。

2. 文化性

广告不仅传播着商业信息，而且携带着大量的文化信息，给人带来一定的精神上的享受。

3. 沟通性

广告使生产、流通、交换和消费几个环节相互沟通。

二、广告的作用

在商品经济空前繁荣的今天，广告在生产流通及人民的生活中起着重要的作用。

1. 促进生产，推广技术

广告有利于沟通生产、流通、交换、消费的各个环节，从而促进生产，加速资金的周转，有利于新产品的研发和新技术的推广。

2. 加强交流，活跃经济

广告可以借助各种媒体广泛地传递商品信息，有利于企业之间、地区之间的信息交流。人们可以借助广告信息各供所有、各取所需、盘活资金、活跃经济生活。

3. 指导消费，方便生活

广告可以帮助消费者认识和了解商品的性能、特点、用途等，从而方便快捷地购买自己所需的商品。

4. 发展国际贸易

通过广告，可以让国外消费者了解我国出口的商品，进而引发他们购买和使用的兴趣，有利于发展对外贸易,开拓国外市场。

三、广告的分类

根据不同的分类标准,广告可分为多种类型:

(1) 根据制作的直接目的来分,广告可以分为销售广告和信誉广告。后者的最终目的也是促销。

(2) 根据发布媒介来分,广告可以分为电视广告、报刊广告、广播广告、路牌广告、网络广告等。

(3) 根据所采取的表现形式来分,广告可以分为文字广告、图像广告等。

(4) 根据所承载的信息来分,广告可以分为商品广告、劳务广告、租赁广告、旅游广告等。

(5) 根据表达方式和文体形式来分,广告可以分为论证体、陈述体、问答体、文艺体、抒情体、证书体、书信体等。

【写作指导与范例】

一、广告文案的一般结构及写法

广告文案主要由标题、副标题、广告正文、广告口号组成。它是广告内容的文字化表现。在广告设计中,文案与图案、图形同等重要,图形具有前期的冲击力,广告文案具有较深的影响力。

广告文案的结构一般包括标题、正文、随文、标语四个部分。

(一) 标题

广告标题是广告文案的主题。标题一般传达广告作品中最重要或最能引起诉求对象兴趣的信息,往往在最显著位置以特别字体、特别语气或特别语句来表现。它的作用在于吸引人们对广告的注意,引起人们对广告的兴趣。因为只有当受众对标题产生兴趣时,才会阅读正文。广告标题的设计形式有:情报式、问答式、祈使式、新闻式、口号式、暗示式、提醒式等。

(二) 正文

广告正文是广告作品中承接标题,对广告信息进行展开说明,对诉求对象进行深入说服的文字。广告文案的正文是广告标题的具体化,向消费者介绍广告的具体内容和细节性信息等,借以增加消费者对产品或服务的了解和认识。

广告文案的正文一般由引言、主体、结尾三部分组成。

1. 引言

又称前言,开头。紧扣标题简要阐释,引起下文。好的引言既能吸引读者,又利于下文的展开。如红牛饮料平面广告正文引言:"都新世纪了,还在用这一杯苦咖啡来提神!你知道吗?还有更好的方式来帮助你唤起精神。"此则广告正文的开头便紧紧围绕标题进行阐释,既充分吊起了读者的"胃口",又有利于广告下文的展开。

2. 主体

主体即中心段,是广告信息最集中且最具有说服力的部分。它根据广告的目的,对商品的某一方面或某几方面的优点,如质量优势、实际消费优势等进行较详细的阐明。例如：

全新上市的强化型红牛功能饮料富含氨基酸,维生素等多种营养成分,更添加了8倍牛磺酸,能有效激活脑细胞,缓解视觉疲劳,不仅可以提神醒脑,更能加倍呵护你的身体,令你随时拥有敏锐的判断力,提高工作效率。

3. 结尾

结尾用简洁精当的语言激发读者的消费欲望,鼓动读者施行消费的行为。如"喜洁强效牙膏"广告的结尾："使用'喜洁'牙膏无忧无虑,想笑便笑。'喜洁'强效牙膏,请吸烟人士笑纳。"在上文对产品特点的介绍的基础上,又描绘了使用后会有的称心惬意、怡然自得的情状,若是果真因抽烟牙黄,还真想一试。

（三）随文

随文也叫附文,用来补充说明正文,一般包括厂名、厂址、电话、传真、标价、时期、销售地、银行账号、联系人等。

（四）标语

广告标语又称广告口号、主题句、标题句,是为了加强诉求对象对企业、产品或服务的印象而在广告中长期、反复使用的简短口号性语句。它是企业长期使用的能表现企业理念或产品特性等的宣传语。

广告的标语一般长期不变,在反复的宣传过程中,可以给人留下深刻的印象,从而在消费者消费的时候,起到潜在的导向作用。时下不乏这样的成功标语,如："轻松能量,来自红牛。"当我们精疲力竭、口渴难忍的时候,很容易就会受到红牛广告语的影响,在琳琅满目的饮品中选择"红牛";再如康师傅方便面的广告语："香喷喷,好吃看得见。"海尔系列广告标语："海尔,真诚到永远。"都给我们留下了深刻的印象。

以上所谈广告的标题、正文、附文、标语,是广告文案写作的完整结构,但在实际写作中,由于受种种因素（如版面、时间）的限制,各部分内容不一定齐备,具体情况具体对待。

【范例7-5】

美肌精平面广告文案

广告标语：名门闺秀　充满魅力的女人

标题：美肌的哲学

正文：

如果,你是一位追求魅力的女性,那么,肌肤之美,将成就你的梦想。名门闺秀美肌精,蕴涵神奇的大自然能量,银杏、珍珠、灵芝、红景天……精华凝聚,为肌肤注入鲜活能量源,每一滴,都蕴藏着肌肤的至爱。肌肤细胞从此变得鲜活、充盈,富有青春生命力!

让肌肤远离衰老、晦暗、细纹、松弛等问题的困扰,在一天天的改变中,肌肤日臻完美。你,越来越美!

【提示】这是一则内容要素比较完备的广告,其中包括标题、正文和广告标语等几个部分。

二、广告文案的写作要求

1. 广告内容客观真实

《中华人民共和国广告法》规定："广告应当真实、合法、符合社会主义精神文明建设的要求。""广告不得含有虚假的内容，不得欺骗和误导消费者。""广告主、广告经营者、广告发布和从事广告活动，应当遵守法律、行政法规，遵循公平、诚实信用的原则。"在撰写广告文案的过程中一定要按照《中华人民共和国广告法》的要求，客观真实地反映商品特点，不可只为达到促销的目的而进行不切实际的夸张。

2. 创意新奇、雅俗共赏

广告的目的是要引起消费者的注意，激发消费者购买的欲望。因此，广告设计要讲究创意，要独具匠心，既不流俗，又为群众喜闻乐见，具有沁人心脾的艺术魅力，从而激起顾客对广告的阅读兴趣。

3. 言简意赅、通俗易懂

广告面对不同类型的消费者，文字要写得简洁晓畅，好认好记，中心明确，便于传诵，使广大的消费者都能接受。广告中的文字部分切忌晦涩难懂，拖沓冗长。否则，就达不到预期的广告目的。

4. 语言精练

人们在初读广告时，往往是在无意状态下，并无明确目的，若语言烦冗则很难卒读。因此，在撰写广告文案时，从标题到正文都应该做到语言精练。

【实战训练】

同学们手里的这本应用写作教材，是目前国内同类教材中能力训练设计最切实、最到位，内容最生动、最实用，对同学们应用写作能力的形成帮助最大的一本应用写作课教材。现在，本书中的大部分内容同学们都学过了，本书独特和优秀的地方同学们也都十分清楚了。请同学们根据自己对本教材的认识，写一则关于本书的推销广告。

第八章　法律应用文

　　法律应用文，也叫司法应用文，是国家司法机关在行使法律职能和公民行使法律权利时所使用的各种文书的统称。它包括公安机关、人民检察院、人民法院在依据法律处理刑事、民事案件活动中所使用的各种司法文书，还包括从事法律事务的专业人员以及公民依据法律，按规定格式撰写的诉讼文书等，是一切在法律上有效的或具有法律意义的文件、文书、公文的总称。

第一节 法律文书概述

> 法律文书,是公安机关、检察院、法院、监狱等国家机关和律师、仲裁机构、公证机构,以及当事人和其代理人在进行诉讼活动或与诉讼有联系的非诉讼活动中,依据法律所制定的具有法律效力或法律意义的文书。与其他文书相比较,法律文书具有内容合法、形式规范、语言准确等特点。

一、法律文书的分类

法律文书可分为规范性法律文书和非规范性法律文书两大类。所谓规范性法律文书是指国家有关权力机关依照职权所制定并正式颁布,要求人们普遍遵守的行为规则,它包括宪法、法律、法规,其中包括国家立法、地方立法及各企事业单位内部规范的各项规章管理制度。所谓非规范性法律文书是指国家司法等机关在其职权范围内制作的有关办理刑事、民事、经济纠纷等案件和非诉讼事件的各种文书。它不是普遍的行为规范,而仅是对某一案件(事件)所涉及的当事人的法律规范,因而只对特定的案(事)件当事人有效。

本书所讲的法律文书仅指非规范性的法律文书,不包括规范性的法律文书。也就是说,本书所讲的法律文书,是指我国各法律主体依照法律规定,按照各自的职权或权利,在办理各类诉讼案件和从事非诉讼事件的活动中,为正确运用、实施法律而依法制作的具有法律效力或法律意义的文书。

二、法律文书的制作主体

法律文书的制作主体为国家司法机关及其司法组织和当事人。司法机关包括公安机关、国家安全机关、检察机关、人民法院;司法组织包括律师机构、公证部门、仲裁机构、劳改机关;当事人包括法人和公民,他们进行诉讼或处理某些法律文书,也要依法制作具有某种法律意义的文书。法律文书的制作必须依照一定的法定程序与社会约定进行,严格按照法律诉讼的不同阶段对法律文书的不同要求进行设计。另外,有些法律文书还需要依照实体法,作为处理结束案件的最终书面决定。

法律文书中的一部分具有直接的法律效力,一部分具有一定的法律意义。这是法律文书和一般文书不同的一个最大特点。直接的法律效力是指该类文书一经使用就产生特定的强制性,不容抗拒,必须执行。一定的法律意义是指某些法律文书虽不产生直接效力,但对法律的正确实施等能起到有力的保障。

三、法律文书的特点

法律文书的突出特点是:法律的严肃性,逻辑的严密性,事实的准确性,格式的特定性。认识这些特点,是保证民事、刑事诉讼正常进行的前提,也是法律法规的正常体现与落实的基础。而相应的法律文书的文本规范,正是在法律诉讼平台上进行顺利沟通与交流的最基本的要求。

1. 法律的严肃性

法律的严肃性是指在起草法律文书的过程中,民事刑事诉讼双方在维护作为法人、公民的权利义务的过程中,要符合我们国家的法律法规的要求,处处做到于法有据,事事做到合理合法,引用法律法规要正确、具体、明白,要弄清事件或案件法律诉讼当事人双方彼此法律行为的责权利,弄清法律法规的施行范围。

2. 逻辑的严密性

逻辑的严密性是指在起草法律文书的过程中陈述事理、情由要符合客观事物的发展规律,要去粗取精,去伪存真,要善于从繁芜复杂的现象中认识事物的本质与事情的发展规律。比如在离婚诉讼中,离婚案由的陈述与诉请离婚结论的得出,必须有严密的逻辑联系,否则就会影响到法官立案与诉讼人双方彼此责任的认定工作,也会影响到判决或调解结果的客观性、公正性。

3. 事实的准确性

事实的准确性是指在起草法律文书的过程中,对事实的认定准确无误,做到陈述事理清楚,条理分明,语言准确、明白。比如在离婚诉讼的案件中涉及婚前婚后财产的认定,涉及财产分割的问题,在提出财产分割要求之际,夫妻共同财产的认定等都需要有效的法律公证文件作印证,婚前财产与婚后财产具体数字要准确无误,离婚诉求要合理、合情、合法,只有这样才能得到法官的支持。

4. 格式的特定性

格式的特定性是指在起草法律文书的过程中,要注重正确把握具体法律文书的书写格式,要遵循具体的要求,做到书写规范、要点分明、层次清楚、格式完整。比如民事诉讼过程中的遗产继承问题,就牵涉到诉讼主体与诉讼对象问题,诉讼主体要注明,诉讼对象须写清。再者,受理与诉讼都有一个时限问题,这就要求我们在书写法律文书的过程中注意落实好各种细节,落款要清楚,起草时间要写清,如果出现细小的疏漏,都可能影响到诉讼工作的正常进行。

第二节 起诉状

【话题与案例】

××学院大二学生杨某在一餐厅就餐时,被餐厅顶上掉下来的灯具砸破了脑袋,住院一个多礼拜,花了3000元的医药费。在杨某被砸伤后和住院期间,餐厅老板从来没有任何表示;事后杨某找餐厅老板讨要说法,还被餐厅老板找人打了一顿。于是,杨某决定依法向人民法院提起起诉。这份起诉状应该怎么写?

【基础知识与范例】

公民、法人或其法定代理人因自己的或依法由自己保护的合法权益受到侵害或与他人发生争议,依法向人民法院提出诉讼请求时所提交的有事实和理由,从而引起诉讼程序发生的书面材料,就叫起诉状,又叫诉状,俗称"状子"。

起诉状是国家机关、企事业单位和人民群众广泛使用的一种请求性司法文书。起诉状经人民法院审查受理后,将直接引起诉讼程序的发生,它是人民法院审查立案和审理案件的根据,同时也是被告方应诉答辩的依据,是当事人寻求法律保护的重要手段和工具。

一、起诉状的特点

1. 诉讼的直接性

任何国家机关、企事业单位、社会团体和公民在其民事权益受到侵犯或与他人发生纠纷时,当事人或法定代理人都可以直接向人民法院递交起诉状。需要注意的是起诉状必须有明确的被告,有具体的诉讼要求;有充足的事实根据,有相关的法律条文为依据。

2. 适用范围的特定性

起诉状针对的是归人民法院管辖而未被审理过的案件。其中民事起诉状主要适用于案件归人民法院管辖而未被法院审理的案件。刑事起诉状适用于"告诉才处理"的案件和不需要侦查的轻微刑事案件。

3. 处理案件的参证性

使用诉状来维护国家、集体或公民自身的权益,体现了我国社会主义法制的民主原则,能够引起诉讼程序的开始。起诉状要以事实为根据,以法律为准绳。尤其要注意以法律规定为理论依据,论证当事人诉讼请求的合法性和正确性。

4. 格式的规范性

起诉状在写作上有严格的体例格式,不能随意增减其中的项目,变动其先后次序,否则,人民法院不予受理。

二、起诉状的适用情形

起诉状的适用情形分以下三种情况:

(1) 民事起诉状是指公民、法人和其他组织在认为自己的民事权益受到侵害或者与其他人发生争议时,向人民法院提出要求人民法院公正裁判的书面诉讼请求。如公民因婚姻家庭纠纷,或者公民、法人、其他组织因其民事权益受到侵害或者与他人发生财产权益争议,依法向人民法院提起诉讼时都可以使用民事起诉状。

根据《中华人民共和国民事诉讼法》第一百〇八条的规定,民事起诉必须符合以下条件:① 原告是与本案有直接利害关系的公民、法人和其他组织;② 有明确的被告;③ 有具体的诉讼请求和事实、理由;④ 属于人民法院受理民事诉讼的范围和被诉人民法院管辖。

(2) 刑事自诉状,也称刑事起诉状或刑事诉状,是指被害人或监护人就某一事件,为追究被告人的刑事责任,向人民法院递交的书面诉讼请求。根据《中华人民共和国刑事诉讼法》的规定,刑事起诉状限于侮辱、诽谤、暴力干涉婚姻自由、虐待等诉讼处理的案件,以及其他不需要侦查的轻微刑事案件。刑事自诉状主要写明控告被告人侵犯自身权益的犯罪行为的罪名，要求人民法院依法判决。刑事自诉状一般适用于下列三种情形：

① 告诉才处理的案件；

② 被害人有证据证明的轻微刑事案件；

③ 被害人有证据证明被告人侵犯自己人身、财产权利的行为应当依法追究刑事责任，而公安机关或者人民检察院不予追究被告人刑事责任的案件。

（3）公民、法人或其他组织认为行政机关的具体行政行为侵犯其合法权益，依照行政诉讼法的规定向人民法院提起的诉讼，称为行政诉讼。行政诉讼的适用情形如下。

① 认为具体行政行为（包括不作为行为）侵犯其人身权、财产权的。这要包括以下几种情况：一是对拘留、罚款、吊销许可证和执照、责令停产停业、没收财物等行政处罚不服的；二是对限制人身自由或者对财产的查封、扣押、冻结等行政强制措施不服的；三是认为行政机关侵犯法律规定的经营自主权的；四是认为符合法定条件申请行政机关颁发许可证和执照，行政机关拒绝颁发或者不予答复的；五是申请行政机关履行保护人身权、财产权的法定职责，行政机关拒绝履行或者不予答复的；六是认为行政机关没有依法发给抚恤金的；七是认为行政机关违法要求履行义务的；八是认为行政机关侵犯其他人身权、财产权的。

② 法律、法规规定可能向人民法院提起诉讼的其他案件。

三、起诉状的种类

根据诉讼性质的不同，起诉状可分为民事起诉状、行政起诉状、刑事起诉状以及刑事附带民事起诉状。

1. 民事起诉状

民事起诉状是民事案件的原告或其法定代理人就民事权利和义务的争执或纠纷向法院提交的请求维护其民事权益的起诉文书。民事起诉状的法定适用范围主要包括两类：一类是以"家"为核心的案件，即离婚、抚养、赡养、抚养等案件；另一类是以"财"为核心的案件，即所有权、财产继承、损害赔偿、分割共有财产、经济合同纠纷等案件。

【范例 8-1】

民事起诉状

原告：江××，男，1985年8月生，汉族，××省××市人，

所在地址：××市××区××街××段××号

邮政编码：××××××

委托代理人：蒋××，××律师事务所实习律师。

被告：刘××，男，1970年2月生，汉族，××省××市人，

所在地址：××市××区××街××段××号。

诉讼请求

一、判令被告支付原告住院费及工伤赔偿金等共计 67 625.4 元。

二、诉讼费由被告承担。

事实和理由：

原告于2008年6月12日进入被告刘××的家具厂做工，当时双方并未签订书面的劳动合同。2008年7月5日上午8时左右，原告在操作电动工具时，不慎被机械扎伤左手，失去了左手拇指和小指，此后原告在××市第一人民医院住院治疗10天后出院。住院期间，被告只给过原告人民币1000元。2008年9月15日经赣州市劳动能力鉴定委员会鉴定，原告属于七级伤残。

自2008年7月5日至现在，虽然原告屡次要求被告支付原告的医药费、伤残赔偿金，但都被被告拒绝。原告认为，虽然原告与被告并未签订书面的劳动合同，但双方已形成了事实的劳动关系，原告在被告厂内受伤，理应受到相应的工伤待遇。根据《中华人民共和国劳动合同法》和《工伤管理条例》的规定，被告刘××应支付原告工伤赔偿金、住院费、护理费、住院伙食补助等各项费用共计67 625.4元。

证据和证据来源：

1. 司法伤残鉴定材料。
2. 医药费单据。

此致

××市××区人民法院

附：1. 本诉状副本1份。
2. 司法伤残鉴定材料1份。
3. 医药费收据1张。

起诉人：刘××

代书人：蒋××

2008年12月2日

【提示】 本诉状格式规范，诉讼的请求明确具体，事实的叙述清楚明白，这样就便于法院的受理、审查。

2. 行政起诉状

行政起诉状是公民、法人或其他社会组织认为行政机关及其工作人员的具体行政行为侵犯其合法权益时，依法向人民法院提交的要求法院裁判的诉讼文书。

行政起诉状是一种民告官的法律文书。行政诉讼的被告只能是做出具体行政行为的行政机关或者法律、法规授权的组织。行政机关的工作人员不能当被告。

【范例 8-2】

行政起诉状

原告：冯××，男，35岁，××市××区××街××号

邮政编码：×××××××

被告：××市××区劳动和社会保障局，

地址：××市××区××街。

法定代表人：谭××，职务：局长。

请求事项：

请求法院认定××市××区劳动和社会保障局拒不履行其工伤认定的职责属于行政不作为行为。判令被告履行职责。

事实和理由：

原告从1999年4月23日始一直在××市××厂工作，2007年8月3日因为车间堆放的物品倒塌，致伤原告。原告向××市劳动局申请工伤认定，2007年12月20日提出申请后，被告在法定的2个月内没有对原告的要求予以答复，此后原告又多次催问，依然没有得到答复。原告之伤需经劳动保障行政部门认定方能享受工伤待遇，由于被告拒不履行法律规定的认定责任，给原告造成了很多严重后果，致使原告身心受到了极大的伤害。被告身为国家行政机关，知法犯法，明知故犯，法律难容，根据《中华人民共和国行政诉讼法》的规定，特具状起诉，请人民法院审查，依法判决，以维护法律尊严和原告的合法权益。

此致

××市××区人民法院

附：本诉状副本1份

起诉人：冯××
2008年3月2日

【提示】范例8-2的标题、首部、正文和尾部书写规范；内容上，诉讼请求合理，事实叙述清楚明白，理由阐述具有说服力。

3. 刑事起诉状

刑事起诉状分为刑事自诉状和刑事公诉状两种。刑事自诉状是自诉人（被害人或其法定代理人）为追究被告人的刑事责任而直接向法院提起刑事诉讼的文书。刑事公诉状是公诉人（检察机关）代表国家为指控犯罪，追究被告刑事责任，而向人民法院提起公诉的文书。

4. 刑事附带民事起诉状

刑事附带民事诉状是指有权提起附带民事诉讼的人，向人民法院提起的附带民事诉讼，要求在追究被告人刑事责任的同时，责令被告人赔偿经济损失的书面请求。

【写作指导】

一、起诉状的写法

起诉状由标题、首部、正文和尾部四个部分构成。

1. 标题

标题可使用"民事起诉状""行政起诉状""刑事自诉状""刑事附带民事自诉状"等。

2. 首部

首部是指当事人的基本情况。当事人包括原告、被告和他们的代理人，按照先写原告后写被告的顺序，依次写清楚双方当事人的基本情况。如果原告与被告是公民，则写清楚姓名、性别、出生年月、民族、工作单位、职务、住址等。如果原告与被告是机关、团体、企事业单位，则写清楚名称（全称）、所在地址、法定代理人的姓名与职务以及电话。

3. 正文

正文包括诉讼请求、事实与理由、证据和证据来源等三项内容。

(1) 诉讼请求。

诉讼请求是原告向法院提起的诉讼意见和要求。要写得明确、具体,要合理、合法,各自独立的请求事项要分项列出。

(2) 事实与理由。

这是起诉状的核心部分。法院审理、判决,只能以事实为根据,所以,一定要把事实和理由写充分、透彻。

事实方面,一是完整概括案情;二是围绕"诉讼请求"叙述事实,凡是有利于实现诉讼请求的具体材料,均应写进诉状,与诉讼请求无关的材料,则不应写进诉状;三是叙事要真实,不违背常理;四是一边写重要事实,一边列举证据。

理由方面,有事实理由和法律理由两项内容。所谓事实理由,指在叙述事实的基础上,分析纠纷的性质,说明是非曲直,分析危害后果,说明过错责任,论证权利义务关系,说明所提诉讼请求是合情合理的。所谓法律理由,指用法律规定衡量纠纷事实,从法律角度说明孰是孰非,并全面、具体地援引法律条文,阐明请求和起诉的法律依据,从而说明其所诉请求的合法性。理由必须与事实、诉讼请求相一致。援引法律条款要全面、准确和规范。

(3) 证据和证据来源。

要列举证据名称和内容,以及所证明的事实;要说明证据的来源和可靠程度;要注明证人的姓名、职业、住所;要提交证据原件或复印件。

叙写证据的位置一般都在正文之后,在附件中用列清单的方式写出。

4. 尾部

起诉状的尾部一般要写清以下内容:

(1) 本起诉状提交的人民法院的名称。文末先写明"为此"(或"为……"),"特依法向你院起诉,请依法判决"一类请求语,接着换行写"此致",再换行顶格写"×××人民法院"。

(2) 附件。主要写明提交本状副本×份和提交的证据×份的顺序号和名称。

(3) 起诉人署名。如"原告×××"或"具状人×××"。如系律师代写,则要写清楚律师的姓名及事务所名称。

(4) 盖章。起诉人为个人的,要加盖个人印章;为法人或其他组织的,要加盖单位印章。

(5) 起诉状制作的日期。

二、起诉状写作应注意的事项

要写好起诉状,关键在于严格遵守以事实为依据,以法律为准绳的原则,忠于事实真相,有理有据,符合法律政策的规定。一般来讲,写作起诉状要注意以下几点:

(1) 要从实际出发,实事求是,言之有理,持之有据,引用政策、法律、法规条文要准确、贴切、翔实,要经得起推敲,经得起被告人及其辩护律师的反驳。

(2) 叙述的事实要真实准确。请求事实要客观、具体、全面,反映事情的本来面目,数字必须准确无误,做到不歪曲捏造,不夸大渲染。

(3) 诉讼理由要充足有力。要抓住问题的关键进行详细叙述,诉讼理由要以充分的证据和明确清楚的事实为基础,要摆事实,讲道理,重证据,不要空口无凭。案件事实与理由的因果关系清楚,引用的法律、法规条文要准确、完备,要做到引用原文一字不漏。

(4) 注意人称的一致性。叙述的人称要前后一致,如用第三人称时要称原告与被告。

(5) 语言要简洁清晰。语言做到简洁、准确、严谨,表述清晰,富有逻辑性。避免歧义,避免口语化,避免空话套话。

【实战训练】

××学院大四男生朱某向本院大二女生胡某求爱遭到拒绝后,在网上发帖,造谣说胡某与某某老师有不正当男女关系,一时间弄得沸沸扬扬,使胡某的身心受到严重伤害,胡某决定拿起法律的武器保护自己。请你代胡某写一份起诉状。

第三节 答辩状

【话题与案例】

××学院学生付某趁同宿舍的同学单某不在,利用单某的电脑和QQ号,将自己在浴室洗澡时用手机所拍本班几个女生的照片(洗浴时的裸照)发到了网上,造成了极坏的社会影响,使得被拍的几位同学身心受到严重伤害。当几位同学查出发布照片的QQ号为单某的QQ号后,将单某告到了法庭。法庭将起诉状的副本送至单某手中,令其在规定时间内提交答辩状。单某的这份答辩状应该怎么写?

【基础知识与范例】

答辩状是各类案件的应诉方(被告方或被上诉方),在接到原告方的起诉状或上诉方的上诉状的副本后,在法定期限内就起诉状或上诉状的内容进行答复或辩驳而使用的一种诉讼文书。

答辩状的使用,有利于法院全面查明案情,做到兼听则明,公正判决或裁定,防止误判或误裁,有利于维护当事人的合法权益。

一、答辩状的特点

1. 内容的针对性

对于起诉状的答辩,被告要有针对性的从事实和法律两方面对起诉的事实与理由进行驳诉。对于上诉状的答辩,作为一审胜诉方的答辩人,既有可能是原审原告,也有可能是原审被告。如果是原审原告上诉,答辩状只要针对上诉状的内容,补充提出确凿的证据和法律、法规依据,将对方上诉理由一一驳倒即可。如果原审被告上诉,答辩人还要有针对性地从事实和法律两方面对上诉状进行驳诉。

2. 作者的特定性

答辩状必须由民事、行政案件的被告,上诉案件的被上诉人,刑事案件的被告人提出。

3. 时间上的规定性

人民法院收到起诉状、上诉状后,按法律程序应当在规定的期限内将起诉状或上诉状副本发送被告或被上诉人，被告或被上诉人要在规定的时限内提出答辩状。

4. 行文方式的论证性

答辩状的提出是一种应诉的法律行为，答辩状必须要针对起诉状或上诉状中提出的诉讼请求、事实或理由以及证据等内容进行答辩。答辩人要摆事实、讲道理，运用有利的论据、有关的法律条文进行论辩和反驳。

二、答辩状的适用情形及其作用

答辩状一般适用于两种情形：一是原告向第一审人民法院起诉后，被告就诉状（起诉状）提出答辩状；二是案件经第一审人民法院审理终结后，一方当事人不服，提起上诉，被上诉人就上诉状提出答辩状。

人民法院在收到原告的起诉状和上诉人的上诉状以后，应当在规定的期间内将副本送达被告或被上诉人，被告或被上诉人应当在法定的期限内提交答辩状。

被告和被上诉人通过答辩状，可以针对原告或上诉人提出起诉或上诉的事实、理由和根据以及请求事项，进行有的放矢的答辩，阐明自己的理由和要求，并提出事实和证据证实自己的观点。这样，人民法院可以全面了解诉讼双方当事人的意见、要求，这样对合理合法处理好案件会大有帮助。

【范例 8-3】

离婚答辩状

答辩人：白_____，男，_____岁，满族，_____省_____市人，现住_____市_____区_____路_____号。

答辩人因邱_____诉我离婚一案，现提出答辩如下：

答辩人认为原、被告夫妻感情并没有破裂，不同意离婚，理由有三：

一、原、被告夫妻系自由恋爱，1993结婚至今，已历十载，经受住了时间的考验，说明感情基础牢靠；

二、原、被告性格相近，兴趣、爱好相同，有共同语言；

三、原、被告共同生活中，一直和睦相处。

答辩人认为原告在诉状是谈到的夫妻经常吵架，不是事实。吵架不是没有，但一没有经常吵，二没有影响到夫妻感情。

此致

_____市_____区人民法院

答辩人：白_____
____年____月____日

【提示】答辩状就是被告方在接到原告起诉状后，针对原告提出的诉讼请求及事实与理由提出同意、反驳或反诉意见，在法律规定时间交给法庭，作为对起诉状的一个答复。本例中，答辩的理由交代具体、贴切，用语简洁，能做到就案件事实部分进行答辩。同时，能明确提出答辩主张，态度鲜明，即对原告起诉状或上诉人上诉状中的请求是完全不接受，还是部分接受；对本案的处理提出自己的主张，请求法院裁判时予以考虑。

三、答辩状的分类

两审终审制是我国的基本审级制度,据此,答辩状可分为两类:一类是一审程序中的答辩状,是被告针对原告的诉状提出的;另一类是二审程序中的答辩状,是被上诉人针对上诉人的上诉状提出来的。

如果从案件的性质分类,答辩状还可分为民事答辩状、行政答辩状和刑事答辩状三种。

【写作指导】

一、答辩状的写法

答辩状由标题、首部、正文和尾部四个部分构成。

1. 标题

属于一审程序的,标题名称应写清性质,如"民事答辩状"或"行政答辩状";属于二审程序的,标题则应标明审判程序,如"民事上诉答辩状"。

2. 首部

首部应直接写出答辩人的基本情况。即写明答辩人的姓名、性别、年龄、民族、职业、住址等。当事人是法人或其他组织的写明其名称、所在地、法定代表人的姓名与职务。

3. 正文

正文包括答辩缘由、答辩理由、答辩请求三个部分。

(1) 答辩缘由。一审和二审答辩状都应在当事人基本情况之下,用一句话概括答辩缘由,通常用固定的套语表述,一审和二审答辩状的套语有所不同,分述如下:

一审:"因××(原告名称)诉我××××(对案由的概括)一案,现提出答辩如下:……"

二审:"因××(原告名称)不服××人民法院[××××](年份)××初字第××号判决(或裁定)上诉一案,现提出答辩如下:……"

(2) 答辩理由。应针对原告或上诉人的诉讼请求及其所依据的事实与理由进行反驳与辩解,提出自己的主张并阐明理由。

(3) 答辩请求。即答辩人在充分阐明答辩理由的基础上向人民法院提出的要求和主张,写答辩请求,要有事实根据,要符合法律规定,要针对当事人的诉讼请求列举有关法律规定,论证自己主张的正确性,请求人民法院保护自己的合法权益。

4. 尾部

尾部应写明答辩状应呈送的人民法院名称、附件,答辩人姓名和答辩状的制作日期。附件包括副本的份数、证据的名称和数量。其写法与起诉状相同。

【范例 8-4】

民事答辩状

答辩人(系被告人):赵××,男,31岁,××公司工人,现住××市××县八里镇。

被答辩人(系原告人):王××,女,30岁,无业,现住同上。

答辩人就被答辩人所诉离婚一案,具体答辩如下:

答辩人认为被答辩人所诉离婚之理由纯属捏造的不实之词。答辩人不能同意被答辩人离婚的要求。理由有三：

一、被答辩人诉称答辩人不务正业，对家务事不管不顾，夜不归宿，经常在外参赌，致使被答辩人生活困难，有时买面买油都得回娘家要钱等情况，确系捏造，严重与事实不符。事实是：答辩人单位工作制度系几班倒，上夜班是经常的事，答辩人下夜班后还干包工活，根本没有赌博之事，可到工友中调查取证。根本不存在买面买油伸手向伴娘家要钱的事。

二、被答辩人诉称近四五年来，答辩人经常夜不归宿，在外赌博，被答辩人稍加询问，对被答辩人张口就骂，举手就打，逼得被答辩人曾经自杀，此话同样不符合事实。答辩人曾经打过被答辩人一两次，不过那都是七八年前的事了。最近四五年，从未打过被上诉人，更未痛下狠手，另除夜班外，答辩人都在家住，周围邻居可以作证。至于被答辩人曾试图自杀，只是因大女儿与其赌气所致，与答辩人毫无关系。因此，虚构的事实是不能作为离婚的证据的。

三、应当说明的是，被答辩人生活作风有问题。曾于××年与别人发生过婚外情，答辩人发现后，由于被答辩人表示悔改，答辩人才压下了心头之火。事情过后，答辩人考虑到两个女儿尚未成年，愿等待被答辩人改正错误，重修旧好。故答辩人请法院对合法婚姻予以保护，对被答辩人的不法行为给予教育，对其无理要求给予驳回，做出公正判决。

此致！
×××人民法院

答辩人：赵××
二○××年五月八日

【提示】 这份答辩状答辩请求明确，理由陈述清楚，抓住被答辩人在事实陈述过程中所存在的与事实不符的证据，逐条驳斥，显得有理有据，且较为有力。

二、答辩状的写作要求

1. 有的放矢，针对原诉而作

一定要抓住原诉状中的关键性问题，针锋相对地摆事实，讲道理。

2. 客观真实，不焦不躁行文

答辩状要尊重客观事实，只有真实才有力量。要理性地分析陈述，不要加入个人感情。

3. 应注意与原诉状的区别

答辩状与原诉状最主要的区别是：答辩状只是对原诉的回应和辩驳，并不另行提出自己的诉讼主张和请求。

三、答辩状写作的注意事项

答辩状就是被告方在接到原告起诉状后，针对原告提出的诉讼请求及事实与理由提出

同意、反驳或反诉意见,在法律规定时间交给法庭,作为对起诉状的一个答复。答辩状的写作一般应注意以下几个问题:

1. 尊重事实

答辩状应尽量让事实说话,用事实证明自己的答辩理由是充分的,而不是隐瞒、掩饰甚至歪曲某些事实,更不能无理诡辩。当然,如果自己确有错误也应当承认,但这种承认立是在澄清事实的过程中带过,不作过多分析,更不能把答辩状写成检讨书。

2. 抓准关键,据理反驳

答辩状应找准产生争执的关键。应要抓住对方陈述的错误事实或引用法律条文的错误,根据确凿事实与证据予以反驳,证明自己行为的合理性;应依据有关法律条文,说明答辩理由的正确性;归纳答辩事实,揭示对方当事人法律行为的谬误,经过分析论证,推出合乎逻辑的结论。

3. 注意答辩时限

针对不同的诉讼类型,我国现有法律所规定的答辩期限有所不同,如需递交答辩状的应注意时间的限定。如《中华人民共和国民事诉讼法》规定,"被告在收到起诉状副本 10 天内提交答辩状;被上诉人在收到上诉状副本 15 日内提交答辩状";而对于行政诉讼,被告应当在收到起诉状副本之日起 10 日内向人民法院提交做出具体行政行为的有关材料,并提出答辩状。这主要是因为行政诉讼案件的诉讼期间要短于民事诉讼案件,且行政案件涉及行政管理秩序的稳定。为了更快地恢复不稳定的行政管理秩序,需要在期间问题上加以必要的调整,再者,由于行政机关在执法程序中已经对于执法过程有一定的文字材料记载,收集到有关方面的证据,因而在短时间内提交答辩状及相关材料,完全有可能。对于涉外的诉讼,答辩状原则规定为 30 日内提交,同时,还特别规定了可以向人民法院申请延期,是否准许由人民法院决定。另外,在现实生活中,被告有可能不提交或不在法定期限内提出答辩状的,这并不影响人民法院对行政案件的正常审理。

4. 语言的运用

言辞应恳切、简洁,做到言简意赅;语气应平和,以理服人,不能恶言嘲讽,甚至于人身攻击。若被告或被上诉人确有错误,应坦率承认,不宜回避。

【实战训练】

结合下面诉讼案例,将其整理为一篇答辩状。

答辩人:王锁梓

被答辩人:肖文美 金陵区人民法院民事审判庭法官洪钟

答辩事由:原告(被答辩人)肖文美控告答辩人在 2017 年 6 月 30 日酒醉驾车撞伤其夫柳××,要求答辩人负全责,并赔偿医疗费等各项费用 62 309.53 元。

基本事实:答辩人并未饮酒;因当时天雨,路面湿滑,能见度低,柳××骑车沿马路左边逆向行驶,且车速过高,又适逢拐弯,避让不及,撞车致使柳××腿部骨折;为避免碾压柳××,答辩人所驾车辆撞上路边护栏,共用去车辆修理费及道路设施毁损赔偿金 18 547.8 元,答辩人也负了轻伤,花去医疗包扎费 65.46 元。

第四节 上诉状

【话题与案例】

张先生在与妻子的离婚诉讼中遇到了一个难题。在财产分割过程中，一审法院混淆了婚前财产与婚后财产的区别。致使张先生婚前的财产：一套价值64万元的三居室单元楼与153万元的企业红股被作为夫妻共同财产予以切割。自己保存的相关公证文件及股金证一时之间找不到，公证机关保留的存根在一场大火中被付之一炬。现在一审判决马上生效，张先生很着急，到底该不该上诉，他一时拿不定主意。

请大家为张先生出出主意。

【基础知识】

上诉状是刑事、民事或行政案件中的当事人或其法定代理人不服人民法院的第一审判决或裁定，按照法定的程序和期限，向原审法院的上一级人民法院递交的提起上诉，要求撤销、变更原审裁判或重新审判而提出的书面请求。

上诉是法律赋予当事人的一种诉讼权利，它对及时纠正确有错误的裁判，保证国家审判权的正确行使，保护人民的合法权益具有不可忽视的作用。上诉状是第二审法院受理案件，并进行审理的依据。第二审法院通过上诉状了解上诉人不服第一审裁判的理由。

一、上诉状的作用

上诉状是案件当事人或代理人对原法院或职能部门判决、仲裁的态度与主张的表达，也是通过自我干预维护自己合法权益、以期影响或改变审判、裁定进程或结果的正当手段。同时，上诉状能够引起上级法院（职能部门）对下级法院（职能部门）裁判全面细致的审查，这对于协助、督察人民法院或职能部门正确行使审判、裁定权，提高办案办事质量与效率具有积极意义。

二、上诉状的分类

上诉状分为民事上诉状、刑事上诉状、行政上诉状三类。

（1）民事上诉状是民事案件当事人或者法定代理人不服一审人民法院所做出的裁判，在上诉期间内要求上一级人民法院进行审理、撤销、变更原裁判所提出的书面请求。

《中华人民共和国民事诉讼法》规定，当事人不服法院一审判决的，有权在判决书送达之日起十五日内向上一级人民法院提起上诉。民事上诉状的作用，主要是有利于保护第一审民事案件败诉一方当事人的合法权益，有利于防止错案的发生，有利于保证审判质量。

（2）刑事上诉状是刑事案件当事人或者法定代理人不服一审人民法院所做出的裁判，在上诉期间内要求上一级人民法院进行审理、撤销、变更原裁判所提出的书面请求。

（3）行政上诉状是行政案件当事人或者法定代理人不服一审人民法院所做出的裁判，在上诉期间内要求上一级人民法院进行审理、撤销、变更原裁判所提出的书面请求。

三、上诉状的特点

1. 上诉者身份的限定性

提出上诉者必须是当事人或其诉讼权利承担人、法定代理人,特别授权的委托代理人,可以不经过被告人同意而提出上诉;其他近亲属和辩护人未得到被告人同意,即使认为判决或裁定有错误,也无权提出上诉,只能提出申诉。我国法律规定:民事、行政上诉状必须是民事、行政诉讼当事人及其法定代理人提起,别人无权提起;刑事上诉状必须由刑事诉讼当事人及其法定代理人提起。

2. 内容的针对性

上诉必须是对地方各级人民法院的第一审裁判不服所提起的,上诉状中应指出法院第一审判决认定事实的错误、原判理由的不充足或适用法律的错误。

3. 诉讼的时限性

上诉者必须依照法定程序和期限,向制作第一审裁判的上一级人民法院做出上诉,超过法院规定的有效时间进行上诉会被视作服从一审判决。我国法律规定,不服民事判决或裁定的上诉期限为15日和10日,逾期上诉无效。一般刑事案件的法定上诉期限为10日;杀人、强奸、抢劫、爆炸和其他严重危害公共安全的犯罪的死刑案,为判决书送达后3日内,一般裁定书为送达后5日内。而刑事上诉者必须按照法定的期限,向原审人民法院的上一级人民法院提出,不得越级。

【写作指导与范例】

一、上诉状的写作要点

上诉状由首部、正文、尾部三个部分组成。

1. 首部

首部包括标题,当事人的基本情况和案由。

(1) 标题:根据具体案件情况,写明诉讼性质与文种,如"刑事上诉状"、"民事上诉状"或"刑事附带民事上诉状"。

(2) 上诉人与被上诉人的基本情况。除需注明当事人在一审中所处的地位外,其他与起诉状相同。

(3) 案由。这部分应表明案件的性质,应概括写明因何事上诉,即不服第一审判决或裁定的缘由。通常格式为:因×案不服人民法院于×时、以×字号(×字第×号)发出的判决或裁定而提出上诉。如"上诉人×××因××(罪名)不服××人民法院于××××年××月××日(××)刑字第××号判决现提起上诉,上诉理由和请求如下"。

2. 正文

正文部分包括上诉请求、上诉理由两项内容。

(1) 上诉请求。首先,概述案情全貌,接着写明原审裁判结果。其次,指明是对原判全部或哪一部分不服。最后,写明具体上诉请求,是要求第二审法院撤销或变更原审判决或裁定,还是请求重新审理。

(2) 上诉理由。这是上诉状的关键所在,是证明自己的诉讼请求成立的重要依据。在论证理由上,主要是针对原判说话,而不是针对被告。上诉理由应全面陈述对第一审人民法院在认定事实和适用法律上的不当或错误,提出所根据的事实和理由,包括在一审程

序中未提供的事实、理由和证据。主要采用驳论的方法,从四个方面来写:

第一,针对原审判决和裁定对事实的认定有错误、出入和遗漏,或证据不足,而提出纠正或否定之的事实和证据;

第二,针对原审判决或裁定对事实的定性不当,而提出恰当的定性判断;

第三,针对原审判决或裁定引用的法律条文不准、不对,而提出正确适用的法律根据;

第四,针对原审判决或裁定不合法定程序,而提出纠正的法律依据。

3. 尾部

上诉状的尾部一般包含两部分内容:一是结语和署名、日期,一般以"此致××××人民法院"作结,右下方起诉人签名或盖章,并写明日期。二是附项,上诉状附项写于日期下一行顶格位置。附项包括:本状副本份数,物证件数,书证件数等。

【范例 8-5】

离婚上诉状

上诉人:刘春,男,32岁,汉族,工人,住××区××村9栋2号;

被上诉人:杨洋,女,28岁,汉族,无业,住址同上。

上诉人因离婚一案,不服××区人民法院2016年9月7日(2016)×民一初字第254号一案判决书,现提起上诉。

上诉请求:双方所生之女刘静随上诉人刘春生活,被上诉人杨洋童按每月200元的金额一次性支付婚生女的抚养费自今年至婚生女18周岁时止,共计人民币23600元。

上诉理由:根据最高人民法院关于适用《中华人民共和国婚姻法》若干问题的解释(一)第二十一条的规定,抚养费,包括子女生活费、教育费和医疗费等费用。以及《最高人民法院关于人民法院审理离婚案件处理子女抚养问题的若干具体意见》第七条:子女抚育费的数额,可根据子女的实际需要、父母双方的负担能力和当地的实际生活水平确定。有固定收入的,抚育费一般可按其月总收入的百分之二十至三十的比例给付。无固定收入的,抚育费的数额可依据当年总收入或同行业平均收入,参照上述比例确定。第八条:抚育费应定期给付,有条件的可一次性给付。第九条:对一方无经济收入或者下落不明的,可用其财物折抵子女抚育费。第十一条:抚育费的给付期限,一般至子女十八周岁为止的规定。因此,法律规定抚养费的目的应该是为了维护离婚后子女的生存和发展的权利,使其与未离异家庭的子女一样,有着同样的接受抚养和教育的权利,能受到同等的保护。因被上诉人无固定收入,长期在外地打工、居住,无法联系,而且获得了上诉人唯一的财产——房产的一半共计25000元。可是,上诉人自己却要单独抚养年仅八岁的女儿,实际发生的生活费用、教育、医疗以及婚生女的保险等费用明显高于上诉人的支付能力。然而,实际上被上诉人自婚后一直逃避或拒绝承担子女和家庭的所有费用。其打工所得均用于购买自己的各种养老、医疗保险或存入私人账户。而上诉人除了现在居住的房子和抚养的女儿之外,其实一无所有!上诉人恳请法院判如诉情,不胜感激。

此致
××市中级人民法院

上诉人:刘春
2016 年 1 月 17 日

附:本上诉状副本1份

【提示】这份上诉状主要围绕离婚诉讼过程中夫妻双方就子女抚养费用所形成的矛盾与分歧展开,上诉状中诉讼请求适用法律依据准确,也合情合理。并且诉讼请求主要从保护未成年人的权益的角度提出,当得到二审法官的支持。

二、上诉状的写作要求

(1)上诉状的请求与理由必须针对一审所存在的错误提出。
(2)上诉的事由,必须以法律为依据,实事求是。
(3)上诉状必须在一定限期内递交上一级法院,过了上诉期限,法院将不予受理上诉请求。如果未提交上诉状,判决会在上诉期过了之后自动生效。

【实战训练】

在本课的案例中,张先生实际上诉了,正是因为上诉,他为自己赢得了宝贵的时间。在上诉期间,张先生终于找到了有关公证文件,并在二审过程中纠正了一审中对属于自己的婚前财产的错误切割,维护了自身的权益。说说,张先生实际上诉的依据是什么?

第五节 申诉状

【话题与案例】

小王放暑假在家,邻居张大伯来找小王,请求他代写一份申诉状。说他儿子的二审判决下来,但他们全家对这一判决不服,想提出申诉。但要申诉先要向有关单位递交申诉状。小王是非法律专业,对法律专业术语并不了解,不知道该怎么写。要弄清楚怎么写,首先要搞清什么是申诉状?

【基础知识】

申诉状是指刑事案件中的当事人、被害人及其家属或者其他公民和民事案件中的当事人或其法定代理人,对已经发生法律效力的判决、裁定认为有错误而不服,向人民法院或者人民检察院(刑事案件)提出申诉,请求重新审查案件的文书。

当事人或法定代理人如申诉有理,就会为司法机关所受理,并将对引起再审或做出相应的处理具有重要意义。需要指出的是,提交申诉状后并不能停止已生效的判决、裁定的执行。

一、申诉状的作用

申诉是法律赋予当事人、法定代理人及其亲属的一项诉讼权利和民主权利,其目的在于根据实事求是、有错必纠的原则,保护当事人的合法权益。而申诉状正是用来向人民法院或人民检察院书面表达当事人及其近亲属或其法定代理人,对已经发生法律效力的刑事判决或民事裁定不服,提出的要求重新审理的态度与主张的。

二、申诉状的分类

依据申诉状的内容来分,申诉状可以分为两类:一是诉讼上的申诉,是指当事人、被害人及其家属或者知道案件情况的其他公民,认为人民法院已经发生法律效力的判决或裁定有错误,向人民法院或者人民检察院提出要求依法处理,予以纠正的行为。二是非诉讼上的申诉,是指公民或者企业事业等单位,因本身的合法权益问题不服行政部门的处理、处罚或纪律处分,而向该部门或其上级机关提出要求重新处理,予以纠正的行为。基于此,我们可以把申诉状分为诉讼上的申诉状(民事申诉状或刑事申诉状)与非诉讼上的申诉状。

依据申诉状的性质来分,申诉状分为民事申诉状、刑事申诉状、行政申诉状三类。

(1) 民事申诉状是民事案件的当事人,认为已经产生法律效力的判决、裁定有错误,在该判决、裁定生效后两年内向原审人民法院或上级人民法院提出诉讼,请求复查纠正或重新审理的书面材料。

(2) 刑事申诉状是刑事案件的当事人、法定代理人、被害人及其家属或者其他公民,认为已经产生法律效力的判决、裁定有错误,在该判决、裁定生效后两年内向原审人民法院或上级人民法院提出诉讼,请求复查纠正或重新审理的书面材料。

(3) 行政申诉状是行政案件的当事人及法定代理人,认为已经产生法律效力的判决、裁定有错误,在该判决、裁定生效后两年内向原审人民法院或上级人民法院提出诉讼,请求复查纠正或重新审理的书面材料。

三、申诉状的适用情形

申诉状一般适用于以下几种情形。换句话说,只有在以下几种情况下提出申诉状方能保证人民法院接受你的申诉,启动对案件的再审程序。

(1) 有新的证据,足以推翻原判决、裁定;
(2) 原判决、裁定认定事实的主要证据不足;
(3) 原判决、裁定适用法律确有错误;
(4) 人民法院违反法定程序,可能影响案件的正确判决、裁定;
(5) 审判人员在审理该案时有贪污受贿、徇私舞弊、枉法裁判的行为。

此外,当事人对已经发生法律效力的调解书,提出证据证明调解违反自愿原则或者调解协议的内容违反法律的,可以申请再审。经人民法院审查属实的,应当再审。

当事人申请再审,应当在判决、裁定发生法律效力后两年内提出。

四、申诉状与上诉状的区别

申诉状与上诉状的性质、目的相同,都是对原判不服,要求纠正错误。但两者又有区别。申诉状是针对具有法律效率的判决、裁定进行申诉。上诉状是对未发生法律效力的判决、裁定进行上诉的;申诉状没有时间限制,上诉状有着时间限制;申诉状可向原判的法院或检察院提出,而上诉状只能向上一级法院提出。

【写作指导与范例】

一、申诉状的写作要点

申诉状由首部、正文、尾部和附项组成。其写法除标题与称谓外,其余部分与上诉状相同。

1. 首部

(1) 标题。民事申诉状的标题部分可以写《申诉状》《民事申诉状》或《再审申诉状》，刑事和行政申诉状的标题可为《申诉状》或《××申诉状》。

(2) 申诉人的基本情况。包括申诉人的姓名、性别、年龄、民族、职业、工作单位和住所，如果诉讼的原告涉及法人或者其他组织，应注明法人或者其他组织的名称、住所和法定代表人或者主要负责人的姓名、职务、所在地；如果诉讼的原有代理人，应写明申诉代理人的姓名、单位、代理权限和有关情况（如系律师，还应属于哪个律师事务所）。申诉状可不写"被申诉人"一项，如果写，与申诉人结构相同。

(3) 案由。包括申诉人因什么案件对哪一人民法院的哪一生效判决或裁定提出申诉。一般表述形式为：申诉人××，对人民法院于何时、以何字号（×字第×号）发出的判决或裁定，提出申诉（或申请再审）。

2. 正文

(1) 申诉请求。概括写明申诉人请求人民法院或人民检察院解决的具体问题是什么，并写明是要求撤销、变更原裁判，还是要求查处或再审。

(2) 事实和理由。这是申诉状的关键所在。通常先采用综合概述的方法，叙述案情事实、原来的处理结果、然后针对原判的处理确有错误的部分重点阐述，最后得出申诉人请求重新认证的必然结论。

3. 尾部

写明文书致送的人民法院或人民检察院的名称，申诉人的签名及申诉日期。

4. 附项

申诉状最后一页的左下角写附项。包括：原审判决书、裁定书的原件复印件，本状副本份数，物证件数，书证件数等。

【范例8-6】

民事申诉状

申诉人：陶××，女，35岁，汉族，××市人，××市××小学教员，住××市××区××路46楼3单元401号。

申诉人因所购车的归属权一案，不服××市××中级人民法院（××）民终字第××号民事判决。现提出申诉：

申诉请求：

我和余××婚姻关系存续期间所购的汽车应判归我个人所有。

事实和理由：

1. 我和余××婚姻关系存续期间所购的汽车，车款是我独自筹措，也由我独自承担偿还的，有债权人吴××、马××证明。

2. 买车时，我的丈夫因不会开车，公开表态：不与我共买此车。我坚持要买，故双方签订了不愿共同买车的声明（声明内容请见附件）。

3. 一审法院只是简单地认定了事实，援引法律条文，对我提出的证人证言则不加调查，未作分析。

4. 夫妻关系存续期间所得财产,应理解为包括双方或一方的劳动所得。如属这样的性质,这辆车应归夫妻所共有。我买的车虽在婚姻关系存续期间,但购车款是由我个人借债来支付的,我靠个人的劳动所得偿还的。一审法院引用我国《婚姻法》第13条,只讲"夫妻在婚姻关系存续期间所得财产,归夫妻共同所有",是不适当的,并未引全,后面还有"双方另有约定的除外"。

以上理由陈述,敬请××中级人民法院按审判监督程序调卷审理,依法判处,以维护法制,保护公民合法财产。此致
×××中级人民法院

申诉人:陶××
××××年××月××日

附:1. 证明材料4份。
  2. 一审判决书副本1份。

【提示】这是一份格式规范的民事申诉状。标题标明了诉讼文书的性质,正文的"事实和理由"部分依事据理,举以实证,层层深入,有据有理。全文言简意赅,精悍有力。

二、申诉状的写作要求

(1) 申诉状应附一审、二审的判决、裁定书的原件或复印件,以便进行核实;申诉状由于是对已经产生法律效力的案件的申诉,所以事实应更清楚、准确,法律根据应更充分、有力。否则是难以有实际效果的。

(2) 要依法进行申诉。申诉必须符合法定条件:人民法院已做出裁判并已发生法律效力,裁判确有错误,申请再审必须在法定的两年内提出。

(3) 要实事求是。申诉状所列事实必须真实,必须是在案件审理前已经发生的事实;对原审裁定中对的、属实的处理,应承认而不应反驳。

(4) 要引用新的证据。尽量列出新例证做后盾,以实证服人,从而展开说理。

【实战训练】

请阅读下面这份《经济仲裁申诉状》,进一步弄清楚申诉状的写作要点:

经济仲裁申诉状

申请单位:××县××建筑工程施工队。
法定代表人:江月明队长
地址及电话:××区××××××
电话:×××××××
被申请单位:××省××厂
法定代表人杜重华厂长
地址:××区××××××
电话:×××××××

一、请求事项
请求××省××厂严格履行与××县××建筑工程施工队签订的合同。

二、事实、理由及证据

2015年5月31日,双方签订一份基本建设承包合同。主要内容:

1. 由××县××建筑工程施工队承建楼房453.94平方米,核算造价每平方米为人民币235元,总计是106 675.9元;

2. 承建车库21间,计266.28,核算造价每平方米为126.65元,总计为33 684.42元

以上各项工程造价合计人民币140 360.32元。

双方约定,双方签订的承包合同中所有建筑工程造价,均按实际工、料计算出来。工程建设完成后,须通过国家相关建设质量验收单位验收,并以相关鉴定验收文本为准,否则,建房方××省××厂将有权拒付建设工程款。工程均按工程实际面积测量计价,按双方签订合同中的价格核算计价付款。

证明文件:

(1) 建设承包合同复制件1份。

(2) 县建设局设计处技术通知单复制件1份。

(3) 县工程监理公司鉴定复制件1份。

随后,工程建设在合同签订2个月后楼房与车库工程建设同时正式展开。工程进展一直很顺利。在工程建设的3个月后,车库工程顺利完成,通过县工程监理公司的鉴定验收,房屋质量全部合格,各项指标均达到要求。在申请县建设局房屋质量管理部门验收的过程中,得到的答复是:因为楼房这一建设主体工程尚未建设完成,等待主体工程完成之后一并验收。

一年之后,主体工程建设到一半的时候,因县上整体建设规划方面的原因,在政府主导之下,在政府与××省××厂双方密切协商的基础上,车库在半个月之内被断然拆除了。两年之后,楼房主体工程全部竣工。工程的各项技术鉴定完全合格,工程验收顺利通过。

但是,在双方结付工程承包建设款的过程中却发生了严重分歧。按照原先双方的合同约定,申请方总共应收到建设工程款共计:140 360.32元。申请方除收到人民币106 675.9元外,被申请方尚欠33 684.42元,拒不清偿。而这笔款项正是承包方承建车库的工程建设款。被申请方以工程实体已不复存在、丈量实际建筑面积已不现实且此车库工程未通过县建设局房屋质量管理部门的验收为由拒付工程款项。而且县工商管理局均支持这一说法。

对此,我方认为:在建设承包合同中我方履行了合同中的内容,房屋实体已经建成以实体照片为证,有县建设局工程监理处的相关鉴定验收文件为证。虽然,没有经过县建设局房屋质量管理处的正式验收,没能得到该单位的正式验收手续文本,但此不能作为拒付工程款的理由,因为车库的拆迁是政府行为,且是与××省××厂双方密切协商的结果。故而,导致此车库工程不能得到验收的责任不在申请方。申请方向县建设局房屋质量管理处申请过对车库工程的验收,但得到的口头答复是:既然要拆除,验收就没有什么必要了。这样说,申请方并非没有作为。在申请方做过各种努力之后,到现在把有关责任完全推到申请方显然有失公平。因此,被申请方的拒付款额是无理的,被申请方以工程实体已不复存在、丈量实际建筑面积已不现实且此车库工程未通过县建设局房屋质量管理部门的验收为由拒付有关款项的说法是不能成立的。然而××县工商管理局在仲裁过程中,

对申请单位提出的申请主张并未予以支持。为此,现向××市工商管理局提起仲裁申请,希望给予仲裁解决。

此致

××市工商管理局

申请单位:××县××建筑工程施工队

2017年8月11日

附:××县工商管理局关于此事的仲裁书复印件一份

【提示】这份申诉属于非诉讼上的申诉,是企业因本身的合法权益问题不服县级行政部门的处理意见,而向其上级机关提出要求重新处理,予以纠正的行为。该民事申诉状主要提及了双方当初签订的有关建房合同的详细内容,具体准确罗列出了建筑工程预算造价,具体显示了双方支付车库工程建设款时所产生的分歧。着重阐述了申请方围绕车库工程拆迁中所做工作的尽职尽责,驳斥了××省××厂的错误主张。

第六节 授权委托书

【话题与案例】

张先生组团参加广交会,而公司与消费者因"家乐"健身器质量问题发生争执,并被消费者起诉到当地××人民法院的经济庭,作为该公司的法人代表,张先生无法抽身出庭应诉。在这样的情况下,张先生该怎么办?

现在,张先生面临的是分身乏术的窘境。能使张先生分身有术的方法是可以委托自身之外的某个代理人,让他代替自己行使自己赋予他的某种权力,从而达到维护自己合法权益或者申述自己观点的目的。

而张先生要将自己的权力正式赋予自己的亲人、公司的下属或者律师,必须借助相应的法律文书来实现授权。这种法律文书就是授权委托书。

【基础知识与范例】

授权委托书,也叫代理证书,是指由被代理人出具的证明代理人具有代理权并指明其代理权限的书面法律文件,是代理资格的证明。授权委托书的基本内容是授权人将自己在民事商务或法律诉讼活动中的权利的全部或部分授权代理人行使,其核心是代理权问题。

授权委托书是一种法律文书。它是委托人实施授权行为的标志,是产生代理权的直接根据。

一、授权委托书的种类

根据授权委托书的性质,授权委托书一般分为民事诉讼代理授权委托书和民事行为代理授权委托书。

(1)民事诉讼代理授权委托书。民事诉讼代理委托书是当事人、第三人、法定代理人委托他人代为诉讼的一种文书,是委托代理人为被代理人进行诉讼活动的依据。这类代理书的基本内容为授权代理人代行诉讼权利,如查阅案卷、陈述辩论、审查证据等。

在实际使用中,这类授权委托代理书写好后,被代理人应当向受理案件的人民法院送交,以证明代理权的确定及其范围。如果变更或解除代理权时,被代理人应当书面报告人民法院,并通知有关当事人。案件在审结、裁判或双方和解后,授权委托书的效力即告终结,代理权也同时消失。

(2) 民事行为代理授权委托书。非诉讼性的委托代理文书,由被代理人委托代理人在一定权限范围内进行民事法律行为,如委托他人出卖、管理房屋等。这类授权委托书所委托的权限,应当依法进行,不得违反法律、法规的规定。必须出于被代理人的自愿,代理人不得强行要求代理。委托人委托的代理权限应具体明确,不能笼统含糊。

根据授权行为主体,授权委托书可分为法人代表授权委托代理书和个人授权委托代理书。

(1) 法定代表人授权委托书是企业法人委托他人代为行使某种法律行为的法律文书。法定代表人因事不能亲自作为某种行为时,可以通过授权委托方式,指派他人去办理。这时,就需要制作法定代表人授权委托书,被委托人在授权的范围进行活动,对委托人直接产生法律效力。

(2) 个人授权委托书是指公民因为各种原因不能参加诉讼活动或不能直接行使有关民事权利时委托他人代为参加诉讼活动或行使民事权利的书面证明文件。

根据授权委托书的内容,授权委托书可分为商务授权委托书、房屋出售委托代理书、著作权委托代理书等多种。

二、 授权委托书的作用

授权委托书的作用主要体现为以下几点:

(1) 授权委托书是代理人行使代理权利的有效证明。实践中,代理人实施代理行为时,只需出具授权委托书,即可表明其代理权的存在,而不必出示委托合同。

(2) 授权委托书是委托人行使自己权利的一种形式,是当事人维护自身合法权益、实现各种民事权利的途径。

(3) 保证审判工作的正常进行。在审判实践中,往往遇到当事人是未成年人、精神病人、生理上有缺陷的人,也往往遇到由于某种原因不能自身到庭应诉的人。他们有的没有诉讼行为能力,有的是丧失了诉讼行为能力;有的虽有诉讼行为能力但或因年迈多病,或因急事外出,或因卧病在床等,不能亲自参与诉讼;或者认为自己不懂法律,对法律或某专业术语不甚了了,在接受与理解方面存在一定障碍,缺乏娴熟运用的技能技巧;或者认为自己出庭说不清理由,或者法律知识不全;或者由于工作缠身、时空阻隔,分身乏术,或者属于外籍人士,对中国的法律体系不大明白等。在这些情况下,就要书写授权委托书,委托他人代为诉讼。这不仅可以使审判工作正常进行,而且在案件审理中能使事实摆得更清楚,理由说得更充分,案件的实质提示得更透彻,有利于审判工作的进行和提高审判工作的效率与质量。

三、 授权委托书的必备要素

按照我国《民法通则》第 65 条第 2 款的规定,授权委托书应当载明:代理人的姓名或者名称,代理事项、权限和有效期限,并由授权人签名或者盖章。由此我们可以知道,授权委托书必须具备以下几个要素：

（1）写明代理人的姓名或名称，以及代理事项。

（2）写明代理权限。代理事项和代理的权限范围应明确、具体，不易发生歧义。依照法律或者惯例应予特别授权的代理行为，代理证书未特别指明的，视为未予授权。《民法通则》65条第3款规定："委托书授权不明的，被代理人应当向代理人承担民事责任，代理人负连带责任"。委托书授权不明的，既有委托人意思表示不明的责任，也有代理人未提出纠正意见的缘故，同时，对此种行为给善意相对人所造成的法律效果或造成的损害，代理人和被代理人要承担连带责任。

（3）写明代理权行使的有效期限。因为代理人实施代理行为时，只需出具代理证书，只要代理证书没有收回，委托人又未公开声明代理证书无效，则代理人持代理证书对善意相对人的法律行为，其法律效果仍归于被代理人。因此，委托代理书必须写明代理权的行使期限。

【范例8-7】

授权委托书

委托人姓名：张三
工作单位：××大学××××学院　　　　电话：××××××××
受委托人姓名：李四
工作单位：××××律师事务所　　　　电话：××××××××

现委托_____李四_____在我与王五关于遗产继承纠纷一案中，作为我的诉讼代理人参加诉讼。委托权限如下：

一、一般代理；（×）
二、全权代理：（√）
1. 参与诉讼；　　2. 代为承认、变更、放弃诉讼请求；
3. 代为进行和解；　4. 提起反诉。

委托人：张三（签名或盖章）
2017年5月7日

注：1. 本委托书供公民当事人委托参加诉讼的委托代理人用。
　　2. 本委托书由委托人签名或盖章后递交人民法院。

【提示】本文严格按照授权委托书的具体格式书写，要点明白，委托事项清楚，要言不烦，言简意赅。授权事项与范围清楚明白。准确无误的交代了委托人与被委托人的责、权、利。

四、委托权限的基本分类

委托的权限范围，是代理人实施代理行为有效的依据。

在民事代理中，委托人授予代理人代理权的范围有三种情况：一是一次委托，即代理人只能就受托的某一项事务办理民事法律行为；二是特别委托，即代理人受托在一定时期内连续反复办理同一类性质的民事法律行为;三是总委托,即代理人受托在一定时期内办理有关某类事务或某一种标的物多种民事法律行为。

在民事诉讼代理中,委托代理权分为两种:一是一般委托,即委托代理人只能代当事人为一般的诉讼行为,如提出证据、进行辩论、申请财产保全等;二是特别委托,即委托代理人受托进行某些重大诉讼行为,如有权代理当事人承认、变更、放弃诉讼请求,有权提起上诉或反诉,有权与对方当事人和解等。

应注意的是,我国《民事诉讼法》第62条针对婚姻案件的特殊性质,对当事人委托代理人时授予的代理权限作了限制性的规定,即"离婚案件有诉讼代理人的,本人除不能表达意志的以外,仍应出庭;确因特殊情况无法出庭的,必须向人民法院提交书面意见。"

【写作指导】

一、授权委托书的写作要点

民事诉讼委托代理和民事行为委托代理在写法上不尽相同,现分别介绍如下:

(一)民事诉讼代理的授权委托书

民事诉讼代理的授权委托书一般由标题、委托人和受委托人的个人基本情况、委托代理事项和签署四个部分组成。

1. 标题

授权委托书的标题一般十分简洁,直接标"授权委托书"即可。

2. 委托人(被代理人)和受委托人(委托代理人)的个人基本情况

委托人(被代理人)和受委托人(委托代理人)的个人基本情况包括姓名、性别、年龄、民族、籍贯、职业、住址。

受委托人可以是当事人的近亲属,即夫妻、父母、成年子女和同胞兄弟姐妹,也可以是律师、人民团体和当事人所在单位推荐的人,或是人民法院许可的其他公民。未成年或被剥夺政治权利的人,不能担任代理人;参与案件审理的审判员,以及他们的近亲属,不能担任本案的代理人。

3. 委托代理事项

委托代理事项部分一般分两个层次来写:

(1)点明委托代理事项。要写明案件的名称,如离婚案、物业纠纷案、继承案或是经济合同纠纷案等。

(2)具体说明委托的事项和权限。诉讼委托书应说明是特别授权委托或一般委托。如果是特别授权委托,应说明"代为承认、放弃、变更诉讼请求,进行和解,提起原诉或者上诉"。其目的是明确责任,以便受委托人按委托人明确的委托权限进行诉讼。如有超越代理权限的行为,对委托人不发生效力。

按照诉讼委托书中所规定的代理权所实施的一切诉讼行为,其法律后果均由委托人承担。因此,诉讼委托书在具体说明委托事项和权限时,其法律用语的含义应十分明确,不能笼统。

4. 签署

委托人和受委托人分别签名或盖章,注明具体日期(年、月、日)。

（二）民事代理的委托书的写作要点

民事代理的委托书也由以上四个部分组成，其写法大致与诉讼代理相似，主要区别在于委托代理事项部分。因此，这里只讲一下委托事项部分的写作要点：应根据具体情况表述。如果是一次性有效的委托书，应当规定实施某一特定行为的权限；如果是专门委托书，应当规定在某一时期内实施同一行为的权限（如某企业委托某人出卖产品的委托书）；如果是全权委托书，应当规定实施由于经营财产所产生的各种法律行为的权限（如全权代理处理房产的委托书）。

二、授权委托书写作注意事项

（1）授权委托书的主要作用是证明受委托人的身份，并把委托人的部分权利通过授权委托书赋予受委托人，因而对受委托人身份权利的认定就至关重要。哪些权利能授予，哪些不能授予一定要弄清楚。同时在保障委托人最大利益的前提下，也不排除授予受委托人有限度地灵活处理有关事务的权利。

（2）委托的事项一定要写得明确、具体。应当注意的是，在民事代理中，代理人受托的事项必须是具有法律意义的，能够产生一定法律后果的民事行为。我国《民法通则》第63条第3款明确规定："依照法律规定或者按照双方当事人约定，应当由本人实施的民事法律行为，不得代理。"如具有人身性质的遗嘱、收养子女、婚姻登记等法律行为。

（3）授权委托方法有三种：明示授权、默示授权和追认。

（4）委托的期限一定要写明起止的时间，不写清起止的时间，就容易引起争议。

（5）特别授权委托书如果是公民之间的，应当办理公证，以确保委托行为的真实性、合法性。

（6）授权委托书要由委托人签名或盖章，否则就不能发挥其民事或法律效力。

【实战训练】

授权委托书是使用频率比较高的法律文书，凡是自己享有的各种权利需要行使而自己不便行使或无法行使时，可以采用授权委托的办法使自己的权利得以行使。比如自己是书法家，当自己的书法作品要寻求发表机会而自己又缺乏这方面的途径时，可委托他人来行使自己的著作权。请以下文为参考，假定自己是一个书法家，就自己书法作品著作权的行使问题拟写一份授权委托书。

授权委托书

兹委托黄××先生全权代理本人剪纸作品的著作权。委托人与受委托人约定：每件作品在纸质或电子出版物上使用的稿酬为20元/次（指出版物的一个版次）。

本人承诺：本人提供给黄××先生的剪纸作品系本人自己的原创作品，本人确保该作品拥有完全独立的著作权，如出现侵权事宜，本人承担全部责任，与受委托人无关。

特此委托

委托人：×××
2017年3月25日

附：1. 委托人身份证号
　　2. 受委托人身份证号

第九章 科技应用文

科技应用文是以科学研究、科技成果和科技事务为反映对象的具有实用价值和一定惯用格式的应用文体。它是科学研究和科技事务活动的实录，是技术成果的表达形式。科研活动及成果只有通过科技应用文记录或表现出来才能实现其价值，进而为人类服务。

第一节 科技应用文概述

> 科技应用文是一类专业应用文,它是科技工作者在科技管理工作和科学研究活动中交流信息、处理事务、实现科技工作目的时经常使用的具有一定惯用格式的一类文体。其作用主要表现在四个方面:一是指导科技工作和处理科技事务;二是反映情况、汇报工作,为科学决策提供依据;三是记录科技活动,描述科技成果;四是传播和交流科技信息,推广应用科技成果。

一、科技应用文的分类

科技应用文是应用文体系中的一个大类,包含的文种比较多。按性质和用途来分,主要可以分为六大类:一是计划类,如科研计划、计划任务书等;二是申请、申报类,如课题(项目)申请书、科技发明申报书和专利申报书等;三是科技报告与论文类,如课题研究开题报告、课题研究结题报告、学术论文、毕业论文等;四是鉴定评议类,如科研成果鉴定书、科技产品鉴定书、学术水平评议表等;五是科技说明类,如发明说明书、专利说明书等;六是科技交流类,如科技索引,科技文摘,科技综述等。

二、科技应用文的特点

1. 科学性

科技文书反映的是科技领域中的研究、探讨、发现和结论,所涉及的事物、事理本身就具有客观性、严密性的特点,因而具有科学性。因此,科技写作必须正确反映已经形成的事实和成果,陈述、说明、论证必须科学、严密。

2. 准确性

科学研究的成果只有用准确的语言表达出来,才能得以广泛应用,为人类造福,成为人类知识宝库中的重要财富。

3. 规范性

科学研究讲究求实、严谨。适应这一特点,科技文书的写作特别讲究语言和格式的规范性。语言的规范是指其语体的规范,即词句的运用侧重于科技语体;格式的规范是指科技文书的写作要符合约定俗成的结构模式。

4. 时效性

科技文书的任务是及时反映、介绍最新成果,传播科技信息,推动科学技术发展。因此,写作的对象常常是科技领域反映出来的最新成就、最新信息,要求在最短的时间内形成书面文字,向有关方面反映。

三、科技应用文写作的一般过程

科技应用文从表现形式上分为两大类：一类是表格式，如计划任务书、技术鉴定书、发明申报书等；另一类是文章式，如开题报告、科技建议书、科技论文等。

表格式科技应用文在实际应用时，只需按照规定栏目的填写要求，用简洁、准确、浅易的语言简明扼要地把主要内容表达清楚即可。

文章式科技应用文的写作相对要复杂一些。文章式科技应用文中的绝大部分是在科学考察、科学实验、科学研究、科技产品试制等科研工作结束或基本结束后，为汇报工作，总结情况，交流信息，或解决问题而写的，其中常常涉及大量的科学现象、事例、数据、方法、结论、问题等材料，反映科技活动的主要成果。因此，文章式科技应用文的写作一般包括四个步骤。

1. 材料的搜集、整理和选用

写作科技应用文首先必须拥有大量准确、翔实的材料，这是确保科技应用文发挥实用价值的关键。科技应用文第一手材料搜集的主要途径是通过实验验证各种假设、获得各种数据、分析各种现象，同时通过科技调查获得各种相关资料等；第二手资料的获得主要是通过查阅各种文献资料、参考他人同课题研究结论等。材料搜集好之后，要按照性质、用途和价值的大小进行整理和归类，以备选用。

材料的选用是这一步骤中最为重要的一环。要坚持三个原则：一是要真实可靠，即要选择那些经过核准了的科学事例、经过验证了的科学数据、成功的技术路线和研究方法、能够推广应用的新技术和先进成果、符合事实的学术评价等；二是要切合题意，即选择能准确、有力地表现主题，充分说明、论证主题，有助于实现写作目的的材料；三是典型性，即选取那些重要的、典型的，能够揭示客观事物本质和规律的，能够反映最新科技水平或成果的材料。

2. 安排结构，拟写提纲

安排结构，又称谋篇布局，其中包括就怎样开头、怎样结尾，先写什么，后写什么，哪里详写，哪里略写，如何过渡，怎样衔接，材料如何安排，前后怎样照应等问题进行全面考虑。拟写提纲，就是根据文章的结构布局，确定各部分的内容要点，提出各段落的中心思想和观点，确定材料与观点的组合方式等。

3. 拟稿

拟稿就是按照事先拟写的提纲，运用选定的材料组织成文。在这一过程中，作者要充分发挥自己的创造性思维能力，详略得当地组织文字，恰到好处地运用材料，使科学结论或观点坚实地立起来。

4. 修改定稿

修改的内容包括调整文章的结构布局，删减、增补、更换材料，修改、修饰语言，以及推敲标点符号的使用等，力求形式与内容达到完美的统一。

第二节 实验报告

【话题与案例】

理工农医类专业的大学生在校期间都要做一些实验。做实验的目的是为了检验某一科学理论或假设,以求得一个正确的认识或结论。在实验过程中,通过观察、分析、综合、判断,如实地把实验的全过程和实验结果用文字形式记录下来的书面材料就是实验报告。实验报告是从事科学研究的第一手资料,具有信息交流、备查和记录研究成果等多种作用。

写作实验报告不仅可以训练同学们的实验设计能力,培养和训练同学们的观察、分析和归纳能力,而且利于提高同学们的论文写作能力。

【基础知识与范例】

实验报告是指如实地反映某项实验的过程和结果的一种科技文书。在科学研究活动中,人们为了解决一些问题,常常要进行实验。通过观察,把实验的过程和结果记录下来,写成文章,就是实验报告。

一、实验报告的种类

实验可分为验证性实验和探索性实验。验证性实验是指通过实验对某一科学定律或结论进行验证,这是对已有实验做的重复性实验。探索性实验是指实验所涉及的领域尚属空白,是一种开发性、尝试性的实验,之前从未有人做过,从过程到结果都是新的,这多是由科技工作者进行科技研究时进行的实验,目的是力求有所发现和创造。实验报告也分为验证性实验报告和探索性实验报告两种。

二、实验报告的格式及写法

(一)验证性实验报告

验证性实验报告和探索性实验报告的写法不尽相同,一般情况下,验证性实验报告相对要简单一些。

【范例 9-1】

"露珠引火"验证实验报告

【实验的动机与目的】一家报纸的知识栏里刊登了这样一篇文章:树上的一个鸟窝忽然起了火。据推测,是悬挂在树叶上的露水滴象凸透镜一样聚集了太阳的光线,光线的焦点正好落在用枯草搭盖的鸟窝上,所以引起了火。

看了这个报道,我们都很感兴趣,想亲自试验一下,看看水滴是不是能起凸透镜的作用,如果能,是怎样引燃柴草的。

【实验用品】玻璃一块,清水一杯,稻草一束,计时表一块。

> 【实验经过】实验是在晴天的正午进行的。具体的实验步骤是：
> 1. 把清水滴在玻璃上，使它聚在一起不要流散。
> 2. 手持玻璃，使阳光从水滴上射入，并平稳地移动位置，使光线聚集的焦点落在稻草束上。
> 3. 观察稻草燃烧情况，并做好记录。
>
> 【实验现象观察】实验开始：一分钟、三分钟、五分钟、十分钟……稻草起火过程：焦点落在稻草上，开始冒烟，稻草被烤成焦茶色；烟增大，烧焦处扩大；烟更大，烧焦处发红；出现火焰，燃烧。
>
> 【实验结论】水滴可以像凸透镜一样，聚集阳光引燃稻草。进一步推想，其他可以起透镜作用的东西在阳光照耀下也同样可以引起火，如装满水的椭圆形鱼缸，下雨后天窗玻璃上的水滴等。对此，我们应该引起注意。

通过范例 9-1 我们可以看到：验证性的实验报告由实验名称、实验目的、实验材料、实验步骤和方法、实验现象与数据分析和实验结论六个部分构成。各部分的写作要点如下：

1. 实验名称

实验名称一般用最简练的语言反映实验的内容。如验证某定律，可写成"验证×××"；如测定的实验报告，可写成"×××的测定"。

2. 实验目的

实验目的包括理论和实践两个方面。从理论上讲，是为了验证定理、定律，并使实验者获得对知识深刻和系统的理解；从实践方面讲，目的是掌握使用仪器或器材的技能技巧。

3. 实验材料

这部分要写清实验用的各种材料，如玻璃器皿、金属用具、溶液、粉剂、燃料等。

4. 实验的步骤和方法

这部分要写明依据何种原理、定律或操作方法进行实验，经过哪几个步骤等，要把实验的过程，以及观察所得的结果写清楚。为便于说明问题，还可以附制图表。

5. 实验现象与数据分析

这部分是实验报告最核心、最关键的部分。在前面认真严谨的实验操作的基础上，得出实验的结果。科学规律、真理可能就蕴含在实验的结果里。本部分往往要列出实验所取得的数据、描述观察到的现象及实验得到的某些新的生成物等。

对实验过程和所得结果进行整合分析，从理论上加以论证。如讨论实验的结果的获得在理论上属于什么原理；与同类实验相比本实验的成功之处在哪里？需要进一步解决的问题有哪些等。本部分的写作是由感性认识上升到理性认识的结果，往往最能体现研究者的专业实力。

6. 实验结论

这是对整个实验的整体性总结。主要表明通过实验所得到的对事物本质和规律的认识，表明实验得到了怎样的成果等。要求语言精练，表述完整。

二、探索性实验报告

与验证性实验报告相比,探索性实验报告要复杂一些。探索性实验报告主要由题目、项目负责人和课题组成员、课题的由来、课题研究的目的和意义、实验的方法、实施结果、分析与讨论、结论、参考文献等几个部分组成。

(1)题目。用简练、概括、明确的语句反映出实验的对象、方法和问题,使读者一目了然,判断出有无阅读价值。

(2)项目负责人和课题组成员。写出课题组组长和课题组成员的姓名。

(3)课题的由来。简要说明课题的背景和来源,即问题的提出。

(4)课题研究的目的和意义。这一部分要着重写清楚这么几项内容:① 说明实验的重要性,揭示实验的动机和目的;② 说明选题的依据,说明实验的对象、进展和规模,揭示课题的价值和意义;③ 目前国内外相关研究成果、现状、问题和趋势;④ 说明实验所要解决的问题。

(5)实验的方法。这是探索性实验研究报告的主要内容之一,不仅强调阐明研究的方法和研究的过程,而且强调科学性。告诉读者实验的结果是在什么条件和情况下,通过什么方法,根据什么事实得来的,从而判定实验研究的科学性和实验结果的真实性、可靠性。

这一部分主要包括这么几项内容:① 主要概念的定义和阐述;② 怎样选择的实验对象,实验的组织类型和分组名册;③ 有哪几种实验因子;④ 用什么方法控制哪些无关因素;⑤ 实验步骤;⑥ 测量的材料和实验的器材;⑦ 实验数据的搜集和分析。

(6)实验结果。实验结果是实验研究报告的核心内容。实验结果中最重要的是要说明每一结果与实验假设的关系。主要内容有:① 用统计表、统计图等方式把搜集的原始数据、典型案例、观察资料等进行初步的整理和分析;② 用统计检验来描述实验因子与实验结果之间的关系。得出研究的最终结果,然后对实验结果的事实加以分析说明。

(7)分析与讨论。这一部分内容主要写对实验所得结果的研究情况,其中包括:① 从理论上分析和论证实验结果,② 探讨实验中实验方法的科学性和局限性,③ 提出可供进一步深入研究的问题。

(8)结论。实验结论是对整个实验的一个总结,应具有客观性和概括性。作结论时,应做到语言准确、简明,推理严密,有理论依据,有逻辑性。

(9)参考文献。实验研究报告的文尾,应列举报告中直接提到或引用的资料的来源。

【范文 9-2】

平面镜成像探究实验报告

【探究实验课题】探究平面镜成像的特点。

1. 提出问题:平面镜成的是实像还是虚像?是放大的还是缩小的像?所成的像的位置在什么地方?

2. 猜想与假设:平面镜成的是虚像;像的大小与物的大小相等;像与物分别是在平面镜的两侧。

3. 制订实验计划与设计方案:实验原理是光的反射规律。

【实验所需器材】蜡烛(两支),平面镜(能透光的),刻度尺,白纸,火柴。

【实验步骤】

1. 在桌面上平铺一张16开的白纸，在白纸的中线上用铅笔画上一条直线，把平面镜垂直立在这条直线上。

2. 在平面镜的一侧点燃蜡烛，从这一侧可以看到平面镜中所成的点燃蜡烛的像，用不透光的纸遮挡平面镜的背面，发现像仍然存在，说明光线并没有透过平面镜，因而证明平面镜背后所成的像并不是实际光线的会聚，是虚像。

3. 拿下遮光纸，在平面镜的背后放上一支未点燃的蜡烛，当所放蜡烛大小高度与点燃蜡烛的高度相等时，可以看到背后未点燃蜡烛也好像被点燃了，这说明背后所成像的大小与物体的大小相等。

4. 用铅笔分别记下点燃蜡烛与未点燃蜡烛的位置，移开平面镜和蜡烛，用刻度尺分别量出白纸上所作的记号，量出点燃蜡烛到平面镜的距离和未点燃蜡烛（即像）到平面镜的距离。比较两个距离的大小，发现是相等的。

【实验结果分析】该实验过程是合理的，所得结论也是正确无误的。做该实验时最好是在暗室进行，现象更加明显。误差方面应该是没有什么误差，关键在于实验者要认真仔细地操作，使用刻度尺时要认真测量。

【实验结论】通过该实验我们已经得到的结论是：物体在平面镜中所成的像是虚像，像的大小与物体的大小相等，像到平面镜的距离与物体到平面镜的距离相等，像与物体的连线被平面镜垂直平分。例如，我们站在穿衣镜前时，我们看穿衣镜中自己的像是虚像，像到镜面的距离与人到镜面的距离是相等的。当我们人向平面镜走近时，会看到镜中的像也在向我们走近。我们还可以解释为什么看到水中的物像是倒影，平静的水面其实也是平面镜，等等。

【参考资料】初二物理课本。

【提示】这篇探索性实验报告的突出特点是先提出假设与猜想，明确实验方案，对实验步骤与实验结果的记录有条不紊，结论的引出紧扣假设与猜想。报告内容明确、具体、充实，结构完整，表述条理清晰、层次清楚，不失为一个典型的范例。

【写作指导】

实验报告的写作要求如下：

一、认真做好实验

做好实验是写好实验报告的前提。只有精心、细致地进行实验，才有可能获得正确的实验结果，才能谈得上写好实验报告。对实验的每一个环节都要认真观察，如实记录。例如，在实验准备阶段要登记实验用品，在实验过程中要准确记下操作程序、事物的变化和有关的数据。

有的同学在实验的时候不注意观察、记录，写报告时仅凭印象，这样报告就不能写得科学和准确。

二、实事求是

写实验报告是一件非常严肃、认真的工作，要讲究科学性、准确性、求实性。要实事求是地分析各种现象发生的原因；在记录时，一定要看到什么就记录什么，不能弄虚作假。不能为了印证一些实验现象而修改数据、假造实验现象等。

三、表述清楚明确

实验报告的语言应该简洁精练、通俗易懂,内容叙述要层次分明、条理清楚、语句通顺。为将实验结果更加直观地展示出来,在文字说明的同时,往往辅以图表、照片等。

四、内容要明确、具体,重点突出

其具体表现为:
(1) 实验名称要正确、醒目,集中反映实验的整个内容;
(2) 实验目的要抓住最主要的东西;
(3) 实验器材应按类别登记,不要遗漏;
(4) 实验装置图要准确、清楚;
(5) 实验过程和实验结果的说明要真实、准确,材料和数据较多时要设计表格;
(6) 实验结论要按实验结果科学推理,不能主观臆想。

【实战训练】

做下列实验,写一份实验报告。

烧不着的布条

找一块棉布条,用水淋湿,在中间部分滴上酒精,然后用手拿着布条的两端,把布条张开,用蜡烛的火焰烧有酒精的部分。有趣的现象出现了:在棉布条正对火焰的上方升起了火焰,好像烛焰穿过了布条。拿下布条一看,真奇怪,棉布条并没有烧焦。

第三节 实习报告

【话题与案例】

实习是把学到的理论知识拿到实际工作中去应用和检验,是学生在校期间的一种实战性技能培训。实习对于大学生来讲,主要有四个方面的作用:一是验证自己的职业兴趣,培养职业意识;二是了解目标工作内容,在知识与能力方面查漏补缺;三是熟悉工作规程、学习企业标准;四是培养实际工作能力。实习结束,按照规定,每个同学都要写实习报告。那么,实习报告都写些什么呢?

【基础知识】

实习,是大学生在校期间由学校组织或个人联系,到工作岗位参加社会实践的过程。实习结束时,对实习过程、结果以及体会用书面文字写出来的材料就是实习报告。

一、实习报告的特点

1. 作业性

实习是教学过程中理论联系实际的一个重要环节,实习结束后写作的实习报告实际上是学生上交给学校和指导老师的一次作业。

2. 实践性

实习实际上是通过实践检验自己的专业知识掌握情况,是专业知识的应用实践活动。实习报告是对专业知识初步应用于实践的一种总结,其撰写必须以实习实践为基础,体现自己所掌握的基础理论和专业知识在实际工作中的应用情况,必须写出自己在实习过程中的感悟、体会和收获,以及对本专业的进一步认识。

3. 总结性

实习报告的实质是对实习工作的一种总结,其重点是写出参加实习后自身经历过什么,收获过什么,感受到什么。

4. 概括性

实习报告要记录实习的过程,但是有目的、有重点地记录,不能事无巨细,有事必录,是用概括的方式总结实习过程的点点滴滴,反映出将知识化为能力的过程。

二、 实习过程的记录

丰富的第一手资料是写好实习报告的基础。要写好实习报告,必须注意做好各种实习记录,特别是注意记录以下内容:

(1) 在实习期间,都见习、学习了哪些内容,采用的什么学习方式,学习后的效果如何,对自己专业知识和实践能力的提高有什么帮助。

(2) 专业知识在工作中如何灵活运用的。比如法律专业,注意法官或法律工作者在执法过程中是如何灵活运用法律条款,以及如何运用法律以外的手段解决民事纠纷,提高结案率,等等。

(3) 观察周围同事如何处理问题、解决矛盾的。实习是观察体验社会生活,将学习到的理论转化为实践技能的过程,所以既要体验,还要观察。从同事、前辈的做法中去学习,以此作为自己行为的参照。

(4) 实习单位的工作作风、工作纪律、办事规程等对自己的启示或启发。

【写作指导】

一、 实习报告的内容要素与写作要点

实习报告一般由标题、前言、主体、结尾四个部分构成。

1. 标题

实习报告的标题一般有三种写法:一是可以直接用"实习报告"四个字标题;二是由实习报告的性质加"实习报告"组成,如《毕业实习报告》;三是由实习的岗位名称加"实习报告"组成,如《秘书岗位(工作)实习报告》。

2. 前言

前言部分一般简要叙述实习的目的、意义和要求,扼要介绍相关的知识背景,实习的时间、地点或实习单位和部门,主要实习内容,以及自己的实习表现等。

3. 主体

实习报告的主体部分具体写实习的内容、主要做法和实习的结果。

实习内容和实习过程。叙述实习内容,重点放在如何将所学理论知识应用到实际工作方面,包括向他人请教和学习工作方法等。

叙述实习结果,一是要突出实习体会和经验,二是对实习中发现的问题进行分析,提出解决问题的对策、建议等。

4. 结尾

在谈感受和体会的基础上,谈谈本次实习对你今后的学习以及将来走向工作岗位会产生哪些影响等。

二、实习报告写作的要求

1. 要如实报告

实习报告要反映实习活动的真实过程,用实实在在的事实来验证和丰富课本所学的理论知识,描述自己获得的经验和体会。

2. 要突出重点

实习报告不是工作日记,不能事无巨细,必须围绕报告的主旨,突出重点。

3. 要条理清晰

写作实习报告,要对材料、数据、事例等分层次、依顺序、按类别地加以归纳提炼,确保条理清晰。

4. 选好下笔的角度

实习报告要根据个人的实际情况,选择好报告的角度和内容,可全面记录实习情况,也可着重记录某一方面的具体情况。

【实战训练】

××学院中文系学生张林毕业前夕被安排到一家出版社进行编辑实习。实习期间,他积极认真,勤奋好学,在工作中遇到不懂的地方,就虚心向富有经验的前辈请教;与周围的人和谐相处,遵守各项规章制度。在一个多月的实习时间里,他将在校所学的知识灵活应用到具体的工作中去,很好地完成了指导老师交给的工作任务,自觉收获很大。与此同时,他还发现了自己在知识和能力两个方面的薄弱点,决定在今后的学习中弥补和加强。

请根据以上情况,帮张林拟写一份实习报告提纲。

第四节 毕业论文

【话题与案例】

大学毕业前,每个人都要写毕业论文,这是检验大学生知识掌握程度,考察其分析问题和解决问题能力的综合测试。毕业论文质量的好坏,直接影响到毕业成绩的评定。那么,怎样才能写好毕业论文呢?

【基础知识】

毕业论文是高等院校的学生在系统学习了所修专业开设的全部课程,经过了一定的实验、实习和综合实践活动之后,针对某一问题,综合运用自己所学专业知识进行理论探讨或实践研究,在此基础上写出来的具有作业性质的论文。

毕业论文是大学生完成学业的标志性作业,是对大学学习的综合性总结和检阅,是大学生从事科学研究的初步尝试,同时也是检验学生掌握知识的程度,考查其分析问题和解决问题能力的一个综合测试。

一、毕业论文的特点

毕业论文是一种特殊的学术论文,它既有学术论文的共性,又有自己的特殊之处。就其与学术论文的共性来看,毕业论文有以下几个特点:

1. 科学性

所谓科学性就是毕业论文所阐述的理论要有大量的事实和实验结果作为依据,关于解决某一实际问题所持的观点、见解必须有科学理论作为根据,能够反映事物发展的客观规律,要能经得起实践的检验。

科学研究的目的在于揭示事物发展的客观规律,得出真理性的结论,帮助人们认识世界、改造世界。毕业论文的写作过程实际上是一个研究、探讨过程和对研究情况进行记录的过程,这就要求作者必须本着实事求是的态度,对客观事物进行深入、细致、周密的观察、研究、分析和总结,寻找规律、揭示本质,得出真理性的结论。

2. 理论性

毕业论文的理论性首先表现在其论述的系统性和完整性。毕业论文的写作过程也是一个从感性到理性的认识过程,从问题的提出、材料的分析,到结论的获得要进行科学系统地推理,过程必须严谨、完整。其次,论文的观点反映的是客观事物发展的规律和本质,有一定的深度。它是在对事物的表面现象的感性认识的基础上上升到理性认识,通过对具体材料的分析、具体问题的论证抽象出具有普遍性、规律性的深层次的东西。这是毕业论文与一般性的议论文根本的区别。

3. 创造性

所谓毕业论文的创造性是指论文中要提出新问题,解决新问题,得出新观点,即在原有理论的基础上要有新发现、新见解,提出新观点;解决实际问题要有新思路、新办法。

4. 习作性

大学生撰写毕业论文就是运用已有的专业基础知识,独立进行科学研究活动,分析和解决一个理论问题或实际问题,是把知识转化为能力的实践训练。写作的主要目的是为了培养学生具有综合运用所学知识解决实际问题的能力,为将来作为专业人员写学术论文做好准备。从这个意义上讲,毕业论文实际上是一种习作性的学术论文。

5. 层次性

毕业论文与学术论文相比要求比较低。专业人员的学术论文,是为了记载和表述科研成果而撰写的,一般反映某专业领域的最新研究成果,具有较高的学术价值,对科学事业的发展起一定的推动作用。而大学生的毕业论文是一种作业性质的东西,要求大学生完成毕业论文的主要目的是培养学生独立进行科学研究的能力、掌握科学的思维方法和形成科学的思维方式等。

6. 考查性

毕业论文作为大学生和研究生毕业前的最后一次综合性的作业,旨在考查毕业生对专业知识的掌握情况,检验其运用所学专业知识进行科学研究以及解决实际问题的能力。毕业论文不仅能反映出作者专业知识的掌握情况和运用能力,还可以反映出作者的思维能力、创造能力、文字表达水平等。

二、毕业论文写作的意义

指导学生撰写毕业论文是高等学校教育教学的一个重要环节,其目的在于培养学生运用所学知识分析和解决实际问题的能力。具体地讲就是:传授给学生科学的思想方法,培养学生科学思维的方式,最终使学生具备运用所学知识解决实际问题的能力和科学研究的能力。与此同时,培养学生的创新意识、创新能力和获取新知识的能力,以及严谨、求实、刻苦钻研和勇于探索的精神。

必须明确,毕业论文不是一项单纯的作业,而是借以培养学生各方面能力的一项综合训练;撰写毕业论文是促使学生所学知识向实际运用能力转化的一条重要途径。

三、毕业论文写什么

有相当一部分同学一提起写毕业论文就头疼,最根本的原因是对毕业论文写什么感到很茫然。其实毕业论文所写的内容包括三个方面:一是解决学科中某一问题,用自己的研究成果加以回答;二是只提出学科中某一问题,综合别人已有的结论,指明进一步探讨的方向;三是对所提出的学科中某一问题,用自己的研究成果给予部分的回答。

毕业论文写作的核心是对客观事物作理性分析,指出其本质,提出个人的学术见解或解决某一问题的方法和意见。其写作过程也很简单——毕业论文具有议论文的一般特点,由论点、论据、论证三大要素构成。

毕业论文注重于对事物的理性分析,在大量事实和实验数据的基础上,通过深入细致的分析和严密的推理,得出令人信服的科学结论。

四、毕业论文的种类

1. 按内容性质和研究方法划分

按内容性质和研究方法划分,毕业论文可以分为描述性论文和理论性论文。

描述性论文主要通过对事物本身所表现出来的各种现象的客观记录和描述来显示事物的本质,揭示事物自身的内部规律,其中所提出的基本观点和得出的结论是依据事物本身表现出来的各种现象而做出的判断。

理论性论文有两种：一种是以纯粹的理论为研究对象,研究方法是通过严密的逻辑推理和数学运算得出结论,有时也涉及实验与观测,用以验证论点的正确性;另一种是以对客观事物和现象的调查、考察所得资料以及有关文献资料、数据为研究对象,研究方法是对有关资料进行分析、综合、概括、抽象,通过归纳、演绎、类比,提出某种新的理论和新的见解。

2. 按论证方式划分

按论证方式的不同可以把毕业论文分为立论文和驳论文。立论性的毕业论文是指从正面阐述和论证自己的观点和主张;驳论性毕业论文是指通过反驳别人的论点来树立自己的论点和主张。

3. 按研究问题的大小划分

按研究问题的大小可以把毕业论文分为宏观论文和微观论文。凡属全局性、带有普遍性并对局部工作有一定指导意义的论文,称为宏观论文。它研究的面比较宽,具有较大范围的影响。反之,研究局部性、具体问题的论文,称为微观论文。它对具体工作有指导意义,影响的面窄一些。

4. 按综合因素分类划分

按综合因素分类可以把毕业论文分为专题型、论辩型、综述型和综合型四大类。

（1）专题型论文。在分析前人研究成果的基础上,以直接论述的形式发表见解,从正面提出某学科中某一学术问题的一种论文。

（2）论辩型论文。针对他人在某学科中某一学术问题的见解,凭借充分的论据,着重揭示其不足或错误之处,通过论辩形式来发表见解的一种论文。

（3）综述型论文。在归纳、总结前人或今人对某学科中某一学术问题已有研究成果的基础上,加以介绍或评论,从而发表自己见解的一种论文。

（4）综合型论文。这是一种将综述型和论辩型两种形式有机结合起来写成的一种论文。

【写作指导】

毕业论文的写作过程可以分为三个阶段:准备阶段、写作阶段、修改定稿阶段。

一、准备阶段

准备阶段包括选择课题、研究课题和谋篇布局三个部分。

1. 选择课题

选择毕业论文的论题也就是确定"写什么",要围绕什么问题展开研究和论证。选题是毕业论文写作的第一步,也是非常关键的一步,选题的成败直接关系着毕业论文写作的成败及论文的价值。一般来说,选题应该遵循以下几个原则:

（1）价值性原则。即要选有价值的课题。这里讲的价值,包括实用价值和理论价值。实用价值是指我们所研究的课题应该是和现实生活密切相关的,是现实生活中亟待解决的问题。一切研究的目的是为了更好地认识世界、改造世界,以推动社会的不断进步和发展。因此,毕业论文的选题,必须以促进科学事业发展和解决现实存在问题作为出发点和落脚点。从另一个角度讲,理论来源于实践,而理论的研究可以反过来指导实践,为实践服务。因此,我们的课题研究首先要和实践结合起来。

科学研究着重探讨事物发展的客观规律,是在事实的基础上以逻辑思维的方式展开严谨的推理过程,得出可靠的结论。一些选题的研究结论可能一时还不能运用于实践,但它可以帮助解决其他方面的理论难题,或可作为其他理论成立的依据,对科学或文化的发展起到推动的作用,这便体现为它的理论价值。

坚持价值性的原则选题,一般应从以下三个方面来着手。

① 首先要从现实中所存在的问题入手来选题。学习了专业知识,不能仅停留在书本上,要理论联系实际,用已掌握的专业知识去解决现实中亟待解决的问题。

② 从学科研究的空白处和学科边缘处寻找课题。任何学科都有研究的空白处,从这些空白处做文章,容易找到有价值的研究课题。另外,每一门学科的边缘处常常存在大量需要研究和解决的问题,着眼于此,很容易有所发现。

③ 从发现前人研究的不足和错误入手来选题。在前人已经研究的课题中,大量存在因受当时条件局限,研究不透彻、片面甚至错误的问题,随着社会的不断发展,对前人关于这些问题的研究进行补充和完善,这种补充性或纠正性的研究课题,也是很有价值的。

(2) 可行性原则。毕业论文能否顺利地完成,取决于主观和客观两个方面的条件。因此,在选题时一定要结合自己对专业知识的掌握程度以及自己分析问题、解决问题的能力来选择难易适中的课题。与此同时,还要考虑有无充足的相关资料——资料是写作的基础,资料不足很难写出像样的论文。

(3) 创新性原则。在选题时要尽量选择比较有新意的课题,选择你能提出新的观点、新的见解的课题。比如说,开辟别人从未涉足的领域,对旧的课题运用新的论据重新论证,推翻已有的定论等。

2. 研究课题

选好课题后,接下来的工作就是研究课题。研究课题主要包括搜集资料、研究资料、明确论点和选择材料。

(1) 搜集资料。搜集资料是研究课题的基础工作。搜集资料有三个途径:一是查阅图书馆、资料室的资料。查阅资料时要熟悉、掌握图书分类法,要善于利用书目、索引,要熟练地使用各类工具书,如年鉴、文稿、表册等。二是做实地调查研究。调查研究能获得最真实、最可靠、最丰富的第一手资料。调查研究要做到目的明确、对象明确、内容明确。调查可采用的方法有:普遍调查、重点调查、典型调查、抽样调查。三是实验与观察。实验与观察是搜集科学研究数据、获得感性知识的基本途径,是形成、产生、发现和检验科学理论的实践基础。

常用的搜集材料的方法有:

① 复印法,即用复印机把所需资料复印下来。

② 剪贴法,即将所需资料从报纸刊物上剪下来集中贴在笔记本上。

③ 笔记法。在阅读时记录所需资料的内容,也可将阅读的感想、体会及时写出来。

④ 做卡片。将原文的片段、观点结论等写在卡片上,以便分类、保存、查找。

(2) 研究资料。研究资料是研究课题的重点工作。研究资料的主要目的是判定资料的价值和对资料进行分类。这就要求对已经搜集到手的资料进行通读、选读和研读。通读是对搜集到的所有资料进行浏览,判定其价值的大小,对其进行分类;选读是在通读的基础上对有用的部分或有用的内容进行再阅读,以便对其价值做出更为准确的判断;研读就是对与研究课题有关的内容进行全面、认真、细致、深入、反复地阅读,目的是从中发现研究问题的线索,理顺研究问题的思路。

对材料进行通读、选读和研读的最终目的是对所搜集到的材料进行鉴别。所谓"鉴别"就是对材料的认识——对材料表象和实质的认识、典型和一般的认识、真伪主次的认识、本质义和旁属义的认识等。

(3) 明确论点和选择材料。这是研究课题的核心工作。论点是在对材料分析、研究的基础上确立起来的。一篇成功的论文,其中心论点与分论点共同构成一个完整的体系,即毕业论文论点的确立就是从整体上确立一个论点体系——首先要确立文章的中心论点,接着确立支撑中心论点的分论点,并依据写作的目的将各个分论点合理地组织起来。

论点确定之后,接下来的工作就是围绕论点来选择典型的、真实的、可靠的材料。

3. 谋篇布局

所谓谋篇布局,就是考虑和安排文章的整体结构。结构是文章的骨架。确定了主题,选定了材料,接着就要把文章的框架搭起来。一般来说,毕业论文是遵循"提出问题→分析问题→解决问题"这样一个顺序来安排结构的,开头处有摘要,结尾处有结论,当然也不能一概而论。但是不管怎么安排,都必须做到脉络清楚,逻辑推理严密;有详有略,重点突出;层层深入,行文流畅,赏心悦目。

安排结构的基本要求是:要围绕中心论点安排结构;层次清楚,条理清晰;各部分内容之间有着密切的联系,全篇论文形成统一的整体。

(1) 确定好毕业论文的结构类型。

毕业论文的结构主要有三种类型:纵式结构、横式结构和纵横式结构。

① 纵式结构。纵式结构是清晰地体现总论点、分论点和小论点三者的层次关系以及分论点之间、小论点之间的逻辑顺序的一种结构方式。

一篇论文为了阐述总论点,要列出几个分论点,每个分论点扩展为一个部分,各个分论点之间,各个部分之间,应有内在的逻辑联系。每个分论点又分为几个小论点,每个小论点又扩展为一段,各个小论点之间,各个段之间,也应有内在联系。这样,全篇论文的纵向逻辑关系便体现出来,并且形成完整而严谨的结构。

② 横式结构。横式结构是把每一个完整的论证单元作为一个部分,将各个部分按并列式或近似于并列式的关系排列起来的一种结构方式。所谓一个完整的论证单元,是指一个分论点及其论据借助于论证凝聚而构成的一个相对完整的部分。

论文要有很强的说服力,就必须做到论点明确,论据充分,论证严密,充分揭示出论点和论据的必然联系。首先,只有把总论点和材料有机地结合起来,论文才有生命力,才能收到令人信服的效果;其次,处理好分论点和材料的关系以及小论点和材料的关系,通过直接证明分论点或小论点,间接地为突出总论点服务。

③ 纵横式结构。这是毕业论文采用最多的一种结构方式,其特点是既体现出总论点、分论点和小论点三者的层次关系,又体现出各个部分之间的紧密联系。这种结构的论文,有的以纵向展开为主,有的以横向展开为主。纵向展开为主的论文,以"总论点→分论点→小论点"为主脉,各个部分的内部结构关系又是分层并列式的;横向展开为主的论文,从大的层面上看,各个部分之间是一种并列式或近似于并列式的关系,而各个部分的内部结构又是按照"提出问题→分析问题→解决问题"的顺序来安排的。

(2) 以意为线,首尾贯通。

一篇论文要用到的材料很多,安排不好,就会使文章显得杂乱无章或材料堆砌,设置行文线索是解决这一问题最为有效的办法。毕业论文写作最好的行文线索是文章的"意",即文章的中心论点。抓住中心论点,紧扣不放,一线到底,中途不转换论题,不停滞,不跳跃,就能使论文首尾贯通,中心突出。

作为一篇论文,从思想的表达来说,意思要一层一层地讲,讲透了一层,再讲另一层。开头提出的问题,当中要有分析,结尾要有回答,这样文章就显得逻辑严密,论证透彻,令人信服。

(3) 层次清楚,条理清晰。

层次清楚、条理清晰是对毕业论文结构安排最基本的要求,达到了这一要求,文章就能给人以十分清晰而深刻的印象。而要做到层次清楚、条理清晰,首先要处理好材料之间的相互关系。一般来讲,写进毕业论文中的材料之间具有这样几种关系:① 平行关系。文章各部分材料之间,没有主从关系,在顺序上谁先谁后都可以,影响不大。② 递进关系。文章各部分材料之间是一种一层比一层深入的关系,颠倒了就会造成逻辑混乱。③ 接续关系。前一部分与后一部分有直接的逻辑联系,前一层的未尽之意有待后面续接。④ 对立关系。文章论述的事理是对立统一体,其中包括正与反、表与里、前与后、质与量、胜与负、成绩与缺点等等。它们既有联系又有区别,论述时首先要明确它们是辩证的统一,不能强调一面而忽略了另一面。

二、写作阶段

一篇完整的毕业论文通常由标题、摘要、关键词、目录、绪论、本论、结论和参考文献几个部分组成,各部分的写作要点如下:

1. 标题

关于"标题"一词,《现代汉语词典(第 7 版)》是这样解释的:"标明文章、作品等内容的简短语句。"从这一解释我们可以得到这样的启示:毕业论文的标题要能够揭示出文章的主旨或者概括出文章的主要内容,或者能够体现作者的写作意图。一句话,毕业论文的标题必须具有"窗口"的作用,要能够使人透过它了解文章的基本内容、主要观点或作者的写作意图等情况。

与一般文章标题不尽相同的是论文的标题常常是由多种标题构成的一个标题系统。一般情况下,毕业论文的标题由总标题、副标题和分标题几个部分构成。

(1) 总标题。总标题是论文标题的第一层次,犹如一篇论文的"眼睛",能够揭示论文的主旨、高度概括全文内容,或集中体现作者的写作意图。总标题最常见的写法有:

① 点睛式标题。这种形式的标题高度概括全文内容,或直接揭示文章的中心论点,便于读者把握全文内容和主旨,明确作者的写作意图。如《试论理科教学模式在语文教学中的应用》《浅谈"课堂教学节奏"对教学效果的影响》等。

② 问题式标题。问题式标题通常采用一个设问句来揭示作者的观点或文章的主要内容,具有提请读者注意、启发读者思考的作用。如《怎样快速提高语文能力》《写作能力的核心是什么》等。

③ 提示式标题。当一篇论文的主旨不好用一句话来揭示或者其内容不易用一句话来

概括时,可以采用这种标题形式对文章内容的范围做出提示。如《大学生人文素质培养散议》《高职院校学生厌学情绪的理性分析》等。

④ 判断式标题。定义和判断是揭示概念本质内涵的重要方法,采用判断句做论文的标题,能够揭示和突显文章的主旨。如《诵读是最好的语文学习方法》《思想博大是写作能力的基石》等。

毕业论文标题的方式还有多种,这里就不一一列举了,大家在实际写作时可以根据情况灵活选择。

（2）副标题和分标题。为了点明论文的研究对象、研究内容、研究目的,对总标题加以补充、解说,有的论文还可以加副标题。

设置分标题是论文写作过程中安排结构的一种重要方法。分标题的设置,可以使文章层次清晰、条理清楚、主旨突出。每一个分标题都是其所对应的那一部分内容的高度概括或分论点的突显。

对于毕业论文标题拟写的要求主要有三点:一是要明确,即要能够揭示出论点或文章的主要内容,使人看了标题便知晓文章的主要内容以及作者的写作意图;二是要简练。论文的标题不宜过长,过长了容易使人产生烦琐和累赘的感觉,得不到鲜明清晰的印象。与此同时,标题也不能抽象和空洞,以免使读者费解;三是要新颖。标题和文章的内容、形式一样,应有自己的独特之处。做到既不标新立异,又不落窠臼,能够引人入胜,赏心悦目。

2. 摘要

摘要就是内容提要,它是以通俗、简洁的语言对全文内容的高度概括。论文的主要内容、中心论点、所反映的主要研究成果以及作者的独到见解等,都应该在摘要中体现出来。好的摘要是一篇具有独立性的短文,便于索引与查找,易于作为一种信息收录到大型资料库中。摘要在信息交流方面具有至关重要的作用。毕业论文摘要的写作有以下几个要求：

（1）字数有限定。论文摘要分为中文摘要和外文（一般为英文）摘要两种,在篇幅方面有限定,通常中文摘要不超过 300 字,英文摘要不超过 250 个实词,中英文摘要应一致。

（2）摘要必须写成完整的短文,可以单独使用,即要求不看论文全文,仍然可以了解论文的主要内容、作者的观点和课题研究所要达到的目的、课题研究所采取的方法、研究的结果与结论等。

（3）叙述完整,突出逻辑性,结构要合理。

（4）要求文字简明扼要,只提取论文中的重要内容,不加评论和注释；采用直接表述的方法,删除不必要的修饰；不含与此课题无关的内容,做到用最少的文字提供最大的信息量。

（5）摘要中不使用特殊字符、图表和公式以及由特殊字符组成的数学表达式等,不列举例证。

一份完整的论文摘要应该由目的、方法、结果和结论四个要素构成。目的部分包括课题研究的范围、目的、重要性、任务和前提条件；方法部分简述课题研究的过程,研究的主要内容,在研究过程中所做的工作,包括对象、原理、条件、程序、手段等；结果部分重点陈述研究的重要发现、最新成果及所取得的成果的价值,包括通过调研、实验、观察取得的数据；结论部分通过对这个课题研究所得出的重要结论（包括从中取得证实的正确观点）的分析研究,预测其在实际生活中运用的意义以及理论与实际相结合的价值。

摘要作为一种特殊的陈述性短文,其写作必须以论文为基础。首先,从摘要的四要素出发，通读论文全文，将文中的重要内容一一列出，特别是每段的主题句和论文结尾的归纳总结，保留梗概与精华部分，提取用于编写摘要的关键信息。然后，看这些信息能否完全、准确的回答摘要的四要素所涉及的问题，并要求语句精练。若不足以回答这些问题，则重新阅读论文，摘录相应的内容进行补充。最后，将这些零散信息组成符合语法规则和逻辑规则的完整句子，再进一步组成通畅的短文，通读此短文，反复修改，使其达到摘要的要求。

有些毕业论文还要求加上英文摘要。一般来讲，毕业论文的英文摘要必须满足以下几个要求：① 要符合公认的写作规范；② 尽量使用简单句，同时还要避免句型单调，表达要求准确完整；③ 正确使用冠词；④ 使用标准书面语，使用易于理解的常用词，不用生僻词汇；⑤ 对研究过程的表述用过去时，结论用现在时；⑥ 尽量使用主动语态表述。

3. 关键词

何谓关键词？所谓关键词，是从报告、论文中选取出来用以表示全文主题内容信息的单词或术语。关键词的作用主要有两个方面，即归类和检索。选择何种词语作为关键词，实际上就是把文献定位于某一特定的类别，所以，选取和标引关键词，其实质是做文献的归类工作。

选取和标引关键词，目的是帮助读者理解和掌握文献的中心和主题，有利于读者查阅、检索和利用文献。关键词的选取不能限于论文标题，还需要从论文的摘要和正文中选取。如果论文的题目比较长，表达论文的主题相对比较充分、全面，那么，关键词主要在题目中选取；如果论文的题目比较短，表达论文的主题相对比较狭窄或不具体、不全面，这就要从文章摘要和正文中去选取关键词。

一篇论文应选取 3～5 个关键词，最低不要少于 3 个，最多也不要超过 8 个。需要指出的是，关键词选取的数量，在一定程度上与反映、揭示论文主题的深度密切相关，也就是说，选取的关键词越多，揭示论文主题就越深，可供检索、利用的概率也就越高。由此可见，关键词的选取，关系到文章的查检率和引用率，关系到成果的检索和利用。

关键词的选取方法主要有两种：一是直选法，即直接从论文的题目、摘要和正文中选取作者的用语作为关键词；二是提炼法。有些文章的主题在题目、摘要和正文中表现不突出，而是蕴含在其中，这时，就要通过对论文题目、摘要和全文做主题分析来提炼出关键词。

关键词分为中文关键词和与之对应的英文关键词，分别置于中文摘要和英文摘要之下。为便于他人的检索，不能使用过于宽泛的词语。选择关键词既可以从论文的各级标题入手，也可以从论文本身的内容选取，将选出的关键词按照所涉及领域的范围从大到小顺序列出。

4. 目录

一般说来，篇幅较长的毕业论文，因其内容的层次较多，整个理论体系较庞大、复杂，故通常设目录。设置目录的主要目的是：

（1）使读者能够在阅读该论文之前对全文的内容有一个大致的了解，以便其决定读还是不读，是精读还是略读等。

（2）为读者选读论文中的某个部分提供方便。长篇论文，除中心论点外，还有许多分论点，各个分论点标明了各部分的具体内容。当读者需要重点了解某个问题时，就可以依靠目录来选择，这样可以节省时间。

目录一般放置在论文正文的前面，可以说是论文的导读图。要使目录真正起到导读的作用，必须注意以下几点：

(1) 准确。目录必须与全文的纲目相一致。也就是说,论文的标题、分标题与目录存在着——对应的关系。

(2) 清楚无误。目录应逐一标注该行目录在正文中的页码。标注页码必须清楚无误。

(3) 完整。目录既然是论文的导读图,就必须具有完整性。也就是说文章的各项内容,都应在目录中反映出来,不能遗漏。

目录有两种基本类型:一是用文字表示的目录;二是用数码表示的目录,这种目录较少见。

因为本科生和硕士生的论文一般在 8000~10 000 字之间,篇幅不是太长,所以绝大部分不加目录。研究课题较大,篇幅相对较长或者论证相对复杂的博士论文一般加目录。

5. 绪论

毕业论文的主体部分由绪论、本论和结论三大部分组成,毕业论文写作的主要任务就是要写好绪论、本论和结论。所谓绪论,又叫前言、导言,是指学术著作开篇概括文章主要内容、研究要点及研究方法的部分。

毕业论文绪论的内容,一般包括选题的背景、缘由、意义和目的,或研究的范围、方法及所取得的成果,也可以是对论文的基本观点、本论部分的基本内容作一个扼要的介绍。绪论的写法主要有以下几种形式:

(1) 交代式。开头交代论文写作背景、缘由、目的和意义。例如,《浅谈中小学教师职称评定的一个问题》一文的绪论:自 20 世纪 80 年代以来,关于中小学教师中高级任职资格的评审和认定一直有这么一个要求——"在省级以上学术期刊发表论文×篇",这一条件的设定乍一看似乎并无不妥,但就目前我国中小学教育的实际情况来看,这是一条令大多数中小学教师"头疼"和无奈的规定,由此而导致的问题很多。本文试就这一问题谈点粗浅的看法。

(2) 提问式。一开头就提出问题,或在简要交代写作背景之后随即提出本文所要解决的问题。例如,《试谈加强大学生人文素质教育的几个问题》一文的绪论:高等学校要加强大学生的人文素质教育已成为人们的一种共识。怎样加强?切入点在哪里?这些都是我们首先必须解决的问题。

(3) 揭示观点式。绪论开宗明义,将本文的基本观点或主要内容揭示出来。例如,《关于大学语文课课程定位问题的探讨》一文的绪论:时下有一种现象,一些院校砍掉大学语文课,开设所谓的"人文素质教育"课,这实在是令人啼笑皆非的事情。语言能力和文学素养是人文素养的核心与基石。语言能力和文学素养培养不起来,人文素质从何谈起?与哲学课、史学课、伦理课、艺术课相比,大学语文课是最好的人文课程。要真正提高学生的人文素养,首先必须开好大学语文课。

(4) 提示范围式。绪论部分提示本文的论述范围。例如,《写作能力的构成要素》一文的绪论:写作活动的核心在于思想表达,思想丰富的人自然有东西可写,而思想贫乏的人写起文章来难免会捉襟见肘。那么,是不是有了思想就一定能写出好文章呢?那也不尽然。除了有思想之外,还必须具备良好的语感和丰富的想象力。本文试从丰富思想、强化语感和增强想象力几个方面谈谈培养写作能力的问题。

(5) 阐释概念式。绪论先释题,阐释题目中和文中出现的基本概念。例如,《试论文学意境的审美特征》一文的绪论:关于"意境"一词,《现代汉语词典》的解释是"文学艺术作品通过形象描写表现出来的境界和情调。"按照这一解释,"你是地上一枝梅,我是乌鸦漫天飞。

乌鸦落在梅枝上,任你再打也不飞。"这首打油诗当是有境界的,但从文学的审美特质来看,这首打油诗应视为无意境,这就使人不免对《现代汉语词典》关于"意境"一词的解释产生怀疑。

以上列举的是毕业论文几种常见的绪论写法,实际上远不止这些。绪论的不同写法使毕业论文呈现出多姿多彩的情形。无论采用哪种绪论写法,都应当符合以下几点要求:

第一,绪论要开门见山,迅速入题。议论性文章通常要求开门见山,一开头就能让读者接触到文章的中心,了解文章的基本内容是什么,而不能"下笔千言,离题万里",带着读者在文章中心以外绕圈子,使读者如堕入五里雾中。

第二,绪论要引人入胜,能抓住读者。开头要让读者对文章产生良好的第一印象,发生阅读的兴趣。这就要求绪论要有实质性的内容和易于吸引读者的词句。

第三,绪论要简洁、有力。开头的文字不宜过长,以免显得头重脚轻,结构不匀称。一个繁杂冗长的开头,会使读者产生恶劣印象而不忍卒读。古人说:"起句当如爆竹,骤响易彻。"开头要像放鞭炮,骤然而响,使人为之一震。毕业论文开头的文字尤其要简洁、有力。

文章如何开头,是作者常常要煞费苦心的事情。写好绪论,对毕业论文的完整是关键性的一步,切不可草率从事。

6. 本论

本论是论文的主体部分,是分析问题、论证观点的主要部分,也是最能显示作者的研究成果和学术水平的重要部分。一篇论文质量的高低,主要取决于本论部分写得怎样。本论部分的写作有以下几点要求:

(1) 立论要科学。毕业论文的科学性是指文章的基本观点和内容能够反映事物发展的客观规律。文章的基本观点必须是从对具体材料的分析研究中产生出来,而不是主观臆想出来的。首先,科学性来自对客观事物的周密而详尽的研究。其次,文章的科学性通常取决于作者在观察、分析问题时能否坚持实事求是的科学态度。在科学研究中,既不容许夹杂个人的偏见,又不能人云亦云,更不能不着边际地凭空臆想,而必须从分析出发,力争做到如实反映事物的本来面目。再次,文章是否具有科学性,还取决于作者的理论基础和专业知识。

(2) 观点要创新。毕业论文的创新是其价值所在。文章的创新性,一般来说,就是要求不能简单地重复前人的观点,而必须有自己的独立见解。

① 在前人没有探索过的新领域,前人没有做过的新题目上做出了成果。

② 可以表现为在前人成果的基础上作进一步的研究,有新的发现或提出了新的看法,形成一家之言;也可以表现为从一个新的角度,把已有的材料或观点重新加以概括和表述。

③ 文章能对现实生活中的新问题做出科学的说明,提出解决的方案。

④ 只提出某种新现象、新问题,能引起人们的注意和思考,也不失为一种创造性。

(3) 论据要翔实,论证要严密。

① 论据要翔实。毕业论文必须以大量的论据材料作为自己观点形成的基础和确立的支柱。毕业论文中引用的材料和数据,必须正确可靠,经得起推敲和验证,即论据的正确性。具体要求是,所引用的材料必须经过反复证实。第一手材料要正确,要反复核实,要去掉个人的好恶和想当然的推想,保证其客观的真实。第二手材料要究根问底,查明原始出处,并深透领会其意,而不能断章取义。引用别人的材料是为自己的论证服务,而不是作为篇章的点缀。在引用他人材料时,需要下一番筛选、鉴别的功夫,做到准确无误。

② 论证要严密。论证是用论据证明论点的方法和过程。必须做到：A.概念判断准确，这是逻辑推理的前提；B.要有层次、有条理地阐明对客观事物的认识过程；C.要以论为纲，虚实结合，反映出从"实"到"虚"，从"事"到"理"，即由感性认识上升到理性认识的飞跃过程。

（4）结论严谨，条理清楚。本论的篇幅长，容量大，层次较多，头绪纷繁，如果不按一定的次序来安排文章内容，就会层次不清，结构混乱，大大降低表达的效果。

为了避免由于内容过多而使条理不清，写作本论时，常在各个层次之前加一些外在的标志，这些外在标志的主要形式有小标题、序码、小标题与序码相结合及空行等几种。

（5）观点和材料相统一。本论部分的内容由观点和材料构成，写好本论的另一个要求是将观点和材料有机地结合起来，以观点统帅材料，以材料证明观点。从总体上说，材料应按照各自所要证明的观点来安排，即把所有的材料分别划归到各个小观点之下，随着观点间逻辑关系及排列顺序的明确，材料自然也各得其位了。但是，在同一内容层次之中的观点与材料应怎样安排，究竟是提先出观点还是先列材料，在起草时不能不斟酌一番。为了避免雷同，应该有所变化。一般是先摆观点，后列材料；有时也可以先列材料，再提出观点；还可以边摆观点边列材料，夹叙夹议，由浅入深。总之，要把材料和观点紧紧地糅合在一起，有机地统一起来，为表现文章的中心服务。

7. 结论

结论是一篇论文的收束部分，是以研究成果为基础，经过严密的逻辑推理和论证所得出的最后结论。在结论中应明确指出论文研究的成果或观点，对其应用前景和社会、经济价值等加以预测和评价，并对今后在本研究方向进行的进一步研究工作予以展望与设想。结论应写得简明扼要、精练完整、逻辑严谨、措施得当、表达准确、有条理性。

8. 参考文献

一篇毕业论文的完成需要参考大量的文献资料，将那些被参考的文献资料的目录清晰、准确地列在论文的末尾，让读者能够找到该资料的原始出处，对论文价值的实现具有重要的作用。毕业论文参考文献的规范如下：

参考文献按在正文中出现的先后次序列于文末，以"参考文献："（黑体字）作为标识。参考文献的序号一般用数字加方括号表示，如[1]、[2]……每一条参考文献条目的最后均以下脚点"."结束。

主要责任者只列姓名，其后不加"著""编""主编"等责任说明文字。

各类参考文献的示例如下：

（1）普通图书。

［1］汪昂. 增订本草备要；四卷[M]. 刻本. 京都：老二酉堂，1881(清光绪七年).

［2］库恩. 科学革命的结构：第4版[M]. 金吾伦，胡新和，译. 2版. 北京：北京大学出版社，2012.

（2）论文集、会议录。

［1］雷光春. 综合湿地管理：综合湿地管理国际研讨会论文集[C]. 北京：海洋出版社，2012.

（3）报告。

［1］汤万金，杨跃翔，刘文，等. 人体安全重要技术标准研制最终报告：7178999X-2006BAK04A10/10. 2013[R/OL]. (2013-09-30)[2014-06-24]. http://nstrs.org.cn/xiangxiBG. aspx？id＝41707.

(4) 学位论文。

[1] 吴云芳. 面向中文信息处理的现代汉语并列结构研究[D/OL]. 北京：北京大学，2003[2013-10-14]. http：//thesis. lib. pku. edu. cn/dlib/List. asp？lang＝gb&type＝Reader&DocGroupID＝4&DocID＝6328.

(5) 专利文献。

[1] 张凯军. 轨道火车及高速轨道火车紧急安全制动辅助装置：201220158825.2[P]. 2012-04-05.

(6) 标准文献。

[1] 全国信息与文献标准化技术委员会. 文献著录：第4部分非书资料：GB/T 3792.4—2009[S]. 北京：中国标准出版社，2010：3.

(7) 专著中析出的文献。

[1] 白书农. 植物开花研究[M]//李承森. 植物科学进展. 北京：高等教育出版社，1998：146-163.

(8) 期刊中析出的文献。

[1] 李炳穆. 韩国图书馆法[J]. 图书情报工作，2008，52(6)：6-21.

(9) 报纸中析出的文献。

[1] 丁文详. 数字革命与竞争国际化[N]. 中国青年报，2000-11-20(15).

(10) 电子文献(不包括电子专著、电子连续出版物、电子学位论文、电子专利)。

[1] 萧钰. 出版业信息化迈入快车道[EB/OL]. (2001-12-19)[2002-04-15]. http：//www. creader. com/news/20011219/200112190019. html.

三、修改定稿

好文章都是改出来的，没有哪一个作者可以写完就定稿，修改是无论什么写作都必须经过的阶段。修改也是论文写作的一个重要环节，写完后应该仔细地读两遍，然后立足全篇，统观全局，进行必要的修改。论文的修改一般从以下几方面进行。

1. 论点的再推敲

主要看中心论点是否正确，是否突出，是否新颖；看各分论点有无片面性，有无不稳妥的地方；看分论点能否有力地说明中心论点；看各分论点之间有无矛盾；看整个论点体系是否完整、符合逻辑等。

2. 材料的再斟酌

论点是材料的统帅，材料是论点的基础。确定论点无疑后，要看材料是否准确、翔实，是否与论点统一；是否能有力地证明论点；详略安排是否得当等。

3. 结构的再调整

一要看结构是否严谨，思想上有无顾此失彼的情形，组织上有无颠三倒四的毛病；二要看结构是否自然，是否顺理成章，是否行于当行，止于该止；三要看结果是否匀称饱满、首尾合一，整体感觉是否贯通，有无割裂之感等。

4. 语言的再加工

语言是思想的载体。在修改中，要注意那些啰唆、烦琐、空话、长话和粗糙的地方，努力把它们修改得简洁、准确、清楚、正确,这样才能使一篇文章更鲜明,悦目起来。

5. 文面检查

主要看有无错别字,看标点符号的使用是否准确,看行款格式是否正确等。

【实战训练】

论文的选题直接影响着论文的价值,因此,很多同学在选择论文的题目时常常是绞尽脑汁,但还是选不出理想的题目来。其实,只要善于积累和留心,并善于思考,选题并不难。例如,我们读司马迁的《史记·始皇本纪》,看到上面清楚地写着"焚异书,坑术士"时,只要加以思考,就会发现"焚书坑儒"说与历史记载不符,继而从中发现一个值得研究的论题。继之,进一步想到,假如不烧掉那些用各国文字书写的东西,文字统一的进程将会受到怎样的影响?假如一任那些倒行逆施的言论四处散布,统一大业将会受到怎样的威胁?再就"坑术士"来看,在历经了春秋以来五百年的战乱、百废待兴之际,一任那些"神医""半仙"之流骗人,不仅坑害百姓,而且影响社会的稳定,所以始皇大帝将它们集中起来学习改造,但这些人不仅不思悔改,而且还滋事生非,不杀不足以警世。这样思考,不仅选题的思路有了,写作论文的思路也比较清晰了。请以《试论"焚书坑儒"的功过》为题写一篇小论文。

第五节 毕业设计报告

【话题与案例】

树人大学电子工程系的学生最近都在忙毕业设计的事情,其中很多同学为写设计报告废寝忘食、绞尽脑汁,有的人虽已经数易其稿,但拿出来的东西大却不能令人满意。因此,同学们非常希望老师能讲讲怎样写好毕业设计报告的问题。

【基础知识】

毕业设计报告,又叫毕业设计说明书,是工科类学生综合运用所学知识对其毕业设计进行解释和说明的科技文书,是毕业设计成果的书面反映。

一、毕业设计报告的特点

毕业设计报告是学生在老师指导下完成的带有总结性的作业,相当于文、理科或一般性学科各专业的毕业论文。一般来讲,毕业设计报告具有以下几个特点。

1. 应用性

工科毕业设计报告是学生融会所学知识,进行工程设计或解决工程难题过程的反映,具有明显的应用性的特点。毕业设计说明书要求学生全面综合运用所学本专业的基础理论和专业技术知识,运用计算、绘图、实验等基本技能,解决一般性的专业问题,以巩固、深化和熟练掌握所学专业理论、知识和技能。

2. 检测性

工科毕业设计报告是工科大学生毕业前的总结性教学作业,是一种综合运用已学理论表述其工程设计情况的应用文,主要考核学生是否具有工程设计的初步能力,在本质上是工科毕业生的科技论文。同时也是对学生知识掌握情况及技能形成情况的一个全面考查。

工科毕业设计主要考查学生是否具备工程设计的初步能力。其考查的内容主要有:一是考查运用原理(机械、电力、电子、计算机等方面)的能力;二是考查查阅资料、工程手册、材料手册等方面的能力;三是考查绘制图纸的能力;四是考查分析模型数据的能力;五是考查实验工作的能力。

3. 实践性

毕业设计是以实验或者设计为基础的,设计者必须亲身经历实验或设计的全过程,并详细记录实验结果,检验设计的可行性,而不是主观虚拟数据或者想象性地设计方案。

4. 说明性

毕业设计成果的原理、应用范围、技术参数、工作流程等,只有通过文字、图纸进行解释、说明,才易被理解和认同。对设计成果进行解释和说明,是工科毕业设计报告的主要内容。

5. 综合性

工科院校毕业生对基本理论、专业知识和技能的掌握和运用情况,以及思维能力、创新能力乃至文字表述水平,在工科毕业设计报告中将得到综合的体现。

二、毕业设计报告的种类

根据不同的分类标准,毕业设计报告可分为以下多种类型。

(1) 根据研究方法的差异可分为理论型、实验型和描述型三种类型。理论型毕业设计报告的主要研究方法是理论分析;实验型毕业设计报告的研究方法是设计实验、实验过程研究和实验结果分析;描述型毕业设计报告的主要研究方法是描述说明,目的是介绍新发现的事物或现象及其所具有的科学价值。

(2) 根据毕业设计报告的具体项目是否为首创,可分为发明型和改革(造)型两种。发明型毕业设计报告,即毕业设计的产品或成果是现实生活中的首创。改革(造)型毕业设计报告,是指毕业设计产品的类型或成果的类型在现实中已经存在,毕业设计的产品或成果是在原有基础上的改进或改良。

(3) 根据学科专业的不同,可以分为工程(工艺)设计报告和产品(设备)设计报告。工程(工艺)设计包括土木工程设计报告、建筑工程设计报告、计算机程序毕业设计报告等。产品(设备)设计包括机械设备设计报告等。

三、毕业设计报告的选题和资料收集

(一) 毕业设计报告的选题

一份毕业设计报告有没有新意及实际应用价值,很大程度上取决于选题。一般来讲,选题应注意以下几个问题。

1. 从专业知识强项或兴趣出发进行选题

对于每一个人来讲,只有掌握比较扎实、钻研最透的专业知识应用起来才会得心应手,同时感悟也多。因此,从自己专业知识的强项或自己最感兴趣的专业问题入手寻找课题方向,容易抓到好的选题,有利于提高毕业设计报告的撰写质量。

2. 从实习或实践中所发现的问题入手进行选题

现实工作或生产实践中总会遇到一些应当解决但尚未解决的问题,在此类问题中选题,既有一定的现实意义,也能够提高毕业设计的实际应用价值。

3. 从有必要进行补充或纠正的课题中进行选题

学术问题总是在错误修正中,或扩大应用领域中,或与其他知识相结合中发展的。因此,选择课题时同样可以采用这一思路。

当然,选题的方向不仅有以上三种。从毕业设计报告的价值来看,选题的理论意义和现实意义是首要的,在此前提下,可以研究生产或科研中亟待解决的问题,中外学术观点的异同问题,事关国计民生的问题,学术的现状与发展前沿性的问题等。

(二)材料的搜集和整理

一般来讲,丰富的资料积累是好的选题产生的基础。反过来,确定了选题也就明确了材料搜集的方向。从实质上讲,搜集资料是研究问题的开始,在搜集材料过程中,常常会因资料占有情况的影响而修改选题。

搜集资料的形式主要有两种:一是通过实践和直接调查的形式获得,二是可以通过图书馆、档案馆等获得。

有了丰富的资料,接下来的工作就是材料的整理、分析和筛选问题。整理和分析资料包括这么几项内容:一是将资料分类。分类标准要以资料反映的主要思想内容为依据。二是分析资料。要分析每类资料能够导出的结论并把这些结论写出来,形成自己的见解。三是给每类资料拟写标题。标题是资料中心思想的概括和结论的提示,将为我们取舍资料及安排资料在论文中的位置做准备。

对材料进行分析和整理之后,接下来的工作就是归纳和提炼观点。这一步工作的要点有三:一是根据拟定的论题和各类资料的内容,估量资料的价值和分析资料间的关系;二是根据资料的主次和它们之间的逻辑联系,初步概括出总论点和分论点;三是进一步提炼和确立观点。

【写作指导】

一、毕业设计报告的结构和写作要点

一篇完整的毕业报告通常由标题、摘要、关键词、目录、引言、正文、小结、参考文献和附录等几个部分构成。

(一)标题

毕业设计说明书的标题应以最恰当、最简明、最概括的词语反映毕业设计的内容,一般用设计项目加"毕业设计报告"或"毕业设计说明书"构成。

(二)摘要

摘要主要说明研究工作的目的、方法、结果和结论。摘要应具有独立性和自含性,即不阅读毕业设计说明书的全文,就能从中获得必要的信息,使读者判定有无必要阅读全文。

摘要一般包含中文摘要和外文摘要。其中中文摘要字数应为 200~300 字,外文摘要字数不宜超过 250 个实词。

(三)关键词

关键词是为了文献标引,从论文中选取出来,用以表示全文主题内容信息的单词或术语。关键词不宜用非通用的代号。

关键词的个数一般为 3~8 个。关键词的排序,通常应按研究的对象、性质(问题)和采取的手段排序,而不能随意排列。关键词与关键词之间应留出一个汉字的空格,不加任何标点符号。

关键词应另起一行,排在摘要的左下方。中外文关键词应一一对应。

(四)目录

主要内容的目录,要求页码正确对应。

(五)引言

主要说明本设计的意义、目的、设计范围及要达到的技术要求;简述本课题在国内外的发展状况及存在的问题;阐述本设计要达成的预期结果,设计的简要过程和基本框架等。

(六)正文

毕业设计的正文部分主要包括以下几个方面的内容。

1. 原理陈述和方案论证

着重叙述在毕业设计过程中主要遵循什么原理,分析说明设计中使用的方案。通过分析,指出最佳设计方案;也可以通过分析、比较不同的技术方案,从中确定一种最优方案。

2. 主要技术参数计算

说明选择的技术参数及有关技术参数的计算公式与结果。包括各环节工作条件、给定的参数、理论公式及有关数据的计算过程和计算结果。在具体表述时,常用图示、公式、表格和文字等说明方式。技术参数计算是毕业设计报告的主要部分,体现出设计的可行性和合理性。

3. 工作流程及技术性能

工作流程即工作过程。技术性能包括设计的工程或产品的型号、容量、生产率、动力等。这部分内容多用图纸、模型或实验结果的验证配合文字来加以说明。

4. 适用范围

用文字表述方式说明该项目的适用范围,必要时以图文结合的方式说明使用方法或安装方法。

5. 资金预算

实施本毕业设计项目所需的资金情况。

(七) 小结

主要综述本设计的成果，以及该成果的价值和意义，陈述研究中未解决的问题并提出意见或建议。

(八) 注释及参考文献

文后参考文献是设计说明书的重要组成部分。所列出的文献，应当是作者亲自阅读或引用过的。它反映毕业设计的取材来源、材料的广博程度和材料的可靠程度，也是作者对他人知识成果的承认和尊重。

参考文献中每条项目应齐全。文献中的作者不超过三位时全部列出；超过三位时只列前三位，后面加"等"字，作者姓名之间用逗号分开；中外人名一律采用姓在前、名在后的著录法。

(九) 附录

附录是与毕业设计说明书直接相关，且有必要与说明书装订在一起的图样、数据表格、计算程序等资料或清单。

附录应当——编写顺序号，并在毕业设计说明书相关内容处注明。附录应有附录名。

二、毕业设计报告写作的注意事项及要求

1. 选题考虑主客观条件

和毕业论文一样，毕业设计报告的选题要符合实际情况和个人能力。要根据自己的专业、爱好选择课题，使课题能在自己的努力下完成，不要一味求大求难，超出自己的主客观条件和力所能及的范围。

2. 数据参数准备无误

毕业设计报告撰写过程中，要始终保持严谨的科学态度，特别是毕业设计报告需要引用数据参数时，必须保证准确无误。文字表述要严密准确，逻辑结构清晰严谨。

3. 图表、图示与文字说明要保持一致

毕业设计报告是一种技术文件，需要制作与文字配套的图表、图示等，制作图表等相关内容时要规范，与文字说明保持一致，能准确解释设计内容。

4. 写作重点应放在技术性强的部分或设计的关键部分

注重解释、说明的技巧，充分利用图形说明和图文结合的形式说明。

【实战训练】

很多同学在写作毕业设计报告时有一种畏难情绪，在这种情绪的影响下，本来很简单的一个写作过程被人为地复杂化，这使得很多同学在写作时不能正常发挥出自己的实际水平，直接影响毕业设计报告的质量。实际上，只要设计思路到位，全部设计已经完成，设计报告的写作就十分容易了。怎样确保写作过程顺利呢？一是像平时说话一样，自然地叙述和说明，即写作过程中不要刻意追求语言的完美——语言的推敲与完善可留待修改时进行，二是可按照毕业设计报告的内容构成，集中精力一个部分一个部分地分开来写，最后连缀成篇，修改定稿。

第六节 产品说明书

【话题与案例】

甲：麻烦您帮我看看，我半小时前吃了五粒这个药，现在恶心、头痛。

乙：说明书上写着，这种药品的毒副作用较大，每次最多只能服用0.2克，也就是两粒，你服用过量了。

【基础知识】

产品说明书，也叫商品说明书，是企业向消费者介绍产品的用途、性能、成分、功用、使用及保养方法、注意事项等方面的知识的科技文书。其写作目的是指导消费者正确地使用该产品。

一、产品说明书的作用

1. 指导消费

消费者在初次使用某种商品时，对其性能、特点、功用、注意事项等往往处于一知半解的状态，这就需要有必要的说明和指导——产品说明书就可以起到这个作用。

2. 广告推销

产品说明书在介绍说明产品时往往将该产品的独特功用、优越性能等展示给消费者，这样能激发消费者的购买欲望。

3. 普及知识

有些产品说明书在介绍商品功用、性能的同时，往往涉及相关方面的一些专业性知识，如功用原理、结构原理等，从而起到了普及知识的作用。

二、产品说明书的种类

说明书的种类，按所要说明的事物来分，有产品说明书、使用说明书、安装说明书、保养说明书等。

按说明的方式分，有文字式说明书、文字图表式说明书等。

【写作指导与范例】

一、产品说明书的写作要点

产品说明书的结构一般由标题、正文、落款三个部分组成。

1. 标题

商品说明书的标题大多位于正文的上方正中。完整的标题的形式是"商品名＋文种"，如《爱德牌可调蒸汽喷雾电熨斗使用说明书》。有时文种省略，如《×牌×型家用洗衣机》《金嗓子喉宝》。为醒目起见,标题往往采用比正文大的字号。

2. 正文

正文是商品说明书的主体,介绍商品的基本情况,包括产品的成分、性能特征、用途、用法、注意事项、保养方法、结构原理、技术指标等。具体取舍视情况而定,不一定要齐全。如大众用品往往无须说明结构原理、技术指标等,而对于药品则必须要说明生产日期、有效期限。

3. 落款

落款位于正文的下面或封底,包括企业名称、地址、邮编、电话、传真等。

【范例 9-3】

"真汉子"剃须刀使用说明书

充电:将电源插头插入 AC220V 电源之中,视充电指示灯亮、充电 12～16 小时。注意:充电时间不要过长,以免影响电池寿命。

剃须:将开关键上推至(on)开启位置,即可剃须。为求最佳之刮须效果,请将皮肤拉紧,使胡子成直立状,然后以逆胡子生长的方向缓慢移动。

修剪刀:如有修剪刀功能的剃须刀,请在剃须前,先将修剪刀推出,修短胡须后再用网刀剃净。

清洁:剃须刀要经常清洁。清洁前应先关上开关。旋下网刀,用毛刷将胡须屑刷净。清洁后轻轻放回刀头架。清洁时应轻拿轻放,避免损坏任何部件。

保修条例:保修服务只限于一般正常使用下有效。一切人为损坏例如接入不适当电源,使用不适当配件,不依说明书使用;因运输及其他意外而造成之损坏;非经本公司认可的维修和改造,错误使用或疏忽而造成损坏;不适当之安装等,保修服务立即失效。此保修服务并不包括运输费及维修人员上门服务费。

保修期外享受终身维修,维修仅收元器件成本费。

剃须刀中内、外刃属消耗品不在保修范围内。

保修期:正常使用六个月。

注意事项:充电时间 12～16 小时。

换刀网刀头时一定要选用原厂配件。

【提示】这则说明书采用分条列项的方法十分清楚地说明了"真汉子"电动剃须刀的使用和保养方法,以及相关注意事项等。说明条理清晰,层次清楚,语言通俗易懂。

二、产品说明书的写作要求

1. 实事求是,科学真实

产品说明书的内容必须与产品的实际情况相符,实事求是,有一说一,有二说二,形容要恰当,描绘要真实,要经得起实践的检验,切不可为达到某种目的而夸大其词。否则既损害消费者利益,也不利于企业的长远发展。

2. 突出重点，针对性强

产品说明书要突出产品的主要性能、功效、使用方法和注意事项，以便于消费者使用。说明内容的详略要针对消费者对商品的了解情况而定。

3. 语言简明，通俗易懂

产品说明书面向的是社会大众，其文化层次不一，理解能力不同，因此，在撰写说明书的时候一定要做到语言简洁、明确，通俗易懂。尽量使说明的内容清楚明白，一目了然。

【实战训练】

手机现在已经成为人们日常生活中极其平常的消费品，在校大学生绝大多数人都有手机。但真正懂得科学使用和保养手机电池的人却不多？请查阅有关资料，写一份关于手机电池的"说明书"，指导人们科学使用、正确保养手机电池，延长手机电池的使用寿命。

参 考 文 献

1. 黄高才.常见应用文写作知识与范例大观[M].北京:中国人民大学出版社,2012.
2. 黄高才,刘会芹.公务员暨现代文员应用写作一本通[M].北京:北京大学出版社,2011.
3. 黄高才,刘会芹.新编应用写作教程[M].北京:高等教育出版社,2008.
4. 黄高才,刘会芹.大学语文[M].北京:清华大学出版社,2008.
5. 刘会芹,黄高才.新编应用文体写作[M].西安:西安交通大学出版社,2007.
6. 吴桥.国家通用语言文字简明教程[M].上海:上海人民出版社,2005.
7. 刘会芹,黄高才.新编应用文体写作[M].2版.西安:西安交通大学出版社,2009.
8. 刘会芹,黄高才.应用写作[M].杨凌:西北农林科技大学出版社,2008.
9. 黄高才,刘会芹.现代应用写作全书[M].西安:西安交通大学出版社,2010.
10. 刘会芹,黄高才.把握要点,写好招商项目说明书[J].应用写作,2010(4):21—22.
11. 刘会芹,黄高才.职责的文体特点与写作注意事项[J].应用写作,2010(9):33—34.
12. 刘会芹.公告的使用条件及写作要点[J].应用写作,2010(12):10—12.
13. 刘会芹.例谈规则的内容要点与写作要求[J].应用写作,2011(1):37—39.
14. 刘会芹,黄高才.规范的内容要素与写作要点[J].秘书之友,2011(2):23—25.
15. 刘会芹,黄高才.评估报告的写作要点与写作要求[J].秘书之友,2011(3):15—16.
16. 刘会芹,黄高才.例谈守则的写作要点[J].秘书之友,2011(5):22—23.
17. 刘会芹,黄高才.谈谈随笔的写作[J].写作,2011(5):22—24.
18. 刘会芹,黄高才.例谈岗位说明书的写作[J].应用写作,2011(5):31—33.
19. 刘会芹,黄高才.怎样写好自评报告[J].秘书之友,2011(6):24—25.
20. 刘会芹,黄高才.准则写作例谈[J].应用写作,2011(7):37—39.
21. 黄高才,刘会芹.授权委托书的写作要点[J].秘书之友,2011(7):24—26.
22. 刘会芹,黄高才.浅谈汇报材料的写作[J].写作,2011(11):26—29.
23. 刘会芹 黄高才.例谈声明的写作要点[J].应用写作,2011(11):36—38.
24. 黄高才,刘会芹.例谈公约的写作[J].秘书之友.2011(11):35—36.
25. 黄高才,刘会芹.几种常见的公告错用情况例析[J].应用写作.2011(12):14—16.
26. 黄高才.浅谈城市形象宣传语的写作[J].应用写作,2012(3):23—25.